普通高校“十三五”规划教材·物流学系列

物流与供应链管理

顾东晓　顾佐佐◎主　编
章　蕾　陈　欣◎副主编

清华大学出版社
北　京

内 容 简 介

本书是将当前国际物流与供应链管理新理论、新思想、新实践指南融入我国物流管理人才培养课程内容体系的一次尝试。全书共分为九章，介绍了物流与供应链管理内涵与要素构成、供应链战略管理、供应链采购与库存管理、供应链合作关系、供应链管理绩效评价、城市物流与国际物流、物流信息系统、物流与供应链管理中的新兴信息技术应用、全球供应链管理。

本书可作为高校物流工程、物流管理或其他管理类专业“物流学概论”或“供应链管理”课程教材，也可作为专业硕士相关课程教材或培训用教材。

图书在版编目(CIP)数据

物流与供应链管理/顾东晓，顾佐佐主编. —北京：清华大学出版社，2017(2021.1重印)
(普通高校“十三五”规划教材·物流学系列)
ISBN 978-7-302-46368-9

Ⅰ. ①物… Ⅱ. ①顾… ②顾… Ⅲ. ①物流管理—高等学校—教材 ②供应链管理—高等学校—教材 Ⅳ. ①F252

中国版本图书馆 CIP 数据核字(2017)第 021610 号

责任编辑：张 伟
封面设计：汉风唐韵
责任校对：王荣静
责任印制：吴佳雯

出版发行：清华大学出版社
网 址：http://www.tup.com.cn，http://www.wqbook.com
地 址：北京清华大学学研大厦A座 **邮 编**：100084
社 总 机：010-62770175 **邮 购**：010-62786544
投稿与读者服务：010-62776969，c-service@tup.tsinghua.edu.cn
质量反馈：010-62772015，zhiliang@tup.tsinghua.edu.cn
课件下载：http://www.tup.com.cn，010-62770175-4506
印 装 者：北京国马印刷厂
经 销：全国新华书店
开 本：185mm×260mm **印 张**：17 **字 数**：387千字
版 次：2017年4月第1版 **印 次**：2021年1月第3次印刷
定 价：39.00元

产品编号：067532-01

前言

近年来，随着我国交通运输业、移动互联网、电子商务和物联网等新兴信息技术的飞速发展，我国物流业也面临着前所未有的重大发展机遇，取得了超高速发展。在新的环境和形势下，我国经济社会发展的重大现实需求不仅为我国物流业发展提供了发展契机，同时也要求物流和供应链管理快速实现现代化、科学化、精细化与高效化。全球的物流已快步迈入供应链管理时代，我国企业面临着经济全球化和竞争供应链化的双重挑战，在实践中迫切需要先进的物流与供应链管理理论的指导。遗憾的是，我国的物流与供应链管理人才的培养却相对滞后，与我国物流业蓬勃发展不相匹配，物流技术与供应链管理人才远远无法满足物流业发展实践的需要。因此，物流与供应链管理课程内容建设非常紧迫，亟待淘汰已经过时的旧课程内容，研究和建立新的课程知识体系。本书便是一次有益的尝试，我们尝试着将国内外最新的物流与供应链管理理论知识和实践经验融入课程，通过课程内容的更新和完善帮助提升物流与供应链人才培养的质量。

全书共分为9章。第1章物流与供应链管理总论，主要介绍物流和供应链管理的基本概念、主要特征、要素构成、功能、运作模式和两者间的联系、新兴物流模式、现代物流与供应链的发展趋势。第2章供应链战略管理，主要介绍供应链战略管理的概念、特征，供应链战略管理的规划、实施，战略联盟和业务外包。第3章供应链的采购与库存管理，主要介绍供应链采购管理的含义、特征和发展趋势，准时采购的基本思想、特点、原理及步骤，供应链环境下供应商管理策略和库存管理策略。第4章供应链合作关系，主要介绍供应链合作关系的内涵、合作伙伴的选择与评价及关系管理。第5章供应链绩效评价，主要内容是供应链绩效管理的内涵、供应链管理绩效评价的指标体系、供应链管理的各种方法等。第6章城市物流与国际物流，介绍城市物流的概念、规划、配送体系和信息平台，国际物流的概念、战略和基本业务，并分析了“一带一路”对于现代物流的影响等。第7章物流信息系统，主要介绍系统结构、功能、技术基础，并详细介绍了第三方物流信息系统的规划与设计。第8章物流与供应链管理中的新兴信息技术应用，主要介绍物联网技术、大数据、数据挖掘、案例知识挖掘技术和云物流平台。第9章全球供应链管理，主要介绍全球供应链下的业务外包和客户关系管理。

本书的特色主要体现在以下几个方面：①全面、系统地介绍了现代物流与供应链管理的理论知识和方法，特别注重基础知识的讲解；②增加了理论应用方面的内容，如电子商务物流、“一带一路”对于现代物流的影响、新兴信息技术应用等物流与供应链管理的新发展，突出了现代物流与供应链管理的理念；③在介绍基本知识的同时，注重新知识点的介绍和引入，融入了最新的物流理念，如第1章电子商务物流的企业顾客忠诚度和第8章智慧物流环境下的案例知识挖掘技术；④注重案例和内容的结合，本书每一章结尾都附有案例分析和习题，有助于加深读者对基本知识的理解和复习。

本书由顾东晓、顾佐佐担任主编，负责对全书框架结构进行设计、审稿及最后定稿；由章蕾、陈欣担任副主编，负责对全书进行编排和整理。各章的编写分工如下：第 1 章顾东晓、章蕾，第 2 章陈欣，第 3 章章蕾，第 4 章丁勇，第 5 章陈欣、顾东晓，第 6 章丁勇，第 7 章、第 8 章顾佐佐，第 9 章董骏峰。

本书在编写过程中参考并借鉴了国内外大量有关研究成果，虽然我们已尽可能地在参考文献中列出相关的文献，但仍可能有疏漏，这里对所有涉及的专家、学者表示衷心的感谢！合肥工业大学张悦、李培培、江政、刘波、李晶晶、肖金川、吴彦儒、曲秋菊等研究生也投入大量的时间参与了本书的编写工作，尤其是资料查阅和校对，在此深表谢意。此外，本书的出版要特别感谢清华大学出版社的鼎力支持。本书还得到了“合肥工业大学研究生院研究生培养质量工程”（精品教材建设项目）的支持，在此一并表示感谢。

本书可作为普通高等院校物流工程、物流管理、电子商务、工商管理、信息管理与信息系统、工程管理、交通工程、交通运输与管理、物联网工程、会计学等相关经济管理类或交通航运类专业本科、研究生以及职业技术院校相关专业的教学用书，也可作为现代物流与供应链管理等相关领域企事业单位在职人员的阅读参考书或培训用教材。

现代物流与供应链的发展日新月异，相关的理论和方法本身也处于不断地发展、演化和完善之中，加之编者水平的限制，书中疏漏和不足之处，恳请广大学者和读者不吝赐教，以便今后我们对此书修订时进行完善。

编　者

2016 年 10 月 10 日

于斛兵塘畔

目录

第1章

物流与供应链管理总论

1.1 现代物流与供应链管理相关概念及其内涵

纵观全球物流市场2010年至今的发展规模，可以看出整个物流行业一直保持稳步增长状态。如图1-1所示，2010年全球物流市场规模为7.7万亿美元，到了2014年发展至8.9万亿美元，同比上涨15.6%。2015年全球物流市场规模达到9.2万亿美元，而这一数字在2016年达到9.5万亿美元。

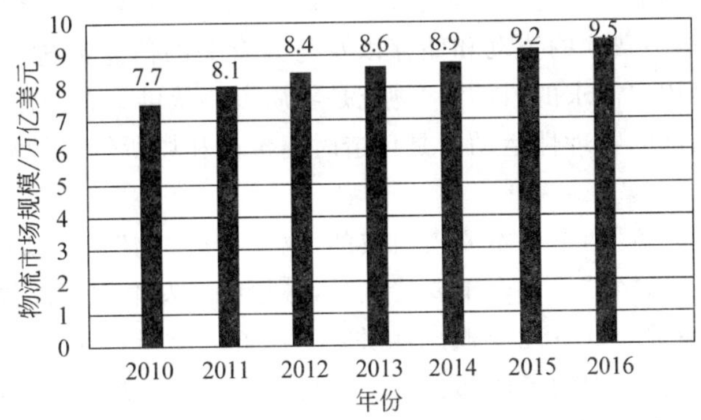

图1-1 2010—2016年全球物流市场规模走势

反观国内物流市场2010年至今的发展状况，如图1-2所示，2010年我国社会物流总费用为7.1万亿元，到了2014年增长至10.6万亿元，其间我国社会物流总费用增速有所放缓。2015年我国社会物流总费用突破11万亿元。

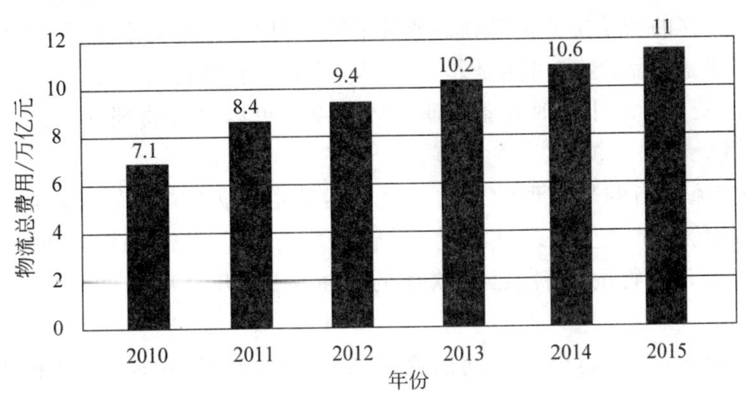

图1-2 2010—2015年我国社会物流总费用走势

由此可见，物流是国民经济的动脉系统，物流产业正成为各企业、各地区乃至各国家的新的经济增长点。本节将阐述现代物流和供应链管理的基本概念，并在此基础上展开现代物流学的构成要素和类型；供应链的类型和结构；探讨两者之间的联系及内涵，系统掌握现代物流理论、优化物流运作所必需的基础知识。

1.1.1 现代物流的内涵、特征与作用

“物流”一词起源于第二次世界大战期间美国的军事应用，physical distribution（缩写为 PD），直译为“物资分配”“实物分布过程”，日本将其定译为“物流”。战后，物流在企业界得到应用和发展，因此出现“物资管理”（materials management）、配送工程（distribution engineering）、“企业后勤”（business logistics）、“市场供应”（market supply）、物流管理（logistics management）等概念来表述物流的内容，现在多以 logistics 表示。而物流在我国被重视和得到较大的发展是近二十年的事。

“物流”泛指物质资料实体在进行社会再生产过程中，在空间有目的性的（从供应地向接收地）实体流动过程。它联结生产和消费，使货畅其流，物尽其用，促进生产不断发展，满足社会生产、消费的需要。也有文献表述为“高效、低成本地将原材料、在制品储备、产成品等由其始发地至消费地的流动和储存以及与其有关的信息流进行计划、实施和控制的过程，以达到满足用户需求的目的”；“物流是物质资料从供给者到需求者的物理性运动（包括处在供给者内部的物理性运动），是创造时间价值和场所价值的活动（包括一定的加工附加值）”。

物流是由“物”和“流”两个基本要素组成的，物流中的“物”指一切可以进行物理性位置移动的物质资料。即“物”的一个重要特点是，必须可以发生物理性位移。

物流中的“物”通常与以下几个概念相关：①物资。泛指物质资料，较多指工业品生产资料。物资是“物流”中物的组成部分。②物料。它是生产领域中的一个专门概念。生产企业中除最终产品之外，在生产领域流转的一切材料（不论是生产资料还是生活资料），如燃料、零部件、半成品、外协件以及生产过程中必然产生的边、角、余料、废料及各种废物等统称为“物料”，它是物流中“物”的一部分。③货物。它是交通运输领域中的一个专门概念。交通运输领域经营的对象分为“物”和“人”两大类，除“人”之外，“物”统称为货物。它也是物流中“物”的一部分。④商品。商品和物流的“物”是互相包含的。商品中的一切可发生物理性位移的物质实体都是物流研究的“物”（即不包括无形商品和“不动品”）。物流的“物”有可能是商品，也有可能是非商品。⑤物品。有形物的通称。总之，物流中所称的“物”，是物质资料世界中同时具备物质实体特点和可以进行物理性位移的那一部分物质资料，无论其处在哪个领域、哪个环节。

物流中的“流”，指的是物理性运动。这种运动也称为“位移”，而诸如建筑物、未砍伐的森林、矿体等因不发生物理性运动（尽管其所有权会发生转移），就不在物流的研究范畴。但建造建筑物的材料、已经砍伐的树木、已经开采出来的矿物就成为物流的对象。

对物流的定义，学者们出于不同的侧重点（企业、工程、管理）有各种不同的提法，一般来说归纳为狭义的和广义的两种。狭义的“物流”，仅指作为商品的物质资料的空

间运动过程，属于流通领域的范畴。广义的“物流”，则还包括物质资料在生产过程中的运动过程，即物流既发生在流通领域，又包含在生产领域内。我们研究的是广义的物流。

“物流”作为一个专用学科名词，它包含物质资料在流动过程中的技术和管理活动。因此，“物流”的含义可以表述为：物质资料在生产过程中各个生产阶段之间的流动和从生产场所到消费场所之间的全部运动过程；包括运动过程中的空间位移及与之相关联的一系列生产技术性活动。这个技术包括自然技术和管理技术。物流技术的提高，降低了物质资料、产成品在流转过程中的费用，提高了经济效益和社会效益，因此物流被喻为“第三利润源泉”。

世界上对物流的定义有多种表述，虽然表述文字不一，但内涵丰富，有很好的参考价值，见表 1-1。

表 1-1　各国物流管理组织的物流定义

定义组织	定义内容	定义年份
美国物流管理协会（National Council of Physical Distribution Management，NCPDM）	物流是为了计划、执行和控制原材料、在制品及制成品从供应地到消费地的有效率的流动而进行的两种或多种活动的集成。这些活动可能包括客户服务、需求预测、库存控制、物料搬运、订货处理、服务支持、工厂及仓库选址、采购、包装、退货处理、废弃物回收、运输、仓储管理	1963
	物流是对货物、服务及相关信息从供应地到消费地的有效率、有效益的流动和储存进行计划、执行与控制，以满足客户需求的过程。该过程包括进向、去向、内部和外部的移动以及以环境保护为目的的物料回收	1985
加拿大供应链与物流管理协会（The Canadian Association of Supply Chain & Logistics Management，CASCLM）	物流是对原材料、在制品库存、产成品及相关信息从起运地到消费地的有效率的、成本有效益的流动和储存进行计划、执行和控制，以满足客户需求的过程。该过程包括内向（inbound）、外向（outbound）和内部流动	1985
欧洲物流协会（European Logistics Association，ELA）	物流是在一个系统内对人员或商品的运输、安排及与此相关的支持活动的计划、执行与控制，以达到特定的目的	1994
日本后勤系统协会（Japan Institute of Logistics Systems，JILS）	“后勤”是一种对于原材料、半成品和成品的有效率流动进行规划、实施和管理的思路，它同时协调供应、生产和销售各部门的利益，最终达到满足客户的需求的目的	1997

我国六部委（国家经贸委、铁道部、交通部、信息产业部、外经贸部、民航总局）于 2001 年 3 月在《关于加快我国现代物流发展的若干意见》的通知中，对现代物流的定义是：“现代物流泛指原材料、产成品从起点至终点及相关信息有效流动的全过程。它将运输、仓储、装卸、加工、整理、配送、信息等方面有机结合，形成完整的供应链，为用户提供多功能、

一体化的综合性服务。”

尽管现在对物流的定义不一，但就现代物流的实质而言，它应包括以下四个主要方面：①实质流动，指原材料、半成品及产成品的运输。②实质存储，指原材料、半成品及产成品的存储。③信息流通，指相关信息的联网。④管理协调，指对计划、实施进行有效控制的过程。

1.1.2 物流管理的内涵与特征

物流管理(logistics management，LM)是指在社会再生产过程中，根据物质资料实体流动的规律，应用管理的基本原理和科学方法，对物流活动进行计划、组织、指挥、协调、控制和监督，使各项物流活动实现最佳的协调与配合，以降低物流成本，提高物流效率和经济效益。现代物流管理是建立在系统论、信息论和控制论的基础上的。

根据中华人民共和国国家标准《物流术语》(2006 年修订版)的定义，物流管理是指为了以合适的物流成本达到用户满意的服务水平，对正向及反向的物流活动过程及相关信息进行的计划、组织、协调与控制。

物流管理成功的关键在于对物流活动进行全面的和整体的规划，制定合理的物流发展战略，合理安排资源配置，从而降低成本、提高对顾客的服务水平。对物流管理概念的理解有以下几点需要注意。

(1) 对物流活动进行计划、组织、协调和控制是物流管理的职能。物流管理不仅仅是对物流功能要素的管理，而且是一个动态、综合、全过程的管理。

(2) 由于物流各要素之间存在着效益背反现象，例如，多批次的交货能够降低客户的库存压力，但会增加企业的运输成本，物流管理就是要通过有效的计划、组织、协调和控制等手段，合理地组织各种要素的集成，实现整体最优。

(3) 物流管理的目标是实现低成本的同时确保物流服务质量让用户满意。这就决定了物流管理的重点是物流成本和服务的管理。物流管理的内容包括三个方面。

① 对物流活动诸要素的管理，包括运输、储存、装卸搬运、包装、流通加工、配送、物流信息及客户服务等环节的管理，见表 1-2。

表 1-2 对物流活动诸要素的管理

物流环节	主要内容
运输管理	运输方式和服务方式的选择，运输路线的选择，车辆调度和组织
储存管理	原材料、半成品和成品的储存策略，储存统计，库存控制，商品保管与养护，等等
装卸搬运管理	装卸搬运系统的设计，设备规划与配置，作业组织，等等
包装管理	包装容器和包装材料的选择与设计，包括技术和方法的改进，包装系列化、标准化、自动化，等等
流通加工管理	加工场所的选定，加工机械的配置，加工技术和方法的研究与改进，加工作业流程的制定与优化，等等
配送管理	配送中心选址及优化布局，配送机械的合理配置与调度，配送作业流程的定制与优化，等等

续表

物流环节	主要内容
物流信息管理	对反映物流活动的信息、物流需求的信息、物流作业的信息等进行收集、加工、处理和传输等
客户服务管理	对于与物理活动相关的服务的组织和监督，如调查和分析顾客对物流活动的反应，决定顾客所需要的服务水平、服务项目等

② 对物流系统诸要素的管理，即对其中人、财、物、设备、技术和信息等六大要素的管理，见表 1-3。

表 1-3　对物流系统诸要素的管理

物流环节	主要内容
人的管理	物流从业人员的选拔与录用，物流专业人才的培训与提高，物流教育和物流人才培养计划与措施的制订，等等
财的管理	物流成本的计算与控制，物流经济效益指标体系的建立，资金的筹措与应用，提高经济效益的方法，等等
物的管理	物品的运输、仓储、装卸搬运、包装、流通加工、配送等
设备管理	各种物流设备的选择与优化设置，各种设备的合理使用与更新改造，各种设备的研制、开发与引进，等等
技术管理	各种物流技术的研究、推广和普及，物流科学技术研究工作的组织与开展，新技术的应用、推广与普及，等等
信息管理	物流信息的采集和录入，物流业务信息分析，物流信息的存储与处理，物流信息的传输与输出，等等

③ 对物流活动中具体职能的管理，主要包括物流计划、质量、技术、成本等职能的管理等，见表 1-4。

表 1-4　对物流活动中具体职能的管理

物流环节	主要内容
计划管理	对物流过程中的每个环节都要进行科学的计划管理，具体体现在物流系统内各种计划的编制、执行、修正及监督的全过程
质量管理	包括物流服务质量、物流工作质量、物流工程质量等
技术管理	包括物流硬技术和物流软技术。即对物流基础设施和物流设备的管理，以及对物流各种专业技术的开发、推广和引进，物流作业流程的制定，技术情报和技术文件的管理，物流技术人员的培训，等等
成本管理	包括物流费用的计算和控制，物流劳务价格的确定和管理，物流活动的经济核算、分析，等等。

1.1.3　供应链与供应链管理的概念

供应链(supply chain，SC)的概念在 20 世纪 80 年代末提出，近年来随着全球制造(global manufacturing)的出现，供应链在制造业管理中得到普遍应用，成为一种新的管理模式。供应链管理(supply chain manufacturing,SCM)提出的时间虽不长,但已引起人们的广泛关注。国际上一些著名的企业如惠普公司、IBM公司、DELL计算机公司等在供应链实践中取得了巨大的成绩。

供应链至今尚无一个公认的定义,在供应链管理的发展过程中,有关专家和学者提出大量的定义,这些定义其实是在一定的背景下提出的,而且是不同发展阶段的产物,可以把这些定义大致划分为三个阶段。

1. 强调是物流管理过程的阶段

同一切新生事物一样,人们对供应链的认识也经历一个由浅到深的过程。马士华教授认为,“供应链管理的研究最早是从物流管理开始的”。早期的观点认为:供应链是指将采购的原材料和收到的零部件,通过生产转换和销售等活动传递到用户的一个过程。因此,供应链也仅被视为企业内部的一个物流过程,它所涉及的主要是物料采购、库存、生产和分销诸部门的职能协调问题,最终目的是优化企业内部的业务流程,降低物流成本,从而提高经营效率。基于这种认识,在早期有人将供应链仅仅看作物流企业自身的一种运作模式。

此后,随着产业环境的变化和企业间相互协调重要性的上升,人们逐步将对供应环节重要性的认识从企业内部扩展到企业之间,因此,供应商被纳入供应链的范畴。在这一阶段,人们主要是从某种产品由原料到最终产品的整个生产过程来理解供应链的。在这种认识下,加强与供应商的全方位协作,剔除供应链条中的“冗余”成分,提高供应链的运作速度成为核心问题。

2. 强调是价值增值链的阶段

进入20世纪90年代,人们对供应链的理解发生了新的变化:首先,由于需求环境的变化,原来被排斥在供应链之外的最终用户、消费者的地位受到了前所未有的重视,从而被纳入供应链的范围。这样,供应链就不再只是一条生产链了,而是一个涵盖了整个产品“运动”过程的增值链。

清华大学蓝伯雄教授认为:所谓供应链就是由原材料供应商、生产商、分销商、运输商等一系列企业组成的价值增值链。原材料零部件依次通过“链”中的每个企业,逐步变成产品,交到最终用户手中,这一系列的活动就构成了一个完整的供应链(从供应商的供应商到客户的客户)的全部活动。

美国的史蒂文斯(Stevens)认为:“通过增值过程和分销渠道控制从供应商的供应商到用户的用户的流程就是供应链,它开始于供应的源点,结束于消费的终点。”概念中强调供应链的外部环境。Fred A. Kuglin在其《以顾客为中心的供应链管理》一书中,把供应链管理定义为:“制造商与它的供应商,分销商及用户——也即整个‘外延企业’中的所有环节——协同合作,为顾客所希望并愿意为之付出的市场,提供一个共同的产品和服务。这样一个多企业的组织,作为一个外延的企业,最大限度地利用共享资源(人员、流程、技术和性能评测)来取得协作运营,其结果是高质量,低成本,迅速投放市场并获得顾客满意的产品和服务。”

根据美国生产和库存控制协会(APICS)第九版字典中的定义:“供应链管理是计划,组织和控制从最初原材料到最终产品及其消费的整个业务流程,这些流程链接了从供应商到顾客的所有企业。供应链包含了由企业内部和外部为顾客制造产品和提供服务的各职能部门所形成的价值链。”APICS 关于 SCM 定义的前半部分说明 SCM 所涉及的理论源于产品的分销和运输管理。供应链“涵盖了从原材料供应商，经制造和分销商到最终用户的整个产品的物流”。事实上许多作者对 SCM 和物流管理(logistics management，LM)的定义并没有严格的区分，认为 SCM 不过是 LM 的新名词而已，然而 SCM 更着重于从原材料供应商到最终用户所有关键业务流程的集成，许多非物流管理的流程也必须集成到整个供应链中。SCM 定义的后半部分说明价值增值是供应链的基本特征，有效的供应链必定是一个增值链。也就是说，在供应链中的各个实体，无论从事什么样的活动，其对产品转换流程的增值必须大于成本。

3. 强调是“网链”的阶段

随着信息技术的发展和产业不确定性的增加，今天的企业间关系正在呈现日益明显的网络化趋势。与此同时，人们对供应链的认识也正在从线性的“单链”转向非线性的“网链”，哈理森(Harrision，1999)将供应链定义为：“供应链是执行采购原材料，将它们转换为中间产品和成品，并且将成品销售到用户的功能网链。”

2001 年发布实施的《物流术语》国家标准(GB/T 18354—2001)是这样定义供应链的：生产及流通过程中，涉及将产品或服务提供给最终用户活动的上游与下游企业，所形成的网链结构。

供应链的概念更加注重围绕核心企业的网链关系，即核心企业与供应商、供应商的供应商的一切前向关系，与用户、用户的用户及一切后向关系。供应链的概念已经不同于传统的销售链，它跨越了企业界线，从扩展企业的新思维出发，并从全局和整体的角度考虑产品经营的竞争力，使供应链从一种运作工具上升为一种管理方法体系，一种运营管理思维和模式。伊文思(Evens)认为：“供应链管理是通过前馈的信息流和反馈的物料及信息流，将供应商、制造商、分销商、零售商，直到最终用户连成一个整体的管理模式。”

马士华教授认为：“供应链是围绕核心企业，通过对信息流、物流、资金流的控制，从采购原材料开始，制成中间产品以及最终产品，最后由销售网络把产品送到消费者手中的将供应商、制造商、分销商、零售商直到最终用户连成一个整体的功能网链结构模式。”他认为，供应链是一个范围更广的企业结构模式，它包含所有加盟的节点企业，从原材料的供应开始，经过链中不同企业的制造加工、组装、分销等过程直到最终用户。它不仅是一条连接供应商和用户的物料链、信息链、资金链，而且是一条增值链，物料在供应链上因加工、包装、运输等过程而增加其价值，给相关企业都带来收益。

现在，供应链的概念更加注重围绕核心企业的网链企业战略合作关系。如核心企业与供应商、供应商的供应商乃至一切前向的关系，与用户、用户的用户及一切后向的关系。此时供应链的概念成为一个网链的概念，像丰田(Toyota)、耐克(Nike)、尼桑(Nissan)、麦当劳(McDonalds)和苹果(Apple)等公司的供应链管理都从网链的角度来实施，强调供应链的战略伙伴关系问题，菲力浦(Phillip)和温德尔(Wendell)认为供应链中战略伙伴关系是很重要的，通过建立战略伙伴关系，可以与重要的供应商和用户更有效地开展工作。

因此，基于上面这种发展阶段的划分，我们可以把每个阶段的一些代表性的定义、关注的重点和主要的特点表述出来(表 1-5)。

表 1-5 各阶段供应链及供应链管理的定义和特点

强调的定义	供应链的定义	供应链管理的定义	特　点	关注的重点
强调的是物流管理过程的阶段	供应链是指将采购的原材料和收到的零部件,通过生产转换和销售等活动传递到用户的一个过程	供应链管理是对由供应商、制造商、分销商、零售商和顾客所构成的链条中物流进行管理、计划和协调工作	链结构比较单一,与外部供应链成员企业的联系不紧,甚至有冲突	企业内部操作,企业自身的利益目标
强调的是价值增值链的阶段	供应链是指产品生产和流通过程中所涉及的原材料供应商、生产商、批发商、零售商以及最终消费者组成的供需网络	供应链管理是指人们利用管理的计划、组织、指挥、协调、控制和激励职能,对产品和流通过程中各个环节所涉及的物流、信息流、资金流、价值流以及业务流进行的合理调控,以期达到最大组合、发挥最高的效率、迅速以最小的成本为客户提供最大的附加值	供应链是比较完整的系统,链的节点间比较协调	价值增值节约成本供应链的协调
强调的是“网链”的阶段	供应链是指围绕核心企业,通过对信息流、物流、资金流的控制,将产品生产和流通中涉及的原材料供应商、生产商、分销商、零售商以及最终消费者连成一体的功能网链结构模式	供应链管理是指一种集成化的管理思想和方法,是对供应链中的物流、信息流、资金流、增值流、业务流以及贸易伙伴关系等进行的计划、协调和控制一体化管理过程	链条形成了核心节点,结构复杂紧密	战略伙伴关系快速反映供应链的战略架构

1.1.4 供应链管理的发展概述

1. 供应链管理的概念

供应链管理(supply chain management,SCM),《物流术语》国家标准(GB/T 18354—2006)将其定义为:对供应链涉及的全部活动进行计划、组织、协调与控制。

供应链管理就是要对传统的、自发运行的供应链进行人为的干预,使其能够按照企业的意愿,对相关合作伙伴的工作流程进行整合,从而达到供应链整体运作绩效最佳的效果。因此,供应链管理所反映的是一种集成的管理思想和方法。关于供应链管理的定义还有很多其他说法。比如,Evens 认为:“供应链管理是通过前馈的信息流和反馈的物料流以及信息流,将供应商、制造商、分销商、零售商,直到最终用户连成一个整体的管理模式。”菲利普认为供应链管理不是供应商管理的别称,而是一种新的管理策略,它把不同企业集成起来以提高整个供应链的效率,注重企业之间的合作。

2. 供应链管理的产生

供应链管理的概念被明确提出是在 20 世纪 80 年代中期。这期间,由于国际经济环境的变迁,促进了管理理念的发展和演变,孕育了供应链管理理念的雏形。

竞争环境的变化使得市场由卖方转变成为买方市场,顾客的需求发生了快节奏、多样性和定制化的变化。这使得"纵向一体化"的管理模式很难快速响应新的市场机制，并意味着企业还要承担丧失市场机会的风险。快速提供高质量、低成本、使多种类型的顾客满意的产品，成了企业首要关注的问题。于是，精明的企业开始把自己不擅长的非核心业务外包出去，利用内外部资源提升企业的核心能力，但也带来了大量处理企业信息与沟通的交易成本，诸如价格比较、谈判、签约、监督、履约等费用。这就需要企业间有效地合作和联盟，如图 1-3 所示。

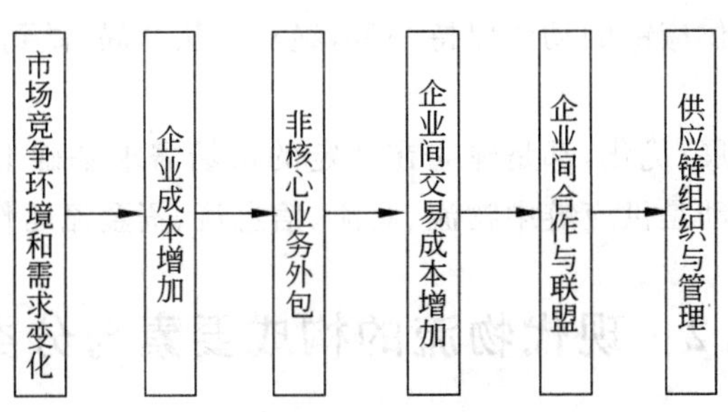

图 1-3　供应链管理的产生

3. 供应链管理的特点

供应链是指商品到达消费者手中之前各相关者的连接或业务的衔接，是围绕核心企业，通过对信息流、物流、资金流的控制，从采购原材料开始，制成中间产品以及最终产品，最后由销售网络把产品送到消费者手中的将供应商、制造商、分销商、零售商，直到最终用户连成一个整体的功能网链结构。现代供应链管理主要有以下特点：

1）复杂性

供应链由于节点企业组成的跨度及层次不同，并且往往由多个类型甚至多个企业构成，因此供应链结构模式比一般单个企业的结构模式更为复杂。

而且很多供应链是跨地区、跨行业以及跨国的组合，各国的国情、民族、法律、人文、地理、风俗、宗教都有很大的差异，经济发达程度、物流基础设施、产业发展水平、物流管理水平和相关技术能力也有很大的不同；而供应链操作过程必须保证其目的的正确性、行动的快速反应性以及高质量的服务性，这些都反映了供应链复杂性的特点。

2）虚拟性

供应链是一个分工协作的组织，并不是一个有实体的集团企业。这种协作组织以协作的方式组合在一起，依靠信息网络的支撑和相互信任的关系，为了共同的利益，强强联合，优势互补，协调运转。供应链同时要保持高度的竞争力，必须是优势企业之间的连接，因此组织内的吐故纳新、优胜劣汰是必然的。

3）交叉性

节点企业可以是这个供应链的成员，同时也可以是另外一个供应链的成员。众多供应链呈交叉结构，增加了供应链管理的难度。

4）选择性和动态性

供应链的成员都是在众多企业中筛选出来的合作伙伴，合作关系具有不固定性，而且经常在不断地进行调整。供应链需要随目标的转变而转变，随服务方式的变化而变化，它随时处于一个动态调整的过程之中。

供应链管理因为企业战略的变化和适应市场需求变化的需要，其中节点企业自身也需要进行动态更新，这使得供应链具有更明显的动态性。

5）协调性和整合性

供应链本身就是一个整体合作、协调一致的系统。它有多个合作者，像链条一样环环相扣，大家为了一个共同的目标，协调动作，紧密配合。每个供应链成员都是“链条”中的一个环节，都要与整个供应链的动作保持一致，绝对服从全局，做到方向一致。

6）面向客户需求

供应链的产生、发展、优化，都是建立在一定的市场需求基础上的。在供应链的运作过程中，用户的需求拉动是供应链中物流、商流、信息流、资金流运作的动力来源。

1.2　现代物流的构成要素与分类

1.2.1　现代物流的构成要素

物流的流体、载体、流向、流量、流程和流速构成了现代物流的六要素。

1. 流体——物流实体（产品）

流体包含两个属性：

（1）自然属性——物理、化学、生物学属性。物流管理的任务之一是要保护好流体，使其自然属性不受损坏，因而需要对流体进行检验、养护，在物流过程中需要根据物质实体的自然属性合理安排运输、保管、装卸等物流作业。

（2）社会属性——价值属性。有些关系国计民生的重要商品作为物流的流体还肩负着国家宏观调控的重要使命，因此在物流过程中要保护流体的社会属性不受任何影响。

2. 载体

载体指物流过程中流体借以流动的设施和设备。载体分成如下两类。

（1）固定基础设施——线路和场站（如铁路、公路、水路、港口、车站、机场等基础设施，它们大多是固定的）。

（2）承载设备——移动设备（车、船、飞机、集装器具等）。

3. 流向

流向是指流体从起点到终点的流动方向。物流流向通常可以分为如下四种：

（1）自然流向。自然流向指根据产销关系所决定的商品的流向。商品从其产地流向销地，表明对该产品的客观需要。

（2）计划流向。计划流向指根据流体经营者的商品经营计划而形成的商品流向，即商品从供应地流向需要地。

（3）市场流向。市场流向指根据市场供求规律由市场确定的商品流向。

（4）实际流向。实际流向指在物流过程中实际发生的流向。

在确定物流流向时，理想的状况是商品的自然流向与商品的实际流向相一致，但由于计划流向与市场流向都有其存在的前提，还由于载体的原因，导致商品的实际流向经常偏离自然流向。

4. 流量

流量是指流体在一定流向上通过载体的数量表现。流量按流向分为：自然流量、计划流量、市场流量和实际流量；按实际和理论发生的流量分为：实际流量和理论流量。

从物流管理角度来看，理想状况的物流应该是在所有流向上的流量都均匀分布，这样，物流资源利用率最高、组织管理最容易。但是实际上，在一定的统计期间内，在一个流向上流量达到均衡的物流是不存在的，在流体之间、载体之间、流向之间、承运人和托运人之间的实际物流流量不可能出现均衡，这样，就需要从宏观物流管理的角度，通过资源的合理配置、采用合理的物流运行机制等手段消除物流流向和流量上的不均衡。

5. 流程

流程是指流体通过载体在一定流向上实现空间位移的数量表现。流程的大小对物流成本水平及物流载体形式的选择等有重要影响。流程与流向、流量一起构成了物流向量的三个数量特征。

6. 流速

流速是指流体通过载体在一定流程上的速度表现。流速与流向、流量、流程是构成物流的四大量化要素，是衡量物流效率和效益的重要指标。

物流的流体、载体、流向、流量、流程和流速六要素之间有极强的内在联系，如流体的自然属性决定了载体的类型和规模，流体的社会属性决定了流向和流量，载体对流向和流量有制约作用，载体的状况对流体的自然属性和社会属性均会产生影响，流体、载体、流向、流程等决定流速。因此，进行物流活动要注意处理好六要素之间的关系，否则就会使物流成本提高、服务质量降低、效益低下、效率下降。

1.2.2　物流要素之间的关系

物流系统要素是组成物流系统的部分，这些部分组成了物流系统这个整体。但是要素在目标、产权和运作上不可避免地存在一些冲突。

1. 要素目标冲突

从运输的角度来看，为了降低运输费用，常采用以下一些方法组织运输：一是在制订运输方案时，尽量采用整车发运来节约运费；二是采用运费较低的铁路发运；三是按照铁路运价中"递远递减"的原则（随着运输距离的增长，每公里运价水平逐渐降低），在长途运输中，对于时效性要求不高的商品采用火车运输而不采用公路或者其他运输方式。

以上三种措施能够实现降低运输费用的目的，但也会导致收货人一次收货的数量增加、收货间隔期延长、在途运输时间延长等问题，进而导致收货企业库存水平提高，库存成本增加。

从储存的角度来看，为了达到降低库存水平的目的，企业可能采取以下一些方法。

(1) 减少每次收货的数量，增加收货次数，缩短收货周期，如新兴的"零库存"仓储模式。

(2) 宁可紧急订货，也不愿提前大批量订货。

以上两种降低库存水平的措施要求供货部门必须实行"小批量、多批次、短周期"的送货，这样，运输的经济规模就无法达到，导致运输成本增加。

从以上的分析可以看出，企业的运输目标（从降低运输成本角度考虑）与企业的储存目标（从降低储存成本角度考虑）这两个最基本的系统目标是冲突的。在物流系统还没有形成时，单一追求各自目标是难以同时实现的，因此必须在建立物流系统时通过系统集成来调和。物流系统中像这样的目标冲突在其他要素之间还存在。那么，让我们来思考一下，在物流系统中还有哪些目标存在冲突呢？

2. **要素产权冲突**

一条供应链上的物流系统是由不同产权组织共同完成的，因此供应链上的物流系统都有比较明晰的边界。然而物流系统一体化要求与这个系统边界一致的产权边界，这样，要素产权冲突就产生了。

以高速公路上收费站为例，2000 年 11 月 28 日开通的京沪高速公路，总长 1 262 公里，总投资 393.01 亿元，但京沪高速公路主线上却设有 11 个收费站，按照各收费站的平均收费标准，一辆小汽车从北京至上海，需要交 535 元通行费。无论谁投资修了这条公路，他都要设立收费站收费，每一个收费站标志一个产权边界，从这么多的收费站来看，这根本就不是一条"连贯型"的"畅通"公路，而是由 11 个独立路段形成的公路。这样在以京沪高速为主干线构成的物流系统中，这种实际存在的产权多元性与物流系统希望的载体产权的统一性就产生了矛盾。

在由各种运输方式和其他各种资源参与下的更加庞大的物流载体系统中，情况更加复杂，一个物流系统包含表现复杂产权关系的载体系统，一个公司要建立的物流系统只是在一段时间、一定区域重复使用这些载体中的一部分，在中国就要克服这种载体产权的分散性与物流系统的统一性之间的矛盾，这是任何想建立、使用或者经营物流系统的单位或者个人都不可能回避的问题，但是载体的产权矛盾对于建立和经营物流系统的单位与个人来说更为重要。

3. **要素运作冲突**

物流系统的各种要素都有各自的运作规律和标准，在没有建立统一的物流运作规范和标准的情况下，由于要素之间在运作上互相不能适应对方的业务特点和流程、标准、规范、制度、票据格式等而产生的矛盾很普遍。

以托盘为例。托盘（pallet）是用于集装、堆放、搬运和运输的放置作为单元负荷的货物和制品的水平平台装置。如果商品在一个物流系统中都以托盘为基础来进行运输、储存等作业的话，可以减少装卸搬运次数，降低装卸搬运损失，减少中间作业量，提高作业效率，加快物流速度。但是，托盘是低值易耗品，物流系统的上游、中游和下游企业都使用自己公司的托盘，这些托盘可能在尺寸、材质、价格、使用寿命、质量、新旧程度、样式等方面存在差异，其直接后果是托盘不可流通，这就影响了托盘在物流中效益的发挥，使用托盘还增加了中间作业成本，因此很多企业干脆不用托盘，主导企业则强迫其他协作企业采用自己的托盘，这是一种推行物流托盘标准的方法，但这并不一定是最佳的方法。

总之，要素之间的冲突时刻都存在，企业建立物流系统的工作从某种意义上讲就是解决物流系统组成要素之间方方面面存在的冲突的过程，因此企业必须首先认识到这些冲突，然后找出解决这些冲突的办法。

1.2.3　现代物流的分类

虽然物流基本功能要素是共同的，但是由于物流对象不同、目的不同、范围不同，形成了不同类型的物流。按不同的标准，可以将物流分为不同的类型。

1. 按物流研究的范围可分为宏观物流和微观物流

1）宏观物流

宏观物流是指社会再生产总体的物流活动，是从总量经济的角度去认识和研究物流活动的，属于大空间范畴的物流活动，往往带有宏观性，如全国物流、全球物流等。宏观物流研究的主要特点是综合性和全局性。

2）微观物流

微观物流是指社会再生产个体的物流活动，是从个体经济的角度去认识和研究物流活动的，属于小空间范畴的物流活动，如包括采供物流、生产物流、销售物流、回收物流、废弃物流在内的企业物流和生活物流都属于微观物流。微观物流研究的特点是具体性和局部性。

2. 按生产经营过程中所处的阶段可分为采供物流、生产物流、销售物流、回收物流及废弃物流

1）采供物流

采供物流是指企业生产所需的一切物资（包括原料、辅料、燃料、零部件、半成品等）的采购、进货运输、仓储、保管、物品发放等作业过程。

2）生产物流

生产物流是指原材料、燃料、辅料、外购件投入生产后，经过下料、发料、运送到各个加工点和存储点，以在制品的形态，从一个生产单位（车间）流入另一个生产单位（车间），按照规定的生产工艺过程进行加工、储存的全部生产过程。生产物流的形式和规模取决于生产的类型、规模、方式和生产的专业化与协作化水平。

3）销售物流

销售物流是指在销售活动中，完成其产品从生产地到用户所在地的时间和空间转移的过程。销售物流是企业赖以生存和发展的条件，是连接消费者的桥梁，具有很强的服务性。

4）回收物流

回收物流是指不合格品的返修、退货以及周转使用的包装容器从需求方返回到供应方所形成的物品实体流动过程。回收物品品种繁多，流通渠道也不规则，且多有变化，管理和控制的难度比较大。

5）废弃物流

废弃物流是指将经济生活中失去使用价值的物品，根据实际需要进行收集、分类、加工、包装、搬运、储存等，并分送到专门处理场所时形成的物品实体流动过程。废弃物流没有经济效益，但有不可忽视的社会效益，如有利于环境保护。

3. **按物流活动的空间范围可分为地区物流、国内物流和国际物流**

1）地区物流

地区物流是指地区局部范围内的物流活动，如南京物流、上海物流等。地区物流系统对于提高该地区企业物流活动的效率，以及保障当地居民的生活具有不可缺少的作用。

2）国内物流

国内物流是指全国范围内的物流活动。国家作为一个政治经济实体，所制定的各项政策法规都应该从自身整体利益出发为全国民众服务。国家在物流现代化的推进过程中主要发挥行政调控作用，提供私人不愿投资、实际又非常需要的公共产品，如制定各种物流方面的政策法规，确定物流活动的操作标准，投资物流基础设施。

3）国际物流

国际物流是不同国家之间的物流活动。国际物流是国际贸易的重要组成部分，各国之间的相互贸易最终是通过国际物流来实现的。全球经济一体化是当前世界经济的发展趋势。

4. **按照物流活动的承担主体可分为第一方物流、第二方物流和第三方物流**

(1) 第一方物流。第一方物流是指供应商销售其产品而进行的物流活动。

(2) 第二方物流。第二方物流是指用户从供应商处购进各种货物而形成的物流。

(3) 第三方物流。第三方物流是指由货物供应方、需求方以外的第三方去完成的物流活动。第三方物流企业是专业性的物流公司，在整合各种资源的基础上，为客户提供包括问题诊断、设计规划和具体物流业务运作等综合物流服务。

1.3 第三方物流与第四方物流

1.3.1 第三方物流

1. **第三方物流的概念**

第三方物流又被称为外包物流或合同物流，它是指由物流劳务的供方、需方之外的第三方去完成物流服务的运作方式，它是社会分工下物流专业化的一种表现形式，从其运作内容看，不仅包括仓储、运输和EDI(电子数据交换)，也包括订货与自动补货、选择运输工具、包装与贴标签、产品组配等。第三方物流的范围包括任何一种物流服务的外部采购，包括在交易基础上对运输和仓储服务的传统采购，也包括对非传统物流服务的购买行为。但从严格意义来说，第三方物流是指多项物流活动的采购行为，是对多种或综合服务的采购，涉及计划、控制和实施过程的采购，通常涉及长期业务关系。第三方物流基本的价值增值来自管理信息和知识。

2. **第三方物流的分类**

按照不同的分类标准，第三方物流有不同的类型。

(1) 按第三方物流企业来源构成，可以把第三方物流企业分为以下几类：从传统仓储、运输、货代等企业基础上改造转型而来的第三方物流企业；从工商企业原有物流服务职能剥离出来的第三方物流企业；不同企业、部门之间物流资源互补式联营而来的第三方物流企业；新创办的第三方物流公司。

传统转型第三方物流企业占我国物流市场的 50%左右。这类转型后的第三方物流企业主要包括以传统运输为基础的第三方物流企业、以传统仓储为基础的第三方物流企业、以货运代理为基础的第三方物流企业、以生产制造为基础的第三方物流企业和以邮政为基础的第三方物流企业。如中远物流和中铁物流，这些大型的国有企业所拥有的全国性的经营网络、各种运输工具和仓储资产发挥了重要作用，成为提供第三方物流服务的保证。这些转型的第三方物流企业可获得一定的政策倾斜和政府扶持，还可以利用以前的客户资源和良好的客户关系，为客户继续提供服务。但由于转型并不彻底，特别是最根本的内部组织结构和运作机制并没有根本性的转变，所以这些企业还存在效率较低、冗余人员比例较高、固有经营理念未改变等弊端。

新兴的第三方物流企业，如天津大田、北京宅急送、宝供物流企业集团公司等大致占了我国物流市场的 25%。这类企业大多是私有或者合资企业，其业务领域、服务和客户相对集中，具有新型的组织结构、进取向上的企业文化和先进的管理理念，这类企业的效率较高，机制灵活，企业负担轻，管理成本低，接受现代管理思想和先进技术快，在设备投资、业务规模和服务价格等各个方面具有前景。

从工商企业原有物流服务职能剥离出来的第三方物流企业是由大型制造企业的物流部转变而来的，如海尔物流、安得物流等。这些新办的国有或国有控股的新型物流企业是现代企业改革的产物。这种类型的物流公司原先主要为内部客户服务，经过长时间的合作，熟悉母公司业务，在为母公司提供物流服务方面具有专长。但是这些物流企业往往难以与专业物流企业竞争，需要进一步调整企业战略，逐步扩大经营范围，提高企业竞争力。

(2) 按第三方物流企业的资本归属，可以分为外资和中外合资物流企业、民营物流企业和国有物流企业。

国际第三方物流企业能充分利用其自身的成熟先进的经营管理模式和优质服务，吸引中国本土企业成为其新客户，实现向中国物流市场逐步渗透。如马士基物流公司在中国有 9 家分公司和 6 个办事处，并在上海开设了首家配送中心，可为顾客提供专业的供应链管理；UPS 公司的业务重点已转向亚洲，并将中国视为长期发展的平台之一，UPS 公司借助在 2008 年北京奥运会物流服务中所发挥的巨大作用已将其势力范围扩大到 40 个城市；此外，FedEx、DHL 等国际知名的物流公司都在积极进入中国物流市场并扩大市场份额。

(3) 按第三方物流企业物流服务功能的主要特征，可分为运输型物流企业、仓储型物流企业和综合服务型物流企业。

第三方运输型物流企业主要从事以下业务服务：①汽车运输：主要指整车货物的陆路运输，以长途汽车运输为主；②零担：也称 LTL 运输，指不满一个货运汽车的零散货物运输，往往涉及不同发货人的拼装运输；③专一承运：指运输工具专门为一个客户使用的运输形式，也称合同运输；④多式联运：指一项货物运输业务同时涉及海运、陆运、空运或其中两种以上的运输方式；⑤水运：指沿海、内河、远洋等水上运输；⑥铁路运输；⑦包裹：指小件的运输，其特点是实效性强，可能涉及空运、汽运、铁路等各种运输方式；⑧设备：专门提供运输设备的服务；⑨司机：出租职业司机的物流服务；⑩车队：指提供车队管理服务。

第三方仓储型物流企业主要从事以下业务服务：①越库：越库，英文为 Crossdocking，指货物仅在仓库交叉分装，基本没有停留过程的行为；②上门收货服务：收货并入仓库存储；③包装/次级组装：货物在仓储环节的包装服务和进一步的打码、重新包装等；④完善：指生产流程中没有完成的部分生产过程在仓储环节中进一步完善的行为；⑤分货管理：按不同的客户分类、分组储存和管理；⑥存货及管理：指以存货数量管理为主体的仓储服务，仓储的同时，依据销售数据，对提供存货数量预测、监督、调整的服务；⑦位置服务：指按照销售分布或生产分布对仓储或配送中心的位置进行咨询、设计、选址的服务。

第三方综合服务型物流企业是指除运输和仓储服务外，企业还提供以下增值服务：①逆向物流：也称反向物流，指产品回收、更换、处置等物流过程；②直接配送到商店：产品从工厂到零售商店的过程；③进/出口清关：代理进出口报关，编制单证等服务；④ISO 认证：物流企业或相关国际质量标准的认证服务；⑤直接送货到家：上门送货到家庭的服务。⑥第三方物流国际互联网服务和技术服务。

(4) 按第三方物流企业资源占有多少可分为资产基础型第三方物流公司和非资产基础型第三方物流公司。

所谓资产基础型第三方物流，是指本身拥有仓库、运力等一种或多种有形物流资产，并依托其资源提供核心服务。资产基础型第三方物流的资产有两种类型：一是指机械、装备、运输工具、仓库、港口、车站等从事实物物流活动，具有实物物流功能的资产。二是指信息资产，包括信息系统硬件、软件、网络及相关人才等。传统物流和现代物流的区别在于，传统物流服务企业只依靠第一种类型资产，而现代物流企业具备两种类型的资产。

非资产基础型第三方物流是指物流供应商不拥有或租赁资产，而是以人才、信息和先进的物流管理系统作为向客户提供服务的手段，并以此作为自身的核心竞争力。非资产基础型第三方物流由于自己不拥有需要高额投资和经营费用的物流设施、装备，而是灵活运用别人的这些生产力手段，这就需要有效的管理和组织，而且信息技术的支撑是十分重要的。非资产基础型第三方物流的运作模式包括综合物流代理运作模式和软件技术及信息服务型运作模式。

3. 第三方物流的特征

从发达国家物流业的状况看，第三方物流在发展中已逐渐形成鲜明特征，突出表现在以下五个方面。

(1) 合同化关系。第三方物流是通过契约形式来规范物流经营者与物流消费者之间关系的。根据合同来实施具体的操作。

(2) 服务个性化。根据不同消费者的不同需求，来增强自身的服务，来满足消费者。

(3) 功能专业化。物流所提供的服务从工具到操作过程，都必须体现专业水平。

(4) 管理系统化。第三方物流需要建立现代管理系统才能满足运行和发展的基本要求。

(5) 信息网络化。在物流服务的过程中，信息共享极大地提高了效率和效益。

1.3.2　第四方物流

1. 第四方物流的概念及形成

第四方物流是 1998 年美国埃森哲咨询公司率先提出的，是专门为第一方、第二方和第三方提供物流规划、咨询、物流信息系统、供应链管理等活动。第四方并不实际承担具体的物流运作活动。

第四方物流(fourth party logistics)是一个供应链的集成商，一般情况下政府为促进地区物流产业发展领头搭建第四方物流平台提供共享及发布信息服务，是供需双方及第三方物流的领导力量。它不只是物流的利益方，而是通过拥有的信息技术、整合能力以及其他资源提供一套完整的供应链解决方案，以此获取一定的利润。它帮助企业实现降低成本和有效整合资源，并且依靠优秀的第三方物流供应商、技术供应商、管理咨询以及其他增值服务商，为客户提供独特的和广泛的供应链解决方案。

2. 第四方物流的运作模式

与第三方物流注重实际操作相比，第四方物流更多地关注整个供应链的物流活动，结合自身的特点有三种运作模式可供选择。

1) 协同运作模式

该运作模式下，第四方物流只与第三方物流有内部合作关系，即第四方物流服务供应商不直接与企业客户接触，而是通过第三方物流服务供应商将其提出的供应链解决方案、再造的物流运作流程等实施。这就意味着，第四方物流与第三方物流共同开发市场，在开发的过程中第四方物流向第三方物流提供技术支持、供应链管理决策、市场准入能力以及项目管理能力等，它们之间的合作关系可以采用合同方式绑定或采用战略联盟方式形成。

2) 方案集成商模式

该运作模式下，第四方物流作为企业客户与第三方物流的纽带，将企业客户与第三方物流连接起来，这样企业客户就不需要与众多第三方物流服务供应商进行接触，而是直接通过第四方物流服务供应商来实现复杂的物流运作的管理。在这种模式下，第四方物流作为方案集成商除了提出供应链管理的可行性解决方案外，还要对第三方物流资源进行整合，统一规划为企业客户服务。

3) 行业创新者模式

行业创新者模式与方案集成商模式有相似之处：都是作为第三方物流和客户沟通的桥梁，将物流运作的两个端点连接起来。两者的不同之处在于：行业创新者模式的客户是同一行业的多个企业，而方案集成商模式只针对一个企业客户进行物流管理。这种模式下，第四方物流提供行业整体物流的解决方案，这样可以使第四方物流运作的规模更大限度地得到扩大，使整个行业在物流运作上获得收益。

第四方物流无论采取哪一种模式，都突破了单纯发展第三方物流的局限性，能真正的低成本运作，实现最大范围的资源整合。因为第三方物流缺乏跨越整个供应链运作以及真正整合供应链流程所需的战略专业技术，第四方物流则可以不受约束地将每一个领域的最佳物流提供商组合起来，为客户提供最佳物流服务，进而形成最优物流方案或供应链管理方案。而第三方物流要么独自,要么通过与自己有密切关系的转包商来为客户提供服务,它不太可能提供技术、仓储与运输服务的最佳结合。

1.3.3 第三方物流的发展趋势

1. 第三方物流在国外的发展情况

自20世纪80年代以来,外包(outsourcing)已成为商业领域中的一大趋势。这些企业,既包括生产企业,也包括流通企业。有资料显示,在英国市场上,1997年,主要的英国零售商已控制了94%的配送业务(从配送中心到商店),但是其中有将近一半(47%)都是外包给别人配送的。又例如在国际物流方面,根据荷兰国际配送协会(HIDC)的调查,美国、日本、韩国等国家在欧洲设立的配送中心的配送业务有三分之二是外包给当地的第三方物流公司管理的。第三方物流是在物流渠道中由中间商提供的服务,中间商以合同的形式在一定期限内,提供企业所需的全部或部分物流服务。在美国,第三方物流业被认为尚处于产品生命周期的发展期;第三方物流在美国已深入民心,有高达58%的物流量是通过第三方业者完成的,且其需求仍在增长,而且33%的非第三方物流服务用户正积极考虑使用第三方物流服务,美国72%的第三方物流服务用户认为他们有可能在三年内增加对第三方物流服务的运用。在欧洲,尤其在英国,普遍认为第三方物流市场有一定的成熟程度。欧洲目前使用第三方物流服务的比例约为76%。研究表明,欧洲24%的非第三方物流服务用户正积极考虑使用第三方物流服务;欧洲62%的第三方物流服务用户认为他们有可能在三年内增加对第三方物流服务的使用。欧洲最近的潜在物流市场的规模约为9 500亿美元。有资料显示,德国的物流市场总额为346亿美元,其中第三方物流企业的营业额为80多亿美元,占23.33%。在物流配送社会化程度最高的日本,第三方物流在整个物流市场的份额高达80%。由此可见,全世界的第三方物流市场具有潜力大、渐进性和高增长率的特征。这种状况使第三方物流业拥有大量服务提供者,大多数第三方物流服务公司是以传统的物流业为起点而发展起来的,如仓储业、运输业、空运、海运、货运代理和企业内的物流部等,他们根据顾客的不同需要,通过提供各具特色的服务取得成功。美国目前有400多个第三方物流供应商,其中大多数公司开始时并不是第三方物流服务公司,而是逐渐发展进入该行业的。

2. 第三方物流在我国的发展现状

近年来,我国的第三方物流得到了长足发展。第三方物流企业主要是一些原来的国家大型仓储运输企业和中外合资独资企业。如中国储运总公司、中外运公司、大通、敦豪、天地快运、EMS、宝隆洋行等。已在深沪股市上市的有26家物流企业,募集资金总额约为55亿元。这些企业涵盖了港口、仓储、管道运输、水运、铁路运输、汽车运输、客运等物流业的各个领域。目前我国已建成由铁路、公路、水路、航空和管道5种运输方式组成的综合运输体系。

尽管第三方物流前景乐观,但是,在我国,第三方物流企业基本上是以旧有的物资流通企业为主体。这些企业的实际状况不容乐观,主要表现在以下几个方面:①没有建立起较为完善的现代企业制度。②经营意识、作风与市场要求相距甚远。③企业管理水平较低。④规模较小、综合化程度较低。⑤利用现代技术程度低。

与此同时，一些国际著名的专门从事第三方物流的企业和运递业巨头如 TPG、UPS、DHL、FedEx、德国邮政等对于中国的物流市场早已虎视眈眈，他们或结成联盟，或并购股权，组成专业化的物流企业，作为专业化的"第三方物流"供应商进入物流领域，为客户提供涉及全国配送、国际物流服务、多式联运和邮件快递等服务。

3. 我国第三方物流未来发展的特点

(1) 服务链不断延伸、专业化不断加强。供需双方合作不断加深，服务模式日趋完善。第三方物流企业也越来越专注于特定的目标市场，以充分发挥其专业的优势。目前中国外运股份有限公司锁定在 IT、汽车行业、家用电器、化工、快速消费品等几个目标行业集中发展，专业细分程度也在进一步加强。从过去什么都做的物流转变成更加专业化的划分，按照市场和生产企业发展趋势要求，企业也在做一些相应变化。

(2) 服务范围向金融领域扩展。中国外运股份有限公司也在探讨市场对外运产生的一些新的需求、新的机会。物流、现金流、资金流是供应链三大组成部分。在我国信用体系尚不健全的情况下，中小企业因资金链断裂而造成的采购与供应短缺是造成供应链不稳定的重要因素，前些年在流通行业比较明显。由此以质押、监管为代表的物流金融服务得到较大发展，包括中外运、中远在内的企业纷纷开展此项业务。质押监管的发展标志着第三方物流与金融行业的融合，而服务范围也由静态的仓单质押向货物的在途质押转变，从供应链资金流收入方面看，第三方物流服务内涵得到进一步延伸和扩展。

(3) 物流行业的整合趋势非常明显。全球经济一体化所带来的是物流全球化进程，这一进程正在向中国扩展，自第三方物流概念引入国内起，以兼并收购为特征的全球物流整合深刻改变了物流市场格局。一大批知名的第三方物流企业消失，一批巨型的物流大集团在整合过程中迅速发展壮大，市场集中度明显提升。以德国邮政为例，几家德国本土邮政企业经过私有化之后，在短短十年时间里先后并购了 DHL 等物流巨头，并以 DHL 为平台集中打造第三方物流服务平台。近几年外资对国内第三方物流企业并购明显升温，进一步加快了中国第三方物流企业的全球化进程，也使第三方物流企业竞争从服务竞争扩展到资本竞争，这也是一个显著的特征。资本手段越来越成为物流企业做强做大的重要途径。经过十多年的发展，中国物流走上了理性、有序的发展轨道，官产学研等物流各界的沟通与协同不断加强，现代物流业发展环境不断改善。未来几年将是我国第三方物流的关键成长时期，中国外运股份有限公司作为中国最大的综合物流企业之一以及第三方物流服务的积极倡导者，将一如既往地与社会各界保持密切交流、合作与沟通，与大家共同发展。

1.4　供应链的结构和类型

1.4.1　供应链结构模型

根据供应链的定义，供应链的网链结构如图 1-4 所示。

从图 1-4 可以看出，供应链由所有加盟的节点企业组成，其中一般有一个核心企业

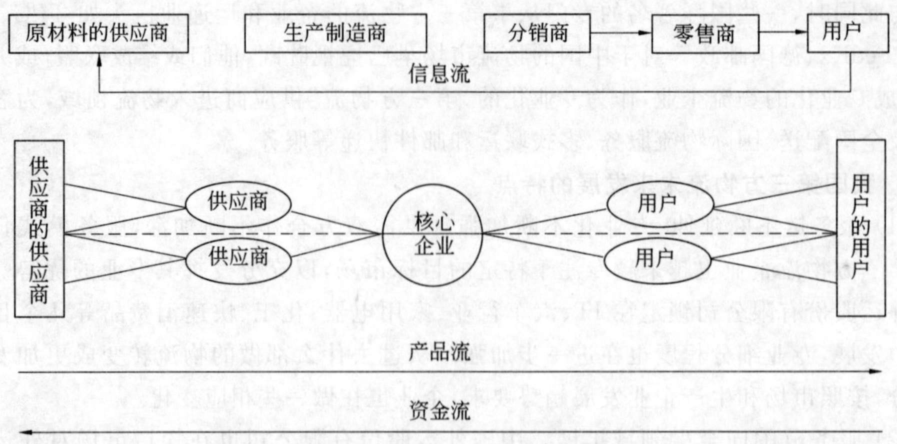

图 1-4 供应链的网链结构模型

(可以是产品制造企业,也可以是大型零售企业,如美国的沃尔玛)。节点企业在需求信息的驱动下和信息共享的基础上,通过供应链的职能分工与合作(生产、分销、零售等),以资金流、物流或/和服务流为媒介实现整个供应链的不断增值。

1.4.2 供应链的类型

供应链可以分为内部供应链和外部供应链两类。内部供应链是指企业内部产品生产和流通过程中所涉及的采购部门、生产部门、仓储部门、销售部门等组成的供需网络;而外部供应链则是指企业外部的,与企业相关的产品生产和流通过程中涉及的原材料供应商、生产厂商、储运商、零售商以及最终消费者组成的供需网络。内部供应链和外部供应链共同组成了企业产品从原材料到成品到消费者的供应链。可以说,内部供应链是外部供应链的缩小化。

对于制造厂商,其采购部门就可看作外部供应链中的供应商。它们的区别只在于外部供应链范围大,涉及企业众多,企业间的协调更困难。

供应链的产生和发展的历史虽然短暂,但由于它在企业经营中的重要地位和作用,以及它对提升企业竞争力的明显优势,其发展速度很快,已经形成了具有明显特点的供应链模式和结构。从不同的角度出发,按不同的标准,可以将供应链划分为不同的类型。

1. 按照供应链管理对象划分

这里所说的供应链管理对象是指供应链所涉及的企业及其产品、企业的活动、参与的人员和部门。根据供应链管理的研究对象及其范围,供应链可以分为三种类型:

1) 企业供应链

它以某个企业为核心,以该企业的产品为主导,形成包括该企业的供应商、供应商的供应商以及一切前向的关系,和用户、用户的用户及一切后向的关系。这个核心企业在整个供应链中具有明显的主导地位和作用,对整个供应链的建立和组织起关键作用。

2) 产品供应链

它以某一特定产品或项目为中心、是由特定产品或项目需求所拉动的、包括与此相关的所有经济活动的供应链。产品供应链上的企业关系紧密，它们相互依存。供应链的效率取决于相关企业的密切合作，因此，基于信息技术的系统化管理是提高供应链运作效率的关键。

3）基于供应链合作伙伴关系的供应链

供应链合作伙伴关系主要是针对这些职能成员间的合作进行管理。基于供应链合作伙伴关系的供应链一般通过契约协调双方或多方的利益，实现物流、信息流、资金流的流动与交换。

上述三种供应链管理对象的区分意义是彼此相关的，在一些方面是相互重叠的，这对于考察供应链和研究不同的供应链管理方法是有帮助的。

2. 按照供应链网络结构划分

1）V 型供应链

V 型供应链是供应链网状结构中最基础的结构。这种供应链以大批量物料存在方式为基础，经过企业加工转换为中间产品，提供给其他企业作为它们的原材料。生产中间产品的企业往往客户要多于供应商，呈发散状。例如，原料经过中间产品的生产和转换，成为工业原材料，如石油、化工、造纸和纺织等企业，这些企业产生种类繁多的产品，满足众多下游客户的需求，从而形成了 V 型供应链。

2）A 型供应链

当核心企业为供应网络上的最终用户服务时，它的业务本质上是由订单和客户驱动的。在制造、组装和总装时，会遇到一个与 V 型供应链相反的问题，即为了满足相对少数的客户需求和客户订单，需要从大量的供应商手中采购大量的物料。这是一种典型的会聚性的供应链网，即 A 型供应链。这种供应链要加强供应商和制造商之间的密切合作，共同控制库存量。

3）T 型供应链

介于上述两种模式之间，许多企业通常结成的是 T 型供应链。它们通常根据订单确定通用件，从与自己相似的供应商公司采购大量的物料，通过制造标准化来降低订单的复杂程度，为大量终端客户和合作伙伴提供构件与套件。如医药保健品、电子产品和食品、饮料等行业，以及为总装配提供零部件的公司也同样存在，如为汽车、电子器械和飞机主机厂商提供零配件的企业等。

3. 按照供应链驱动力的来源划分

按照供应链驱动力的来源，供应链可以分为推动式供应链和拉动式供应链。

1）推动式供应链

推动式供应链的运作是以产品为中心，以生产制造商为驱动原点，这种传统的推动式供应链管理是以生产为中心，力图尽量提高生产率，降低单件产品成本来获得利润。通常，生产企业根据自己的 MRP-II/ERP 计划来安排从供应商处购买原材料，生产出产品，并将产品经过各种渠道，如分销商、批发商、零售商一直推至客户端。在这种供应链上生产商对整个供应链起主导作用，是供应链上的核心或关键成员，而其他环节如流通领域的企业则处于被动的地位，这种供应链方式的运作和实施相对容易。然而，由于生产商在供应链上远离客户，对客户的需求远不如流通领域的零售商和分销商了解得清楚，这种供应链上企业之间的集成度较低，反应速度慢，在缺乏对客户需求了解的情况下生产出的产品和驱动供应链运作的方向往往是无法匹配和满足客户需求的。

同时，由于无法掌握供应链下游，特别是最末端的客户需求，一旦下游有微小的需求变化，反映到上游时这种变化将被逐级放大，这种效应被称为"牛鞭效应"。为了对付这种"牛鞭效应"，相应下游，特别是最终端客户的变化，在供应链的每个节点上，都必须采取提高安全库存量的办法，需要储备较多的库存来应付需求变动，因此，整个供应链上的库存较高，响应客户需求变化速度较慢。传统的供应链管理几乎都属于推动式的供应链管理，如图 1-5 所示。

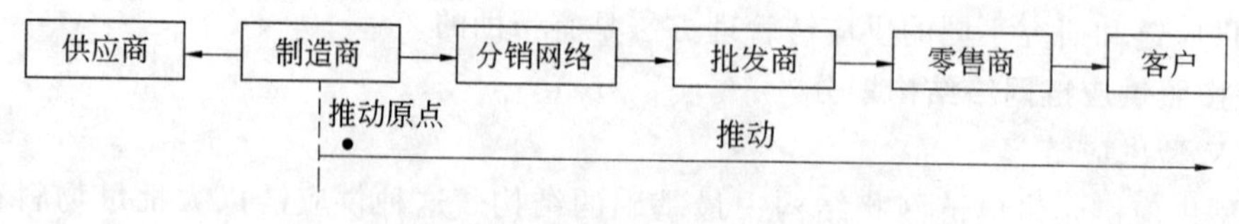

图 1-5　推动式供应链

2）拉动式供应链

拉动式供应链管理的理念是以顾客为中心，通过对市场和客户的实际需求以及对其需求的预测来拉动产品的生产和服务。因此，这种供应链的运作方式和管理被称为拉动式的供应链管理。这种运作和管理需要整个供应链能够更快地跟踪，甚至超前于客户和市场的需求，来提高整个供应链上的产品和资金流通的效率，减少流通过程中不必要的浪费，降低成本，提高市场的适应力，特别是对下游的流通和零售行业，更是要求供应链上的成员间有更强的信息共享、协同、响应和适应能力。例如，目前发达国家采用协同计划、预测和补货(CPFR)策略与系统，来实现对供应链下游成员需求拉动的快速响应，使信息获取更及时，信息集成和共享度更高，数据交换更迅速，缓冲库存量及整个供应链上的库存总量更低，获利能力更强，等等。拉动式供应链虽然整体绩效表现出色，但对供应链上企业的管理和信息化程度要求较高，对整个供应链的集成和协同运作的技术与基础设施要求也较高。

以计算机公司为例，其对计算机市场的预测和计算机的订单是企业一切业务活动的拉动点，生产、装配、采购等的计划安排和运作都是以它们为依据和基础进行的，这种典型的面向订单的生产运作可以明显地减少库存积压和个性化与特殊配置需求，并加快资金周转。然而，这种供应链的运作和实施相对较难。其结构原理如图 1-6 所示。

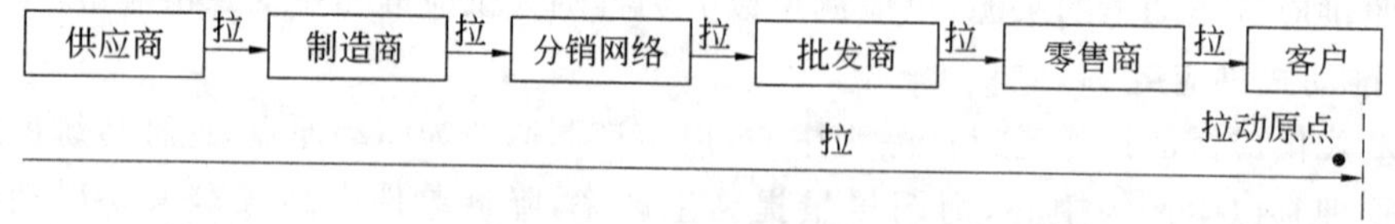

图 1-6　拉动式供应链

但在一个企业内部，对于有些业务流程来说，有时推动式和拉动式方式共存。如戴尔计算机公司的 PC(个人计算机)生产线，既有推动式运作又有拉动式运作，其 PC 装配的起点就是推和拉的分界线，在装配之前的所有流程都是推动式流程，而装配和其后的所有流程都是拉动式流程，完全取决于客户订单。这种推拉共存的运作对制定有关供应链设计的战略决策非常有用。例如，供应链管理中的延迟生产策略就很好地体现了这一点，通过对产品设计流程的改进，使推和拉的边界尽可能后延，便可有效地解决大规模生产与大规模个性定制之间的矛盾，在充分利用规模经济的同时实现大批量客户化生产。

4. 其他划分

供应链还可以根据不同的标准划分为以下几种类型。

(1) 根据供应链存在的稳定性划分，可以将供应链分为稳定的和动态的供应链。基于相对稳定、单一的市场需求而组成的供应链稳定性较强，而基于相对频繁变化、复杂的需求而组成的供应链动态性较高。在实际管理运作中，需要根据不断变化的需求，相应地改变供应链的组成。

(2) 根据供应链容量与用户需求的关系，可以将供应链划分为平衡的供应链和倾斜的供应链。一条供应链具有一定的、相对稳定的设备容量和生产能力(所有节点企业能力的综合，包括供应商、制造商、运输商、分销商、零售商等)，但用户需求处于不断变化的过程中，当供应链的容量能满足用户需求时，供应链处于平衡状态，而当市场变化加剧，造成供应链成本增加、库存增加、浪费增加等现象时，企业就不是在最优状态下运作，供应链则处于倾斜状态。平衡的供应链可以实现各主要职能(采购/低采购成本、生产/规模效益、分销/低运输成本、市场/产品多样化和财务/资金运转快)之间的均衡。

(3) 根据供应链的功能模式(物理功能和市场中介功能)可以将供应链划分为有效性供应链(efficient supply chain)和反应性供应链(responsive supply chain)。有效性供应链主要体现供应链的物理功能，即以最低的成本将原材料转化成零部件、半成品、产品，以及在供应链中的运输等；反应性供应链主要体现供应链的市场中介的功能，即把产品分配到满足用户需求的市场，对未知的需求做出快速反应等。

1.5　供应链管理的内容及意义

1.5.1　供应链管理的内容

作为供应链中各节点企业相关运营活动的协调平台，供应链管理应把重点放在以下几个方面。

1. 供应链战略管理

供应链管理本身属于企业战略层面的问题，因此，在选择和参与供应链时，必须从企业发展战略的高度考虑问题。它涉及企业经营思想，在企业经营思想指导下的企业文化发展战略、组织战略、技术开发与应用战略、绩效管理战略等，以及这些战略的具体实施。供应链运作方式、为参与供应链联盟而必需的信息支持系统、技术开发与应用以及绩效管理等都必须符合企业经营管理战略。

2. 信息管理

信息以及对信息的处理质量和速度是企业在供应链中获益大小的关键，也是实现供应链整体效益的关键。因此，信息管理是供应链管理的重要方面之一。信息管理的基础是构建信息平台，实现供应链的信息共享，通过 ERP 和 VMI 等系统的应用，将供求信息及时、准确地传递到相关节点企业，从技术上实现与供应链其他成员的集成化和一体化。

3. 客户管理

客户管理是供应链的起点。如前所述，供应链源于客户需求，同时也终于客户需求，因此供应链管理是以满足客户需求为核心来运作的。通过客户管理，详细地掌握客户信息，从而预先控制，在最大限度地节约资源的同时，为客户提供优质的服务。

4. 库存管理

供应链管理就是利用先进的信息技术，收集供应链各方以及市场需求方面的信息，减小需求预测的误差，用实时、准确的信息控制物流，减少甚至取消库存(实现库存的"虚拟化")，从而降低库存的持有风险。

5. 关系管理

通过协调供应链各节点企业，改变传统的企业间进行交易时的"单向有利"意识，使节点企业在协调合作关系的基础上进行交易，从而有效地降低供应链整体的交易成本，实现供应链的全局最优化，使供应链上的节点企业增加收益，进而达到双赢的效果。

6. 风险管理

信息不对称、信息扭曲、市场不确定性以及其他政治、经济、法律等因素，导致供应链上的节点企业存在运作风险，必须采取一定的措施尽可能地规避这些风险。例如，通过提高信息透明度和共享性、优化合同模式、建立监督控制机制，在供应链节点企业间合作的各个方面、各个阶段，建立有效的激励机制，促使节点企业间的诚意合作。

从供应链管理的具体运作看，供应链管理主要涉及以下四个领域：供应管理，生产计划，物流管理，需求管理。具体而言，包含以下内容。

(1) 物料在供应链上的实体流动管理。

(2) 战略性供应商和客户合作伙伴关系管理。

(3) 供应链产品需求预测和计划。

(4) 供应链的设计(全球网络的节点规划与选址)。

(5) 企业内部与企业之间物料供应和需求管理。

(6) 基于供应链管理的产品设计与制造管理、生产集成化计划、跟踪和设计。

(7) 基于供应链的客户服务和物流(运输、库存、包装等)管理。

(8) 企业间资金流管理(汇率、成本等问题)。

(9) 基于 Internet/Intranet 的供应链交互信息管理。

1.5.2 供应链管理的意义

供应链管理模式是顺应市场形势的必然结果，供应链管理能充分利用企业外部资源快速响应市场需求，同时又能避免自己投资带来的建设周期长、风险高等问题，赢得产品在成本、质量、市场响应、经营效率等各方面的优势，可以增强企业的竞争力。

1. 供应链管理能提高企业间的合作效率

现代社会，大部分产品需要各种企业的分工协作才能完成。譬如，波音 747 飞机的制造需要 400 余万个零部件,可这些零部件的绝大部分并不是由波音公司内部生产的,而是由 65 个国家的 1 500 个大企业和 15 000 个中小企业提供的。在合作生产的过程中,众多的供应商、生产商、分销商、零售商构成了供应链的冗长的、复杂的流通渠道,企业之间的合作效率极低。供应链管理的实质是跨越分隔顾客、厂家、供应商的有形或无形的屏障,把它们整合为一个紧密的整体,并对合作伙伴进行协调、优化管理,使企业之间形成良好的合作关系。

2. 供应链管理可提高客户满意度

供应链从客户开始,到客户结束。供应链是真正面向客户的管理。从前的生产是大批量生产,但随着客户越来越多个性化需求的出现,现在的生产要求满足客户的不同需求。供应链管理把客户作为个体来进行管理,并及时把客户的需求反映到生产上,能够做到对客户需求的快速响应。因而不仅满足了客户的需求,而且还挖掘了客户潜在的需求。比如,供应链管理中的客户关系管理(customer relationship management,CRM),就可以根据客户的历史记录,分析客户的潜在需求,在客户想到之前把客户需要的产品生产出来。

3. 供应链管理是企业新的利润源泉

供应链管理思想与方法目前已在许多企业中得到了应用,并且取得了很大的成就。调查表明,通过实施供应链管理,企业可以降低供应链管理的总成本,提高准时交货率,缩短订单满足提前期,提高生产率,提高绩优企业资产运营业绩,降低库存,等等来提高企业经济效益。

1.6　现代物流与经济社会发展

1.6.1　国内外物流发展状况

在欧美经济发达国家,物流的发展经历了数十年。在美国,其物流发展已有近百年的历史。在我国,物流起步较晚,与发达国家物流发展水平还存在相当大的差距。

1. 我国物流发展现状及存在的问题

进入 21 世纪以来,我国物流业总体规模快速增长,服务水平显著提高,发展的环境和条件不断改善,为进一步加快发展奠定了坚实基础。

1) 我国物流发展现状

我国物流业在这些年的发展中取得了不小的成就。

(1) 物流业规模快速增长。全国社会物流总额 2013 年达到 197.8 万亿元,比 2005 年增长 3.1 倍,按可比价格计算,年均增长 11.5%。物流业增加值 2013 年达到 3.9 万亿元,比 2005 年增长 2.2 倍,年均增长 11.1%,物流业增加值占国内生产总值的比重由 2005 年的 6.6%提高到 2013 年的 6.8%,占服务业增加值的比重达到 14.8%。物流业吸纳就业人数快速增加,从业人员从 2005 年的 1 780 万人增长到 2013 年的 2 890 万人,年均增长 6.2%。

(2) 物流业发展水平显著提高。一些制造企业、商贸企业开始采用现代物流管理理念、方法和技术,实施流程再造和服务外包;传统运输、仓储、货代企业实行功能整合和服务延伸,加快向现代物流企业转型;一批新型的物流企业迅速成长,形成了多种所有制、多种服务模式、多层次的物流企业群体。

(3) 物流基础设施条件逐步完善。交通设施规模迅速扩大,为物流业发展提供了良好的设施条件。截至 2015 年年底,全国铁路营业里程达 12.1 万公里,高速公路通车里程 11.7 万公里,港口泊位超 3 万个。物流园区建设开始起步,仓储、配送设施现代化水平不断提高,一批区域性物流中心正在形成。

(4) 物流业发展环境明显好转。国家"十一五"规划纲要明确提出"大力发展现代物流业",中央和地方政府相继建立推进现代物流业发展的综合协调机制,出台了支持现代物流业发展的规划和政策。

2) 我国物流发展存在的问题

近年来我国物流行业得到较快发展,但是总体水平仍然偏低,还存在一些突出问题。

(1) 物流服务的组织化和集约化程度不高,全社会物流运行效率偏低,社会物流总费用与 GDP 的比率高出发达国家 1 倍左右。

(2) 社会化物流需求不足和专业化物流供给能力不足的问题同时存在,"大而全""小而全"的企业物流运作模式还相当普遍。

(3) 物流基础设施能力不足,尚未建立布局合理、衔接顺畅、能力充分、高效便捷的综合交通运输体系,物流园区、物流技术装备等能力有待加强。

(4) 物流管理体制和机制存在障碍,地方封锁和行业垄断不利于资源整合和一体化运作,物流市场还不够规范。

(5) 物流标准不健全,物流法律体系有待完善。

(6) 物流技术、物流人才培养还不能满足现代物流发展的需要。

2. 美国现代物流的发展及相关政策

美国经济高度发达,也是世界上最早发展物流业的国家之一。美国政府推行自由经济政策,其物流业务数量巨大,且异常频繁,因而决定了美国多渠道、多形式的物流结构特征。

1) 美国现代物流发展概况

进入 20 世纪 80 年代的美国,物流管理的内容已由企业内部延伸到企业外部,其重点已经转移到对物流的战略研究上,企业开始超越现有的组织结构界限而注重外部关系,将供货(提供成品或运输服务等)、分销商以及用户等纳入管理的范围,利用物流管理建立和发展与供货厂商及用户稳定、良好、双赢、互助的合作伙伴关系,物流管理意味着企业已经应用先进的技术、站在更高的层次上管理这些关系。电子数据交换(EDI)、准时制生产(JIT)、配送计划,以及其他物流技术的不断涌现和应用发展,为物流管理提供了强有力的技术支持和保障。

20 世纪 90 年代,电子商务在美国如火如荼地发展,促使现代物流上升到前所未有的重要地位。目前的发展表明,电子商务交易额中 80% 是商家对商家(B2B)的交易。电子商务是在互联网络开放环境下一种基于网络的电子交易、在线电子支付的新型商业运营方式。电子商务带来的这种交易方式的变革,使物流向信息化并进一步向网络化方向发展。此外，专家系统和决策支持系统的推广，使美国的物流管理更加趋于智能化。

2）美国物流的管理体制与政策

美国是西方资本主义国家中唯一长期实行运输、仓储等物流业私有化的国家。美国的物流市场错综复杂，又十分活跃，得益于它有一套完善的物流市场管理及法制管理体系。联邦层次的管理机构主要有各种管制委员会，其中州际商务委员会负责铁路、公路和内河运输的合理运用与协调；联邦海运委员会负责国内沿海和远洋运输；联邦能源委员会负责州际石油和天然气管道运输；而联邦法院则负责宪法及运输管制法律的解释、执行、判决和复查各管制委员会的决定；各有关行政部门，如交通部、商务部、能源部和国防部等负责运输管理的有关行政事务。它们和州级相应机构一起，构成美国全国物流市场的管理机构体系。

美国政府在物流高度发达的经济社会环境下，不断通过政府宏观政策的引导，确立以现代物流发展带动社会经济发展的战略目标，其近景、远景目标十分明确。美国在其到 2025 年的《国家运输科技发展战略》中，规定交通产业结构或交通科技进步的总目标是："建立安全、高效、充足和可靠的运输系统，其范围是国际性的，形式是综合性的，特点是智能性的，性质是环境友善的。"其远景目标是：适应经济增长和贸易发展的需要，通过建立高效和灵活的运输系统，促进美国经济的增长及在本地区和国际上的竞争力；改进机动性和可达性，确保运输系统的畅达、综合、高效和灵活等。近景目标是：改进运输系统结构的完善性，使国家运输基础设施新增通行能力，与其运营效率保持平衡，等等。

3. 欧洲各国的物流管理体制

欧洲和美国一样，在物流业发展方面走在了世界的前沿。欧洲的物流业发展与美国相比，呈现出了不同的特点。特别是最近几年来，欧洲在物流产业上具有明显的特色。科技进步，尤其是 IT 技术的发展及相关产业的合并联盟，促进了欧洲物流业的快速发展。欧洲各国的物流管理体制基本采取的是政府监督控制、企业自主经营的市场运作模式。它有如下特点。

1）政府在物流管理中的作用——监督控制

以德国为例，德国货运管理部门是联邦货运交通局（BAG）。联邦货运交通法中规定联邦货运交通局的任务就是监督和控制。联邦货运交通局规定，如违反规定，就要受到主管局的惩罚或联邦货运交通局的制裁。

2）基础设施——政府兴办，民间经营

德国的货运中心是为了提高货物运输的经济性和合理性，以发展综合交通运输体系为主要目的的。德国的货运中心建设遵循以下联邦政府统筹规划、州政府扶持建设、企业自主经营的发展模式，具体内容如下：

（1）联邦政府统筹规划。联邦政府在统筹考虑交通干线、土枢纽规划建设的基础上，通过广泛调查生产力布局、物流现状，根据各种运输方式衔接的可能，在全国范围内规划物流园区的空间布局、用地规模与未来发展并给予资助。

（2）州政府扶持建设。州政府提供建设所需要的土地、公路、铁路、通信等交通设施，把物流园区场地出租给物流企业，按股份制形式共同出资，由企业自己选举产生咨询管理委员会。该委员会代表企业与政府打交道，与其他物流园区加强联系，但不具有行政职能；同时还负责兴建综合服务中心、维修保养厂、加油站、清洗站等公共服务设施，为成员企业提供信息、咨询、维修等服务。

(3) 企业自主经营。入驻企业自主经营、照章纳税，依据自身经营需要建设相应的库房、堆场、车间，配备相关的机械设备和辅助设施。

3) 整体运输安全计划

欧洲提出的“整体运输安全计划”，目的是监控船舶状态。通过测量船舶的运动、船体的变形情况和海水的状况，就可以提供足够的信息，避免发生事故，或者是在事故发生之后，确定造成事故的原因。

4) 统一标准，协调发展

为提高欧洲各国之间频繁的物流活动效率，欧盟组织之间采取了一系列协调政策与措施，大力促进物流体系的标准化、共享化和通用化。如由全欧铁路系统及欧盟委员会提出的“在未来20年内，实现欧洲铁路信号等铁路运输关键系统的互用”。

另外，为了优化整个欧盟地区的物流资源，使之实现资源共享，欧洲还建立了欧洲空运集团(European Air Group)，由7个成员国(比利时、法国、德国、意大利、荷兰、西班牙和英国)组成，并于2002年在荷兰建立了空运联合协调中心，负责规划紧急事件处理、空中加油机、重要人物运输和医疗抢救等任务。

5) 扩大行业影响力——行业协会的作用

欧洲的运输与物流业组织——欧洲货代组织(FFE)在董事会年会上决定，为了整个行业的利益和长远大计，将积极在欧洲乃至国际上扩大行业影响力。欧洲货代组织包括当今世界上9家最大的货代企业和物流企业，拥有5万雇员，每年货物运输量2亿吨，每年营业额高达300亿欧元。为了达到扩大行业影响力的目的，其制定了今后的工作重点：与TAPA(技术财产保护协会)成员洽商高科技产品在运输、装卸、管理过程中的安全要求，并达成一致意见；向欧盟委员会提交有关行业建议，要求欧盟在交通运输政策“白皮书”中反映出欧洲交通运输行业尤其是物流业的利益；运用先进的经营管理手段(包括IT管理)维护客户的利益，巩固与客户的合作关系。

4. 日本现代物流发展

日本物流业的发展已有较长的历史，处于世界领先水平。特别是日本政府近年来为了大力扶持物流产业的发展所采取的一些宏观政策导向，给日本物流产业带来快速增长的实践经验，对我国具有极为有益的启示。

1) 日本物流业发展概况

日本将物流运输业改革作为国民经济中最为重要的核心课题予以研究和发展。其特点主要表现在以下几方面。

(1) 全面完善各项物流基础设施的建设。日本政府在全国范围内开展了包括高速公路网、新干线铁路运输网、沿海港湾设施、航空枢纽港、流通聚集地在内的各种基础设施建设，投资物流运输体系的建设，既拉动了本国生产的内需，又为日本扩大物流市场提供了充实的物流硬件保证。

(2) 不断提高生产物流管理水平。汽车制造工业的发展为日本生产物流管理手段的发展提供了用武之地。“零库存”管理、准时制生产管理(just in time)等新的物流管理方式不断涌现;物流中心、中央物流中心等各种物流管理系统不断增加;物流联网系统、物流配车系统等物流软件不断运用。日本堪称世界上物流管理手段与工业化生产结合最为成功的国家之一。

(3) 确立海运立国战略。作为传统的海运国家,日本政府把航运作为本国经济发展的生命线。近年来,日本政府又调整了部分物流发展战略,积极倡导高附加值物流,并将物流信息技术作为重点发展方向,力争在物流国际化、系统化、标准化、协作化方面取得进展。

2) 日本政府的综合物流政策

日本物流业之所以发展迅速,与日本政府对物流业的宏观政策引导有着直接的关系。日本政府认为物流业的高速发展对提高国家经济活力有着重要的战略意义,为此政府在 1997 年即出台了发展物流业的政策措施。该政策具体提出三项目标:①提供亚太地区最方便且有魅力的服务;②降低物流成本,使其不妨碍产业的竞争力;③减低环境的负荷。

为了实现上述三项基本目标,政府还设定了政策实施方面的三项原则:①以相互合作为基础的综合性施政方式;②满足客户多样化需求(全方位的施政方式);③促进竞争,搞活市场。

在这三项原则的指导下,在物流的各个领域进一步设立了努力目标,包括政策实施中的一些具体目标值,如货物的托盘使用率、临时停留场所的滞留时间等关键性控制值。

1.6.2 电子商务物流

电子商务物流是物流与电了商务相结合的产物,电子商务与物流既相互制约、又相互促进。为了提高物流效率,降低物流成本,物流企业除了要大力发展现代物流技术以外,还要加强物流管理,提高现代物流管理水平。

1. 电子商务物流管理的目标与内容

电子商务物流管理就是研究并应用电子商务物流活动规律对物流全过程、各环节、各方面的管理,其目的就是使各项物流活动实现最佳的协调与配合,以降低物流成本,提高物流效率和经济效益。

电子商务物流管理的内容主要包括现代物流与电子商务物流导论,如现代物流概念,物流分类、作用和功能,相关的物流理论和理念;电子商务物流的概念、特征和流程,电子商务与物流的关系;电子商务物流管理的含义、内容、原则及职能;电子商务物流系统:电子商务环境下物流产业发展的趋势;电子商务物流市场与运行模式;电子商务物流的采购管理与库存控制、物流运输与协同管理:电子商务物流企业管理;物流信息化与电子商务物流技术管理;电子商务环境下的供应链管理;电子商务环境下的国际物流;物流网络营销与物流电子商务网站管理;等等。

2. **我国电子商务物流发展中存在的问题和挑战**

借着电子商务发展的东风，电商物流作为物流配送业的细分领域异军突起，迎来高速发展期。目前，我国电子商务物流企业在数量上已具有一定的规模。据报道，全国700余家连锁公司中，一些规模较大的连锁公司已经建立了自己的配送中心。国内介入物流业的上市公司也有近百家。与此同时，由于看好加入世贸组织后的中国物流市场，许多外国物流企业和运递业巨头也抢滩中国。例如，日本独资的物流公司——日本邮船继在中国上海设分公司后，又相继在天津、青岛、广州、大连等地设立物流分公司。现在我国已经建有各类配送中心1 000多家，它们和外资物流企业一起参与我国物流市场的激烈竞争。

虽然电子商务有着良好的发展态势，但是从总体上还不能适应电子商务发展的需要，物流效益不高，与国际先进水平存在相当大的差距。

1）电子商务发展的问题

电子商务发展的问题主要集中在以下几个方面。

（1）相关企业对电子商务物流的重视与认识程度相对欠缺，电子商务物流观念落后。我国电子商务还处在初级发展阶段，其功能主要局限于信息的交流，电子商务与物流之间相互依赖、相互促进的关系还没有在社会上得到普遍的认识。很多企业对物流的认识仅仅停留在传统的货运、存储等层面上。人们在重视电子商务的同时，却对面向电子商务的物流配送系统的重视程度不高，从而出现物流配送系统落后，不能与电子商务良好结合，限制电子商务快速、高效、便捷优势的发挥。

（2）企业信息化、企业物流的电子化、集成化管理程度普遍较低。制造企业、商业企业、物流企业有企业内部网的比例较低，大多数企业计算机和网络基础设施薄弱，且缺乏有关的专业人才。企业信息化程度普遍较低。电子商务企业只有通过电子化、集成化物流管理把供应链上各环节紧密联系起来，才能对顾客的个性化需求快速做出反应，保证电子商务物流通畅。而目前我国企业在物流电子化、集成化管理方面尚处于理论探讨阶段。

（3）适用于电子商务的物流配送的基础设施有待完善，管理水平有待提高。道路的建设、配送中心的规划与管理、仓储设施的现代化配置、配送运输工具的更新换代、物流管理模式和经营方式的优化等问题都亟须解决，同时物流业的网络建设还不够完善，适用于电子商务的物流配送基础设施和配送管理手段比较落后。

（4）管理体制相对落后，国家与物流发展相关的制度、政策法规尚需完善。我国目前很难形成一个统一的物流市场。我国的很多资源是分散的，物流中横向的联系被纵向的管理体制切割了，因而物流中“流而不畅”或“流而不通”的现象时有发生。电子商务物流是完整的体系，它不仅涉及参加交易的各方主体，而且也涉及不同地区及工商、海关、税务等部门。目前与企业发展息息相关的融资制度、产权转让制度、用人制度、社会保障制度、市场准入与退出制度等方面的改革还远不能适应物流企业发展的需要。

（5）金融体系支撑不足，物流标准化体系有待完善。电子商务物流的发展，必须有安全、高质、高效的金融服务及其电子化与其相配套。目前我国金融服务水平和电子化程度虽有所提高，但仍不能适应电子商务物流发展的需要。对物流企业来说，标准化是提高内部管理、降低成本、提高服务质量的有效措施：而对消费者来说，享受标准化的物流服务则是消费者权益的体现。现阶段，由于物流标准的不统一，导致物流无效环节的大量增加,严重影响物流的效率和效益。

(6) 电子商务物流专业人才缺乏。电子商务物流是一门综合性学科,电子商务物流人才是懂电子商务又熟悉物流的复合型人才。电子商务物流从业人员是否具有较高的物流知识和操作经验,会直接影响到企业的生存与发展。而目前我国在物流和配送方面的教育还相当落后,与物流相关的职业教育也十分匮乏,物流人才稀缺。

2) 电商物流发展面临的挑战

电商物流的发展面临来自三方面的挑战:

(1) 为加强对销售渠道的控制并掌控业务战略布局,电商企业携资金和用户优势跨界自建物流,加剧了物流行业的竞争形势。

(2) 电商行业的迅猛发展推动了物流行业的粗放发展,物流企业准入门槛低,缺少行业标准规范,物流企业面临流程重组和业务转型升级压力。

(3) 服务质量差、货物不能安全及时送达等问题常被顾客诟病,极大影响顾客的消费体验与忠诚度。

3. 电商物流企业顾客忠诚度

电商物流企业顾客忠诚度对于促进电子商务的发挥起着至关重要的作用。

目前学界对顾客忠诚(customer loyalty)的定义尚无明确界定。Dick 和 Basu 认为,较高的态度取向和高频率的重复购买行为才是真正的顾客忠诚,关系强度和态度是组成顾客忠诚的两个变量。Gremler 将顾客忠诚划分为行为忠诚、情感忠诚和意向忠诚。本书从以上分类中抽取态度忠诚和行为忠诚并将两者作为电商物流企业顾客忠诚研究的两个维度。其中,态度忠诚是顾客对电商物流企业的态度,包括产品推荐、口碑、长期购买意向等;行为忠诚是实际发生的、顾客对电商物流企业产品和服务的使用行为。

提高顾客的忠诚度,是服务优化转型时期我国电商物流企业能在激烈的竞争中取得优势,并且保持持续的利润增长的关键一步。

近年来,国内外有关服务质量与顾客满意、顾客忠诚度的影响因素的研究已取得一定成果,比如转换成本、品牌形象和物流服务质量对于电商物流企业客户忠诚度的影响的研究。

1) 转换成本

转换成本的构成受到产品类型、商业模式、顾客类型等因素的影响,顾客选择放弃原有服务商而选择另一个则涉及很多成本,无法直接对转换成本的构成给出明确的规范。Samuelson 和 Zeckhauser 从经济学、心理学和决定论视角将转换成本划分为经济风险成本、程序成本、组织成本和利益损失成本。Dick 和 Basu 认为转换成本包括顾客在选择新服务时对时间和心理两个维度的不确定性。Burnham 等在研究信用卡顾客的忠诚度时从程序、财务和关系三个角度对转换成本做出界定。程序成本包括经济风险成本、评估成本、学习成本和建立成本;财务成本包括货币成本和利益损失;关系成本是用户在心理和情绪上的不适感,包括品牌关系损失和人际关系损失。

本书将转换成本分为财务成本和评估成本。其中,评估成本是顾客在不同电商物流企业间转换时产生的时间成本和精力成本,财务成本是顾客在不同电商物流企业间转换时产生的货币成本和利益损失,结论如下。

(1) 财务成本对电商物流企业的顾客行为忠诚和顾客态度忠诚均存在正向影响。

(2) 评估成本对顾客忠诚的影响并不显著。

评估成本的产生与产品的地理分散性、缺少替代品、品牌知名度低、服务的可见性、重复支付意向密切相关。结合国内电商物流的发展现状,电商物流发展迅速,几大物流巨头扩张势头迅猛,仅 2014 年全国快递代理点就新增 5 万个,农村快递代理点覆盖率达到 50%。电商物流企业的代理快递点遍布、替代品丰富、品牌知名度较高、服务相对透明,这使得顾客在考虑转换电商物流企业时,不需花费过多的时间成本和精力成本,价格才是影响顾客选择的重要因素。

2) 品牌形象

品牌形象(brand image)是市场营销学中的热点研究主题之一。1955 年,Gardner 和 Levy 从市场营销学视角首次将品牌形象定义为顾客对特定品牌的态度、情绪和看法,并指出品牌形象对企业的短期和长期发展都具有重要意义。目前,品牌形象是顾客对品牌的一个综合、主观的印象这一结论得到学界广泛认可。对于品牌形象的构成要素,很多学者也从不同的研究视角进行了研究。可以明确的是,品牌形象不仅仅与产品自身有关,它还包括顾客对接收到的关于产品信息、品牌信息和与之相关的企业市场营销活动等信息进行诠释后在脑海中形成的主观感受。Biel 将品牌形象界定为企业形象、产品/服务形象、顾客自身形象三个维度,并将每个维度又划分为功能属性和情感属性。Schmitt 和 Simonson 提出,品牌识别中的情感体验对成功的品牌形象塑造具有重要作用。

本书将电商物流企业的品牌形象分为企业形象、产品形象和情感体验。其中,企业形象是顾客对电商物流企业的态度属性和行为属性的整体印象,产品形象是顾客对电商物流企业产品的整体看法,情感体验是顾客在使用电商物流企业的产品和服务时所感受到的情感因素,它会激发顾客对电商物流企业产品和服务的实际使用,结论如下。

(1) 顾客满意对顾客态度忠诚具有正向影响,但对于行为忠诚则无太大影响。

顾客满意(customer satisfaction)属于市场营销学的基础理论,其内涵是满足顾客需求。顾客满意的内涵可概括为情感流派和认知流派。情感流派视顾客满意为顾客的情感状态,顾客满意是顾客在特定的时间内针对产品购买和消费而产生的各种情绪的综合反映。认知流派认为顾客满意是顾客将感知的产品特性与顾客期望进行比较后产生的主观感受,顾客为获得产品所付出的努力以及产品期望对顾客满意有积极影响。

顾客满意是顾客忠诚的重要影响因素,赢得高水平的顾客满意度是企业的重要任务。对电商物流企业而言,顾客满意同样对提高顾客对企业的忠诚度存在重要影响。

(2) 企业形象对顾客存在正向影响关系,而顾客满意则对于顾客态度忠诚有正向影响,所以企业形象对于顾客态度忠诚也有正向影响,但是对于顾客行为忠诚则无太大影响。

(3) 产品形象对顾客忠诚的影响并不显著。

只有当企业在性能、价格、可用性等竞争性服务方面的表现不分伯仲时,品牌形象对顾客的购买选择的影响才会凸显。虽然电商物流企业的同质化竞争不断加剧,但是就个体而言,不同电商物流企业网点的可达性、物流服务质量、物流价格存在明显差异,此时品牌形象对顾客行为的影响有限。

企业形象好有助于顾客态度忠诚，而产品形象则并无用处，这一现象既体现了转型时期顾客对电商物流企业的品牌认同向行为忠诚转换的程度有限，也体现了当前时期顾客选择电商物流企业时的一种无奈。虽然电商物流企业众多，但令顾客满意的优质高效的电商物流企业并不一定很多，顾客的选择余地有限。

(4) 情感体验对电商物流企业的顾客行为忠诚和顾客态度忠诚均存在正向影响。

只有情感体验同时对顾客的态度忠诚和行为忠诚具有显著影响，才表明提升顾客体验水平是提高电商物流企业的顾客忠诚的有力措施。电商物流行业的洗牌期已经到来，注重顾客情感体验将是在新一轮行业竞争中取得优势的又一关键，电商物流企业必须认识到提升顾客情感体验对当前转型时期保持顾客忠诚和扩大市场竞争力的特殊重要性，将提升顾客情感体验作为一项重点任务。

3) 物流服务质量

物流服务质量对电商物流企业的顾客行为忠诚和顾客态度忠诚均存在正向影响。

在物流服务质量的组成要素中不可忽视的一环就是顾客体验，其代表性定义来自 7Rs 理论：将准确的时间、正确的地点、适当的价格和方式、正确的交付数量作为度量，要求企业以此为目标为顾客提供产品和服务，从效用角度衡量物流服务为产品带来的附加价值。随着电子商务和电商物流的发展，物流服务质量的外延拓展到众多增值业务，如包装、第三方库存管理、条形码和信息系统。

对于电商物流企业，物流服务质量是衡量服务质量和用户体验的重要指标，是服务质量在物流行业的延伸，同时，相较于其他行业服务质量构成的多维性，电商物流行业的服务质量主要体现在物流的及时性、可达性、可靠性，物流服务质量是电商物流企业的核心竞争力，是影响用户体验的重要因素。

当前，我国电子商务物流业正处于高速发展的黄金时期和向高水平服务发展的重要转型期，价格仍然是影响顾客忠诚的重要因素，但是顾客对电商物流企业的服务质量需求也进一步提高，价格战略不再是吸引和保持顾客的唯一法宝，在同等价格区间内切实提高服务质量才是当前和未来我国物流行业发展的关键。一些服务质量不高的物流企业若不及时调整策略，依然热衷打价格战，顾客流失难免会进一步加剧。

1.7　现代物流与供应链管理全球化发展趋势

在电子商务时代，由于企业销售范围的扩大，企业和商业销售方式及最终消费者购买方式的转变，使得送货上门等业务成为极为重要的服务业务，促进物流行业的兴起。物流行业是能够完整地提供物流机能服务，以及运输配送、仓储保管、分装包装和流通加工等服务以收取报偿的行业，主要包括仓储企业、运输企业、装卸搬运企业、配送企业和流通加工业等。信息化、多功能化、一流服务和全球化已成为电子商务环境下的物流企业的发展目标。

1.7.1　信息化——现代物流业的必由之路

在电子商务时代，要提供最佳的服务，物流体系必须有良好的信息处理和传输系统。

另外，还有一个信息共享问题。很多企业有不少企业内部的秘密，物流企业很难与之打交道。因此，如何建设信息处理系统，以及时获得必要的信息，对物流企业来说是一个难题。同时，在将来的物流系统中，能否做到尽快将货物送到客户手中，是提供优质服务的关键之一。

在美国，洛杉矶西海包换公司与码头、机场、海关信息联网，当货物从世界各地起运时，客户便可以从该公司获得到达的时间、到泊(岸)的准确位置，使收货人与各仓储、运输公司等做好准备，使商品在几乎不停留的情况下快速流动，直达目的地。美国干货储藏公司(D. S. C)有 200 多个客户，每天接收大量订单，需要高效的信息系统，为此，该公司将许多表格编制成计算机程序，大量的信息可迅速输入和传输，各子公司也是如此。美国橡胶公司(USCO)的物流分公司设立了信息处理中心，接收世界各地的订单，客户只需按动键盘，即可从 USCO 公司订货，通常几小时内便可把货送到客户手中。良好的信息系统能提供良好的信息服务，以赢得客户的信赖。

在欧洲，某配送公司通过远距离的数据传输将若干家客户的订单汇总起来。在配送中心采用计算机系统编制出"一笔划"式的路径最佳化"组配捡单"，配货人员只需到仓库转一次，即可配好订单上的全部要货。在大型的配送公司里，往往建立了 ECR 和 JIT 系统。所谓 ECR(efficient customer response，有效客户反应)，是指做到根据客户需要进行生产和配送。通过 JIT 系统，可从零售商店很快地得到销售反馈信息。其配送不仅实现了内部的信息网络化，而且增加了配送货物的跟踪信息，从而提高了物流企业的服务水平，降低了成本，增强了竞争能力。

商品与生产要素在全球范围内以空前的速度自由流动。EDI 与互联网的应用，使物流效率的提高更多地取决于信息管理技术，计算机的普遍应用提供了更多的需求和库存信息，提高了信息管理科学水平，使产品流动更加容易和迅速。

1.7.2 多功能化——物流业发展的方向

在电子商务环境下，物流向集约化阶段发展，要求物流不仅提供仓储和运输服务，还必须进行配货、配送和各种提高附加值的流通加工服务项目，或者按客户的特别需要提供其他的特殊服务。电子商务使流通业经营管理理念得到了全面的发展，现代流通业从以往的商品经由制造、批发、仓储、零售等环节最终到消费者手中的多层复杂途径，简化为从制造商经配送中心送到各零售点，从而使未来的产业分工更加精细，产销分工日趋专业化，大大提高了社会的整体生产力和经济效益，也使流通业成为整个国民经济活动的重要组成部分。

作为一种战略概念，供应链也是一种可增值的产品。其目的不仅是降低成本，更重要的是提供用户期望以外的增值服务，以产生和保持竞争优势。从某种意义上讲，供应链是物流系统的充分延伸，是产品与信息从原料到最终消费者之间的增值服务。这种配送中心与公用配送中心不同，它是通过签订合同，为一家或数家企业(客户)提供长期服务，而不是为所有客户服务。供应链系统物流完全适应了流通业经营理念的全面更新。在这个阶段有许多新技术与方法的应用，如准时制系统、销售时点系统(point of sale，POS)。商店将销售情况及时反馈给工厂的配送中心，有利于厂商按照市场调整生产，以及同配送中心调整配送计划，使企业的经营效益跨上一个新台阶。

1.7.3　一流服务——物流企业追求的服务目标

在电子商务环境下，物流企业是介于买卖双方之间的第三方，以服务作为第一宗旨。客户对于物流企业所提供服务的要求是多方面的，因此，如何更好地满足客户不断提出的服务要求始终是物流企业管理的中心问题。如物流配送中心，开始时可能提供的只是区域性物流服务，以后应客户的要求发展到提供长距离服务，再后来可提供越来越多的服务项目，包括到客户企业"驻点"，直接为客户发货；有些生产企业把所有物流工作全部委托给配送中心，使配送中心的工作延伸到生产企业的内部。最终，物流企业所提供的优质和系统的服务使之与客户企业结成双赢的战略伙伴关系：一方面，由于物流企业的服务使客户企业的产品迅速进入市场，提高了竞争力；另一方面，物流企业本身也有了稳定的资源和效益。美、日等国物流企业成功的要诀，就在于它们都十分重视客户的服务研究。

1.7.4　全球化——物流企业的竞争趋势

电子商务的发展加速了全球经济一体化的过程，其结果将是物流企业向跨国经营和全球化方向发展。全球经济一体化使企业面临着许多问题，要求物流企业和生产企业更紧密地联系在一起，形成社会大分工。对于生产企业，要求集中精力制造产品，降低成本，创造价值；而对于物流企业则要求花费大量时间和精力更好地从事物流服务。客户对于物流企业的需求比原来更高了。例如，在物流配送中心，要对进口商品提供代理报关服务、暂时储存、搬运和配送，进行必要的流通加工等服务，完成从商品进口到送交消费者手中的一条龙服务。

追求"零库存"，实现"零库存"——一汽大众成功应用物流系统案例评析

1. 基本情况

一汽大众汽车有限公司目前仅捷达车就有七八十个品种、十七八种颜色，而每辆车都有2 000多种零部件需要外购。从1997年到2000年年末，公司捷达车销售从43 947辆一路跃升至94 150辆，市场兑现率已高达95%～97%。与这些令人心跳的数字形成鲜明对比的是公司零部件居然基于处于"零库存"状态，而制造这一巨大反差的就是一整套较为完善的物流控制系统。

2. 实现"零库存"的具体运作方法

1）车间里只有"入口"，没有仓库

一个占地9万多平方米，可同时生产三种不同品牌汽车、亚洲最大的整车车间，不知情的人一定以为它的仓库也一定非常壮观，可这里的工作人员认为他们那里没有仓库，只有入口。

2）进货的“零库存”处理流程

下面来结合具体的操作实例看看进货“零库存”的处理流程。

我们走进一汽大众的一个标有“整车捷达入口处”牌子的房子，只见在上千平方米的房间内零零星星地摆着几箱汽车玻璃和小零件，四五个工作人员在有条不紊地用电动叉车往整车车间送零件。在入口处旁边的一个小亭子里，一个小伙子正坐在电脑前用扫描枪扫描着一张张纸单上的条形码——他正在把订货单发往供货厂。

一辆满载着保险杠的货车开了进来，两个工作人员见状立即开着叉车跟了上去。几分钟后，这批保险杠就被陆续送进了车间。据保管员讲，一汽大众的零部件的送货形式有三种：

第一种是电子看板，即公司每月把生产信息用扫描的方式通过电脑网络传递送到各供货厂，对方根据这一信息安排自己的生产，然后公司按照生产情况发出供货信息，对方则马上用自备车辆将零部件送到公司各车间的入口处，再由入口处分配到车间的工位上。刚才看到的保险杠就采取这种形式。

第二种叫作“准时化”，即公司按过车顺序把配货单传送到供货厂，对方也按顺序装货直接把零部件送到工位上，从而取消了中间仓库环节。

第三种是批量进货，供货厂每月对于那些不影响大局又没有变化的小零部件分批量地送一次到两次。过去这是整车车间的仓库，当时库里堆放着大量的零部件，货架之间只有供叉车勉强往来的过道，大货车根本开不进来。不仅每天上架、下架、维护、倒运需要消耗大量的人力、物力和财力，而且储存、运送过程中总要造成一定的货损、货差。现在每天平均两个小时要一次货，零部件放在这里的时间一般不超过一天。订货、生产零件、运送、组装等全过程都处于小批量、多批次的有序流动当中。公司原先有一个车队专门在各车间送货，现在车队已经解散了。

3）在制品的“零库存”管理

公司很注重在制品的“零库存”管理，从以下的运作中可以看得出来：

在该公司流行着这样一句话：在制品是万恶之源，用以形容大量库存带来的种种弊端。在生产初期，捷达车的品种比较单一，颜色也只有蓝、白、红三种。公司的生产全靠大量的库存来保证。随着市场需求的日益多样化，传统的生产组织方式面临着严峻的挑战。

1997 年，“物流”的概念进入了公司决策层。考虑到应用德方的系统不仅要一次性投入 1 500 万美元，每年的咨询和维护费用也需要数百万美元，中方决定自己组织技术人员和外国专家进行物流管理系统的研究开发。

1998 年年初，公司开发的物流控制系统获得成功并正式投入使用。如今，这仅用了不足 300 万元人民币的系统已经受住了十几万辆车的考验。在整车车间，记者看到生产线上每辆车的车身上都贴着一张生产指令表，零部件的种类及装楱顺序一目了然。计划部门按装车顺序通过电脑网络向各供货厂下计划，供货厂按照顺序生产、装货，生产线上的工人按顺序组装，一伸手拿到的零部件保证就是他正在操作的车上的。物流管理就这样使原本复杂的生产变成了简单而高效的“傻子工程”。令人称奇的是，整车车间的一条生产线过去只生产一种车型，其生产现场尚且拥挤不堪，而如今在一条生产线同时组装两种到三种车型的混流生产方式下，不仅做到了及时、准确，而且生产现场用地面积比原先节约了近 10%。此外，零部件的存储减少了，公司每年因此节约的成本达六七亿元人民币。同时，供货厂也减少了 30%～50%的在制品及成品储备。先进的管理带来了实实在在的效益，也引发了一场深刻的管理革命。

4）实现“无纸化办公”

随着物流控制系统的逐步完善，电脑网络由控制实物流、信息流延伸到公司的决策、生产、销售、财务核算等各个领域中，使公司的管理步入了科学化、透明化。现在公司主要部门的管理人员人手一台微机，每个人以及供货厂方随时可以清楚地了解每一辆车的生产和销售情况。公司早已实现了“无纸化办公”，各部门之间均通过“E-mail”联系。德国大众公司每年的改进项目达 1 000 多个，一汽大众依靠电脑网络实现了与德方同步改进，从而彻底改变了过去那种对方图纸没送来就干不了活儿的被动局面。工作方式的改善，不仅使领导层得以集中精力研究企业发展的战略性问题，也营造了一个充满激烈竞争的环境，促使每个员工不断提高自身的业务素质。

透过“零库存”我们看到，对于一个企业来说，进行物流管理，领导者的超前意识、一批兢兢业业的专业技术人员和企业较强的开发能力是必不可少的前提。

3. 一汽大众成功应用物流系统实现“零库存”评析

本案例经作者改编，有关资料引自《现代物流国际通用管理与成功案例典范》(杨平安主编，新华出版社 2002 年出版，第 1580～1581 页），以下评析观点与该公司无关，由作者负完全责任。

1）一汽应用物流信息系统实现“零库存”的特点与启示

(1) 努力达到“零库存”是一汽实施物流信息系统的目的。一汽在物流运作的各个环节及其流程中，特别注重的一点便是竭力降低其库存，争取达到“零库存”。

(2) 一汽的物流信息系统极大地提高了物流运作的效率，这一点可以在其物流的流程中得到体现。

(3) 一汽的物流信息系统是与自身情况相结合的产物，一汽的物流控制系统没有采用德方系统，而是自己组织专家与技术人员根据自己企业固有的特点量身打造而成，不仅所花成本低廉，更重要的是能够实实在在的满足需要，带来效益。这一点，很值得我国的一些正在打算引进与开发物流信息系统的企业借鉴。

2）有待讨论的问题

(1) 公司的决策层该怎样看待引进物流信息系统的作用?

(2) 怎样结合自己企业的实际开发或引进最恰当的物流信息系统?

(3) 引进物流信息系统要注意哪些因素?

(4) 物流信息的引进开发与物流业务流程再选有怎样的关系?

(5) 现代企业物流业务流程再造的方法及程序应是怎样的?

习 题

1. 何为供应链管理？简述供应链管理和传统管理的区别与联系。
2. 简述供应链管理的基本思想。

3. 如何理解企业与企业之间的竞争正在演变为供应链与供应链之间的竞争？
4. QR 的具体实施步骤是怎样的？
5. ECR 可鼓励供应链相关业者在哪些项目中进行不断改进？
6. 简述 CPFR 的本质特点。
7. 简述基于产品的供应链设计的核心内容。
8. 简述基于电子商务的供应链设计的基本步骤。
9. 简述供应链实施的基础。

参考文献

[1] 马士华，林勇. 供应链管理[M]. 北京：机械工业出版社，2005.
[2] 骆温平. 物流与供应链管理[M]. 北京：电子工业出版社，2002.
[3] 谢如鹤，张得志，罗荣武，等. 物流系统规划[M]. 北京：中国物资出版社，2007.
[4] 施先亮，李伊松. 供应链管理原理及应用[M]. 北京：清华大学出版社，2006.
[5] 方仲民. 物流系统规划与设计[M]. 北京：机械工业出版社，2003.
[6] 杨兴丽. 电子商务概论[M]. 北京：北京邮电大学出版社，2011.
[7] 吴健. 电子商务物流管理[M]. 北京：清华大学出版社，2009.
[8] 屈冠银. 电子商务物流管理[M]. 北京：机械工业出版社，2012.
[9] 田景熙. 物联网概论[M]. 南京：东南大学出版社，2010.
[10] 黄玉兰. 物联网概论[M]. 北京：人民邮电出版社，2011.
[11] 颜军. 物联网概论[M]. 北京：中国计量出版社，2011.
[12] 秦新生. 基于物联网的药品供应链管理系统[J]. 物流工程与管理，2010，10：123-125.
[13] 徐琪. 服装供应链基于 RFID 的仓储配送智能化管理[J]. 纺织学报，2010，9：137-142.
[14] 廖燕，鲁耀斌. 无线射频识别技术在汽车供应链管理中的应用[J]. 上海汽车，2008，3：34-37.
[15] 邹辉霞. 供应链物流管理[M]. 北京：清华大学出版社，2004.
[16] 唐纳德・J. 鲍尔索科斯，戴维・J. 克劳斯. 供应链物流管理[M]. 北京：机械工业出版社，2002.

第2章

供应链战略管理

2.1 供应链战略管理的概念及特征

2.1.1 供应链战略管理的概念

供应链管理战略发展于20世纪90年代,它的核心思想是:供应链管理不仅仅是企业内部的一种管理策略,而是能够直接影响企业的战略。企业能够通过领先的供应链管理来获得竞争优势并显著地创造股东价值。战略供应链管理与传统企业管理战略的区别在于供应链管理战略的重心从成本转移至客户,从最终用户开始分析供应链各环节可能存在的收益和风险,进行企业的未来战略定位和设计。供应链管理战略的关注重心是整条供应链的竞争力,而不是局限于企业本身。例如在一条供应链中,供应商要通过制造商才能完成与客户之间的联系,制造商的调查报告,可以帮助供应商改进自身的原材料质量,提高企业的管理效率;与此同时,企业要通过与其他企业的合作,来制定行业内部关于产品质量、成本、流程等方面的标准。供应链的出现改变了企业以往"纵向一体化"的管理理念,它要求企业来重新审视自己的战略。置身于网络环境下,企业的成功不仅仅来源于本身的优势,也取决于它所处的供应链是否具有竞争力。

所谓供应链战略,就是从企业战略的高度来对供应链进行全局性规划,它确定原材料的获取和运输,产品的制造或服务的提供,以及产品配送和售后服务的方式与特点。供应链战略突破了一般战略规划仅仅关注企业本身的局限,通过在整个供应链上进行规划,进而实现为企业获取竞争优势的目的。供应链战略管理所关注的重点不是企业向顾客提供的产品或服务本身给企业增加的竞争优势,而是产品或服务在企业内部和整个供应链中运动的流程所创造的市场价值给企业增加的竞争优势。

2.1.2 供应链战略的分类

Fisher按需求模式将产品分为功能性产品和创新性产品两种。所谓功能性产品是指那些可以从商店中购买到的大部分商品,这些产品可以满足人们的基本需求,这些需求有生命周期长、需求稳定、可预测等特点;同时,功能性产品由于其具有稳定这一特性,决定了这些产品的行业竞争非常激烈,进而产品的利润往往较低。所谓创新性产品,是指那些为了满足特定需求而生产的产品,这种商品由于其特殊性,企业会通过技术或样式创新以满足顾客的各种需求,这种类型的产品可以为企业提供较高的利润;同时,该类产品的需求不如功能性产品的需求那样容易预测,所以这类产品的生命周期短,也存在一定的风险。因此,以功能性产品和创新性产品为基础,可以将供应链战略划分为有效性供应链战略和反应性供应链战略两类。

有效性供应链战略是指能够以最低成本将原材料转化成零部件、半成品、成品,以及在供应链中的运输等的供应链战略。由于功能性产品的需求可以预测,生产该类产品的企业可以采取各种措施降低成本,在低成本的前提下妥善安排订单、完成生产和产品交付,使供应链存货最小化和生产效率最大化。因此,生产功能性产品的企业应该采用有效性供应链战略。

反应性供应链战略是强调快速对需求做出反应的供应链战略,所对应的产品是创新性产品。这是因为创新性产品所面临的市场是非常不确定的,产品的寿命周期也比较短,企业面临的重要问题是快速把握需求的变化并能够及时对变化做出有效反应以适应需求的变化。

2.1.3 供应链战略管理的特征

供应链战略管理具有动态性、创新性和稳定性三个特征,如图 2-1 所示。

1. 动态性

供应链管理的目的,是提高企业的市场应变能力,使得企业在面对客户的不同需求时做出快速反应。动态性是供应链战略管理的一个重要特征,在供应链战略中,所有参与者或要素都应随着市场条件、竞争环境的变化而不断进行调适和变换,而衡量调适和变换的成效如何,则要看参与各方或要素间能否形成积极的互动和良性的循环。

动态性
供应链
战略管理
创新性
稳定性

图 2-1 供应链战略管理的特征

2. 创新性

供应链管理的目的,是除去供应链中存在的没有利润,或者说没有价值的环节,即所有对客户或产品没有帮助的单纯浪费成本的环节,都应该被从供应链链条中移除,从而为企业带来最佳效益。为了满足这个目标,在供应链管理中,除了传统的质量、成本和时间管理以外,还需要有不断创新的管理方法、管理理念和管理技术。如前置期管理、快速反应、有效客户反应、供应商管理库存、协作计划、预测与补货等。

3. 稳定性

马丁·克里斯托弗在《物流竞争——后勤与供应链管理》一书中指出:“先进的企业把创造顾客价值的价值链看作一个有机整体,通过提升价值链的价值和降低整体成本使所在的供应链更具竞争力。真正的竞争已经不是企业与企业之间的竞争,而是供应链与供应链之间的竞争。”正如其在书中所说的那样,真正的竞争已经不是企业与企业之间的竞争,而是供应链之间的竞争,那么传统意义上单个企业的竞争力已经不能带来整条供应链的胜利,供应链的竞争力是处于整个链条上各个企业竞争力的集合,这种竞争力的提升不仅仅是单个企业竞争力的提升,而是要通过企业与企业之间的长期合作,建立起有效的信息与资源共享的渠道,从而实现优势互补,提高管理效率,从而降低整条供应链的成本,才能达到增强供应链竞争力的目的。

2.2　供应链战略管理的规划与实施

2.2.1　供应链战略管理的规划

供应链战略管理的规划，可以从供应链的合作战略、竞争战略、文化战略和供应链战略联盟评价四个方面进行。

1. 供应链合作战略

供应链合作战略是指一种基于高度信任，供应链成员间共享各种资源，取长补短，存在一种长期的战略合作关系，是提高整条供应链竞争力的基础。选择正确的战略合作伙伴对企业的供应链战略管理有深远的意义。因此，供应链战略管理规划的第一步，是对战略合作伙伴的合理评估，其包括四个部分。

(1) 战略价值。战略价值指与可能的合作伙伴的有价值的合作项目及其产品和服务对于企业的短期、中期或者长期战略的积极的正面的影响。主要指标包括战略一致性与适应性、增长的潜能、品牌影响力、产品与服务的可获得性和可靠性、替代产品与服务的可获得性、与现存供应商关系的兼容性和协同性、对核心能力的影响、新产品与服务进入市场的速度等。

(2) 商业价值。商业价值指能从有价值的合作项目涉及的产品与服务中所能获取的商业利润。主要指标包括产品或服务定价、总成本减少程度、单位成本减少程度、运营成本与花费减少程度等。

(3) 合作意愿。合作意愿指可能的合作伙伴正在实行或者准备实行合作的积极程度。主要指标包括可依赖的程度、与合作方组织共事的意愿、信息共享的质量与水平、信息的开放性与透明性、影响核心能力的意愿、共担风险的意愿、增强合作与联盟原则的意愿、对合作关系各个层次上的支持等。

(4) 综合能力。综合能力指合作伙伴的能力以及一起合作完成有价值项目的实力。主要指标包括技术能力、财力、研发能力、产品与服务的差异性及支持系统、产品与服务的生命周期管理能力、以前合作与联盟的经验、风险管理能力和创新能力等。

企业与企业之间的合作离不开信任，供应链战略管理的基础便是供应链合作战略的规划与实施。供应商与制造商等其他供应链上的企业之间关系紧密，应当在战略制定上统一合作，从而促使各个利益体在供应链的发展与进步中合理分配利益，从而使得各个利益体之间的战略合作伙伴关系更加紧密。

2. 供应链竞争战略

真正的竞争已经不是企业与企业之间的竞争，而是供应链之间的竞争，那么在供应链战略管理的规划中，对于供应链竞争战略的规划就是提高供应链竞争力的重要内容。伴随信息技术的快速发展，企业的竞争对手来自世界各地，信息传递的及时性不断提高，企业能否快速及时地获取相关的竞争信息对企业能否在竞争激烈的市场环境中生存下来至关重要。除了及时获取竞争信息带来的竞争压力以外，企业对资源的获取难度加大、环境保护对企业的要求提高、客户因为消费需求的变化而对产品的要求越来越苛刻，这一系列压力为企业的管理带来更大的挑战。为了满足客户日渐增多的各种需求，供应链管理要将信息技术应用至供应链管理各个环节中去，以建立一个反应迅速的系统，从而提高整个供应链的效率，发挥供应链上各个企业的优势，达到降低供应链各个环节成本的目标，从而提高自身的竞争力。

市场经济的本质是竞争，核心竞争力是持续竞争优势的源泉，是企业在经营过程中形成的、不易被竞争对手仿效的、能带来超额利润的独特的能力。核心竞争力也是企业赢得竞争的基础和关键。对供应链管理来说，加强企业特别是核心企业的核心竞争力的培养尤为重要。要培养企业的核心竞争力，就要集中企业资源从事某一领域的专业化经营，在这一过程中逐步形成自己在经营管理、技术、产品、销售、服务等诸多方面与同行的差异。在发展自己与他人上述诸多方面的差异中，就可能逐步形成自己独特的可以提高消费者特殊效用的技术、方式、方法等，而这些有可能构成今后企业核心竞争力的要素。如何提升企业核心竞争力，应从锁定目标、集中资源、提高和储备知识技能、战略定位等做起。

3. 供应链文化战略

Michael Hammer 教授曾经指出："在围绕你四周墙壁之内能够取得的利益是有限的，下一波巨大的机遇就在于拆除你与用户之间、你与供应商之间的围墙。"其意味着 21 世纪的竞争不仅仅是企业与企业之间的竞争，而是供应链与供应链之间的竞争。供应链就是一些有供求业务关系的企业所形成的集合，但是，各节点企业由于制度、规模、地域、民族、行业等的不同，在管理方式、经营理念、价值观、工作风格等方面会产生各种差异。供应链的合作是企业与企业之间的合作，如果缺少一个能够让供应链上所有企业所认同的价值基础或文化基础，那么这种差异便难以融合，甚至产生冲突和抵触，最终会对供应链管理的效果造成负面的影响，甚至阻碍供应链管理的发展。因此，供应链的战略管理不仅仅包括对合作伙伴的认定和供应链竞争战略的规划，还包括供应链的文化战略，必须对供应链上各个企业的文化进行系统整合，增强它们之间的亲和度，以便有效地消除供应链中各种文化的摩擦以及由此导致的系统内耗。供应链文化是供应链上各节点企业在较长时间的合作过程中逐步形成的共有的信念、行为准则和行为方式。供应链文化以合作共赢为理念，以系统优化为目标，以诚实守信为核心，强调利益共享、风险共担，注重国际接轨与东西方文化融合。它包括价值观、经营哲学、道德准则、管理制度、员工心态，以及由此表现出来的企业共同的风范和精神。它所倡导的信任与合作精神、商业理念和行为规范、积极创新和奋发向上的事业态度，是供应链运行机制的文化基础。

目前供应链文化战略的规划与实施可以包括四个方面。

(1) 培养合作共赢意识。在供应链中企业之间的经营关系不再是零和博弈关系，而是一种正和博弈的双赢关系。在合作中，既要考虑自身利益，还必须考虑供应链上其他企业的利益。

(2) 确立整体优化思想。在供应链中，客观上存在着企业个体利益之间、个体利益与整体利益之间的冲突。要解决这种冲突，需要一定的思想基础，即供应链上的企业都要有整体优化思想。

(3) 提倡相互信任精神。美国学者戴明曾经指出："一个系统要想实现效率最大化，信任是必不可少的。如果没有信任，人员、团队、部门以及分公司之间就不可能合作。如果没有信任，每一个成员都将致力于保护自己的眼前利益，这将会对自身以及整个系统造成长期的损害。”

(4) 培育风险共担理念。在供应链运作过程中，存在着预测不准、需求不明、供给不稳定等现象，甚至形成“长鞭效应”(即需求朝着供应链上游方向被逐级放大的现象)。链上企业对自身利益的本能追求，使合作自始至终都存在着道德风险。所以，在供应链管理中要培育利益共享、风险共担的理念并付诸实践。

4. 供应链战略联盟评价

供应链战略联盟综合绩效评价，是基于各供应链成员的共同利益，在确保联盟利益的前提下，从战略管理的角度，对联盟目标实现情况和联盟成员关系进行评价，以指导企业的联盟行为，全面实现联盟的预期战略目标和成员企业间的长期合作，不断提升联盟的战略绩效。

供应链战略联盟综合绩效评价指标应遵循以下原则。

(1) 系统性原则。系统性原则要求所选定的评价指标之间具有综合性、整体性、相关性和层次性，这是设计评价指标的首要原则，即评价指标要包括影响成本控制效果的众多因素。供应链绩效评价必须直接与供应链绩效战略相一致，同时也要和各公司的战略相容。指标的选择应和组织的战略目标相一致，绩效评价方法要与战略目标相一致。

(2) 科学性原则。指标需要真实准确反映企业的经济运行水平，保证所得数据的完整性和数据处理方法的科学性，每一项指标的确立都应建立在充分的论证、调研，并对数据进行科学计算推演的基础上。

(3) 可操作性原则。设计的业绩评价指标要易于评价者和被评价者的理解与计量，有利于界定成本控制的责任，应尽量使用简单、具体、易懂的财务指标和非财务指标，便于操作使用。

(4) 战略导向性原则。成本控制的目的是为实现战略管理提供有力支撑，从而使企业积极主动地采取措施，准确估量和分析外部环境与内部条件，以企业战略为导向，实现战略目标、经营策略和市场定位等多方面的动态平衡。因此，在指标设计上应适度反映企业的战略思维和经营策略。

供应链战略联盟综合绩效评价指标通常包括以下内容。

(1) 财务层面指标，包括产品成本降低率、现金周转率、市场占有率、流动资产周转率、存货周转率、总资产回报率、联盟关系紧密度、经营绩效、规模效益、企业财务风险等指标。

(2) 客户层面指标，包括市场份额、客户满意度、新客户增长率、准时交货率、缺货比率、产品合格率、产品保修率、客户对服务和产品质量的满意度等指标。

(3) 联盟系统指标，包括联盟获利能力满意度、联盟运作能力满意度、联盟目标完成度等指标。

(4) 业务流程指标，包括交货柔性、产量柔性、产需率、产销率、研发效率、原材料利用率等指标。

2.2.2 供应链战略管理的实施

供应链管理战略的主要内容有四个部分：供应链体系设计、供应链合作伙伴选择、供应链绩效评价、供应链风险管理。战略过程可以简单分为三个：战略规划、战略实施、战略控制。所以也可认为供应链战略管理的过程包括：供应链管理战略规划、供应链管理战略实施、供应链管理战略控制三个阶段。

所谓战略实施，就是把企业的战略方案转化为具体的行动，通过战略变革达到战略方案所要求的各项目标，进而达到全局制胜的动态过程。供应链战略管理的实施其实就是将前期，也就是上一节中提出的供应链战略管理的规划部分中的内容具体实施出来。在实施过程中，信息技术的支持是必不可少的，因此供应链信息战略也是供应链战略管理实施的重要内容之一。具体来说，供应链管理战略的实施，即根据影响供应链的驱动要素，确定供应链的外观和能力的设计参数与策略决策，然后在由这些决策所产生的大框架下，供应链通过执行常规的、持续进行的运作来实现它的任务。供应链战略实施流程包括计划、采购、制造、配送和退货五个环节，在供应链战略实施中存在着大量的竞争情报需求。

供应链运作参考模型(supply-chain operations reference-model)是由国际供应链理事会(SCC)开发的产品，是第一个跨不同行业的供应链标准流程参考模型，也是供应链管理的通用语言和流程诊断工具。SCOR 模型将供应链界定为计划(plan)、采购(source)、制造(make)、配送(deliver)、退货(return)五大流程。计划指企业供应链活动所有的运作都需要计划并且需要对其他四个流程中的运作进行组织。采购包括生产产品和服务所需的物资(资金)的活动，采购活动与财务活动密切联系。制造即开发和制造供应链所提供的产品和服务的作业。配送包括接受顾客订货和向顾客发送产品的部分活动。退货包括原物料的回收以及成品退还的收货过程，如图 2-2 所示。

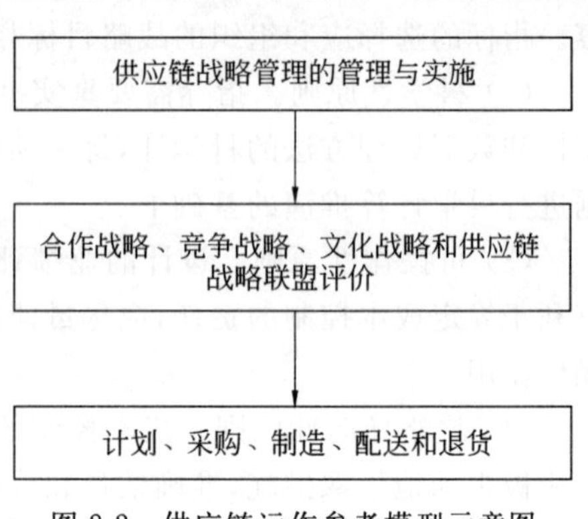

图 2-2 供应链运作参考模型示意图

2.3 供应链战略联盟

2.3.1 战略联盟

战略联盟(strategic alliance)最早是由美国 DEC 公司总裁 J. Hopland 和管理学家 R. Nagel 于 20 世纪 90 年代提出的概念，受到理论界和商业界学者与企业家的普遍赞同。Michael E. Porter 认为，联盟是超越了正常的市场交易但并非直接合并的长期协议。它的一般做法是通过与一家独立的企业签订协议来进行价值活动(如供应协定)或与一家独立的企业合作共同开展一些活动(如营销方面的合资企业)。美国乔治・华盛顿大学的 Charles Hill 教授也认为，战略联盟是实际的或潜在的竞争者之间的合作协定。我国经济学家张维迎教授同样认为,企业联盟是企业间在研发、生产、销售等方面相对稳定、长期的契约关系。这种观点强调战略联盟是一种长期的契约关系。

2.3.2 供应链战略联盟

供应链战略联盟是伴随供应链管理理论和战略联盟理论的持续发展而产生的,企业通过组织间的各种合作来提高自身的核心竞争力。通过企业自身资源的合作共享,企业与企业可以实现共赢。因此,在同一条供应链上的企业也基于战略联盟的思想,以建立战略联盟的形式,形成一种长期的合作关系,便于加强供应链管理,共享各种资源,产生了所谓供应链战略联盟。

供应链战略联盟是在产业链紧密相关的两个环节上企业间的战略联盟,指组成供应链的节点企业为自身存在和持续改进而结成的共享机遇、共担风险的一种组织形式。它是为适应全球制造、敏捷制造、虚拟制造等先进制造模式而形成的以资源外用为特征的集成企业网络。供应链战略联盟的内容包括:

(1) 供应链战略联盟的前提是合作企业拥有互补的资产和技术,任何一方都无法独立完成组织目标。

(2) 供应链战略联盟存在的目标是通过企业间的不断合作,以提升企业的竞争力,获取更大的价值,但是当预期目标达到之后,战略联盟在巩固的同时,也会促进新的战略联盟的产生。

(3) 供应链战略联盟中的企业是处于供应链上的企业,它们之间是基于价值链竞争性合作关系,联盟的形成以信息技术与管理相结合发展到一定程度为前提,企业在开放的信息网络环境下,实现整条价值链上信息的交换与共享,建立群体决策模式,最终达到企业同步化、集成化计划与控制的目的。

2.3.3 供应链战略联盟的作用

供应链战略联盟的作用如图 2-3 所示。

1. 共享资源

通过供应链战略联盟的合作,企业与企业之间可以在一定意义上共享人力、物力、财力等各种资源,用自身的优势弥补对方企业的劣势,产生“1+1>2”的效果。企业间的联合可以形成更为强大的竞争联盟,从而提高企业自身的竞争力。

2. 帮助企业自身提高

通过供应链战略联盟的合作,基于企业与企业之间的资源共享,企业员工与员工之间的交流机会增加,优势技术信息传播速度加快,从而加快企业的技术创新;降低研发成本和风险,同时也便于标杆管理的实施,从而提高企业的学习能力,加快企业的进步步伐。

3. 提高市场响应速度

战略联盟可以优化供应链,帮助企业缩短产品研发和生产的周期,继而实现拉动式供应链的必要条件,从而为客户提供个性化定制,满足各种市场需求。

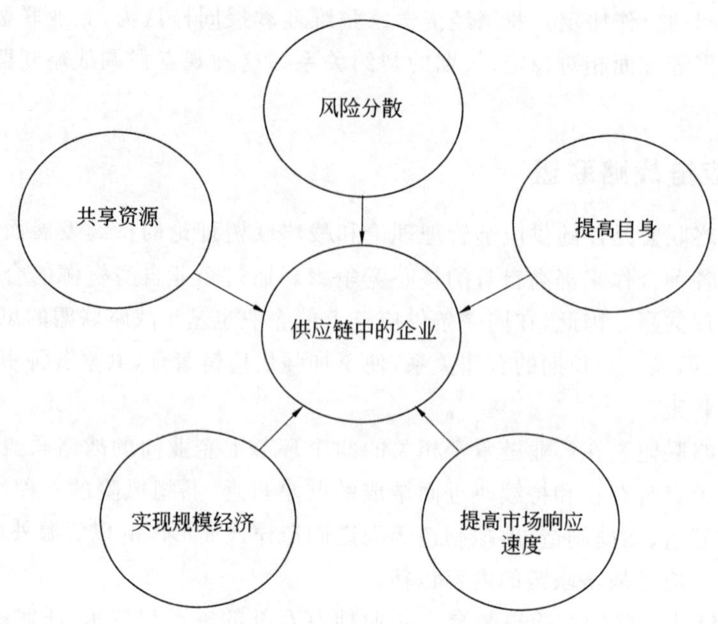

图 2-3 供应链战略联盟的作用

4. **实现规模经济**

所谓规模经济，就是伴随企业的规模扩大，可以不断降低产品的长期平均成本，从而提高企业的市场竞争力。规模经济是建立在劳动分工基础上的，劳动分工可以提高企业产品的生产效率，提高产量，降低劳动成本。通过供应链战略联盟的合作，可以在联盟内部实现供应链上的劳动分工，从而实现规模经济，降低企业的管理费用、生产成本、交易成本。同时又不会影响企业作为一个独立个体的灵活性。

5. **风险分散**

通过供应链战略联盟的合作，企业不用再独自面对研发风险或市场风险。战略联盟可以将这些风险分散到各个企业中去，从而在一定程度上降低企业运营过程中的风险。

2.3.4 供应链战略联盟的种类

迈克尔·波特将战略联盟分为横向联盟和纵向战略联盟两种类型，这种分类是以联盟中的企业在价值链中承担的环节是否相同为标准的。如果承担的环节相同，就称为横向联盟，比如联合生产、联合采购、联合研发、联合销售等。而在产业链紧密相关的两个环节上的企业间组成的战略联盟，也就是本文提到的战略联盟，称为纵向战略联盟。战略联盟中的企业在供应链自己所处的环节上往往具有独特的竞争优势。纵向战略联盟可以分为两种类型。

（1）与产业链下游环节企业的前向战略联盟，如生产商同经销商之间的产销战略联盟，研发机构和生产机构之间的研发—生产战略联盟，等等。

（2）与产业链上游环节企业的后向战略联盟，如供应商同生产商之间的供产战略联盟，如第三方物流企业与生产商之间的物流—生产战略联盟，等等。

如果以联盟合作伙伴在联盟协议中是否涉及股权合作为标准,可以将战略联盟划分为两种。

(1) 股权式战略联盟。股权式战略联盟主要是指涉及股权参与的合伙形式,是以股权为纽带建立的战略联盟,具体又可分为合资型战略联盟和相互持股型战略联盟。合资型战略联盟是指双方母公司共同创立合资公司,各拥有合资项目一定的股权,拥有对合资公司人事和管理权限,并按照出资的比例分配合资企业的利润,合资生产和经营的项目分属联盟成员的局部功能。相互持股型战略联盟是指联盟成员为巩固良好的合作关系,长期地相互持有对方少量的股份,与合资型战略联盟不同的是,这种方式不涉及设备和人员等要素的合并。

(2) 契约式战略联盟。契约式战略联盟主要是指借助契约建立的、不涉及股权参与的合伙形式,这种联盟方式适用范围较广,灵活性较大,涉及企业的研发、采购、生产、销售等各个职能部门和经营领域。按照波特与富勒对战略联盟的定义,契约式战略联盟是介于市场与企业之间的一种协议安排,是一种纯粹的联盟形式。联盟中各成员签订长期合作契约,通过契约规范成员行为,实现长期合作。当联盟的核心业务分属不同的成员企业、难以被剥离出来置于同一企业内时,或者为了实现更加灵活地收缩和扩张、合作伙伴不愿建立独立的合资公司时,契约式战略联盟便出现了。契约式战略联盟以联合研究开发和联合市场行动最为普遍。最常见的形式包括技术交流协议、合作研究开发协议、生产营销协议、产业协调协议、供应链等。

2.4 供应链与业务外包

2.4.1 业务外包概述

外包这种管理模式早在 20 世纪 60 年代的美国就开始出现了,但真正发展成规模是在 80 年代以后,由于产业空洞化和国际竞争力的下降,美国企业纷纷致力于企业重组,在这一过程中不少企业将业务委托给外部单位。比较著名的例子是柯达公司。1989 年柯达将自己信息部门的全部业务委托给 IBM 等两家公司。当时柯达面临着计算机设备投资的增加和从自动相机领域撤退等问题,在解决这些问题时选择业务外包。柯达与 IBM 的契约为 10 年,合同总额达 10 亿美元。柯达在实行业务外包的同时将计算机设备出售给 IBM,将信息部门的 350 名员工也转籍到 IBM。此举使柯达信息部门的计算机关联投资减少了 90%以上,年运营成本也减少了 20%。这一成功的尝试引发了业务外包的高潮。在 20 世纪 80 年代后期,外包发展到日本、欧洲,全球外包业务急剧增加,外包成为一股潮流。现在许多著名的大公司都在开展形式不同的外包业务。例如,世界上最大的运动鞋制造商耐克公司,几乎完全靠贴牌生产;波音公司,自己只生产座舱和翼尖,其他的零部件大多是由世界上几十个国家的有关企业提供。著名的手机生产厂商苹果、三星等知名企业所需零部件多是靠系统外部提供。随着网络的兴起,观念的改变,外包的可行性也越来越大,已成为集团经济的新特征。

自 20 世纪 90 年代末以来,中国物流业务的外包引起了产业界和政府的高度关注,同时一些学者也对物流外包，特别是中国背景下物流业务外包的特点和规律进行了深入的探讨。物流业务外包之所以在 90 年代末引起了高度的关注，一个重要的原因是在中国经济发展的过程中，我国企业面临巨大的物流成本压力。中国物流与采购联合会早在 2003 年的调查显示，约 56%的生产企业的产成品物流费用占销售额的 5%～10%，大约 33%的企业成品物流费用占销售额的 5%以下，11%的企业成品物流费用占销售额的 11%左右。此外，从生产企业原材料物流费用占采购成本的比例看，生产企业原材料物流配送费用占采购成本比例范围在 2%～5%的企业最多，占所有企业的 50%左右；其次为原料物流费用占采购成本在 2%以下的企业；原料物流费用占采购成本 10%以上的企业只占 3%左右。所以，物流的业务外包可以很好地解决这一问题。

所谓外包(outsourcing)也称资源外包、业务外包，英文直译是“外部寻源”。1990 年，美国学者 Gary Hamel 和 Praharad 在《企业的核心竞争力》中首次提出了“outsourcing”这一概念。具体而言，业务外包是指企业整合利用其外部相对优秀的企业资源，将一些非核心的、次要的或辅助性的功能或业务外包给企业外部的专业服务机构，利用它们的专长和优势来提高企业整体的效率和竞争力，而自身仅专注于那些核心的、主要的功能或业务。所以从本质上讲，外包是企业的一种经营战略，是企业经营管理的一种新理念。

劳动分工理论可以算作业务外包理论最早的理论依据之一。Adam Smith 在其《国富论》中详细阐述了劳动分工对提高生产率的好处，业务外包可以看成是劳动分工的延伸，外包不但简化了管理的复杂性，还有助于提高承包商的专业化生产率。David Ricardo 的比较优势理论和 Michael Porter 的价值链理论也为外包提供了理论支持。经济学中，有个很有名的“木桶理论”，该理论认为木桶盛水的多少不是由最长而是由最短的木板决定的。外包用“木桶理论”解释，就是企业可以把最短的木板交给其他企业制造，提高该木板的整体高度，从而提高容量。

2.4.2 外包的优势与劣势

业务外包的优势和劣势如图 2-4 所示。

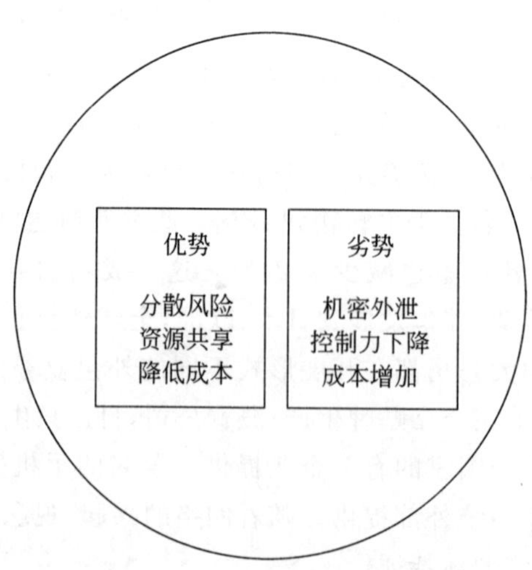

图 2-4 业务外包的优势与劣势

1. 业务外包的优势

1）分散企业所承担的风险

企业由于受到自身资源和能力的限制，将自身的弱势环节外包给供应链上的其他企业，特别是在该领域占有核心优势的企业，一方面可以提高企业自身产品的技术水平；另一方面将企业自身所承担的政治、经济、市场、财务等方面的风险分散到承担外包任务的企业身上，增加了企业的灵活性。

2）在企业之间共享资源

传统企业的资源，主要是指企业自身拥有的人力、资金、技术、生产设施、土地、厂房、销售网络及其他配套设施等，这些资源一方面可以帮助企业制造产品、获取客户资源、增加企业绩效；另一方面，伴随着当今世界经济的迅猛发展，市场的需求不断变化，企业自身拥有的有限资源反而成了制约企业发展的"瓶颈"。伴随企业的发展，合理的资源配置是企业应当重视的战略问题，无论多么强大的企业其资源总是有限的，所以企业应当将有限的资源配置在自己的优势环节，不要被其他辅助环节或弱势环节拖住后腿。把那些辅助环节或者弱势环节外包给擅长的企业去做，从某种意义上讲等于共享了外包企业所拥有的资源，突破了企业自身资源的桎梏，在降低生产成本的同时也为外包公司提供了新的业务，达到一定意义上的供应，使得企业能够更好地面对当前变幻莫测的市场环境，提高企业的竞争力。

3）降低生产成本

企业在面对自身不擅长的领域或生产环节时，往往会在这个"不重要"的领域投入高于市场平均水平的人力、物力、财力。与此相反，那些擅长此环节的企业在提供同样的服务时其产品质量、技术水平都要远远高于原企业，其生产成本却低于原企业。此时企业选择外包战略，即通过外向资源配置，省去了原来在弱势环节上的技术、设备、人力等各方面的投资，很大程度上降低了企业的成本。与此同时，这些辅助业务或弱势环节往往在企业内部的管理也较为混乱，或者说运行效率较低，企业在外包的同时也可以将这些"拖后腿"的管理难题抛给外包公司，将企业的精力更好地集中在核心业务上。

2. 业务外包的劣势

1）商业机密外泄可能性提高

业务外包一方面使得原企业可以共享外包企业的资源，但是另一方面，外包企业也需要与原企业共享各类产品信息、商业数据甚至是知识产权。如果该外包企业不仅仅与一家企业保持着合作关系，同时也与其他同行业企业甚至是原企业的竞争者合作，那么企业商业机密外泄的可能性在业务外包环境下会大大提高。因此，企业在选择业务外包时，要注重商业机密外漏的可能性，做好防范措施，如避免影响到企业核心竞争力的业务外包，或者建立防火墙等。

2）企业控制力下降

业务外包可以让企业将自身的辅助业务外包给外部企业，降低企业的成本和管理费用，但是外包的同时，企业对于该业务的控制力也减弱了，这就要求企业与外包企业之间时刻保持信息畅通，即应与外包企业维持一种长期的合作关系，或者对业务实行部分外包的策略，避免由于企业控制能力减弱导致的业务能力下降及不必要的损失。将业务外包的同时，特别是将物流外包给外部企业，很可能导致企业与供应链上的上下游企业及消费者之间的联系发生缺失，这对企业来说是一种资源上的损失，也阻碍了企业对业务流程的调整和改进。

3）企业协调成本增加

业务外包可以降低企业原有的管理费用，但是却要求企业与外包企业之间保持时刻的沟通，维持这种沟通与协调的能力，需要企业投入新的人力、物力和财力。因此，在决定业务外包之前，应当对业务外包为企业带来的新的协调成本进行合理的估计，避免因为低估协调成本或者因为与外包企业沟通协调不畅而导致企业运营成本过高或产品质量下降等损失的出现。

2.4.3 外包的主要方式

依据不同的标准外包的方式多种多样，如果按照企业与外包企业之间合作关系的深入程度，可以划分为四种形式。

（1）合同关系式外包。合同关系是发生在当事人之间的一种法律关系，这种合同关系的时间较短，是指企业将自身的业务流程的某一个环节外包给其他企业，并且以签订合同的形式注明外包公司应当履行的义务，是一种类似一次性约定式的关系。

（2）业务剥离式外包。企业在运营过程中，对目前的业务和资产进行厘清，将一部分业务从原企业划分出去，成立新的子公司或者分公司，这一部分业务将转变为一个独立的企业。独立出来的企业再对原企业提供外包服务，这种外包形式降低了企业之间的沟通与协调的成本。

（3）战略联盟式外包。战略联盟是现代企业竞争的产物，它是指一个企业为了实现自己的战略目标，与其他企业在利益共享的基础上形成的一种优势互补、分工协作的松散式网络化联盟。它可以表现为正式的合资企业，即两家或两家以上的企业共同出资并且享有企业的股东权益；或者表现为短期的契约性协议，即两家公司同意就某一课题，例如开发某种新产品等问题进行的合作。

（4）合作关系式外包。合作关系式外包企业与外包企业之间的关系最为紧密。这里的企业一般为供应链中的核心企业，其他的外包企业对其有非常强的依赖性，例如汽车制造供应链中汽车制造商与分销商之间的关系。

如果按照企业外包的业务类型，可以分为以下几种。

（1）研发外包。研发外包就是将企业的研发业务外包给有较强技术实力的企业，以在一定程度上弥补企业自身在开发能力上的不足与缺陷，但是这并不代表原企业就可以完全放弃研发部门的投入。

（2）生产外包。生产外包一般是企业将生产环节外包给其他企业，这种情况一般发生在发达国家的企业将其制造环节外包到发展中国家或者说劳动力水平较低的国家去，由于这些国家的劳动力成本低，其制造成本也低于原企业。这样，企业可以将自己的注意力放在核心业务上，例如对产品的研发、对新产品的宣传等。

（3）物流外包。物流外包就是指企业将自身的物流环节外包给物流服务提供商。企业物流水平的提高要求企业投入大量的资金和专业技术，物流对于土地和设备以及交通运输设备的要求都很高，这需要企业投入大量的时间和金钱，并且很难在短时间内见效。因此，企业将自身的物流外包给物流服务提供商，很可能使企业迅速摆脱物流水平低带来的限制，加速企业的发展，降低企业的运营成本。

(4) 咨询式外包。咨询式外包就是将企业无法解决或者希望快速解决的问题交由专业的企业进行。这种方式的外包更像是寻找外部的智库，例如寻找各种咨询公司提供技术和信息上的支持，可以为企业节省大量的人力成本和时间成本。

(5) 销售外包。销售外包是业务外包的一个分类，是指企业将其产品或营销活动的职能部分或全部委托给一家或几家拥有专门销售技能或销售网络的外部公司执行，企业只在营销决策上进行监督和管理，并规定和取得营销活动的既定收益。通过此种模式企业可以规避一定的前期市场风险和销售团队建设及管理等费用，以较低成本获得较大的收益。

2.4.4 业务外包案例

惠普公司物流的外包

中国惠普公司是进入中国的第一家计算机合资企业。从惠普公司进入中国的 1985 年到 1997 年年初，惠普公司先后在北京、上海、广州、成都等地建立了面积小于 150 平方米的库房。由于惠普公司员工自己进行所有的库房具体操作，且库房设在昂贵的公司办公室，库房租金及操作成本一直居高不下。

当时国内航空、铁路、公路运输能力及服务水平都很差。计算机维修备件大多是由工程师先从库房取出，然后带往用户现场，或由公司派专人递送，成本高，速度慢。而且一旦用户计算机出现故障，就须停机两天至三天等待维修，给用户带来很大损失。因此，这种服务备件管理模式难以满足客户的需要，阻碍了公司服务业务的发展及产品市场的开拓。

为改变这种不利状况，中国惠普公司在美国总部物流专家的帮助下，于 1997 年 4 月成立了物流业务外包项目小组，对中国当时物流企业的服务能力及水平进行全面的考察了解，深入分析惠普自营物流业务和外包物流业务的优势与障碍。

经过半年多认真细致的工作，1997 年 10 月项目小组决定，把物流运输业务及物流仓储业务外包，而公司物流部门则专心于物流战略规划、备件计划、备件采购和全国物流网络建设等核心业务。随后，根据备件物流管理种类多、数量大、规格不一、生命周期长的特点及供应商的选择原则，项目小组对物流供应商的管理水平、技术能力、覆盖范围、价格、服务水平、服务考核体系、企业信誉、信息系统等方面进行了全面评定，并于 1998 年 2 月最终选定了物流运输供应商及物流仓储供应商。

尽管当时的物流企业管理水平、服务水平、工作效率还比较低，但是通过物流业务外包，惠普公司的业务得到了迅速发展。维修备件从惠普办公室的库房全部移至交通便利、价格便宜的供应商库房，企业库房成本迅速降低，运输成本大幅下降，物流运输速度比外包前大大加快，初步建立了覆盖全国的物流网络。从 1998 年年初至 2000 年年底，惠普公司计算机服务备件的覆盖范围从五个主要城市迅速扩展到全国所有的大城市，业务量增长了3倍。

进入2001年，随着国内物流企业管理、服务水平的提高以及惠普公司业务的进一步发展，惠普公司备件物流外包水平也进入到更高的阶段。

为了降低风险并保持物流供应商之间的适度竞争，惠普公司以长江为界选择了两家供应商，分别经营长江以南、长江以北的业务。根据供应商的服务水平、价格水平、反应速度，惠普对供应商实行动态的比较、选择和淘汰机制，以提高整个物流服务能力，提升物流服务的竞争优势。为了激励、鞭策供应商，惠普公司建立了科学的物流供应商业绩考评体系，准确公正地反映供应商的业务水平，及时做出奖罚。为了和供应商共享利益，共同发展，惠普公司与供应商建立了长期、稳定、双赢的战略合作伙伴关系，从战略高度去认识、管理物流供应商。

至此，惠普公司的计算机备件服务水平有了质的飞跃：备件服务范围覆盖了全国所有的大中城市及一部分小城市；根据用户的需要建立了快速的运输网络，能够为用户提供快至2小时的备件服务。

2002年年初，在惠普公司物流信息平台支持下，一个范围覆盖全国、反应迅速、成本低廉、管理先进、服务水平超前的计算机维修备件物流网络搭建成功。通过该平台，惠普公司培养了一支由惠普公司员工和物流供应商成员组成的高水平的专业物流队伍，不断为计算机客户提供优质的服务，赢得高度称赞，连续在国家级计算机售后服务评比中名列第一，成为售后服务最好的企业。

同时，中国惠普公司利用其先进的物流平台，开始对外承接物流咨询、设计服务及物流服务承包项目，帮助一些企业迅速将物流服务扩展至全国，为它们节省投资，缩短建立网络的时间，降低了物流成本，提升了服务水平，增强了这些企业的市场竞争力，也进一步降低了惠普公司的物流运作成本。从惠普公司的成功经验可以看出，物流业务的外包，可以借助专业物流公司的资源，迅速扩大企业物流服务范围，提高服务水平，降低运行成本，培养物流管理队伍。同时，利用物流平台，还可以承接公司之外的物流业务，增加物流收入，从而有力地促进公司核心产品的销售，提高企业的核心竞争力。

丰田公司的战略联盟体系

丰田(TOYOTA)是世界十大汽车工业公司之一，日本最大的汽车公司，创立于1933年。TOYOTA生产包括一般大众性汽车、高档汽车、面包车、跑车、四轮驱动车、商用车在内的各种汽车。其先进技术和优良品质备受世界各地人士推崇。即使在十分残酷的竞争当中，丰田也取得了历史上最好的成绩。日本丰田汽车公司2007年的销量约为235万辆，这一数据也使得丰田汽车公司成为世界头号汽车生产商。

丰田的战略联盟体系见表2-1。

表 2-1 丰田的战略联盟体系

<table>
<tr><th colspan="2">集团或公司</th><th>战略联盟形式</th></tr>
<tr><td rowspan="10">丰田横向联盟</td><td>通用</td><td>丰田与通用合资建轿车生产厂(NUMMI),双方股比各 50%</td></tr>
<tr><td>大众</td><td>丰田在日本销售大众和奥迪汽车</td></tr>
<tr><td>福特</td><td>一方面福特学习丰田的汽油电力混合车辆的开发技术,另一方面丰田希望从福特公司财务服务的经验中受益</td></tr>
<tr><td>标致雪铁龙</td><td>2001 年共建合资公司,双方股比各 50%,联手开发小轿车</td></tr>
<tr><td>雷诺</td><td>丰田与雷诺在哥伦比亚共同生产雷诺轿车和丰田货车,丰田占股份 17.5%,雷诺占股份 23.7%,其余由当地出资</td></tr>
<tr><td>大发</td><td>丰田有大发 50%以上的股份</td></tr>
<tr><td>本田</td><td>丰田与本田、马自达、三菱及日产共同开发零部件订货计算机网络</td></tr>
<tr><td>Kirloskar</td><td>丰田与 Kirloskar 集团共建合资厂,于 1999 年年底前投产</td></tr>
<tr><td>日野</td><td>丰田有日野 20.1%的股份</td></tr>
<tr><td>富士重工</td><td>2005 年丰田汽车公司(TMC)以 6 800 万购得富士重工 8.7%的股份</td></tr>
<tr><td>丰田纵向联盟</td><td colspan="2">与日本电装公司、爱信精机公司、丰田合成公司、亚乐克公司、关东工业公司、爱三工业公司等零部件、车体及车身生产商进行战略联盟。如丰田与松下电器强化互相持股,两家公司在 1996 年成立开发、生产混合燃料车用电池的合资公司</td></tr>
</table>

丰田组成这些联盟的目的主要是通过联盟的合作关系,使得双方互补长短和互通有无,使得产品更加具有竞争力,可以达到共赢的效果。

丰田通过与其供应商组成战略联盟在汽车市场上取得成本、质量、时间优势,实现精益化生产。其供应商主要有日本电装公司(Denso)、爱信精机公司(AishinSeiki)、丰田合成公司、亚乐克公司和爱三工业公司等零部件公司及丰田车体公司、亚乐克公司和关东工业公司等车身生产厂家。

丰田与其供应商之间的合作方式有以下几种方式。

1. 丰田与供应商的网络关系

丰田与供应商的网络关系是以丰田为中心,其他厂商处在丰田周围的一种网络结构。但是,丰田与供应商的这种网络又有其独特之处,那就是供应商之间的紧密合作。供应商间的紧密合作主要表现在:一是供应商企业自发成立的"协丰会",由向丰田汽车公司供应零部件和车身的约 220 家具有实力的制造商组成。二是为丰田公司采购设备等的企业自发成立的组织,称为"荣丰会"。从生产线的机械和装置到建筑土木、物流等领域,其成员约有 80 家公司,都是为丰田公司从事采购工作的;以及后来发展起来的各种分协会都为丰田与供应商之间的知识交流和共享打下了坚实的基础。随着全球化的不断发展,两个协会也和丰田一起成长,协会成员之间相互合作,不断扩大领域,使得丰田汽车公司的内在国际化得到实实在在的发展,丰田与供应商之间的合作取得了极大的成功。丰田与供应商网络结构表现出强大的整体性,如图 2-5 所示。

2. 丰田供应商协会

1989 年,丰田公司在美国成立了供应商协会 BAMA。截至 2000 年,BAMA 已经从

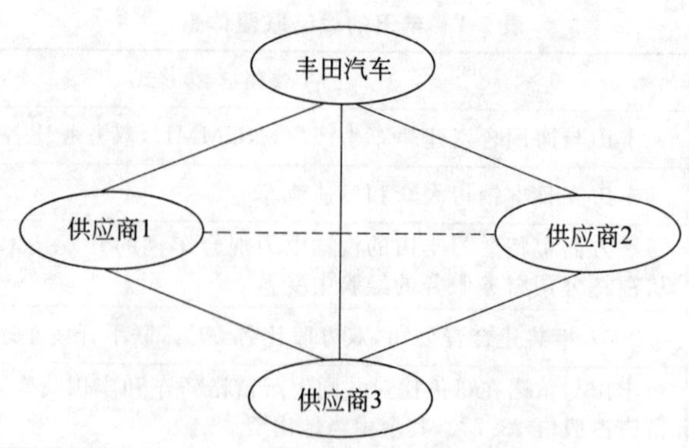

图 2-5　丰田与供应商的网络结构图

最初的 13 个会员增加到 97 个会员。此后，丰田公司又在日本成立了供应商协会 Kyohokai。Kyohokai 的具体操作在于提供一种机制促进知识共享，这种机制主要包括供应商联合大会会议（两个月一次）和主题委员会会议（每月或两个月一次）。前者是关于高水平的显性知识的分享（如在供应链之内的计划、政策、市场趋势等），后者则是关于时常发生的变动的四个特殊领域（成本、质量、安全和社会活动）的知识分析。这一系列举措都有助于发展供应商之间的关系，促使他们分享有价值的知识。

3. 技术与质量管理方面

当丰田公司致力于提高产品质量、大力推行 TQC 运动（全面质量管理）时，成立了 6 500 多个质量管理小组，使质量管理运动有了广泛的群众基础。丰田对质量的追求还超出了内部化的束缚，它派出自己的质量监督人员到大批的上下游的零部件供应商、组装商、批发商和分包商等关联企业中去，通过讲座和培训班等方式来促进整体质量管理意识及水平的提高，努力帮助供应商提高生产质量，使得供应商生产体系得到全面提升。TQC 运动开展以来，丰田与其关联企业间的合作更加紧密，制造技术得到前所未有的改良，公司最终产品的不合格率降到 1%以下，而销售额却直线上升。可以说，丰田不是把供应商看作一般的供应关系，而是将其纳入自己的生产体系；同时致力于供应商生产力的提升和质量管理体系的健全。丰田通过要求供应商定期提供降低成本的方法并帮助供应商实现技术方法的改进以达到降低成本的目的，丰田在给供应商降低成本方面的压力远比其他汽车厂商做得出色。丰田与供应商的这种合作带来了成本上巨大的领先优势，使得无论是丰田自身还是供应商都在各自领域的竞争中处于领先地位，而且双方在市场和全球范围内共同扩张和壮大，如丰田的供应商丰田电装公司和爱信精机公司。

4. 人力资源方面

丰田通过派遣咨询顾问，以最低的成本向供应商传授有价值的知识，逐渐强化了它与供应商之间的双边关系。早在 20 世纪 60 年代中期，丰田就开始派遣专家顾问协助其在日本的供应商。为此，公司成立了运作管理咨询部门（OMCD），以获取、存储和传播丰田集团内有价值的生产知识。OMCD 由 6 名具有丰富经验的资深经理人（其中每人都曾负责过 2 个丰田工厂及 10 个左右的供应商）及约 50 名顾问组成。顾问中的 15～20 人为 OMCD 的永久成员，其余的皆为崭露头角的青年才俊，他们通过在 OMCD 的 3～5 年的岗位轮换，进一步巩固其在丰田生产系统(TPS)方面的知识。丰田通过派遣这些公司内部的专家到供应商的公司，协助他们解决在实施 TPS 过程中遇到的难题。丰田还组建自主学习团队，派专家和高级经理人员协同供应商一起研究解决生产管理中的问题。这种人力资源的交流，一方面帮助供应商解决人才问题；另一方面供应商在质量方面为丰田提供保证，甚至在一些零部件生产中为丰田提供技术建议。而且通过这种共同参与的学习，使得丰田同供应商间的合作关系进一步加强，这在一定程度上意味着网络内可利用资源的增加。这种共享网络也渗透在丰田的供应链管理中。丰田利用这种强大的共享网络建立国际价格比较体系，进而建立世界最佳采购体系。丰田在寻找新供应商及新技术开发方案的同时提供现供应商的持续改进支持方案，以不断提高供应商的竞争力，使之成为世界上最优秀的供应商，从而使丰田的供应链管理在成本、质量和时效上达到了最佳整合。丰田与供应商的资源共享体系为丰田内部供应链的信息化奠定了基础，也成为丰田汽车零部件价格、质量和实效的保证。丰田资源共享网络中各种资源共享相互交错，它与丰田汽车公司内部管理网络相辅相成、共同发展。丰田与供应商的这种强有力的资源网络与丰田网络的内在规范是不可分割的。

丰田纵向联盟的竞争优势如下。

1. 成本优势

丰田公司与它的零部件供应商之间的联盟，无疑为成本最小化创造了条件。在汽车行业，零部件的标准化和生产的模块化，有利于实现零部件生产的规模效益。而专门生产零部件的厂商，其在行业中的分工，使得其生产零部件规模化和专业化，因此产生规模经济，使低价零部件供应成为可能。汽车厂商与零部件供应商的战略联盟无疑会给双方带来利益。很多人认为丰田汽车的成本优势来自其独特的精益生产管理模式。当然这是事实，但其之所以能做到精益生产，跟很多丰田的供应商是分不开的。爱信精机就是一个典型的例子。爱信精机是一家综合性汽车零部件生产厂家，其企业规模相当庞大，在制造方面的技术力量受到了很高的评价。爱信精机一直努力通过构筑世界最佳生产和供应体制以及通过零部件的通用化来实现降低成本。丰田通过与爱信精机联盟，不但降低了独立生产的风险，而且可以得到廉价零部件。这样无疑达到了降低成本的目的，从中获得成本优势。

2. 质量优势

丰田公司之所以能成为世界级的汽车制造商是因为其品牌为世界所接受，这与其产品的质量分不开。丰田公司的产品首先是质量受到认可的。其品牌优势很大程度上是其质量优势的体现。丰田更是业界在质量方面的楷模；而丰田之所以有如此优秀的品质，部分归功于其供货商在创新、工程、制造及整体信赖度方面的优异表现。丰田与其供货商(如电装和爱信精机)的联盟合作，成为丰田汽车优质的保证。丰田很早就认识到寻找坚实伙伴的重要。丰田公司对待其供货商就像对待自己公司内部的同人一样，让供货商和丰田一起成长并学习丰田的生产方式。丰田对供货商的品质要求绝对是苛刻的，并不断向供货商传授精益生产理念，从而保证了生产质量。而且许多供应商和丰田一起成长，甚至成为业界领头企业，比如电装公司。丰田的质量优势很大程度上依赖于其供货商，我们也可以说这种优势得益于两者的有效的战略联盟关系。

3. **时间优势**

随着世界市场竞争的不断加剧,企业经营环境的动态性也逐渐提高,产品生命周期缩短,新产品替代步伐加快。对于企业来说,竞争就是看谁能够率先实现企业目标。虽然这是一个关于竞争的简单描述,但它强调时间的重要性。在当今的商业环境中,时间作为一个战略工具正变得越来越重要,停滞不前的代价远远高于成本变化带来的损失。丰田的即时生产(JIT)很大程度上依赖于零部件供应商的支持。丰田的供应商已成为丰田即时生产的一分子,不论是在丰田公司的即时生产流程顺利运作时,还是在出现问题而停滞不前时,其供应商都扮演着重要角色。丰田也鼓励它的供货商们采用丰田即时生产模式,提高它们对各种情况的反应能力。这也为丰田的生产的时间连续性打下坚实的基础。企业的生产总成本在一定程度上是执行这一过程所需时间的函数。同时,生产产品的时间是把握市场时机和及时满足顾客的重要决定因素。因此,良好的供应链体系保证了丰田的即时生产管理和对市场的及时反应,这使得丰田在激烈的全球竞争中占到先机。

思考题:

结合案例分析丰田公司是怎么进行供应链战略管理的。

习　　题

1. 什么是供应链战略管理?
2. 供应链战略管理对企业来说有什么意义?
3. 战略联盟对企业有什么帮助?战略联盟的种类有哪些?
4. 业务外包对企业有什么帮助?业务外包的种类有哪些?
5. 丰田公司采用了哪种业务外包或战略联盟类型?

参 考 文 献

[1] 王建秀. 基于物流与供应链战略的企业竞争优势研究[D]. 山西:山西大学,2003.

[2] MarshallL. Fisher. What is the right supply chain for your product[J]. Harvard Business Review. 1997,March-April:105-116.

[3] 张泳. 供应链战略管理现状及对策研究[J]. 商业研究,2006(2):81-82.

[4] 马丁·克里斯托弗. 物流竞争——后勤与供应链管理[M]. 北京:北京出版社,2001.

[5] 姜铁虎. 重组供应链:迈克尔·哈默访谈录[EB/OL]. http://www.amteam.org/old/a_bpr/bpr_hammer_0622.htm,2001-12-13.

[6] 宋立荣,高伟. 质量文化与供应链[J]. 电子商务世界,2002(6):18-19.

[7] 金勇,钟毓华. 论供应链文化[J]. 湖北工业大学学报,2004(5):64-66,71.

[8] 张明光,魏晓卓. 供应链文化:供应链管理不可缺少的内容[J]. 管理评论,2007,19(3):44-48.

[9] 徐晶,吕宗航. 基于平衡计分卡的供应链战略联盟绩效评价指标的设计[J]. 商业经济,2013(1):87-88.

[10] Gerhard Knolmayer,等. 供应链管理与SAP系统实现[M]. SAP中国研究院,译. 北京:机械工业出版社,2004:27-28.

[11] 宋华. 物流供应链管理机制与发展[M]. 北京：经济管理出版社，2002：105-110.
[12] 王迎军，柳茂平. 战略管理[M]. 天津：南开大学出版社，2003：300.
[13] 胡晓梅. 供应链管理战略实施的竞争情报需求. [J]河南图书馆学刊，2011，31(3)：30-32.
[14] 迈克尔・波特(Porter，M. E.)著. 竞争优势[M]. 陈小悦，译. 北京：华夏出版社，1997：56.
[15] 张维迎. 谁妨碍了企业联盟[J]. 经贸导刊，2001，3：19.
[16] 吴殿达，蔡启明，唐志宏，端传海. 供应链战略联盟研究[J]. 物流科技，2006，10.
[17] 喻金鑫. 如何构建供应链联盟中合作伙伴的战略关系[J]. 商业时代，2005，14.
[18] 单兴，陈恩. 略论供应链战略联盟的内涵、类型与管理[J]. 经济师，2003(5)：136-137.
[19] 赵刚. 基于纵向战略联盟的日照港口供应链管理研究[D]. 南京：河海大学，2007，12.
[20] 孙明贵. 试析日本企业的业务外包战略[J]. 外国经济与管理，2002，24(3)：36-39.
[21] 吴志华. 供应链管理：战略、策略与实施[M]. 重庆. 重庆大学出版社，2009：51.
[22] 中国物流与采购联合会. 中国物流年鉴 2004[M]. 北京：中国社会出版社.
[23] 宋华. 中国企业物流业务外包的调查与分析[J]. 当代财经，2007(3)：61-66.

第 3 章

供应链的采购与库存管理

3.1 供应链采购管理概述

3.1.1 采购的含义

广义的采购是指除了以购买的方式占有物品之外，还可以通过租赁、借贷、交换等各种途径取得物品的使用权，来达到满足需求的目的。

3.1.2 采购管理的含义和内容

1. 采购管理的含义

采购管理是企业为了达成生产或销售计划，在合适的时间，以合适的价格，购入合适数量的商品所采取的管理活动，即 5R 管理，如图 3-1 所示。

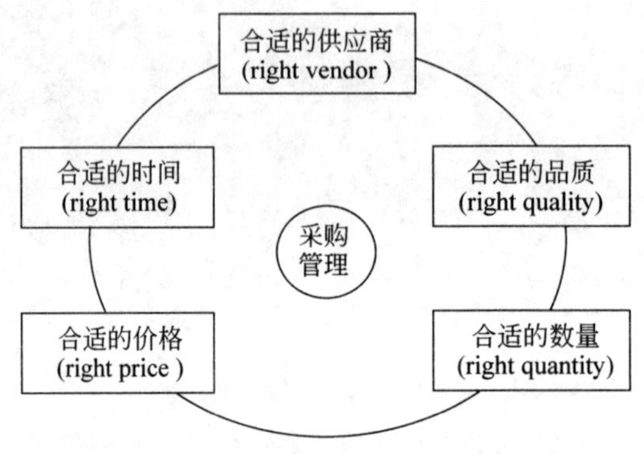

图 3-1 采购流程 5R 图

2. 采购管理的内容

企业的采购管理主要包括三项内容：保证企业所需的各种物资的供应；从资源市场获取各种信息，为企业物资采购和生产决策提供信息支持；与资源市场供应商建立起友好且有效的关系，为企业营造一个宽松有效的资源环境。

3.1.3 传统采购模式的主要特点

传统的采购模式有以下几个主要特点。

(1) 传统采购过程是典型的非信息对称博弈过程。

选择供应商在传统的采购活动中是首要的任务。采购方为了能够从多个竞争性的供应商中选择一个最佳的供应商，往往会保留私有信息，因为如果给供应商提供的信息越多，供应商的竞争筹码就越大，这样对采购一方不利。这样，采购、供应双方都不进行有效的信息沟通，这就是非信息对称的博弈过程。

(2) 验收检查是采购部门的一个重要的事后把关工作，质量控制的难度大。

传统采购模式下，要有效控制质量和交货期只能通过事后把关的办法。因为采购一方很难参与供应商的生产组织过程和有关质量控制活动，相互的工作是不透明的。

(3) 在传统的采购模式中，供应与需求之间的关系是临时性的，而且竞争多于合作。

由于缺乏合作与协调，采购过程中各种抱怨和扯皮的事情比较多，很多时间消耗在解决日常问题上，没有更多的时间用来做长期性预测与计划工作，供需之间这种缺乏合作的气氛增加了许多运作中的不确定性。

(4) 响应用户需求能力低。

由于供应与采购双方在信息的沟通方面缺乏及时的信息反馈，在市场需求发生变化的情况下，一方也不能改变已有的订货合同，采购一方在需求减少时库存增加，需求增加时则出现供不应求。供需之间对用户需求的响应没有同步进行，缺乏应对需求变化的能力。

3.1.4　供应链管理环境下的采购

在供应链管理的环境下，企业的采购方式和传统的采购方式有所不同。这些差异主要体现在如下几个方面。

1. 从为库存而采购到为订单而采购的转变

在传统的采购模式中，为库存而采购，采购计划很难适应制造需求的变化。供应链管理模式下，采购活动是以订单驱动方式进行的，制造订单驱动采购订单，采购订单再驱动供应商。这种准时化的订单驱动模式，使供应链系统得以准时响应用户的需求，从而降低了库存成本，提高了物流的速度和库存周转率。订单驱动的采购方式有如下优点：

(1) 由于供应商与制造商建立了战略合作伙伴关系，签订供应合同的手续大大简化，不再需要双方的询盘和报盘的反复协商，交易成本也因此大为降低。

(2) 在同步化供应链计划的协调下，制造计划、采购计划、供应计划能够并行进行，缩短了用户响应时间，实现了供应链的同步化运作。

(3) 采购物资直接进入制造部门，减小采购部门的工作压力，实现供应链精细化运作。

(4) 信息传递方式发生了变化。在供应链管理环境下，供应商能共享制造部门的信息，在订货过程中不断进行信息反馈，修正订货计划，使订货与需求保持同步。

(5) 实现了面向过程的作业管理模式的转变。订单驱动的采购方式简化了采购工作流程，采购部门的作用主要是沟通供应与制造部门之间的联系，协调供应与制造的关系，为实现精细采购提供基础保障。

2. 从采购管理向外部资源管理转变

在建筑行业中，采用工程业务承包时，为了对承包业务的进度与工程质量进行监控，企业会派有关人员深入到承包工地，对承包工程进行实时监管。这种方法也适用于制造企业的采购业务活动，这种将事后把关转变为事中控制的有效途径叫外部资源管理。

外部资源管理主要是对供应商的管理，增加与供应商的信息联系和相互之间的合作，建立新的合作模式。外部资源管理主要包括以下内容：①与供应商建立一种长期的、互惠互利的合作关系。②通过提供信息反馈和教育培训，促进供应商质量改善和质量保证。③参与供应商的产品设计和产品质量控制过程。④协调供应商的计划。一个供应商有可能同时参与多条供应链的业务活动，在资源有限的情况下必然会造成多方需求争夺供应商资源的局面。在这种情况下，下游企业的采购部门应主动参与供应商的协调计划。⑤建立一种新的、有不同层次的供应商网络，并通过逐步减少供应商的数量，致力于与供应商建立长期良好的合作伙伴关系。

供应商越少越有利于双方的合作。外部资源管理并不是通过采购一方（下游企业）的单方面努力就能取得成效的，而是需要供应商的配合与支持，为此，供应商也应该从以下几个方面提供协作：①帮助拓展用户（下游企业）的多种战略；②保证高质量的售后服务；③对下游企业的问题做出快速反应；④及时报告所发现的可能影响用户服务的内部问题；⑤基于用户的需求，不断改进产品和服务质量；⑥在满足自己的能力需求的前提下提供一部分能力给下游企业，即能力外援。

3. 从一般买卖关系向战略协作伙伴关系转变

供应链管理模式下采购管理的第三个特点，是供应与需求的关系从简单的买卖关系向双方建立战略协作伙伴关系转变。

传统采购是一种简单的买卖关系，无法解决一些涉及全局性、战略性的供应链问题。基于战略伙伴关系的供应链管理模式下的采购方式为解决这些问题创造了条件。这些问题如下。

（1）库存问题。传统采购模式下，供应链各级企业无法共享库存信息，节点企业独立地采用订货点技术进行库存决策，信息扭曲，供应链的整体效率不高。而供应链管理模式下则共享库存数据。

（2）风险问题。供需双方通过战略性合作关系，可以降低由于不可预测的需求变化带来的风险，比如运输过程的风险、信用的风险、产品质量的风险等。

（3）通过合作伙伴关系可以为双方共同解决问题提供便利的条件，不必再为日常琐事消耗时间与精力。

（4）降低采购成本问题。合作伙伴关系避免了许多不必要的手续和谈判过程。

（5）准时化采购问题。战略性的伙伴关系消除了供应过程的组织障碍。

3.1.5 集中统一进行商品采购的作用

从零售业发展的趋势和潮流来看，分散采购是绝对不可取的。采购就一定要集中采购，集中统一的商品采购是连锁零售业实现规模化经营的前提和关键，只有实行统一采购，才能真正做到统一陈列、统一配送、统一促销策划、统一核算，才能真正发挥连锁经营的优势。

（1）集中采购有利于提高连锁零售企业与供应商谈判中的议价能力。

（2）集中采购有利于降低商品采购成本。

(3) 集中采购有利于规范企业的采购行为。

3.1.6　我国采购管理存在的问题及发展趋势

随着全球经济一体化和信息时代的到来，采购管理的工作将被提升到一个新的高度。采购管理表现出如下发展趋势。

1. 采购管理集中化

采购管理集中化可以集中全公司和集团的采购力，对整个供应市场产生影响，使采购处于有利地位；同时，采购的集中也有利于公司对供应商的管理，便于公司主体资源的优化。在商品经济的竞争环境下，同类产品的价格相差无几，这样企业的利润完全取决于自己的成本控制。如果企业对成本控制不力，利润就很难保证，甚至亏损。一旦亏损，企业就无力开发新品种、开拓新市场，无法应付对手的进攻，从而处于不利的竞争地位。采购管理的集中可以增强企业的核心竞争力，从而推动企业的发展。

2. 采购管理职能化

近年来，越来越多的公司的采购部门从生产部门或其他部门独立出来，开始直接向总经理、副总经理汇报。相应地，采购部门发挥着越来越大的作用，采购职能也从原来被动地花钱，开始有了节省资金、满足供应、降低库存等一系列目标。

要完成这些任务，采购需要做好需求分析、采购计划、资金占用计划，形成采购供应战略，让采购成为供应链管理的强有力的一环。将生产计划、物料计划、采购、仓储、运输集成为一个反应迅速、总成本最低、物流速度快、响应市场要求灵敏的链条。企业不再是自己单打独斗，而是需要联合供应链上的每一个成员的力量，形成一条成本低、反应快、服务好的供应链、价值链。这样，采购部门就会成为公司核心竞争力的一部分，是公司连接供应商和客户的桥梁，是公司的核心业务部门。

3. 采购管理专业化

采购员需要了解购买的物品，了解产品的原理、性能要求，了解市场行情、价格走势，了解供应商的实力、供应商报价的合理性，实地考察供应保证能力，需要极强的谈判能力和计划能力，有能力在保证供应的同时保证价格和质量标准。这些能力不是一蹴而就的。总的来说，作为专业采购人员，需要掌握至少一门符合企业实际需要的采购内容的专业知识；同时，采购人员需要有能力与公司其他国家的同样的物品采购部门进行沟通，了解世界市场变化和供应商的表现，因此英语表达和沟通能力、计算机网络知识也很重要。而资深采购专家则需要项目管理、财务管理、供应链管理等专业技能。

4. 采购管理一体化

采购管理一体化要求生产计划、库存控制、质量检查和采购之间紧密合作，采购不能只遵循自身的原则。例如，采购要与生产计划结合起来，按照生产计划的需要制定采购规范；如果企业实行即时生产，那么为保证即时生产的顺利运行，必须实行即时采购，严格要求采购品的质量。

5. 环境问题

在许多国家，环境问题越来越普遍。各国政府制定的环境法规越来越严格。例如，在德国,有关工业包装的严格法规最近已经开始生效,所有不必要的包装都必须加以避免。包装物生产商将要逐渐对使用过的包装废弃物负责。如大众公司在制造其最新的 Golf 轿车时,要求在汽车生命周期的最后可以把不同的部件和零件(较容易地分拆开)进行重新加工利用。大众汽车公司甚至为了达到这个目标而建立了自己的再加工部门。环境问题给采购管理提出了全新的挑战,它们将给制造企业带来新的问题。与供应商一起寻求解决问题的思路和措施也是采购管理的任务,这些思路和措施应该能够解决或缓解这些环境问题。

3.2 准时采购策略

准时采购是在 20 世纪 90 年代,受准时制生产(JIT 生产)管理思想的启发而出现的。准时制生产方式最初是由日本丰田汽车公司在 20 世纪 60 年代率先使用的。

3.2.1 准时采购的基本思想

准时采购(JIT 采购法)的基本思想是:“彻底杜绝浪费”“只在需要的时候,生产所需要的产品。”这种生产方式的核心是在恰当的时间、恰当的地点,以恰当的数量、恰当的质量提供恰当的物品。其中关于供应商的选择(数量与关系)、质量控制是其核心内容。追求一种无库存生产系统,或是库存量达到最小的生产系统,为此开发了包括“看板”在内的一系列具体方法,并逐渐形成了一套独具特色的生产经营系统。

JIT 原理虽简单,但内涵却很丰富。

(1) 品种配置上,保证品种有效性,拒绝不需要的品种。

(2) 数量配置上,保证数量有效性,拒绝多余的数量。

(3) 时间配置上,保证所需时间,拒绝不按时供应。

(4) 质量配置上,保证产品质量,拒绝次品和废品。

JIT 供应方式具有很多好处,主要有以下三个方面。

(1) 零库存。用户需要多少,就供应多少。不会产生库存,占用流动资金。

(2) 最大节约。用户没有需求的商品,就不用订购,可避免商品积压、过时变质等不良品浪费,也可减少装卸、搬运以及库存等费用。

(3) 零废品。JIT 能最大限度地降低废品流动所造成的损失。废品只能停留在供应方,不可能配送给客户。

3.2.2 准时采购的原理与步骤

当年,丰田公司的大野耐一创造准时化生产方式,是在美国参观超级市场时受超级市场供货方式的启发而萌生的想法。美国超级市场除了商店货架上的货物之外并不另设仓库。商场每天晚上都根据当天的销售量来预计第二天的销售量而向供应商订货。第二天清早供应商按指定的数量送货到商场,有的供应商一天还分两次送货,基本上按照用户需要的品种、需要的数量,在需要的时候、送到需要的地点。所以,基本上每天的送货刚好满足用户的需要,没有多余,也没有库存,更没有浪费。大野耐一就想到要把这种模式运用到生产中去，因而产生了准时化生产。

实际上，超级市场模式，本来就是一种采购供应的模式。有供应商，有用户，双方形成了一个供需“节”。在这个供需节中，需方是采购方，供应方是供应商。采购方向供应商发出订货，供应商应当根据需方的订货，送货到需方。在超级市场模式下，超级市场是需方，供应商给超级市场进行准时化供货，它们之间的采购供应关系，也就是一种准时化的采购模式。

1. 准时采购的原理

(1) JIT的采购送货是直接送到所需求的点上。

(2) 用户需要什么，就送什么，品种规格应符合客户需要。

(3) 用户需要什么质量，就送什么质量，品种质量应符合客户需要，杜绝不合格品。

(4) 用户需要多少，就送多少，不少送，也不多送。

(5) 用户什么时候需要，就什么时候送货，不晚送，也不早送，保持准时。

(6) 用户在什么地点需要，就送到什么地点(如生产线上需要，就送到生产线上；库房需要，就送到库房)。

(7) 送货的方式应满足上述需要。

这几条，既做到了很好地满足用户的需求，又使得用户的库存量最小，用户不需要设库存，只在货架上(或在生产线上)有一点儿临时的存放，一天销售完毕(一天工作完，生产线停止时)，这些临时存放就消失，库存完全为零，真正实现了零库存。

2. 准时化采购的实施条件

成功实施准时化采购策略，需要具备一定的前提条件，我们认为下面的这些条件是实施准时化采购最为基本的条件。

(1) 距离越近越好。

供应商和用户企业的空间距离小，越近越好。太远了，操作不方便，发挥不了准时化采购的优越性，很难实现零库存。

(2) 制造商和供应商建立互利合作的战略伙伴关系。

准时化采购策略的推行，有赖于制造商和供应商之间建立起长期的、互利合作的新型关系，相互信任、相互支持，共同获益。

(3) 注重基础设施的建设。

良好的交通运输和通信条件是实施准时化采购策略的重要保证，企业间通用标准的基础设施建设，对准时化采购的推行也至关重要。所以，要想成功实施准时化采购策略，制造商和供应商都应注重基础设施的建设。诚然，这些条件的改善，不仅取决于制造商和供应商的努力，各级政府也须加大投入。

(4) 强调供应商的参与。

准时化采购不只是企业物资采购部门的事，它也离不开供应商的积极参与。供应商的参与，不仅体现在准时、按质、按量供应制造商所需的原材料和外购件上，而且体现在积极参与制造商的产品开发设计过程中。与此同时，制造商有义务帮助供应商提高产品质量，提高劳动生产率，降低供货成本。

(5) 建立实施准时化采购策略的组织。

企业领导必须从战略高度来认识准时化采购的意义,并建立相应的企业组织来保证采购策略的成功实施。这一组织的构成,不仅应有企业的物资采购部门人员,还应包括产品设计部门、生产部门、质量部门、财务部门等人员。其任务是,提出实施方案,具体组织实施,对实施效果进行评价,并进行连续不断的改进。

(6) 制造商向供应商提供综合的、稳定的生产计划和作业数据。

综合的、稳定的生产计划和作业数据可以使供应商及早准备,精心安排其生产,确保准时、按质、按量交货;否则,供应商就不得不求助于缓冲库存,从而增加其供货成本。有些供应商在制造商工厂附近建立仓库以满足制造商的准时化采购要求,实质上这不是真正的准时化采购,只是负担的转移。

(7) 着重教育与培训。

通过教育和培训,使制造商和供应商充分认识实施准时化采购的意义,并使他们掌握准时化采购的技术和标准,以便对准时化采购进行不断的改进。

(8) 加强信息技术的应用。

准时化采购是建立在有效信息交换的基础上的,信息技术的应用可以保证制造商和供应商之间的信息交换。因此,制造商和供应商都必须加强对信息技术,特别是电子数据交换(EDI)技术的应用投资,以更加有效地推行准时化采购策略。

3. 准时化采购的步骤

想要成功实施准时化采购策略,除了要具备一定的前提条件外,还必须遵循一定的科学实施步骤。企业在实施采购时,大体可以遵从下面具体步骤。

(1) 制订计划,确保沟通,确保采购有计划、有步骤地实施。

要制定采购策略以及改进当前采购方式的措施,包括如何减少供应商的数量、供应商的评价、向供应商发放签证等内容。在这个过程中,要与供应商一起商定准时化采购的目标和有关措施,保持经常性的信息沟通。

(2) 创建准时化采购班组。

准时化采购班组的作用,就是全面处理 JIT 采购有关事宜。要制定准时化采购的操作规程,协调企业内部各有关部门的运作,协调企业与供应商之间的运作。准时化采购班组除了采购部门的有关人员之外,还要由本企业以及供应商企业的生产管理人员、技术人员、搬运人员等共同组成。一般应成立两个班组。一个是专门处理供应商事务的班组,该班组的任务是培训和指导供应商的准时化采购操作,衔接供应商与本企业的操作流程,认定和评估供应商的信誉、能力,与供应商谈判、签订准时化购货合同,向供应商发放免检签证,等等。另外一个班组是专门协调本企业各个部门的准时化采购操作、制定作业流程、指导和培训操作人员,并且进行操作教研、监督和评估。这些班组人员,对准时化采购方法应有充分的了解和认识,必要时要进行培训。

(3) 精选少数供应商,建立伙伴关系。

供应商和制造商之间互利的伙伴关系,意味着双方之间充满了一种紧密合作、主动交流、相互信赖的和谐气氛,共同承担长期协作的责任。在这种关系的基础上,发展共同的目标,分享共同的利益。当然,这种互利的伙伴关系的建立需要经过长期的工作,要求双方有坚定的决心和奉献精神。

(4) 进行试点工作。

先从某种产品或某条生产线开始,进行零部件或原材料的准时化供应试点。在试点过程中,取得企业各个部门的支持是很重要的,特别是生产部门的支持。通过试点,总结经验,为正式的准时化采购实施打下基础。

(5) 搞好供应商的培训,确定共同目标。

准时化采购是供需双方共同的业务活动,单靠采购部门的努力是不够的。需要供应商的配合,只有供应商也对准时化采购的策略和运作方法有了认识与理解,才能获得供应商的支持和配合,因此,需要对供应商进行教育培训。

(6) 向供应商颁发产品免检合格证书。

在实施准时化采购策略时,核发免检证书是非常关键的一步。核发免检证书的前提是供应商的产品 100%合格。为此,核发免检证书时,要求供应商提供最新的、正确的、完整的产品质量文件,包括设计蓝图、规格、检验程序以及其他必要的关键内容。

有些公司在核发免检证书的初始阶段,只发放单件产品的免检证,但最终目标还是发放供应商的免检证,并完全免除采购物资中常规产品的进货检查。达到这个目标后,就只需对尚未获得免检证书的新产品和新零件进行进货检查,直到它们也达到免检要求为止。最后,所有采购的物资就可以从卸货点直接运至生产线上使用。

(7) 实现配合准时化生产的交货方式。

向供应商采购的原材料和外购件,其目标是要实现这样的交货方式:当你正好需要某物资时,该物资就运抵卸货月台,并随之直接运至生产线,生产线拉动它所需的物资,并在制造产品时使用该物资。

3.2.3　准时化采购的特点

准时化采购和传统采购在质量控制、供需关系、供应商的数目、交货期的管理等方面有很多不同,具体表现见表 3-1。

表 3-1　准时化采购与传统采购的区别

项　目	准时化采购	传统采购
采购批量	小批量,送货频率高	大批量,送货频率低
供应商选择	长期合作,单源供应	短期合作,多源供应
供应商评价	质量、交货期、价格	质量、价格、交货期
检查工作	逐渐减少,最后消除	收货、点货、质量验收
协商内容	长期合作关系,质量和合理价格	获得最低价格
运输	准时送货,买方负责	较低的成本,买方负责
产品说明	供应商革新,强调性能宽松要求	买方关心设计,供应商无创新
包装	小,标准化容器包装	普通包装,没有特别说明
信息交流	快速、可靠	一般要求

1. 采用较少的供应商,甚至单源供应

单源供应指的是对某一种原材料或外购件只从一个供应商那里采购,或者说,对某一种原材料或外购件的需求,仅由一个供应商供货。准时化采购思想认为,最理想的供应商的数目是:对每一种原材料或外购件,只有一个供应商。因此,单源供应是准时化采购的基本特征之一。

传统的采购模式一般是多头采购,供应商的数目相对较多。从理论上讲,采取单源供应比多源供应好。一方面,对供应商的管理比较方便,而且可以使供应商获得内部规模效益和长期订货,从而可使购买的原材料和外购件的价格降低,有利于降低采购成本;另一方面,单源供应可以使制造商成为供应商的一个非常重要的客户,因而加强了制造商与供应商之间的相互依赖关系,有利于供需之间建立长期稳定的关系,质量上比较容易保证。

但是,采用单源供应也有风险,比如供应商有可能因意外而中断交货。另外,采取单源供应,使企业不能得到竞争性的采购价格,会对供应商的依赖性过大等。因此,必须与供应商建立长期互利合作的新型伙伴关系。在日本,98%的JIT企业采用单源供应。但实际上,一些企业常采用同一原材料或外购件由两个供应商供货的方法,其中以一个供应商为主,另一个供应商为辅。

从实际工作中看,许多企业也不是很愿意成为单一供应商。原因很简单,一方面,供应商是独立性较强的商业竞争者,不愿意把自己的成本数据披露给用户;另一方面,供应商不愿意成为用户的一个产品库存点。实施准时化采购,需要减少库存,但库存成本原先是在用户一边,现在转移到供应商。因此,用户必须意识到供应商的这种忧虑。

2. 采取小批量采购的策略

小批量采购是准时化采购的一个基本特征。准时化采购和传统的采购模式的一个重要不同之处在于,准时化生产需要减少生产批量,直至实现"一个流生产",因此,采购的物资也应采用小批量的办法。从另外一个角度看,由于企业生产对原材料和外购件的需求是不确定的,而准时化采购又旨在消除原材料和外购件库存,为了保证准时、按质按量供应所需的原材料和外购件,采购必然是小批量的。但是,小批量采购必然增加运输次数和运输成本,对供应商来说,这是很为难的事情,特别是供应商在国外等远距离的情形,在这种情况下实施准时化采购的难度就很大。解决这一问题的方法有以下四种。

(1) 使供应商在地理位置上靠近制造商,如日本汽车制造商扩展到哪里,其供应商就跟到哪里。

(2) 供应商在制造商附近建立临时仓库,实质上,这只是将负担转嫁给了供应商,而未从根本上解决问题。

(3) 由一个专门的承包运输商或第三方物流企业负责送货,按照事先达成的协议,收集分布在不同地方的供应商的小批量物料,准时按量送到制造商的生产线上。

(4) 让一个供应商负责供应多种原材料和外购件。

3. 对供应商选择的标准发生变化

由于准时化采购采取单源供应,因而对供应商的合理选择就尤其重要。可以说,能否选择到合格的供应商是准时化采购能否成功实施的关键。合格的供应商具有较好的技术、设备条件和较高的管理水平，可以保障采购的原材料和外购件的质量，保证准时按量供货。

在传统的采购模式中，供应商是通过价格竞争而选择的，供应商与用户的关系是短期的合作关系，当发现供应商不合适时，可以通过市场竞标的方式重新选择供应商。在准时化采购模式中，由于供应商和用户是长期的合作关系，供应商的合作能力将影响企业的长期经济利益，因此，对供应商的要求就比较高。在选择供应商时，需要对供应商进行综合评价，而对供应商的评价必须依据一定的标准。这些标准应包括产品质量、交货期、价格、技术能力、应变能力、批量柔性、交货期与价格的均衡、价格与批量的均衡、地理位置等，而不像传统采购那样主要依靠价格标准。

在大多数情况下，其他标准较好的供应商，其价格可能也是较低的。即使不是这样，双方建立起互利合作关系后，企业也可以帮助供应商找出减少成本的方法，从而使价格降低。当双方建立了良好的合作关系后，很多工作可以简化以至消除，如订货、修改订货、点数统计、品质检验等，从而减少浪费。

4. 对交货准时性的要求更加严格

准时化采购的一个重要特点是要求交货准时，这是实施准时生产的前提条件。交货准时取决于供应商的生产与运输条件。作为供应商，要使交货准时，可从以下几个方面着手。①不断改进企业的生产条件，提高生产的可靠性和稳定性，较少出现由于生产过程的不稳定导致的延迟交货或误点现象。作为准时化供应链管理的一部分，供应商同样应该采用准时化的生产管理模式，以提高生产过程的准时性。②为了提高交货准时性，运输问题不可忽视。在物流管理中，运输问题是一个很重要的问题。它决定准时交货的可能性，特别是全球的供应链系统，运输过程长，而且可能要先后经过不同的运输工具，需要中转运输等，因此，就有必要进行有效的运输计划与管理，使运输过程准确无误。

5. 从根源上保障采购质量

实施准时化采购后，企业的原材料和外购件的库存很少，以至为零。因此，为了保障企业生产经营的顺利进行，采购物资的质量必须从根源上抓起。也就是说，购买的原材料和外购件的质量保证，应由供应商负责，而不是企业的物资采购部门。准时化采购就是要把质量责任返回给供应商，从根源上保障采购质量。为此，供应商必须参与制造商的产品设计过程，制造商也应帮助供应商提高技术能力和管理水平。

6. 对信息交流的需求加强

准时化采购要求供应与需求双方信息高度共享，保证供应与需求信息的准确性和实时性，由于双方的战略合作关系，企业在生产计划、库存、质量等各方面的信息都可以及时进行交流，以便出现问题时能够及时处理。只有供需双方进行可靠而快速的双向信息交流，才能保证所需的原材料和外购件的准时按量供应。同时，充分的信息交换可以增强供应商的应变能力。

7. 可靠的送货和特定的包装要求

由于准时化采购消除了原材料和外购件的缓冲库存，供应商交货的失误和送货的延迟必将导致企业生产线的停工待料。因此，可靠的送货是实施准时化采购的前提条件，而送货的可靠性，常取决于供应商的生产能力和运输条件，一些不可预料的因素，如恶劣的天气条件、交通堵塞、运输工具的故障等，都可能引起送货迟延。当然，最理想的送货是直接将货送到生产线上。

准时化采购对原材料和外购件的包装也提出了特定的要求。良好的包装不仅可以减少装货、卸货对人力的需求，而且使原材料和外购件的运输与接收更为便利。最理想的情况是，对每一种原材料和外购件，采用标准规格且可重复使用的容器包装，既可提高运输效率，又能保证交货的准确性。

3.2.4 准时采购对供应链管理的意义

准时采购对供应链管理具有以下几个方面的意义。

1. 减少原材料和外购件的库存

国外一些实施准时化采购策略的企业测算，准时化采购可以使原材料和外购件的库存降低 40%～85%。原材料和外购件库存的降低，有利于减少流动资金的占用，加速流动资金的周转，同时也有利于节省原材料和外购件库存占用的空间，从而降低库存成本。

2. 提高原材料和外购件的质量

一般来说，实施准时化采购，可以使购买的原材料和外购件的质量提高 2～3 倍。而原材料和外购件质量的提高，又会引致质量成本的降低。据估计，推行准时化采购可使质量成本减少 26%～63%。

3. 降低原材料和外购件的价格

由于供应商和制造商的密切合作以及内部规模效益与长期订货，再加上消除了采购过程中的一些浪费(如订货手续、装卸环节、检验手续等)，就使购买的原材料和外购件的价格得以降低。例如，生产复印机的美国施乐(Xerox)公司，通过实施准时化采购策略，使其采购物资的价格下降了 40%～50%。

此外，推行准时化采购策略，不仅缩短了交货时间，节约了采购过程所需的资源(包括人力、资金、设备等)，而且提高了企业的劳动生产率，增强了企业的适应能力。

4. 保证供应链的协同运作

供应链环境下的采购模式和传统采购模式的不同之处在于前者采用订单驱动的方式。订单驱动使供应与需求双方都围绕订单运作，也就实现了准时化、同步化运作。

要实现同步化运作，采购方式就必须是并行的，当采购部门产生一个订单时，供应商即开始着手物品的准备工作。与此同时，采购部门编制详细的采购计划，制造部门也进行生产的准备过程，当采购部门把详细的采购单提供给供应商时，供应商就能很快地将物资在较短的时间内交给用户。当用户需求发生改变时，制造订单又驱动采购订单发生改变，这样两种快速的改变过程，如果没有准时的采购方法，供应链企业很难适应这种多变的市场需求。

同时，供应商管理是供应链采购管理中一个很重要的问题，它在实现准时化采购中也有很重要的作用。在供应商与制造商的关系中，存在两种典型的关系模式：传统的竞争关系和合作性关系。两种关系模式的采购特征有所不同。供应商与制造商的合作关系对于准时化采购的实施是非常重要的，只有建立良好的供需合作关系，准时化策略才能得到彻底贯彻落实，并取得预期的效果。准时化采购环境下的供需合作关系包括下述内容。

从供应商的角度来说，如果不实施准时化采购，由于缺乏和制造商的合作，库存、交货批量都比较大，而且在质量、需求方面都无法获得有效的控制。通过建立准时化采购策略，把制造商的 JIT 思想扩展到供应商，加强了供需之间的联系与合作，在开放性的动态信息交互下，面对市场需求的变化，供应商能够做出快速反应，提高了供应商的应变能力。

对制造商来说，通过和供应商建立合作关系，实施准时化采购，管理水平得到提高，制造过程与产品质量得到有效控制，成本降低了。

因此，准时化采购对于供应链管理思想的贯彻实施有着重要的意义。准时化采购策略体现了供应链管理的协调性、同步性和集成性，供应链管理需要准时化采购来保证供应链的整体同步化运作。准时化采购提高了供应链的柔性和敏捷性。

3.3　供应链管理环境下的采购供应商问题

供应商管理是企业保证物资供应、确保采购质量和节约采购资金的重要环节。从传统的供应商管理发展到供应链供应商管理，企业在供应商管理方面有了很大的创新。供应商管理最主要的两个内容是供应商的选择和供应商的关系管理。几个关键环节是供应商选择、供应商审核(含质量体系审核)、供应商考评和供应商关系管理。

3.3.1　供应商概述

在供应链环境下的客户关系与传统的客户关系有很大的不同。市场营销中的客户指的是最终产品的用户，而这里的客户是指供应商，不是最终用户。从供应商与客户关系的特征来看，传统企业的关系表现为三种：竞争性关系、合同性关系(法律性关系)、合作性关系，而且企业之间的竞争多于合作。供应链管理环境下的客户关系是一种战略性合作关系，提倡一种双赢(win-win)机制。从传统的非合作性竞争走向合作性竞争、合作与竞争并存是当今企业关系发展的一个趋势。

1. 供需之间“竞争模式”

传统的企业与供应商的关系是一种短期的、松散的、竞争对手的关系。在这样一种基本关系之下，采购方和供应商的交易如同“0-1”对策，一方所赢则是另一方所失，与长期互惠相比，短期内的优势更受重视。采购方总是试图将价格压到最低，而供应商总是以特殊的质量要求、特殊服务和订货量的变化等理由尽量提高价格，哪一方能取胜主要取决于哪一方在交易中占上风。例如，采购方的购买量占供应商销售额总量的百分比大，采购方可容易地从其他供应商那里得到所需物品，改换供应商不需要花费多少转换成本等情况下，采购方均会占上风；反之，则有可能是供应商占上风。

2. 供需之间“合作模式”

另一种与供应商的关系模式，即合作模式，在当今受到了越来越多企业的重视，这种模式在日本企业中取得了很大成功并广为流传。在这种模式之下，采购方和供应商互相视对方为“伙伴”，双方保持一种长期互惠的关系。

3. 两种模式的特点

竞争模式的主要特征如下。

(1) 采购方以权势压人来讨价还价。采购方以招标的方式挑选供应商,报价最低的供应商被选中;而供应商为能中标,会报出低于成本的价格。

(2) 供应商名义上的最低报价并不能带来真正的低采购成本。供应商一旦被选中,就会以各种借口要求采购方企业调整价格,因此,最初的低报价往往是暂时的。

(3) 技术、管理资源相互保密。由于采购方和供应商之间是受市场支配的竞争关系,所以双方对自己的技术、成本等信息都小心加以保护,不利于新技术、新管理方式的传播。

(4) 双方的高库存、高成本。由于关系松散,双方都会用较高的库存来降低出现需求波动或其他意外情况时的影响,而这种成本的增加,实际上最后都转嫁到消费者身上。

(5) 不完善的质量保证体系。以次品率来进行质量考核,并采取事后检查的方式,造成查到问题时产品已投入市场,仍要不断地解决问题。

(6) 采购方的供应商数目很多。每一种物料都有若干个供应商,供应商之间的竞争使采购方从中获利。

竞争模式的缺陷:由于采购方和供应商之间的讨价还价,双方缺乏信息交流,成本难以降低,质量也不能很好地满足要求,难以适应快速响应市场的要求。

合作模式的主要特征如下。

(1) 供应商的分层管理。采购方将供应商分层,尽可能地将完整部件的生产甚至设计交给第一层供应商,这样采购企业的零件设计总量大大减少,有利于缩短新产品的开发周期。这样还使采购方可以只与数目较少的第一层供应商发生关系,从而降低了采购管理费用。

(2) 双方共同降低成本。采购方与供应商在一种确定的目标价格下,共同分析成本,共享利润。采购方充分利用自己在技术、管理、专业人员等方面的优势,帮助供应商降低成本。由于通过降低成本供应商也能获利,所以调动了供应商不断改进生产过程的积极性,从而有可能使价格不断下降,在市场上的竞争力不断提高。

(3) 共同保证和提高质量。由于买卖双方认识到不良产品会给双方都带来损失,所以能够共同致力于提高质量。一旦出现质量问题,采购方就会与供应商一起通过"5W"等方法来分析原因,解决问题。由于双方建立起了一种信任关系,互相沟通产品质量情况,所以采购方甚至可以对供应物料不进行检查就直接使用。

(4) 信息共享。采购方积极主动地向供应商提供自己的技术、管理等方面的信息和经验,供应商的成本控制信息也不再对采购方保密。除此之外,供应商还可以随时了解采购方的生产计划、未来的长期发展计划以及供货计划。

(5) JIT 式的交货。由于买卖双方建立起了一种长期信任的关系,不必为每次采购谈判和讨价还价,不必对每批物料进行质量检查,而且双方都互相了解对方的生产计划,这样就有可能做到 JIT 式的交货,而这种做法使双方的库存都大为降低,从而受益。

(6) 采购方只持有较少数目的供应商。一般一种物料只有 1~2 个供应商,这样可以使供应商获得规模优势。当来自采购方的订货量很大,又是长期合同时,供应商甚至可以考虑扩大设施和提高设备能力,并考虑将新设备建在采购方附近。

合作模式的缺陷如下。

(1) 如果一种材料只有 1～2 个供应商,那么供应中断的风险就会增加。

(2) 保持长期合同关系的供应商缺乏竞争压力,从而有可能缺乏不断创新的动力。

(3) JIT 式的交货方式有中断生产的风险。

3.3.2　供应商的评价选择

供应商管理的内容包括供应商开发、供应商评价选择、供应商联盟、供应商绩效管理等。其中供应商评价选择是供应商管理的重中之重。

供应商的评价选择是供应链合作关系运行的基础。供应商的业绩在今天对制造企业的影响越来越大,在交货、产品质量、提前期、库存水平、产品设计等方面都影响着制造商的成功与否。

1. 供应商的选择标准

1) 选择供应商的短期标准

选择供应商的短期标准一般是商品质量合格、采购成本低、交付及时、整体服务水平高、履行合同能力强。采购单位可以通过市场调查获得有关供应单位的资料,并从这几个方面进行比较,依据比较结论做出正确决策。

(1) 商品质量合适。采购物品的质量合乎采购单位的要求是进行商品采购时首要考虑的因素。质量次、价格偏低的商品,虽然采购成本低,但在投入使用的过程中,往往会影响生产的连续性和产成品的质量,从而增加企业的总成本。另外,质量过高也并不意味着采购商品适合企业生产,因为超出生产质量要求的商品对于企业而言就是一种浪费。因此,采购中对于质量的要求是符合企业生产所需,要求过高或过低都是错误的。

(2) 采购成本低。对供应商的报价单进行成本分析,是有效甄选供应商的方式之一。成本不仅仅包括采购价格,而且包括原料或零部件使用过程中或生命周期结束前所发生的一切支出。采购价格低是选择供应商的一个重要条件,但价格最低的供应商不一定就是最合适的,因为如果在产品质量、交货时间上达不到要求,或者由于地理位置过远而使运输费用增加,就会使总成本增加,所以总成本最低才是选择供应商时考虑的主要因素。

(3) 交货及时。供应商能否按约定的交货期限和交货条件组织供货,直接影响企业生产和供应活动的连续性,因此交货时间也是选择供应商所要考虑的因素之一。影响供应商交货时间的主要因素有:供应商从取得原料、加工到包装所需的生产周期;供应商生产计划的规划与弹性;供应商的库存准备;所采购的原料或零部件在生产过程中所需要的供应商数目;运输条件及能力。供应商交货的及时性一般用合同完成率或委托任务完成率来表示。

(4) 整体服务水平高。供应商的整体服务水平是指供应商内部各作业环节能够配合购买者的能力与态度,如各种技术服务项目、方便订购的措施、为订购者节约费用的措施等。评价供应整体服务水平的主要指标有以下几个方面:安装服务,如空调的免费安装、电脑的装机调试等,通过安装服务,采购商可以缩短设备的投产时间,是一大便利;培训服务;维修服务;升级服务和技术支持服务。

(5) 履行合同能力强。确定供应商有无履行合同承诺的能力时要考虑以下几点:①要先确认供应商对采购的项目、订单金额及数量是否感兴趣。订单数量多,供应商可能生产能力不足;而订单数量少,供应商可能缺乏兴趣。②供应商处理订单的时间。③供应商在需要采购的项目上是否具有核心能力。④供应商是否具有自行研发产品的能力。⑤供应商目前的闲置设备状况,了解其接单情况和生产设备的利用率。

2) 选择供应商的长期标准

选择供应商的长期标准主要在于评估供应商是否能保证长期而稳定的供应,其生产能力是否能配合公司的成长而相对扩展,是否具有健全的企业体制、与公司相近的经营理念,其产品未来的发展方向能否符合公司的需求,以及是否具有长期合作的意愿,等等。供应商的长期生产能力主要体现在以下几个方面:

(1) 供应商的财务状况是否稳定。供应商的财务状况直接影响到其交货和履约的绩效,如果供应商资金周转不灵,就会影响供货进而影响企业生产,甚至出现停工的严重危机。判断一家供应商的财务状况,可以利用资产负债表、利润表来考核供应商的运营状况、销售业绩与成本费用情况。如果供应商是上市公司,还可以利用公司的年度报表中的信息来计算各种财务比率,以观察其现金流动情况、应收应付账款的状况、库存周转率和获利能力等。

(2) 供应商内部组织与管理是否良好。供应商内部组织与管理关系到日后供应商供货效率和服务质量。如果供应商组织机构设置混乱,会由于供应商部门之间的互相扯皮而导致供应活动不能及时、高质量地完成。另外,供应商的高层主管是否将采购单位视为主要客户也是影响供应质量的一个因素。如果供应商的高层没有将买主视为主要客户,在面临一些突发状况时,便无法取得优先处理的机会。

除此之外,还可以从供应商机器设备的新旧程度及保养状况看出管理者对生产工具、产品质量的重视程度以及内部管理的好坏。另外,可以参考供应商同业之间的评价及其在所处产业的地位。对客户满意程度的认知、对工厂的管理、对原材料来源的掌握、对生产流程的控制,也是评估供应商内部管理水平的指标。

(3) 供应商员工的状况是否稳定。供应商员工的状况也是反映企业管理中是否存在问题的一个重要指标。例如,若员工平均年龄偏高,则表明供应商员工的流动率较低,或供应商无法吸收新员工,从而缺乏观念创新。另外,供应商员工的工作态度及受培训的水平会直接影响到产出的效率。

2. 供应商综合评价指标体系

1) 目前我国企业选择供应商标准的调查

由华中理工大学 CIMSSCM 课题组的一次调查统计数据显示:我国企业在选择供应商时,主要的标准是产品质量;其次是价格、交货提前期、批量柔性和品种多样性。

2) 供应商综合评价指标体系结构

供应商综合评价指标体系结构遵循全面性、简明科学性、稳定可比性和灵活操作性原则,第一层次是目标层,主要包括业绩评价、业务结构/生产能力评价、质量系统评估和企业环境评价;第二层主要是影响供应商选择的具体因素;第三层则是与具体因素相关的细分因素。

3）供应商综合评价、选择的步骤

步骤 1：分析市场竞争环境(需求、必要性)。

步骤 2：建立供应商选择目标。

步骤 3：建立供应商评价标准。

步骤 4：建立评价小组。

步骤 5：供应商参与。企业应尽可能早点让供应商参与到评价的设计过程中来。

步骤 6：评价供应商。

步骤 7：实施供应链合作关系。

3. 选择供应商时应注意的问题

(1) 自制与“外包”采购。一般情况下,外包的比率越高,则选择供应商的机会越大,并以能够分工合作的专业厂商为主要对象。通过外包,企业可以将精力集中于核心产品的生产上,避免了精力的分散。

(2) 单一供应商与多家供应商。单一供应商是指某种物品集中向一家供应商订购。这种购买方式的优点是供需双方的关系密切,购进物品的质量稳定、采购费用低;缺点是无法与其他供应商相比较,容易失去质量、价格更为有利的供应商,采购的机动性小,如果供应商出现问题则会影响本企业的生产经营活动。多家供应商是指向多家订购所需的物品,其优缺点正好与单一供应商的情况相反。

(3) 国内采购与国际采购。选择国内的供应商,价格可能比较低,由于地理位置近,可以实现准时生产或者零库存策略;选择国际供应商,则可能采购到国内企业技术无法达到的商品,提升自身的技术含量,扩大供应来源。

(4) 直接采购与间接采购。若是大量采购或者所需物品对企业生产经营影响重大,则宜采用直接采购,从而避免中间商加价,以降低成本;如果采购数量小或者采购物品对生产经营活动影响不大,则可通过间接采购以节省企业的采购精力与费用。

3.3.3　供应链的绩效评估

1. 供应商绩效考核的目的

供应商绩效管理的主要目的是确保供应商供应的质量,同时在供应商之间进行比较,以便继续同优秀的供应商进行合作,淘汰绩效较差的供应商。在对供应商进行绩效管理的同时也可以了解供应存在的不足之处,并将其反馈给供应商,促进供应商提高其业绩,为日后更好地完成供应活动打下良好的基础。

2. 供应商绩效考核的办法及步骤

要实施供应商考核,就必须制定一个供应商绩效考核办法或工作程序,作为有关部门或人员工作的依据。实施过程中要对供应商的表现如质量、交货、服务等进行监测记录,为考核提供量化依据。考核前还要选定被考核的供应商,将考核做法、标准及要求同供应商进行充分沟通,并在本公司内对参与考核的部门或人员做好沟通协调。供应商考核工作常由采购人员牵头组织,品质、企划等人员共同参与。要有效地评估一个位于全球经济体下的供应链的绩效,可遵循以下三个基本步骤:①了解目前营运的流程现状;②确认影响公司生意的重要因素;③弄清楚谁使用何种衡量指标以及为什么使用。

3. 供应商绩效考核的指标体系

为了科学、客观地反映供应商供应活动的运作情况,应该建立与之相适应的供应商绩效考核指标体系,并尽可能地采用实时分析与考核的方法,把绩效度量范围扩大到能反映供应活动的信息上去。评估供应商绩效的指标主要有质量指标,供应指标,经济指标,支持、配合与服务指标,等等。

1) 质量指标

供应商质量指标是供应商考评的最基本指标,包括来料批次合格率、来料抽检缺陷率、来料在线报废率、来料免检率等。其中,来料批次合格率是最为常用的质量考核指标之一。这些指标的计算方法如下:

来料批次合格率=(合格来料批次÷来料总批次)×100%

来料抽检缺陷率=(抽检缺陷总数÷抽检样品总数)×100%

来料在线报废率=(来料总报废数÷来料总数)×100%

式中:来料总报废数包括在线生产时发现的废品。

来料免检率=(来料免检的种类数÷该供应商供应的产品总种类数)×100%

此外,有的公司将供应商体系、质量信息等也纳入考核,比如供应商是否通过了ISO 9000认证或供应商的质量体系审核是否达到一定的水平。

2) 供应指标

供应指标又称为企业指标,是同供应商的交货表现以及供应商企划管理水平相关的考核因素,其中最主要的是准时交货率、交货周期、订单变化接受率等。

准时交货率=(按时按量交货的实际批次÷订单确认的交货总批次)×100%

交货周期指自订单开出之日到收货之时的时间长度,常以天为单位。

订单变化接受率是衡量供应商对订单变化灵活性反应的一个指标,是指在双方确认的交货周期中可接受的订单增加或减少的比率。

订单变化接受率=(订单增加或减少的交货数量÷订单原定的交货数量)×100%

值得一提的是,供应商能够接受的订单增加接受率与订单减少接受率往往不同,前者取决于供应商生产能力的弹性、生产计划安排与反应快慢以及库存大小与状态(原材料、半成品或产成品),后者主要取决于供应的反应、库存(包括原材料与在制品)大小以及对减单可能造成损失的承受力。

3) 经济指标

供应商考核的经济指标总是与采购价格、成本相联系的。质量与供应考核通常每月进行一次,而经济指标则相对稳定,多数企业是每季度考核一次,此外经济指标往往都是定性的,难以量化。经济指标的具体考核点有:

(1) 价格水平。往往将本公司所掌握的市场行情与供应价格进行比较或根据供应商的实际成本结构及利润率进行判断。

(2) 报价是否及时。报价单是否客观、具体、透明(分解成原材料费用、加工费用、包装费用、运输费用、税金、利润等,说明相对应的交货与付款条件)。

(3) 降低成本的态度及行动。是否真诚地配合本公司或主动地开展降低成本的活动,是否制订改进计划、实施改进行动,是否定期与本公司检讨价格。

(4) 分享降价成果。是否将降低成本的好处让利给本公司。

(5) 付款。是否积极配合响应本公司提出的付款条件要求与办法,开出的发票是否准确、及时、符合有关财税要求。

有些单位还将供应商的财务管理水平与手段、财务状况以及对整体成本的认识纳入考核。

4) 支持、配合与服务指标

同经济指标一样,考核供应商在支持、配合与服务方面的表现通常也是定性的考核,每季度一次。相关的指标有反应与沟通、表现合作态度、参与本公司的改进与开发项目、售后服务等。

(1) 反应表现。对订单、交货、质量投诉等反应是否及时、迅速,答复是否完整,对退货、挑选等是否及时处理。

(2) 沟通手段。是否有合适的人员与本公司沟通,沟通手段是否符合本公司的要求(电话、传真、电子邮件以及文字处理所用软件与本公司的匹配程度等)。

(3) 合作态度。是否将本公司看成是重要客户,供应商高层领导或关键人物是否重视本公司的要求,供应商内部沟通协作(如市场、生产、计划、工程、质量等部门)是否能整体理解并满足本公司的要求。

(4) 共同改进。是否积极参与或主动参与本公司相关的质量、供应、成本等改进项目或活动,或推行新的管理做法等,是否积极组织参与本公司共同召开的供应商改进会议、配合本公司开展的质量体系审核等。

(5) 售后服务。是否主动征询本公司的意见、主动访问本公司、主动解决或预防问题。

(6) 参与开发。是否参与本公司的各种相关开发项目,如何参与本公司的产品或业务开发过程。

(7) 其他支持。是否积极接纳本公司提出的有关参观、访问事宜,是否积极提供本公司要求的新产品报价与送样,是否妥善保存与本公司相关的文件等并不予泄露,是否保证不与影响到本公司切身利益的相关公司或单位进行合作,等等。

3.3.4　供应商关系管理

1. 供应商关系管理的内容

1) 加强与供应商的信息沟通

为加强与供应商的信息交流和沟通,应与供应商建立完善的信息交流与共享机制。

(1) 与供应商之间经常进行有关成本、作业计划、质量控制信息的交流与沟通,保持信息的一致性和准确性。

(2) 让供应商参与有关产品开发设计以及经营业务等活动。例如,企业在产品设计阶段让供应商参与进来,这样供应商可以在原材料和零部件的性能与功能方面提供有关信息,为实施质量功能配置的产品开发方法创造条件,把用户的价值需求及时地转化为供应商的原材料和零部件的质量与功能要求。

(3) 建立任务小组解决共同关心的问题。与供应商建立一种团队型的工作小组,双方的有关人员共同解决供应过程中遇到的各种问题。

(4) 双方经常进行互访。双方高层特别是有关部门进行经常性的互访,及时发现和解决各自在合作活动过程中出现的问题与困难,建立良好的合作关系。

(5) 利用电子数据交换和互联网技术进行快速的数据传输,提高双方业务的透明度和信息交流的有效性。

2) 对供应商实施有效的激励机制

要保持长期的供需双赢的合作伙伴关系,对供应商的激励是非常重要的,没有有效的激励机制,就不可能维持良好的供应关系。在激励机制的设计上,要体现公平、一致的原则。给予供应商价格折扣和柔性合同等,使供应商和企业共同分享双赢机制的好处。

(1) 价格激励。高的价格能增强企业的积极性,不合理的低价会挫伤企业的积极性。供应链利润的合理分配有利于供应链企业间合作的稳定和运行的顺畅。

(2) 订单激励。供应商获得更多的订单是一种极大的激励,在供应链内的企业也需要更多的订单激励。一般来说,一个制造商拥有多个供应商。多个供应商的竞争来自制造商的订单,多的订单对供应商来说是一种激励。

(3) 商誉激励。商誉是一个企业的无形资产,对于企业极其重要。商誉来自供应链内其他企业的评价和其在公众中的声誉,它反映了企业的社会地位。

(4) 信息激励。在信息时代,企业获得更多的信息意味着企业拥有更多的机会、更多的资源,从而获得激励。如果能够快捷地获得合作企业的需求信息,企业就能够主动采取措施提供优质服务,必然使合作方的满意度大为提高。信息激励机制的提出,也在某种程度上克服了由于信息不对称而使供需双方企业相互猜忌的弊端,消除了由此带来的风险。

(5) 淘汰激励。淘汰激励是一种负激励。为了使供应链的整体竞争力保持在一个较高水平,供应链必须建立对成员企业的淘汰机制,同时供应链自身也面临淘汰。对于优秀企业或供应链来说,淘汰弱者使其获得更优秀的业绩;对于业绩较差者,为避免淘汰,它更需要上进。

(6) 新产品/新技术的共同开发。新产品/新技术的共同开发和投资可以让供应商全面掌握新产品的开发信息,有利于新技术在供应链中的推广开拓。将供应商、经销商甚至用户结合到产品的研究开发工作中,按照团队的工作方式展开全面合作。在这种环境下,合作企业也成为整个产品开发中的一分子,其成败不仅影响制造商,而且也影响供应商及经销商。因此每个人都会关心产品的开发工作,这就形成了一种激励机制,对供应链上的企业起到激励作用。

(7) 组织激励。在一个较好的供应链环境下,企业之间合作愉快,供应链的运作也通畅,少有争执。也就是说,一个良好组织的供应链对供应链内的企业都是一种激励。减少供应商的数量,并与主要的供应商保持长期稳定的合作关系是企业使用组织激励的主要措施。

2. 供应链环境下供应商管理策略

1) 跟上变动的脚步

不断变动的供应链要用不断更新的绩效评估衡量指标。所有的指标设计都必须基于一个基本的观念,那就是“满足最终使用者的需求”。衡量供应链的指标也必须随时做适当的调整。

2）建立以客户为中心的供应链

每一个对供应链重视的企业应该以自己独有的方法处理最终客户问题，组织的供应链必须了解最终客户及其对供应链产生的多米诺效应。建立以客户为中心的供应链就是将供应链信息、流程和合作伙伴与加强客户关系的项目紧密联系起来。

3）恰当地退出舞台

决定终止合作伙伴关系时，企业应当采取适当的态度使得转换供应商这一过程尽量做得天衣无缝，同时又不损害客户满意度、公司的利润以及名誉。

4）拆伙策略

拆伙策略主要包括以下三方面的内容：

(1) 积极的态度(positive attitude)：与其面对延续的挫折，不如现在先结束合作，等以后双方情况改变后再寻求合作机会。

(2) 平和的语调(pleasant tone)：不要从专业的角度去指责供应商。

(3) 专业的理由(professional justification)：告知供应商的职责是为公司创造价值，吸引和留住客户。

5）转换过程

同样要认可供应商对你的要求：围绕拆伙事实的合理解释，对已发生的费用如何结算，协助处理现有库存。请记住你和供应商要共同确立转换过程的合理时间表。最后拟定一份“出清存货合同清单”，正规地对所有细节加以回顾，写明双方的职责和结束日期。

3.4　供应链管理环境下的库存问题

绝大多数制造业供应链是由制造和分销网络组织的，通过原材料的输入转化为中间和最终产品，并把它分销给用户。最简单的供应链网络只有一个节点(单一企业)，同时担负制造和分销功能。在复杂的供应链网络中，不同的管理者担负不同的管理任务。不同的供应链节点企业的库存，包括输入的原材料和最终的产品，都有复杂的关系。供应链的库存管理不是简单的需求预测与补给，而是要通过库存管理获得用户服务与利润的优化。其主要内容包括采用先进的商业建模技术来评价库存策略、提前期和运输变化的准确效果；决定经济订货量时考虑供应链企业各方面的影响；在充分了解库存状态的前提下确定适当的服务水平。

3.4.1　供应链管理环境下的库存问题

传统库存管理思想的缺点：传统的企业库存管理侧重于优化单一的库存成本，从存储成本和订货成本出发确定经济订货量与订货点。从单一的库存角度看，这种库存管理方法有一定的适用性，但是从供应链整体的角度看，单一企业库存管理的方法显然是不够的。

目前供应链管理环境下的库存控制存在的主要问题有三大类：信息类问题；供应链的运作问题；供应链的战略与规划问题。这些问题可综合成以下几个方面的内容。

1. 没有供应链的整体观念，库存管理的思想落后

虽然供应链的整体绩效取决于各个供应链的节点绩效，但是各个部门都是各自独立的单元，都有各自独立的目标与使命。有些目标和供应链的整体目标是不相干的，更有可能是冲突的。因此，这种各行其道的"山头主义"行为必然导致供应链的整体效率低下。

一般的供应链系统都没有针对全局供应链的绩效评价指标，这是普遍存在的问题。有些企业采用库存周转率作为供应链库存管理的绩效评价指标，但是没有考虑对用户的反应时间与服务水平，用户满意应该成为供应链库存管理的一项重要指标。

2. 对用户服务的理解与定义不恰当

供应链管理的绩效好坏应该由用户来评价，或者用对用户的反应能力来评价。但是，对用户的服务的理解与定义各不相同，导致对用户服务水平的差异。许多企业采用订货满足率来评估用户服务水平，这是一种比较好的用户服务考核指标。但是订货满足率本身并不保证运作问题。传统的订货满足率评价指标也不能评价订货的延迟水平。

3. 不准确的交货状态数据

当顾客下订单时，他们总是想知道什么时候能交货。在等待交货过程中，也可能会对订单交货状态进行修改，特别是当交货被延迟以后。我们并不否定一次性交货的重要性，但我们必须看到，许多企业并没有及时而准确地把推迟的订单交货的修改数据提供给用户，其结果当然是用户的不满和良好愿望的损失。

4. 低效率的信息传递系统

在供应链中，各个供应链节点企业之间的需求预测、库存状态、生产计划等都是供应链管理的重要数据，这些数据分布在不同的供应链组织之间，要做到有效的快速响应用户需求，必须实时地传递，为此需要对供应链的信息系统模型做相应的改变，通过系统集成的办法，使供应链中的库存数据能够实时、快速地传递。但是目前许多企业的信息系统并没有很好地集成起来，当供应商需要了解用户的需求信息时，常常得到的是延迟的信息和不准确的信息。由于延迟引起误差和影响库存量的精确度，短期生产计划的实施也会遇到困难。

5. 忽视不确定性对库存的影响

供应链运作中存在诸多的不确定因素，如订货提前期、货物运输状况、原材料的质量、生产过程的时间、运输时间、需求的变化等。为减少不确定性对供应链的影响，首先应了解不确定性的来源和影响程度。

6. 库存控制策略简单化

无论是生产性企业还是物流企业，库存控制的目的都是保证供应链运行的连续性和应付不确定需求。了解和跟踪不确定性状态的因素是第一步，第二步是要利用跟踪到的信息去制定相应的库存控制策略。这是一个动态的过程，因为不确定性也在不断地变化。许多公司对所有的物品采用统一的库存控制策略，物品的分类没有反映供应与需求中的不确定性。

7. 缺乏合作与协调性

供应链是一个整体，需要协调各方活动，才能取得最佳的运作效果。协调的目的是使满足一定服务质量要求的信息可以无缝地、流畅地在供应链中传递，从而使整个供应链能

够与用户的要求步调一致，形成更为合理的供需关系，适应复杂多变的市场环境。

要进行有效的合作与协调，组织之间需要一种有效的激励机制。在企业内部一般有各种各样的激励机制加强部门之间的合作与协调，但是当涉及企业之间的激励时，困难就大得多。问题还不止如此，信任风险的存在更加深了问题的严重性，相互之间缺乏有效的监督机制和激励机制是供应链企业之间合作性不稳固的原因。

8. 产品的过程设计没有考虑供应链上库存的影响

现代产品设计与先进制造技术的出现，使产品的生产效率大幅度提高，而且具有较高的成本效益，但是供应链库存的复杂性常常被忽视了。结果所有节省下来的成本都被供应链上的分销与库存成本给抵消了。同样，在引进新产品时，如果不进行供应链的规划，也会因运输时间过长、库存成本高等而无法获得成功。

3.4.2　供应链中的不确定性与库存

1. 供应链中的不确定性

从需求放大现象中我们看到，供应链的库存与供应链的不确定性有很密切的关系。从供应链整体的角度看，供应链上的库存无非有两种，一种是生产制造过程中的库存，另一种是物流过程中的库存。库存存在的客观原因是为了应付各种各样的不确定性，保持供应链系统的正常性和稳定性，但是库存也同时产生和掩盖了管理中的问题。

供应链上的不确定性表现形式有两种：①衔接不确定性。企业之间（或部门之间）的不确定性，可以说是供应链衔接的不确定性，这种衔接的不确定性主要表现在合作性上，为了消除衔接不确定性，需要提高企业之间或部门之间的合作性。②运作不确定性。系统运行不稳定是组织内部缺乏有效的控制机制所致，控制失效是组织管理不稳定和不确定性的根源。为了消除运行中的不确定性需要增加组织的控制，提高系统的可靠性。

供应链的不确定性的来源主要有三个方面：供应者不确定性，生产者不确定性，顾客不确定性。

供应商不确定性表现在：提前期的不确定性，订货量的不确定性，等等。供应链不确定的原因是多方面的，包括供应商的生产系统发生故障延迟生产，供应商的供应商延迟，意外的交通事故导致的运输延迟，等等。

生产者不确定性主要缘于制造商本身的生产系统的可靠性、机器的故障、计划执行的偏差等。造成生产者生产过程中在制品的库存的原因也表现在其对需求的处理方式上。生产控制的有效措施能够对生产的偏差给予一定的修补，但是生产控制必须建立在对生产信息的实时采集与处理上，使信息及时、准确、快速地转化为生产控制的有效信息。

顾客不确定性原因主要有：需求预测的偏差，购买力的波动，从众心理和个性特征，等等。通常的需求预测的方法都有一定的模式或假设条件，假设需求按照一定的规律运行或表现一定的规律特征，但是任何需求预测方法都存在这样或那样的缺陷而无法确切地预测需求的波动和顾客心理性反应。在供应链中，不同的节点企业相互之间的需求预测的偏差进一步加剧了供应链的放大效应及信息的扭曲。

从本质上讲，供应链上的不确定性，不管其来源于哪方面，从根本上讲都是三个方面原因造成的：①需求预测水平造成的不确定性。预测水平与预测时间的长度有关，预测时间长，则预测精度差，另外还有预测的方法对预测的影响。②决策信息的可获得性、透明性、可靠性。信息的准确性对预测同样造成影响，下游企业与顾客接触的机会多，可获得的有用信息多；远离顾客需求，信息可获性和准确性差，因而预测的可靠性差。③决策过程的影响，特别是决策人心理的影响。需求计划的取舍与修订，对信息的要求与共享，无不反映个人的心理偏好。

2. 供应链的不确定性与库存的关系

我们来分析供应链运行中的两种不确定性对供应链库存的影响：衔接不确定性与运作不确定性对库存的影响。

1）衔接不确定性对库存的影响

传统的供应链的衔接不确定性普遍存在，集中表现在企业之间的独立信息体系（信息孤岛）现象。为了竞争，企业总是为了各自的利益而进行资源的自我封闭（包括物质资源和信息资源），企业之间的合作仅仅是贸易上的短时性合作，人为地增加了企业之间的信息壁垒和沟通的障碍，企业不得不为应付不测而建立库存，库存的存在实际就是信息堵塞与封闭的结果。企业的信息交流更多的是在企业内部而非企业之间进行交流。信息共享程度差是传统的供应链不确定性增加的一个主要原因。

传统的供应链中信息是逐级传递的，即上游供应链企业依据下游供应链企业的需求信息做生产或供应的决策。在集成的供应链系统中，每个供应链企业都能够共享顾客的需求信息，信息不再是线性的传递过程而是网络的传递过程和多信息源的反馈过程。建立合作伙伴关系的新型的企业合作模式，以及跨组织的信息系统为供应链的各个合作企业提供了共同的需求信息，有利于推动企业之间的信息交流与沟通。企业有了确定的需求信息，在制订生产计划时，就可以减少为了防止需求波动而设立的库存，使生产计划更加精确、可行。对于下游企业而言，合作性伙伴关系的供应链或供应链联盟可为企业提供综合的、稳定的供应信息，无论上游企业能否按期交货，下游企业都能预先得到相关信息而采取相应的措施，这样企业无须过多设立库存。

2）运作不确定性对库存的影响

供应链企业之间的衔接不确定性通过建立战略伙伴关系的供应链联盟或供应链协作体而得以消减，同样，这种合作关系可以消除运作不确定性对库存的影响。当企业之间的合作关系改善时，企业的内部生产管理也大大得以改善。因为企业之间的衔接不确定性因素减少时，企业的生产控制系统就能摆脱这种不确定性因素的影响，使生产系统的控制达到实时、准确，也只有在供应链的条件下，企业才能获得对生产系统有效控制的有利条件，消除生产过程中不必要的库存。

在不确定性较大的情形下，为了维持一定的用户服务水平，企业也常常维持一定的库存。在不确定性存在的情况下，高服务水平必然带来高库存水平。

3）协调库存管理与零库存管理

为了减少企业的库存，需要增加企业之间的信息交流与共享，减少不确定性因素对库存的影响，提高库存决策信息的透明性和可靠性、实时性。所有这些，都需要企业之间的协调。供应链管理模式下的库存管理的最高理想是实现供应链企业的无缝连接，消除供应链企业之间的高库存现象。

3.5　供应链管理环境下的库存管理策略

前面我们分析了供应链管理环境下库存管理和传统库存管理模式的差别以及所面临的新问题。供应链管理的目标就是通过其节点上的各个企业之间的密切合作，以最小的成本提供最大的客户价值，因此，供应链下的库存管理方法必须适应供应链管理的改变。本节将结合国内外企业实践经验及理论研究成果，介绍几种先进的供应链库存管理技术与方法，包括 VMI 管理系统、联合库存管理、多级库存优化等。

3.5.1　VMI 管理系统

长期以来，流通环节中的每一个部门都是各自为政。零售商、批发商、供应商都有各自的库存，各个供应链环节都有自己的库存控制策略。由于各自的库存控制策略不同，因此不可避免地产生需求扭曲现象，即所谓的“牛鞭效应”，无法使供应商快速准确地响应用户的需求。另外，供应链管理环境下的活动同步性也是传统的库存控制方法无法满足的。近年来，一种新的供应链库存管理方法——供应商管理用户库存（vendor managed inventory，VMI），打破了传统的各自为政的库存管理模式，体现了供应链的库存管理是基于工作流的集成化管理思想，适应市场变化的要求，是一种新的有代表性的库存管理思想。

1. VMI 的基本思想

关于 VMI 的定义，国外有学者认为：“VMI 是一种在用户和供应商之间的合作性策略，以对双方来说都是最低的成本优化产品的可获性，在一个相互同意的目标框架下由供应商管理库存，这样的目标框架被经常性监督和修正，以产生一种连续改进的环境。”因此 VMI 也被称为“供应商管理的库存”，被视为一种在用户和供应商之间的合作性策略。具体来说，这是一种以用户和供应商双方都获得最低成本为目的，在一个共同的协议下由供应商管理库存，并不断监督协议执行情况，修正协议内容，使库存管理得到持续改进的合作性策略。

VMI 模式主要体现出以下特点。

(1) 合作精神（合作性原则）。在实施该策略时，相互信任与信息透明是很重要的，供应商和用户（零售商）都要有较好的合作精神，才能够相互保持较好的合作。

(2) 使双方成本最小（互惠原则）。VMI 不是关于成本如何分配或谁来支付的问题，而是关于减少成本的问题。通过该策略使双方的成本都获得减少。

(3) 框架协议（目标一致性原则）。双方都明白各自的责任，观念上达成一致的目标。具体的合作事项都通过框架协议明确规定，以提高操作的可行性。

(4) 连续改进原则。使供需双方能共享利益和消除浪费。VMI 的主要思想是供应商在用户的允许下设立库存，要求各节点企业在合作时采取积极响应的态度，以快速的反应努力缓解因信息不通畅所引起的库存费用过高的问题。

VMI 库存管理系统能够突破传统的条块分割的库存管理模式，以系统的、集成的管理思想进行库存管理，使供应链系统能够获得同步化的运作。VMI 是一种很好的供应链库存管理策略。精心设计与开发的VMI系统，不仅可以降低供应链的库存水平，降低成本，而且用户还可获得高水平的服务，改善资金流，与供应商共享需求变化的透明性和获得更高的用户信任度。

2. VMI的运作模式与实施方法

实施VMI策略，需要从以下几个方面进行建设和变革。

(1) 进行订单标准化处理的基础建设。要实现供应商管理用户库存需要满足两个条件：一是业务处理的标准化，建立基于标准的托付订单处理模式。供应商和批发商先一起确定供应商的订单业务处理过程所需要的信息和库存控制参数，然后建立一种订单的处理标准模式，如EDI标准报文，把订货、交货和票据处理各个业务功能集成在供应商。二是用户库存状态的透明化。即供应商能够随时跟踪和检查到销售商的库存状态，从而快速地响应市场的需求变化，对企业的生产(供应)状态做出相应的调整。

(2) 组织机构变革，建立用户管理职能部门。传统的库存管理一般由会计经理处理与用户有关的库存补给计划，供应商在实施VMI后，为了集成用户的库存控制功能，需要把用户管理职能从传统的财务管理部门中分离出来，专门用以处理供应商与用户之间的订货业务、供应商对用户的库存控制和其他的相关业务。

(3) 建立供应商与分销商(批发商)的合作框架协议。供应商和销售商(批发商)一起通过协商，确定处理库存检查周期、库存的维持水平、订货点等有关库存控制的核心问题，以及控制库存的有关参数、库存信息的传递方式等。

(4) 构建完善的顾客情报信息系统和销售网络管理系统。通过建立顾客的信息库，供应商能够掌握需求变化的有关情况，把由批发商(分销商)进行的需求预测与分析功能集成到供应商的系统中来。同时，供应商要很好地管理库存，必须建立起完善的销售网络管理系统，保证自己的产品需求信息和物流畅通。目前已有许多企业开始采用MRPII或ERP企业资源计划系统，这些软件系统都集成了销售管理的功能。通过对这些功能的扩展，可以建立完善的销售网络管理系统，如图3-2所示。

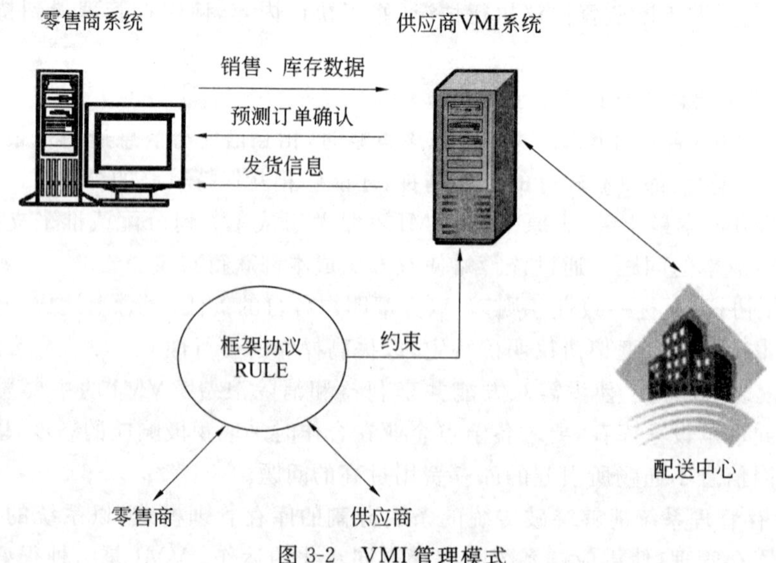

图3-2 VMI管理模式

一般来说，在这几种情况下适合实施VMI策略：零售商或批发商没有IT系统或基础设施来有效管理他们的库存；制造商实力雄厚并且比零售商市场信息量大；有较高的直接存储交货水平，因而制造商能够有效规划运输。

3. VMI的支持技术

VMI的支持技术主要包括ID代码、EDI/Internet、连续补给程序等。

1）ID代码

正确识别用户商品是供应商有效管理用户库存的前提，通过对供应链商品进行编码并与供应商的产品数据库相连，实现对用户商品的正确识别。目前国外企业已建立了应用于供应链的ID代码的类标准系统，如EAN-13（UPC-12）、EAN-14（SCC-14）、SSCC-18以及位置码等。我国也有关于物资分类编码的国家标准，届时可参考使用。

供应商应按国际标准对产品进行编码，以便在用户库存中对本企业的产品进行快速跟踪和分拣。目前国际上通行的商品代码标准是国际物品编码协会（EAN）和美国统一代码委员会（UCC）共同编制的全球通用的ID代码标准。

2）EDI/Internet

EDI是一种在处理商业或行政事务时，按照一个公认的标准，形成结构化的事务处理或信息数据格式，完成计算机到计算机的数据传输，是一种安全可靠的进行供应链的商品数据交换的方法。供应商必须每天实时了解用户的库存补给状态，采用基于EDIFACT标准的库存报告清单能够自动生成每天的库存水平（或定期的库存检查报告）、最低的库存补给量等信息，提高供应链的监控效率。分销商（批发商）的库存状态也可以通过EDI报文的方式通知供应商。需求一方（分销商、批发商）唯一需要做的是接受EDI订单确认和配送建议，以及利用该系统发放采购订单。

3）连续补给程序

连续补给程序策略将零售商向供应商发出订单的传统订货方法，变为供应商根据用户库存和销售信息决定商品的补给数量。供应商通过与用户（分销商、批发商或零售商）建立合作伙伴关系，主动提高向用户交货的频率，使供应商承担主动为用户分担补充库存的责任，在加快供应商响应用户需求速度的同时，也降低了用户方的库存水平。

3.5.2 联合库存管理

1. 联合库存管理基本思想

相比VMI体现的是供应链集成化运作的决策代理模式，联合库存管理则体现的是风险分担的库存管理思想。这是一种在VMI的基础上发展起来的上游企业和下游企业权利责任平衡与风险共担的库存管理模式，体现了战略供应商联盟的新型企业合作关系，强调了供应链企业之间双方的互利合作关系。

传统的库存管理，把库存分为独立需求和相关需求两种库存模式来进行管理。相关需求库存问题采用物料需求计划（MRP）处理，独立需求问题采用订货点办法处理。一般来说，产成品库存管理为独立需求库存问题，而在制品和零部件以及原材料的库存控制问题为相关需求库存问题。在整个供应链过程中，从供应商、制造商到分销商，各个供应链节点企业都有自己的库存。供应商作为独立的企业，其库存（即其产品库存）为独立需求库存。制造商的材料、半成品库存为相关需求库存，而产品库存为独立的需求库存。分销商为了应对顾客需求的不确定性也需要库存，其库存也为独立需求库存。

联合库存管理是解决供应链系统中由于各节点企业的相互独立库存运作模式导致的需求放大现象，提高供应链的同步化程度的一种有效方法。联合库存管理和供应商管理用户库存不同，它强调双方同时参与，共同制订库存计划，使供应链过程中的每个库存管理者(供应商、制造商、分销商)都从相互之间的协调性考虑，保证供应链相邻的两个节点之间的库存管理者对需求的预期保持一致，从而消除了需求变异放大现象。任何相邻节点需求的确定都是供需双方协调的结果，库存管理不再是各自为政的独立运作过程，而是供需连接的纽带和协调中心。联合库存管理模式如图 3-3 所示。

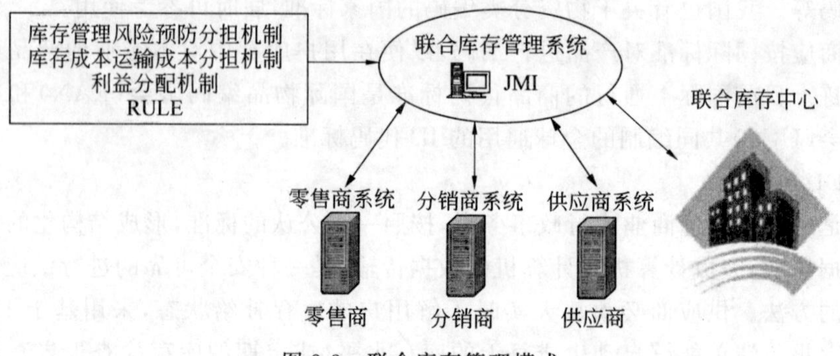

图 3-3　联合库存管理模式

基于协调中心的库存管理和传统的库存管理模式相比，有如下几个方面的优点。

(1) 为实现供应链的同步化运作提供了条件和保证。

(2) 减少了供应链中的需求扭曲现象，降低了库存的不确定性，提高了供应链的稳定性。

(3) 库存作为供需双方信息交流和协调的纽带，可以暴露供应链管理中的缺陷，为提高供应链管理水平提供依据。

(4) 为实现零库存管理、准时采购以及精细供应链管理创造了条件。

(5) 进一步体现了供应链管理的资源共享和风险分担的原则。

联合库存管理系统把供应链系统管理进一步集成为上游和下游两个协调管理中心，从而部分消除了由于供应链环节之间的不确定性和需求信息扭曲现象导致的供应链的库存波动。通过协调管理中心，供需双方共享需求信息，因而起到了提高供应链的运作稳定性作用。

2. 联合库存管理的实施策略

1) 建立供需协调管理机制

为了发挥联合库存管理的作用，供需双方应从合作的角度出发，建立供需协调管理的机制，明确各自的目标和责任，建立合作沟通的渠道，为供应链的联合库存管理提供有效的机制。可以从以下几个方面着手。

(1) 建立共同合作目标。要建立联合库存管理模式，首先供需双方必须本着互惠互利的原则，建立共同的合作目标。为此，要理解供需双方在市场目标中的共同之处和冲突点，通过协商形成共同的目标，如用户满意度、利润的共同增长和风险的降低等。

(2) 建立联合库存的协调控制方法。联合库存管理中心担负着协调供需双方利益的作用。因此需要对库存优化的方法进行明确，包括库存如何在多个需求商之间调节与分配，库存的最大量和最低库存水平、安全库存的确定，需求的预测，等等。

(3) 建立一种有效的信息沟通渠道或系统信息共享方式。为了减少由于多重预测导致的需求信息扭曲，提高供应链各方对需求信息获得的及时性和透明性，应建立一种信息沟通的渠道或系统，以保证需求信息在供应链中的畅通和准确性。可以将条码技术、扫描技术、POS 系统和 EDI 利用因特网进行集成，在供需双方间建立一个信息沟通的桥梁。

(4) 建立利益的分配、激励机制。要有效运行基于协调中心的库存管理，必须建立一种公平的利益分配制度，并对参与协调库存管理中心的各个企业、各级供应部门进行有效的激励，防止机会主义行为，提高协作性和协调性。

2) 发挥两种资源计划系统的作用

为了发挥联合库存管理的作用，在供应链库存管理中应充分利用目前比较成熟的两种资源管理系统：MRPII 和 DRP。原材料库存协调管理中心应采用制造资源计划系统 MRPII，而在产品联合库存协调管理中心则应采用物资资源配送计划 DRP。这样在供应链系统中把两种资源计划系统很好地结合起来。

3) 建立快速响应(QR)系统

快速响应系统是在 20 世纪 80 年代末由美国服装行业发展起来的一种供应链管理策略。目前在欧美等西方国家，QR 系统应用已到达第三阶段，通过联合计划、预测与补货等策略进行有效的用户需求反应，消除供应链组织之间的障碍，提高供应链的整体效率。美国的 Kurt Salmon 协会调查分析认为，实施快速响应系统后供应链效率大有提高：缺货情况大大减少，通过供应商与零售商的联合协作保证 24 小时供货；库存周转速度提高 1～2 倍；通过敏捷制造技术，企业的产品中有 20%～30%是根据用户的需求而制造的。快速响应系统需要供需双方的密切合作，因此协调库存管理中心的建立为快速响应系统发挥更大的作用创造了有利的条件。

4) 发挥第三方物流系统的作用

实现联合库存可借助第三方物流具体实施。第三方物流也称物流服务提供商，这是由供方和需方以外的物流企业提供物流服务的业务模式，把库存管理部分功能代理给第三方物流公司，可以使企业更加集中精力于自己的核心业务，第三方物流系统起到了供应商和用户之间联系的桥梁作用。面向协调中心的第三方物流系统使供应链各方都取消了各自独立的库存，提高了供应链的敏捷性和协调性，并且能够大大提高供应链的用户服务水平和运作效率。

5) 选择合适的联合库存管理模式

供应链联合库存管理有两种模式。

(1) 集中库存模式。各个供应商的零部件都直接存入核心企业的原材料库中，就是变各个供应商的分散库存为核心企业的集中库存。按核心企业的订单或订货看板组织生产，产品完成时，立即实行小批量、多频次的配送方式直接送到核心企业的仓库中补充库存。在这种模式下，库存管理的重点在于核心企业在满足生产需要的同时，保持合理的库存量,实现库存总成本最小。

(2) 无库存模式。供应商和核心企业都不设立库存,核心企业实行无库存的生产方式。此时供应商直接向核心企业的生产线上进行连续小批量、多频次的补充货物,并与之实现同步生产、同步供货,从而实现"在需要的时候把所需要品种和数量的原材料送到需要的地点"的操作模式。这种准时化供货模式,由于完全取消了库存,所以效率最高、成本最低。但是对供应商和核心企业的运作标准化、配合程度、协作精神要求也高,对操作过程要求也严格,而且二者的空间距离不能太远。

3.5.3 多级库存优化与控制

基于协调中心的联合库存管理是一种联邦式供应链库存管理策略,是对供应链的局部优化控制。而要进行供应链的全局性优化与控制,必须采用多级库存优化与控制方法。多级库存的优化与控制是在单级库存控制的基础上形成的。多级库存系统根据不同的配置方式,有串行系统、并行系统、纯组装系统、树形系统、无回路系统和一般系统。多级库存控制的方法有两种:一种是非中心化(分布式)策略,另一种是中心化(集中式)策略。非中心化策略是各个库存点独立地采取各自的库存策略,这种策略在管理上比较简单,但是并不能保证产生整体的供应链优化,如果信息的共享度低,多数情况产生的是次优的结果,因此非中心化策略需要更多信息共享。中心化策略中所有库存点的控制参数是同时决定的,通过协调的办法获得库存的优化。但是中心化策略在管理上协调的难度大,特别是供应链的层次比较多,即供应链的长度增加时,更增加了协调控制的难度。

传统的库存优化问题主要侧重于库存成本优化,在强调敏捷制造、基于时间的竞争条件下,供应链管理的两个基本策略 ECR 和 QR,都集中体现了顾客响应能力的基本要求,因此仅优化成本这样一个参数显然是不够的,应该把时间(库存周转时间)的优化也作为库存优化的主要目标来考虑。

库存优化的首要前提是明确库存优化的边界即供应链的范围。供应链的结构有各种各样的形式,有全局的供应链,包括供应商、制造商、分销商和零售商各个部门;有局部的供应链,分为上游供应链和下游供应链。在传统的多级库存优化模型中,绝大多数的库存优化模型是下游供应链,即关于制造商(产品供应商)—分销中心(批发商)—零售商的三级库存优化。在上游供应链中,主要考虑的是关于供应商的选择问题。

库存优化还需要采用明确的库存控制策略。在单库存点的控制策略中,一般采用的是周期性检查与连续性检查策略,这些库存控制策略对于多级库存控制仍然适用。但是,到目前为止,关于多级库存控制,都是基于无限能力假设的单一产品的多级库存,对于有限能力的多产品的库存控制是供应链多级库存控制的难点和有待解决的问题。

下面我们分别从成本优化和时间优化的角度分别探讨多级库存的优化控制问题。

1. 基于成本优化的多级库存优化

基于成本优化的多级库存控制实际上就是确定库存控制的有关参数:库存检查期、订货点、订货量。在传统的多级库存优化方法中,主要考虑的供应链模式是生产—分销模式,也就是供应链的下游部分。在分析之前,应首先确定库存成本结构。

1）供应链的库存成本结构

（1）维持库存费用（holding cost）。在供应链的每个阶段都维持一定的库存，以保证生产、供应的连续性。这些库存维持费用包括资金成本、仓库及设备折旧费、税收、保险金等。维持库存费用与库存价值和库存量的大小有关，其沿着供应链从上游到下游有一个累积的过程。

（2）交易成本（transaction cost）。即在供应链企业之间的交易合作过程中产生的各种费用，包括谈判要价、准备订单、商品检验费用、佣金等。交易成本随交易量的增加而减少。交易成本与供应链企业之间的合作关系有关。通过建立一种长期的互惠合作关系有利于降低交易成本，战略伙伴关系的供应链企业之间交易成本是最低的。

（3）缺货损失成本（shortage cost）。缺货损失成本是由于供不应求，即库存小于零时，造成市场机会损失以及用户罚款等。缺货损失成本与库存大小有关。库存量大，缺货损失成本小；反之，缺货损失成本高。为了减少缺货损失成本，维持一定量的库存是必要的，但是库存过多将增加维持库存的费用。在多级供应链中，提高信息的共享程度、增加供需双方的协调与沟通有利于减少缺货带来的损失。

总的库存成本＝维持库存费用＋交易成本＋缺货损失成本

多级库存控制的目标就是优化总的库存成本，使其达到最小。

2）库存控制策略

多级库存的控制策略分为中心化控制策略和非中心化策略，以下分别加以说明。

（1）采用中心控制的优势在于能够对整个供应链系统的运行有一个较全面的掌握，能够协调各个节点企业的库存活动。中心化控制是将控制中心放在核心企业上，由核心企业对供应链系统的库存进行控制，协调上游与下游企业的库存活动。这样核心企业也就成了供应链上的数据中心（数据仓库），担负着数据的集成、协调功能。

中心化库存优化控制的目标是使供应链上总的库存成本最低，即现实的供应链的层次并不是越多越好，而是越少越好，采用供应—生产—分销这样的典型三层模型足够说明供应链的运作问题。各个零售商的需求是独立的，根据需求的变化做出的订货量，各个零售商总的订货汇总到分销中心，分销中心产生一个订货单给制造商，制造商根据产品决定生产计划，同时对上游供应商产生物料需求。整个供应链在制造商、分销商、零售商三个地方存在三个库存，这就是三级库存。

那么，如何体现供应链集成的控制思想呢？可以采用级库存取代点库存解决这个问题。因为点库存控制没有考虑多级供应链中相邻节点的库存信息，因此容易造成需求放大现象。采用级库存控制策略后，每个库存点不再是仅检查本库存点的库存数据，而是检查处于供应链整体环境下的某一级库存状态。这个级库存和点库存不同，我们重新定义供应链上节点企业的库存数据，采用“级库存”这个概念：

供应链的级库存＝某一库存节点现有库存＋转移到或正在转移给其后续节点的库存。这样，检查库存状态时，不但要检查本库存点的库存数据，而且还要检查其下游需求方的库存数据。级库存策略的库存决策是在完全掌握其下游企业的库存状态的基础上，因此避免了信息扭曲现象。建立在Internet和EDI技术基础上的全球供应链信息系统，为企业之间的快速信息传递提供了保证，因此，实现供应链的多级库存控制是有技术保证的。

(2) 非中心化库存控制是把供应链的库存控制分为三个成本归结中心，即制造商成本中心、分销商成本中心和零售商成本中心，各自根据自己的库存成本优化做出优化的控制策略。非中心化的库存控制要取得整体的供应链优化效果，需要提高供应链的信息共享程度，使供应链的各个部门共享统一的市场信息。非中心化多级库存控制策略能够使企业根据自己的实际情况独立做出快速决策，有利于发挥企业的独立自主性和灵活机动性。

非中心化库存订货点的确定，可完全按照单点库存的订货策略进行，即每个库存点根据库存的变化，独立地决定库存控制策略。非中心化的多级库存优化策略，需要企业之间的协调性比较好，如果协调性差，有可能导致各自为政的局面。

2. 基于时间优化的多级库存控制

随着市场变化，市场竞争已从传统的、简单的成本优先的竞争模式转为时间优先的竞争模式，这就是敏捷制造的思想。在供应链管理环境下，库存优化还应该考虑对时间的优化，比如库存周转率的优化、供应提前期优化、平均上市时间的优化等。库存时间过长对于产品的竞争力不利，因此供应链系统应从提高用户响应速度的角度提高供应链的库存管理水平。

外包库存管理与控制的成功实施案例

为了解决库存难题，越来越多的制造企业将目光投向第三方物流服务商。2004 年，联想集团成功完成了一项供应链改革：在工厂供应链前端推行供应商管理库存模式。通过在工厂附近建立 VMI 仓库，联想集团外包了自己的库存，大大降低了库存压力，实现了随需随取的生产模式，其库存周转天数也从 14 天迅速缩减到 5 天。

中外运敦豪丹沙空运公司东北太平洋区域副总裁王梅林谈到 VMI 时认为，自从“零库存”概念被丰田汽车公司提出以后，30 年来制造企业绞尽脑汁考虑如何将库存降到最低。现在 VMI 模式逐渐被国内企业接受，正是制造企业出于降低库存、提高供应链效率的考虑所作出的选择。

伯灵顿全球有限公司参与了联想集团的这次供应链改革，作为联想 VMI 项目的第三方物流合作伙伴。伯灵顿公司同时也长期为戴尔公司(DELL)和惠普公司(HP)等企业的中国工厂提供 VMI 项目服务，而此前，凭借先进的供应链管理模式和低价竞争优势，戴尔公司已经严重威胁到了联想公司在中国个人计算机市场老大的地位。

明基逐鹿软件有限公司咨询顾问秦进指出，库存已经成为企业供应链环节的突出问题，表现在库存周转速度慢、缺乏有效管理造成库存损失、库存物流环节繁杂等方面。落后的库存管理方式正使企业库存变得臃肿不堪。随着越来越多的制造企业采用精益生产模式，这些企业的商业科技领导者都在考虑一个现实的问题：库存如何“瘦身”？

1. 库存外包

为了解决库存难题，越来越多的制造企业将目光投向第三方物流服务商。美国物流外包协会的调查数据显示，仓储、运输和报关是经常被外包的物流业务。实施VMI模式后，联想集团将大约90%的库存管理外包给第三方物流服务商，通过在北京、上海和惠阳三地工厂附近的VMI仓库，联想集团只需要根据生产要求定期向第三方物流服务商送出发货指令，由其完成对生产线的配送。联想集团不再需要考虑如何管理庞大的库存，而是把这个问题留给了第三方物流服务商。

第三方物流服务商需要代替客户考虑许多复杂的问题。VMI仓库不仅需要管理数以百计的供应商的库存，而且经常会面临复杂的库存状况。伯灵顿公司北亚区高级区域IT经理郑永强举了一个例子，在原材料价格较低时，很多制造企业会购买一部分放在仓库中，如果根据库存管理先进先出的原则，这部分原材料很可能会被优先使用。但是，"在原材料价格较低时，客户总是希望优先使用供应商的存货，而把自己的低价格存货留到日后使用"。因此，他强调："VMI并不仅仅是一个物流平台，更是一个商业平台。"

处理VMI的商业难题，仅靠人工或一般的信息系统显然不够，企业、VMI仓库和供应商之间需要建立统一的信息处理平台，作为供需两方的商业合作伙伴，第三方物流服务商必须承担建立这一平台的任务。因此，在一般企业中，IT部门只是企业商业决策的后续支持部门，郑永强和他的中国区同事却是伯灵顿公司与客户VMI项目前期谈判中不可缺少的人物。"每个VMI项目的情况都不同，信息系统也不可能完全一致。"郑永强透露。因此，在开展项目之前，伯灵顿公司会反复与客户沟通搭建VMI信息系统的每一个细节。

2. 管理可视化

落后的库存管理曾经是沪士电子(昆山)有限公司的心头之痛。尽管这家印刷电路板制造企业早已实施企业资源计划(ERP)系统，但内部系统缺乏有效整合，当物料控制部门不断扩大库存时，却无法及时了解生产计划的调整，这导致其库存总量控制失控，一些存货可能会放在仓库一个月甚至数月，一些特殊采购材料甚至可能由于所属产品停产而变成"死库存"。

为此，沪士电子公司痛定思痛，实施了供应链协同管理平台。在这个开放的平台上，自己和供应商可以很清楚地知道供应商在沪士电子公司的库存有多少、具体物料的数量、什么时候需要补货等。同时，供应商能够实时了解沪士电子公司的需求状况并进行生产调整和及时交付。经过这番努力，沪士电子公司的交货期从8周大幅缩短到3周以内，库存降低了20%左右。

过去，联想集团的情况与沪士电子公司十分相似。从前，联想集团的国际采购由联想香港国际采购中心对外订购货物，供应商在香港交货，货物再根据生产计划调拨到北京、上海和惠阳等地的工厂。在这种模式下，由于联想集团工厂的生产管理系统与联想国际采购中心的仓储系统没有连接，工厂只能被动生产，无法实现拉动式的精益生产。

实施VMI模式后，联想集团终于得偿所愿，实现了对库存的可视化管理。伯灵顿公司在联想集团三地的VMI仓库中部署了一套适合其业务特点的仓储管理系统，这套系统与客户的生产管理系统对接。借助这套系统，客户可以及时地获得到货通知、收货上架数据、库存报告分析等不同环节的库存信息，从而判断和分析库存状况，将库存损失降到最低。客户与其核心供应商之间每天通过两次数据交换来调整真实需求和库存之间的误差，双方可以通过可视化库存管理共同监测仓库中物料的存量状况。供应商一旦发现物料消耗到达警戒线，就会通过第三方物流补货。

3. 技术即效率

大型制造企业十分在意物流服务商的服务能力。对于物流企业而言，仅仅保管好客户的库存显然是不够的。沪士电子公司采用了寄售(consignment)的库存管理方式。寄售与 VMI 的不同之处在于，货物存放在制造商自己的仓库中，而不是第三方的 VMI 仓库。“我们的生产线 24 小时运转，常常半夜要求供货，如果第三方物流企业能够配合得十分好，采用 VMI 的方式当然没问题，但实际上很少有物流企业能够满足我们的要求。”沪士电子公司 IT 经理王翔表示。

戴尔公司厦门工厂最初推行 VMI 时，向伯灵顿公司提出了两小时送货的要求，也就是说伯灵顿要在两个小时内完成从接单、报关到运输的复杂环节。而现在，只需要一个半小时，伯灵顿公司就可以把货物从 VMI 仓库直接送上戴尔的生产线。这得益于伯灵顿公司使用了先进的 EDI、Rosetta Net 等技术手段。而且随着技术的不断改进，现在送货的时间最短已经能够压缩到 45 分钟。通过这些技术手段，伯灵顿公司可以快速与客户及海关进行数据交换并处理电子商务往来业务。伯灵顿公司中国区 IT 经理朱力透露，现在很多一级城市的中国海关在技术方面已经达到了先进的水平，这是伯灵顿公司能够完成快速通关的前提条件之一。伯灵顿公司在新加坡还开始测试并采用无线射频识别技术(RFID)，RFID 的应用可以大大提高物流的速度。

联想集团原来的国际采购物流模式需要经过 11 个物流环节，涉及多达 18 个内外部单位，运作流程十分复杂。现在，VMI 仓库省却了这些中间环节。联想集团的工厂下单后，伯灵顿公司的信息系统使用虚拟实时 FTP 技术与联想集团完成数据交换，经过 EDI 电子报关，快速完成货物递送。“不同的客户会有不同的需求，我们可能会采用不同的技术，可以是 EDI，也可以是 FTP 或者 XML，一切都以客户的需求和实际情况为导向。”朱力说。现在，联想集团的库存外包至少已经使其向柔性企业的目标迈出了一大步。

4. 供应商管理库存

供应商管理库存是以掌控销售资料和库存量作为市场需求预测与库存补货的解决方法，通过销售资料得到消费需求信息，供应商可以更有效地计划，更快速地对市场变化和消费者的需求做出反应。因此，VMI 可以用来降低库存量，降低库存成本，增加资金周转速度，增加库存周转速度，降低因塞货造成的退货等，进而维持库存量的最佳化。

思考题：

结合案例分析讨论 VMI 实施中潜在的难题及解决办法。

习 题

1. 什么是库存？什么是库存管理？
2. 库存如何分类？库存产生的原因是什么？
3. 定期订货和定量订货方法有什么不同？
4. 供应链环境下信息共享对库存管理有什么影响？
5. 供应链中不确定性对库存管理有什么影响？如何解决这些问题？

6. 什么是 VMI？如何实施 VMI？

7. 什么是联合库存计划？如何实施联合库存计划？

8. 供应链的运行机制有哪些？分别有什么特点？

9. 思考为什么传统的推动式运行机制将向牵引式运行机制转型。

参考文献

[1] 朱新民，林敏晖. 物流采购管理[M]. 北京：机械工业出版社，2004.

[2] 高玉林，郑一群. 采购实战精要[M]. 北京：中国经济出版社，2005.

[3] 吴清一. 物流管理[M]. 北京：中国物资出版社，2003.

[4] 梁军，王金云. 采购管理[M]. 北京：电子工业出版社，2006.

[5] 鞠颂东，徐杰. 采购管理[M]. 北京：机械工业出版社，2005.

[6] 魏国辰. 采购实际操作技巧[M]. 北京：中国物资出版社，2003.

[7] [荷]Arjan J. van Weele. 采购与供应链管理[M]. 梅绍祖，阮笑雷，巢来春，译. 北京：清华大学出版社，2002.

[8] [英]贝利，等. 采购原理与管理[M]. 王增东，杨磊，译. 北京：电子工业出版社，2003.

[9] 王槐林. 采购管理与库存控制[M]. 北京：中国物资出版社，2004.

[10] 王忠宗. 采购管理实务[M]. 广州：广东经济出版社，2001.

[11] 赵林堵. 供应链与物流管理理论与实务[M]. 北京：机械工业出版社，2003.

第4章

供应链合作关系

4.1 供应链战略合作关系概述

4.1.1 供应链战略合作关系的产生

从国内外学者的研究文献中，可以清楚地看到对供应链管理模式的认识，人们强调的最多的就是企业间“战略伙伴关系”问题，这种新型企业关系是供应链管理模式形成的基础，也是供应链管理模式与传统管理模式的根本区别。这是近年来企业关系发展的新动向。

莱明(Lamming)在《超越伙伴关系：革新的战略和精细供应》一书中，将自动化工业中企业关系发展分为五个阶段：

传统关系阶段(1975年以前)。这一时期的市场基本上是供不应求。企业的管理战略是：改进工艺与技术，提高生产率；扩大生产规模，降低单位产品成本。企业各忙各的，竞争比较温和、友好，竞争压力较轻、稳定。

自由竞争时期(1972—1985年)。市场上产品供应日趋饱和，企业间的竞争非常激烈，杀伤力极大；竞争压力很大，具有爆炸性，令人无法忍受。

合作关系时期(1982年前后)。市场竞争激烈、混乱，顾客对产品的质量要求日益提高。质量竞争使得企业经营战略转向纵向一体化经营，以确保最终产品质量稳定。企业间合作比较紧密，部分合作具有一定的战略性，竞争压力适中。

伙伴关系时期(20世纪90年代)。市场变化加快，纵向一体化经营反应迟缓，失去市场机会的风险、投资风险、行业经营风险都不断增大，企业逐渐由纵向一体化经营转向横向一体化经营，采取快速响应市场变化的竞争战略。企业间确立伙伴关系，经营合作具有一定的层次性、能动性，竞争压力很大，但比较稳定。

战略联盟关系时期(20世纪90年代后期)。现在由于市场全球化的发展，经营难度和经营风险不断加大，企业间不得不进行更紧密的合作。于是产生了“win-win”的合作竞争和企业间的战略联盟。企业间的竞争压力非常大，但这种压力是企业为了更好地发展而自我施加的。

从历史上看，企业关系大致经历了三个发展阶段，如图4-1所示。

从传统的企业关系过渡到创新的合作伙伴关系模式，经历了以生产、物流相结合为特征的物流关系(20世纪七八十年代)到以战略协作为特征的合作伙伴关系(20世纪90年代)这样的过程。在传统的企业关系中，供应链管理就是物流管理，企业之间的关系主要

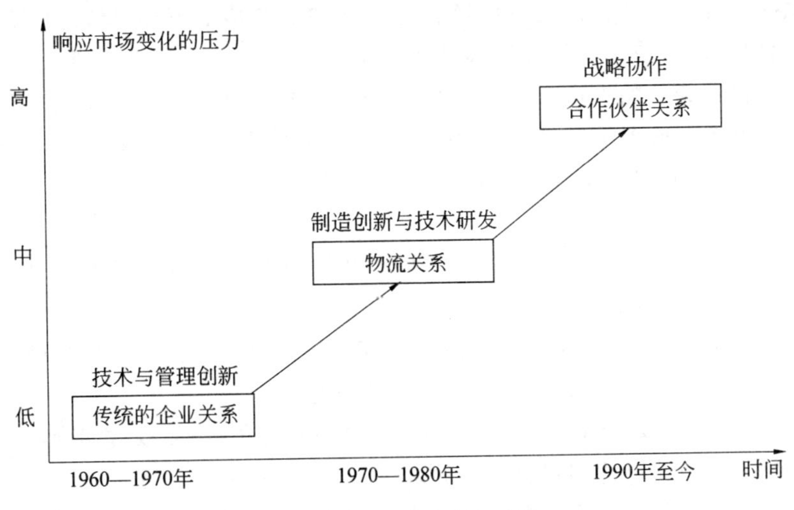

图 4-1　企业关系演变过程

是“买—卖”关系。基于这种企业关系，企业的管理理念是以生产为中心的，供销处于次要的、附属的地位。企业间很少沟通与合作，更谈不上企业间的战略联盟与协作。

从传统的以生产为中心的企业关系模式向物流关系模式转化，JIT 等管理思想起着催化剂的作用。为了达到生产的均衡化和物流同步化，加强了部门间、企业间的合作与沟通。但是，基于简单物流关系的企业合作关系，可以认为是一种处于作业层和技术层的合作。在信息共享(透明性)、服务支持(协作性)、并行工程(同步性)、群体决策(集智性)、柔性化与敏捷性等方面都不能很好地适应越来越激烈的市场竞争的需要，企业需要更高层次的合作与集成，于是产生了基于战略伙伴关系的企业模型。

基于战略合作伙伴关系的企业体现了企业内外资源集成与优化利用的思想。基于这种企业运作环境的产品制造过程，从产品的研究开发到投放市场，周期大大地缩短了，而且顾客定制化程度更高，模块化、简单化产品、标准化组件的生产模式使企业在多变的市场中柔性和敏捷性显著增强，虚拟制造与动态联盟加强了业务外包这种策略的利用。企业集成即从原来的中低层次的内部业务流程重组(BPR)上升到企业间的协作，这是一种最高级别的企业集成模式。

4.1.2　供应链合作伙伴关系的定义

供应链合作伙伴关系(supply chain partner ship，SCP)是指为了实现特定目标而在供应链内部的两个或两个以上独立的成员之间形成的一种协调关系。供应链内部企业之间的关系，总的来说有两种：供应商与制造商的关系，制造商与经销商的关系。为了协调它们之间的利益，它们在一定的时期内(一般为签订协议的时期)共享信息、共担风险，目的是降低供应链总成本和库存水平，加强相互之间的交流，保持战略伙伴之间行为的一贯性，提高整个供应链的运作绩效，产生更大的竞争优势。显然，战略合作关系必然要求强调合作和信任。

实施供应链合作关系就意味着新产品/技术共同开发、数据和信息交换、市场机会共享和风险共担。在供应链合作关系环境下，制造商选择供应商不再只考虑价格，而是更注重选择能在优质服务、技术革新、产品设计等方面进行良好合作的供应商。

供应商为制造企业的生产和经营供应各种生产要素（原材料、能源、机器设备、零部件、工具、技术和劳务服务等）。供应商所提供要素的数量、价格，直接影响到制造企业生产的好坏、成本的高低和产品质量的优劣。因此，制造商与供应商的合作关系应着眼于以下几个方面。

（1）让供应商了解企业的生产程序和生产能力，使供应商能够清楚地知道企业需要产品或原材料的期限、质量和数量。

（2）向供应商提供企业的经营计划和经营策略以及相应的必要措施，使供应商明确企业的需求和期望，也能够达到企业要求达到的程度。

（3）企业与供应商要明确双方的责任，并各自向对方负责，使双方明确共同的利益所在，并为此而团结一致，以达到双赢的目的。

供应链合作关系发展的主要特征就是从以产品/物流为核心转向以集成/合作为核心。在集成/合作逻辑思想指导下，供应商和制造商分别将它们的需求和技术集成在一起，以实现为制造商提供最有用产品的共同目标。因此，供应商与制造商的交换不仅仅是物质上的交换，而且包括一系列可见和不可见的服务（R&D、设计、信息、物流等）。

供应商要具备创新和良好的设计能力，以保证交货的可靠性和时间的准确性。这就要求供应商采用先进的管理技术（如 JIT、TQM 等），管理和控制中间供应商网络。而对制造商来说，要提供的活动和服务包括控制供应市场、管理和控制供应网络、提供培训和技术支持、为供应商提供财务服务等。

4.1.3 供应链合作伙伴的分类

核心企业与关键成员企业发展战略合作伙伴关系更加有利于自身的长远发展，在集成化供应链管理环境下，供应链合作关系的运作需要减少供应源的数量，相互的连接变得更专有，在全球市场范围内寻求最杰出的合作伙伴。

供应链合作伙伴可以分为两个层次：重要合作伙伴和次要合作伙伴。重要合作伙伴是少而精、与企业关系密切的合作伙伴；而次要合作伙伴是相对多、与企业关系不很密切的合作伙伴。供应链合作关系的变化主要影响重要合作伙伴，而对次要合作伙伴的影响较小。如何定义“重要”和“次要”的合作伙伴，需要将合作伙伴进行定位。

1. 基于合作的增值性和实力分类

企业与其合作伙伴建立的合作关系不同，合作的增值各异，合作增值性有强弱之分，例如就供应商来说，如果与它合作不能增值，它在供应链中就不可能存在。

合作伙伴与其他同类企业相比，在产品和工艺的设计能力、特殊工艺能力、生产柔性、项目管理能力等方面的竞争力存在差别，竞争实力有高低之别。

因此，以合作增值率为纵轴，以合作伙伴的市场竞争实力为横轴，根据合作伙伴的合作增值性和它们自己的竞争实力进行分类，分类矩阵如图 4-2 所示。

（1）有影响力的合作伙伴（左上矩阵），合作的增值率高但合作伙伴在它的专业领域中实力较弱，其市场竞争力不足。这类合作是“强—弱”联合，也属于理想性的合作伙伴。

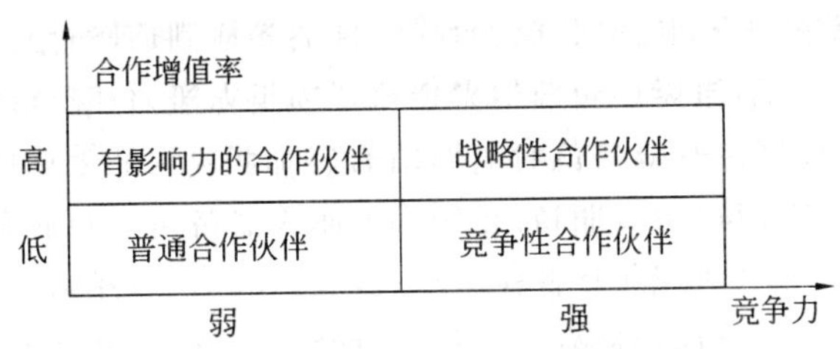

图 4-2　基于合作增值和竞争实力的分类矩阵

“强—弱”联合关系，称为有影响力的合作伙伴。

(2) 战略性合作伙伴(右上矩阵)，合作的增值率高且合作伙伴的市场竞争实力也强。这类合作是“强—强”联合，属于最理想的合作伙伴，需要考虑合作的持久性，建立战略性合作伙伴关系。

(3) 普通合作伙伴(左下矩阵)，合作的增值率较低而且合作伙伴自身的市场竞争实力也不强，这类合作是“弱—弱”联合，不属于理想性的合作伙伴关系，称为普通合作伙伴。对于普通合作伙伴，企业只需与它们保持供货交易关系，基于物流作业层面进行低层次往来，不必列为企业发展的合作伙伴，并希望更多的这类伙伴参与投标，从而选择价位上最有利的一家保持交易关系。

(4) 竞争性/技术性合作伙伴(右下矩阵)，合作伙伴自身的市场竞争实力较强，但合作的增值率并不高，这类合作是“弱—强”联合。合作的对方实力较强，组织管理能力和技术水平高，可能是理想性的强伙伴，也可能成为竞争对手。在合作过程中，可以从它们那里学到很多有益的技术和经验，获得技术支持服务，也属于理想性的合作伙伴，称为技术性合作伙伴关系，属于合作性竞争，又称为竞争性合作伙伴关系，合作关系的紧密程度应该降低，尤其要注重合作风险。

在实际合作过程中，企业根据不同的战略目标选择不同类型的合作伙伴。从长远来看企业要求合作伙伴能保持较高的竞争力和增值率，因此最好选择战略性合作伙伴；而对于短期或某一短暂市场需求而言，只需选择普通合作伙伴满足需求即可，以保证成本最小化；而对于中期而言，可根据竞争力和增值率对供应链的重要程度不同，选择不同类型的合作伙伴。

2. 基于合作时间和合作层次分类

克里斯蒂娜和安德烈娅(Cristina and Andrea)根据合作关系涉及的时间和整合性质将合作伙伴关系分为四种类型，如图 4-3 所示。

从图 4-3 可以看出，与合作伙伴合作的时间可分为长期合作和短期合作两种类型。短期合作强调合作伙伴当前制造履行，体现在采购成本、质量、提前期、柔性、服务支持等

	物流合作	战略合作
短期合作	短期物流合作	短期战略合作
长期合作	长期物流合作	长期战略合作

图 4-3　基于合作时间和整合性质的分类矩阵

与制造直接相关的属性;长期合作仅评价合作伙伴的当前制造履行是不够的,改变合作伙伴就意味着高的转变成本,所以还应评价合作伙伴的技术实力和改进潜力。

整合性质存在物流整合与战略整合。所谓的物流整合就是指对合作伙伴物流职能履行的规划,如数量、服务支持、交货期,常运用JIT物流战略。短期物流整合关系的合作时间较短,主要是物流职能层面的业务合作关系,涉及供应链下的物流仓储、运输、订单等作业定量信息的接收与处理。长期物流整合关系合作时间较长,主要存在长期性的稳定供货关系,但合作层次不高。也就是说,长期供货关系不等于战略合作关系。

战略整合是指除具有明显物流特征之外的规划,涉及合作伙伴的技术实力,如新产品和新技术的联合开发。长期战略整合关系的合作时间长、合作层次高;而短期战略整合关系的合作时间不长但合作层次很高,合作的起点也很高。

4.1.4 供应链合作关系与传统供应商关系的区别

在新的竞争环境下,供应链合作关系强调直接的、长期的合作,强调共同努力实现共有的计划和解决共同问题,强调相互之间的信任与合作。这与传统的关系模式有很大的区别。供应链合作关系与传统供应商关系的区别见表4-1。

表4-1 供应链合作关系与传统供应商关系的区别

项　目	传统供应商关系	供应链合作关系
相互交换的主体	物料	物料、服务
供应商选择的标准	强调价格	多标准、多准则
稳定性	变化频繁	长期、稳定、紧密合作
合同性质	单一	开放合同(长期)
供应批量	小	大
供应商数量	大量	少而精
供应商规模	小	大
供应商的定位	当地	国内、国外
信息交流	信息专有	信息共享
技术支持	不提供	提供
质量控制	检查控制	质量保证
选择范围	投标评估	广泛评估可增持的供应商

传统的企业在合作过程中仅强调自身局部利润的提高,而忽略了由于双方的真诚合作可能产生更大的利润并实现双赢这一事实。在整个供应链环节中由于企业之间的非合作关系造成的费用增加,将传递给最终消费者,影响消费者的购买热情,并反过来影响整条供应链上企业的获利程度。供应链合作关系可以定义为在供应链上有相互关系的企业之间,在一定时期内形成的信息共享、风险共担、共同获利的一种协议关系。这样一种战略合作关系形成于供应链中为了特定的目标和利益的企业之间。合作的原因通常是为了降低供应链的总成本、降低企业的库存水平、增强信息共享、改善相互之间的交流、产生更大的竞争优势,

以实现供应链节点企业的财务状况、质量、产量、交货期、用户满意度和业绩的改善与提高。

对企业而言，与其他企业特别是供应商建立合作伙伴关系，将会达到下列效果。

(1) 加快产品开发、上市的速度。供应链成员企业之间建立合作伙伴关系之后，制造商可以通过外包将繁杂、零碎、不擅长的生产任务交给其他企业，自己则致力于核心竞争业务，从而发挥各自的优势，使新产品的开发制造过程大大简化，上市时间明显缩短。以克莱斯勒公司为例，它与供应商建立合作伙伴关系之后，其某一新产品的开发时间从 20 世纪 80 年代的 234 个星期降为 160 个星期。

(2) 降低成本。供应链的目的就是实现总成本最低化。由于实现合作、信息共享，企业可以实现零库存，减少库存成本；同时由于建立了长期的合作伙伴关系，固定的交易对象与供应商数目减少，可以大大降低交易费用；供应商供应质量的提高，可以降低制造商生产中的不确定性，保证生产过程的连续性和成本的持续下降；在充满风险的市场中，合作关系可以分散经营风险，在一定程度上降低企业的风险成本。

(3) 提高用户满意度。用户满意度主要从三个方面加以保证：①产品设计的保证；②产品制造过程的保证；③售后服务的保证。在供应链管理模式下，企业间建立合作伙伴关系，通过外包，节省成本，企业可以花费更多精力与资金完善以上三种保证，从而不断满足用户的需求，提高用户满意度。

另外，通过建立合作伙伴关系，企业之间可以相互学习、相互促进，了解各自的优势和核心资源，不断改进、强化自身的核心竞争能力。

4.2　供应链合作关系的理论基础

许多学者对供应链合作伙伴关系建立背后的深层次原因进行探讨，运用不同的理论去解释供应链合作伙伴关系的动因与形成的机理，主要理论有交易成本理论、资源依赖理论、资源基础理论、策略性行为理论、委托代理理论。

4.2.1　交易成本理论

交易成本理论由 Coase(1937)提出。在市场交易中，供需双方为了找到均衡价格，所必须付出的代价就是交易成本。交易成本起因于不完全的契约，包括事前成本和事后成本两大类。事前成本包括信息收集成本、协议谈判成本、契约成本。事后成本包括监督成本、执行契约成本。

影响交易成本的三个主要因素是资产专属性、交易不确定性、交易频率。资产专属性是指企业投资于某一种特殊的交易活动，而当该投资的资产缺乏市场流通性或是契约终止时必须负担的成本。交易不确定性是指交易过程中各种风险的发生概率，合作伙伴之间充满不确定性，将会造成控制上的问题。这些问题包括难以正确预测未来的状况、难以在不可预测的情况下做出适当的规划以及难以正确评估供应商的绩效。不确定性越高时，交易者越不易在事前签订契约。交易频率是指在一项既定的交易合约中交易进行的次数。交易频率越高时，越会有投机行为产生，因此市场的交易成本也会升高，而使得市场交易方式变得不可行。

交易成本理论以最小化生产成本与交易成本的总成本为决策准则，为供应链合作伙伴关系的建立提供了理论依据。当今高新科学技术的特点使得企业往往无法独自进行新技术的研发，另外这些相关性资源又具有高度专属性，若通过正常交易关系进行的市场交易必将发生很大的交易成本，致使企业无论是采用市场交易还是企业内部化方式都很难获得所需的资源，因此合作伙伴关系得以产生。交易成本理论提出的资产专属性、交易不确定性以及交易频率三个方面，使得企业与合作方在建立合作伙伴关系后，会努力维持这种关系，在总体上企业可以通过建立和维持合作伙伴关系来降低交易成本。

4.2.2 资源依赖理论

资源依赖理论的前提是将组织视为一个开放的系统，在一个不确定的环境中运作，没有一个组织可以自给自足，环境因此影响着组织的行为。组织为了生存必须依赖资源，而为了取得资源，组织必须与外部资源的控制者互动，因此组织必须依赖其所处的环境。资源依赖理论的主要观点是企业依赖其他厂商所拥有的资源，企业对组织之间关系的管理就是为了控制和降低对资源的依赖，或者提高其他组织对自己资源的依赖，当组织无法从内部取得所需资源时，就必须跟环境中控制关键因素的其他群体进行交换。当环境不确定性提高时，组织会加强联系，以保障自身能获得稀缺性资源。

资源在构成组织间的依赖关系上，扮演决定性的角色。而资源控制的集中程度决定了组织间的依赖方式。一般而言，外部环境对组织行为的限制主要是由于依赖关系的不对称。当一个组织对外部组织的依赖程度加深，该组织所受的影响也会增大。资源依赖理论对战略联盟的影响在于，企业在进行战略联盟时选择谁来建立合作伙伴关系。企业必须挑选特定的伙伴建立密切的连接，建立合作伙伴关系是因为企业认识到它所处环境中与其他组织之间存在关键性的依赖，另外组织拥有能够产生利益的资源和能力，这项资源和能力是其他组织所没有的。

在当今信息发达的时代里，为取得其他组织资源已不需要采取并购的方式，而只需要企业之间结成联盟建立合作伙伴关系即可共享彼此的信息，这也是合作伙伴关系建立的动机。企业在面临多变、复杂的环境时，组织不再保持被动，相反的，企业之间形成战略合作关系，以降低不确定性与依赖性。

综上所述，在特定的环境中，企业必须通过外部环境取得所需的必要资源。企业经营绩效良好与否取决于能否顺利获得所需的资源。但因资源具有稀缺性且不易转移，企业向外寻求资源的同时，必须付出相应的代价，因此交换便成为企业在寻求资源时最可行的方案。但企业与交换对象常常处于不对等的状况，因此为获得资源，企业需要以长期承诺的方式与伙伴合作，如此便形成了合作伙伴关系。

4.2.3 资源基础理论

资源基础理论和资源依赖理论两者之间的最大不同在于资源基础理论假设资源是无限的、可创造的，而资源依赖理论则假设资源是有限的。过去的战略分析过度地重视组织与环境的配合，而忽略了资源与战略的联结。企业的资源和能力可成为企业成长方向的来源，也是企业利润的基础。换言之，当企业通过其资源和能力的累积而发展出竞争优势时，企业可以获得良好的利润。

资源基础理论是将资源视为企业的基础，因此以资源为战略思考的焦点时，企业首先应观察其资源的用途和组合，评估资源的品质，并以此作为战略行为的依据，而在进行决策执行之前，更需进一步考虑此决策可创造哪些绩效、哪些优势资源及填补哪些资源缺口。

从资源基础的观点来看，资源的互补性是促成合作的重要因素，资源的互补程度越高则合作可能性越大。资源的交换能够获利是因为这些资产或资源具有互补性。所谓互补性是指共同利用这些资产或资源比单独利用可以获得更高的报酬，也就是说互补性资产或资源指两组资产或资源彼此有某种程度的依赖。如果联盟厂商因为可以从伙伴身上获得互补性的能力而弥补其弱点的话，则伙伴之间都可以彼此互利。组织建立合作伙伴关系是因为它们认识到在所处的环境中与其他组织之间存在有关键性的互赖，此时，某一方的组织拥有能够产生利益的资源与能力，这项资源与能力是其他组织所没有的，所以组织应该考虑对外与伙伴建立联结。

资源基础理论认为，企业所拥有的独特资源是竞争优势的主要来源，但企业也可能会面临欠缺关键资源的情况，在这种情况下，企业除了可以由内部自行开发之外，也可以通过建立合作伙伴关系的方式拥有伙伴的独特资源，主要动机是学习合作伙伴的关键能力和快速引进新技术，以创造或维持自身的竞争优势，如果一个企业的核心竞争力是建立在某种独特的资源上的，每一个合作伙伴都会贡献彼此相关的重要资源，那么合作伙伴联盟就可以被视为不同企业的核心竞争力的集合方式之一，而资源的优势与互补，即伙伴之间的匹配，就成为合作伙伴关系成功与否的前提。

4.2.4　策略性行为理论

策略性行为理论指出企业建立合作伙伴关系的动机在于，通过策略性行为创造并维持竞争优势，以取得较好的利润或绩效。在基本策略模型中，公司利润取决于产业结构的吸引力与企业的相对竞争地位。

策略管理可以分为竞争策略和合作策略，合作伙伴关系属于策略联盟的一种形式。时间和资源是企业应对全球经济环境变化的主要因素，策略联盟可以整合资源并保持自身弹性，是一种优于并购或直接投资的策略选择。各企业之间的合作关系，特别是供应商与顾客的联盟，本身就属于竞争优势的来源。联盟是企业取得低成本或差异化优势的手段之一。策略行为的动机在于追求长期利润的最大化，企业选择合作伙伴关系的动机，是为了通过合作伙伴行为，创造并维持企业的竞争优势地位，谋取利润最大化，也就是说合作伙伴关系是一种能影响企业在产业中竞争定位的策略性手段及工具。

合作伙伴关系及策略联盟是基于企业策略的，用以确保、维持或增进企业的竞争优势所产生的行为。合作伙伴关系及策略联盟是为企业的策略目标而存在的，其主要的目标包括低风险、规模经济、互补技术与专利、建立进入障碍、克服政府法令与贸易障碍、初期国外市场扩张与准垂直整合。

4.2.5　委托代理理论

委托代理关系，泛指任何一种涉及不对称信息的交易。交易中具有优势的一方称为代理人，另一方称为委托人，代理人和委托人之间存在信息不对称的问题。委托代理理论是建立在非对称信息博弈论的基础上的。非对称信息指的是某些参与人拥有但另一些参与人不拥有的信息。信息的非对称性可从以下两个角度进行划分：一是非对称发生的时间；二是非对称信息的内容。从非对称发生的时间来看，非对称性可能发生在当事人签约之前，也可能发生在签约之后，分别称为事前非对称和事后非对称。

研究事前非对称信息博弈的模型称为逆向选择模型，研究事后非对称信息的模型称为道德风险模型。从非对称信息的内容看，非对称信息可能是指某些参与人的行为，研究此类问题的模型称为隐藏行为模型；非对称信息也可能是指某些参与人隐藏的知识，研究此类问题的模型称为隐藏知识模型。

在供应链合作关系中存在以下几个委托代理问题。

1. 企业目标与供应链目标不一致

在供应链合作伙伴关系中，供应链中的各个企业是具有独立利益的经济主体，单个企业的行为目标从根本上说还是自身利益的最大化，因此它们的决策变成了一个双目标决策，即企业自身的利润最大化以及满足供应链的整体需求。这两个目标在很多时候是一致的，但是当满足供应链整体利益会损害自身短期利益，以及企业同时为多条供应链服务的时候，冲突就会发生。

2. 信息不对称

网络技术的发展极大地缓解了信息不对称问题，原来很多企业的私有信息都可以在供应链中共享，比如需求与库存就是两类主要的共享信息，但是作为独立的利益主体，伙伴企业不可能也没有必要将所有信息共享。这种信息不对称较之原来的情形只是有所减轻，并无法完全消除，因此，原来由于信息不对称带来的委托代理问题仍然存在。这种发生在组织之间或者组织内部不同的团体之间的委托代理问题会给供应链伙伴关系的运作带来极大的损害。

3. 逆向选择

在供应链合作伙伴中，作为委托人的制造商在选择作为代理人的零售商时，零售商掌握了一些制造商所不知道的信息，而这些信息可能是对制造商不利的，零售商因此与制造商签订了对自己有利的契约，致使制造商利益受到损害。简单说，就是制造商选择了不适合自身实际情况或者不合格的零售商。

4. 道德风险

供应链伙伴关系中的一个重要的合作基础就是“信任”，即相信对方在某些情况下不会采取机会主义行为，通过损害共同利益来获得暂时的个体利益。伙伴企业不同于纵向一体化企业，不同企业具有独立的利益，没有一个更高一级的组织来核查企业是否采取了机会主义行为，而且依靠市场契约也无法对所有可能行为做出规定，这也就是契约的不完备性。因此关键就是互相信任，这也是剔除道德风险的一个很好的办法，也是建立合作伙伴关系的重要基础。

4.2.6 供应链合作关系的基础理论比较

表 4-2 是供应链合作关系五种理论基础的比较，总结了各理论的主要观点及启示。

表 4-2　供应链合作关系基础理论的比较

理　　论	目　　标	主 要 观 点	启　　示
交易成本理论	成本最小化	分散公司发展新技术及进入新市场的风险，共同分担成本，获取规模经济，避免不必要的重复投资	转换成本、环境的不确定性
资源依赖理论	价值最大化	为获取资源，企业间相互依赖，因而导致不确定性，为降低不确定性，组织以降低对其他组织的依赖及提高其他组织对其的依赖来增加其权利为目标	承诺、依赖
资源基础理论	资源与能力的互补性	若公司无法单独取得竞争优势，则可与其他公司联盟以达到资源互补的目的	合作伙伴关系匹配
策略性行为理论	持续竞争优势	建立合作伙伴关系的动机在于利用策略行为创造并维持竞争优势	持续竞争优势
委托代理理论	效用最大化	委托人通过契约选择代理人，以报酬等形式满足代理人的效用最大化目标，并对代理人行为进行约束，从而使委托人的利润达到最大化	非对称信息条件下的契约关系

4.3　供应链合作关系形成的驱动力

市场需求瞬息万变，竞争者虎视眈眈，很多企业都在寻求如何在这样的环境中立于不败之地。顺应市场潮流、取长补短、取外部资源为己所用，保持最具独特优势的核心竞争力是竞争的关键所在。供应链合作关系形成的基本的驱动力有核心竞争力、不断变化的顾客期望、外包战略、企业间资源依赖的互补、关系加强实现共赢。

4.3.1　企业核心竞争力

企业的核心竞争力是指企业具有某种能力，这种能力是其他企业不能或者很难模仿的。企业核心竞争力具有价值优越性、难替代性、差异性和可延伸性等特点。具有核心竞争力的企业在创造价值和降低成本方面比竞争对手更具优势，能为顾客带来更大的利益，生产出来的产品在市场上不会轻易被其他产品所替代，在同行业中与众不同，比其他竞争者优越，不仅能提供某种特殊的产品或服务，而且还可以帮助企业进一步开发新的产品或进入新的领域。

企业核心竞争力的本质是企业特有的知识和资源，企业竞争优势的获得取决于其是否拥有核心竞争力，因为任何一个企业拥有的资源都是有限的，不可能在所有的业务领域中都能获得竞争优势，因此必须将有限的资源集中在具有核心竞争力的核心业务上。供应链合作伙伴关系既是保持和增强自身核心竞争力的需要，也是企业在其他领域利用其他企业核心竞争力的需要，同时与其他企业的合作伙伴关系也是保持企业核心竞争力的有效手段。通过把非核心业务交由合作伙伴来完成，企业就能集中精力于核心竞争力的培养，集中企业内部的各个方面的资源、能力，不断增强核心竞争力。

海尔集团是世界白色家电制造巨头，面对国内外的激烈竞争，国外贸易环境壁垒形势日益严峻，以前海尔建立的国内一流的采购、制造和营销系统，其竞争力和利润潜力已接近尽头。

海尔在整合了内部的多元化产品之后，大批量生产需求使自己获得了与上游供应商谈判的筹码，于是开始了对供应商的大规模重组，将原来与供应商的买卖关系转变为战略伙伴关系，留下来的供应商企业不仅要求质量过关，还要求能够做到与海尔供应链之间的协同，包括参与前端的供应链设计，实现成本最低。海尔的改革，保证了生产上游的供货质量，从而保障了产品的质量。同时因为对企业供应链进行重组，提高了生产效率。改革后的海尔集团充分具备了运用JIT的条件，大大缩短了采购时间，降低了成本，提高了企业利润，同时与其合作的各企业也因为产品销售量的保障而提高了利润，达到了双赢的效果。

海尔集团原先与供应商的关系只是一种单纯的买卖关系。为了避免市场交易中的机会主义行为，海尔集团并没有按照新制度经济学者提出的进行纵向一体化兼并方案，而是采取了建立横向的长期供应链战略合作关系。海尔集团对原有的供应商实施战略重组后，被选中的上游供应商通过在黄岛和胶州等海尔专用的工业园区设厂，近距离给海尔供货。这种运作模式使得海尔集团通过把非核心业务交给其供应商(战略合作伙伴)来完成，而自身能够集中精力在核心竞争力的培养上，集中企业内部的各个方面的资源和能力，不断增强自身核心竞争力。

4.3.2 不断变化的顾客期望

顾客需求是企业生产的驱动源，生产的产品只有到达顾客手中，才真正实现了产品的价值。对顾客需求的关注是供应链所有成员的首要任务，随着消费者消费的理性化和消费品市场的发展，顾客的需求期望也在不断变化，主要有以下几点。

(1) 个性化的产品设计。产品的个性化设计是由顾客直接确定最终产品的确切特征，根据顾客的要求修改产品设计。随着市场的发展，差别化、个性化的产品越来越受消费者青睐，企业根据客户的需求量身定做成为企业争取市场的一种手段。让顾客直接参与产品设计彻底改变了企业生产的本质。个性化的产品对企业生产的柔性提出了更高的要求，供应链合作伙伴间战略合作关系可以有效提高企业柔性，提高产品顾客化程度。

(2) 广阔的产品选择范围。顾客越来越精明，他们开始希望能直接或间接地影响生产者以更好地让企业提供的产品切合顾客需求。厂家不断地推出新品种，从而引起了一轮又一轮的产品开发竞争，结果是产品的品种数成倍增长。为了吸引顾客，许多厂家不得不绞尽脑汁不断增加花色品种。网络技术的发展也为顾客的选择提供了方便，质量、价格、服务水平的透明给企业施加了不断完善产品的压力。同时，由于计算机和网络技术的发展，任何产品上的优势都易于模仿和改进，因此产品差异化的优势势必不能得到长久保持，为了保持市场竞争的优势，企业的产品压力越来越大。企业建立合作关系，积极进行信息交流与知识共享，挖掘消费者需求，共同研发产品，提供更符合消费者需求的产品，以应对市场变化。

(3) 优异的质量和可靠性。质量和可靠性是顾客对产品最基本的要求，质量的提高包括产品原料的选用、设计的合理、加工的精密、产品外观等多方面，需要供应链合作伙伴在产品设计、原材料的供给、生产制造到销售配送等各个环节上加强合作，各环节对质量严格控制，才能保证最终产品的质量和可靠性。

(4) 快速满足顾客要求。尽管并非所有的市场都要求即时反应，但在其他条件相同的情况下，更迅捷的反应能让顾客印象深刻，将该产品和其他产品区别开来。从产生顾客需求到产品到达顾客的过程中，有许多时间被浪费掉了。消除这种浪费会带来提高顾客满意度、降低投资风险、使竞争者的压力增大这三方面的好处。因此，提供力所能及的快速响应时间是明智的策略。有了更快的速度，技术革新就能更快地与实际应用相结合，从而保持技术领先。供应链合作伙伴间相互合作，各自发挥自身优势，洞悉客户需求，并快速响应，提供高水平服务，从而提高供应链整体竞争力。

4.3.3 业务外包战略

在供应链管理环境下，企业强调集中精力和资源在核心竞争力上，强调根据企业的具体情况和自身特点，专门从事某一个领域、某一专门业务，只在某一方面形成自己的核心竞争力，这就必然要求企业将非核心竞争力的业务外包给其他企业去做，这就是目前许多企业采用的业务外包战略。

供应链管理环境下的资源配置决策是一个不断增值的决策过程，如果企业能够通过业务外包以更低的成本获得比自制更高价值的资源、更短的生产时间和更高的生产效率，那么企业就应该选择业务外包，它可以使企业减少对固定资产的投资、降低成本、减少浪费，从而获取优势。在供应链上，每个企业专门的外包供应商把资源集中在某个领域(零部件、配件与各种服务)，企业可以从供应商的规模效益中获益，并且外包供应商在某个具体的领域拥有更多的专家和先进的技术，专业水平更高，因而质量可以比企业自制更好，成本更低。

实行业务外包战略还可以使企业保持柔性优势、质量优势和专业化优势，供应链管理的出现，使企业从传统的"纵向一体化"转向"横向一体化"，加快了企业的发展速度和技术革新。通过供应链上不同企业的外向资源配置，企业可以在全球范围内选择最优秀的合作伙伴以实现技术上的创新，并敏捷响应市场需求的变化，与市场需求变化保持同步，利用供应链上不同企业的技术资源和技术优势，所以企业能在需要的时候以最快的速度对用户的特殊需求做出反应，从而实现运作柔性和保持竞争优势。在这种条件下，为增强供应链的竞争力，就需要不断提高供应链上各个企业的成本、质量和柔性优势，不断加强供应链企业的合作关系，争取技术、信息等各种资源达到共享，提供更高质量的产品和更好的服务。加强供应链上各个企业的良好合作关系，可以实现对市场需求的快速反应，保证企业在用户需要的时候及时提供产品和服务。

4.3.4 企业间资源依赖的互补

战略联盟作为企业组织关系中的制度创新，从 20 世纪 80 年代以来，在欧美和日本的企业界得到了迅速发展，尤其是在跨国企业之间表现得更为突出。企业组建战略联盟从根本上是为了帮助联盟成员维持和创造企业持久的竞争优势，通过获取联盟企业的资源增强竞争能力，提高自己的竞争地位。

从资源角度来说，结盟的企业之间的资源存在互补性，可以借助联盟弥补各自资源的不足，从而改善彼此资源的状况，给企业带来新的竞争优势，为企业保持长期的战略竞争力提供资源基础。在这方面最有代表性的是英特尔与微软在PC机市场的"世纪联盟"。英特尔与微软正是基于彼此内部资源（硬件与软件）的互补性，携手结为战略联盟。相比较而言，企业拥有相对稳定的内部资源比变幻莫测的外部环境对企业的市场竞争地位更具决定性作用，是企业能否保持持久竞争优势的关键所在。

企业资源是异质的，也不可能完全流动，那么当一个企业拥有某种竞争对手没有的"独特"资源时，它就具备了为企业创造比较竞争优势的潜在能量。这里的"独特"指的就是资源是否是稀缺的、难以模仿的、不可替代的。但是，即使在一个企业缺乏并迫切需要某种独特资源时，要素市场的不完善仍然会阻碍这种资源的获取，如此一来，势必造成竞争企业间资源分配的不对称。正是企业所缺资源的独特性和要素市场的不完善阻碍了竞争者获取或复制这些独特资源的能力，导致了企业间资源状况的长期差异。

资源状况的差异加上企业间资源的互补性恰恰说明了结盟的必要。因为企业战略联盟既可以巩固企业原有的资源，也能够在共享外部资源的基础上，相互交换企业经济活动所需但缺乏的资源，因而不仅可以维持甚至可能创造新的企业资源优势。从另一个角度讲，企业再强大也不可能拥有所需的一切资源，加上它不断提升的战略目标，资源和目标之间始终会存在某种差距，同样需要通过与其他企业建立战略联盟来弥补这种资源的缺陷。新的环境下企业可以选择战略联盟的道路，实现自身的长远发展。

4.3.5 关系加强实现共赢

供应链合作伙伴关系能给合作双方带来许多正面效果，降低供应链总成本，减少整个供应链产品的库存总量，增强信息共享，缩短研发时间，加强供应链企业合作的一贯性，扩大竞争优势，提高整个供应链的运作绩效，最终实现供应链节点企业的财务状况、生产效率、产品质量、用户满意度和业绩的改善与提高。

（1）战略层整合。以往普通的企业间合作关系中，合作整合往往仅体现在生产制造和物流运输等实际操作层面。而供应链企业间的合作伙伴关系的构筑则需要企业战略层协作和高层次整合，具体表现为制定共同的战略目标与整合企业的运营策略，同步进行战略管理。

（2）合作范围拓展。以往普通的企业间合作关系中，一般仅在物流以及资金流方面相互融合。而供应链企业间的合作伙伴关系的合作范围大幅拓展，体现在信息流上高度集成，物流和资金流等信息的彻底合作，战略层的决策以及长远规划的全面协调，使供应链企业间在生产、交货、成本、财务、运营等各方面水平大幅提高，展现出强大的优越性和竞争力。

（3）协调性倍增。成熟顺畅的供应链企业间的合作伙伴关系会使合作双方在企业战略上保持一致，战术上双方互相整合，实际操作层横向信息充分交流，是企业间深层次、全方位的立体合作关系，从而使制造系统、物流系统、信息系统协调性增强，企业间能够做到及时、动态的协调，增强供应链缓冲、适应和创新的能力，快速而经济地处理企业生产经营活动中的不确定性，削弱“长鞭效应”等风险。

4.4　合作伙伴的选择与评价

随着全球经济的一体化，竞争也必将趋向国际化、白热化。如何提高自身的竞争力，已成为每个企业不得不思考的问题。在这种背景下，企业与精心挑选的供应商和分销商建立合作伙伴关系之后，可以通过协同工作降低整个供应链的总成本，降低库存水平，增强信息共享水平，改善相互之间的交流，保持伙伴相互之间操作的一贯性，产生更大的竞争优势，实现多赢。那么合作伙伴的选择与评价也已成为供应链合作伙伴关系建设中非常重要的环节。

4.4.1　供应链合作伙伴选择的标准

既然供应链合作伙伴关系的选择如此重要，那么到底该怎样选择呢？用什么样的标准来选择势必成为首要考虑的因素。

1. 兼容性

兼容是一个成功的合作关系所必须具备的第一要素。两个进行合作的企业，如果缺少兼容性，那么不管它们的业务关系在战略上多么重要，也不管它们彼此多么有能力，都将很难经受时间的考验，也很难适应变化的市场和环境。因为它们首先要做到的事情是能够在一起工作。兼容及解决分歧与矛盾的能力是保持合作双方良好关系的基石。兼容并不意味着没有任何摩擦，但只要合作双方有合作的基础并且相互尊重，它们就能解决分歧。

寻找一个兼容的合作伙伴，最好的办法就是从现有的客户中进行选择。其好处在于：①以前往来的经历可为两家公司能否友好相处提供有力的证据。②人际间的关系纽带已经建立，在通常的情况下，加强与一个已彼此了解的公司的关系比与一个新公司建立关系要容易得多。③每个公司已经对对方公司的能力、商业理念和公司文化有了一个比较清楚的了解，合作双方对将要合作的业务都很熟悉。

虽然从现有的关系中挑选合作伙伴有好处，但在考虑合作时也不要对现有的合作过分依赖。由于与一个已有业务关系的公司发展合作关系风险较小，一般公司可能不愿意花时间找一个新公司合作。这样，它就把自己的视野限制在现存客户这个狭小的范围之内，从而可能丧失为特定业务找到最佳合作者的机会。这种情况还会导致另一种缺点，一家公司虽然在技术和能力上是最适宜的合作伙伴，但由于它是新公司，公司对它不熟悉，因此而不选择它。

兼容性的考虑原则如下。

(1) 公司的规模与能力上的兼容性。

(2) 通过以往合作的记录测试兼容性。

(3) 从公司战略、文化和财务上测试兼容性。

(4) 从公司的组织管理和实践上测试兼容性。

(5) 从生产、市场销售和分配上测试兼容性。

(6) 从安全、健康与环境策略方面测试兼容性。

2. 能力

很明显,潜在合作伙伴的能力是另一个非常重要的因素。合作者必须有能力与你合作,合作才有价值。在评价合作对象的能力时,公司应当为每一个潜在合作对象准备一份档案资料,以更好地评价它们的优势和弱势。应从以下几个方面进行评价:①在拟合作的领域,你与谁合作更活跃?②对方的市场实力如何?③对方的技术水平、生产能力、销售网络如何?④对方是市场的主导者还是落后者?

总的来讲,大部分公司都要求它们的合作者有能够对合作关系投入互补性资源的能力。合作的组建更需寻找能够帮助公司克服自己弱势的合作伙伴。

与兼容性需要严格测试一样,在公司与任何未来的合作进行进一步接触之前,也要对合作方能力进行严格的测试,很多合作关系的参与人员都建议成立一个专家小组来对每一个潜在的合作者进行能力测试。当然,这个小组的人员结构和调查范围主要取决于合作企业的性质与合作的范围。小组成员应包括管理、财务、法律、税务等方面的专家。每个公司都会尽可能地美化自己,你的合作者可能告诉你,他们有先进的技术、优秀的管理人员和销售人员及强有力的销售网络等。但当你自己调查的结果与这家公司所陈述的不一致,其资产负债与独立的机构所做的分析不一致时,这里面就潜藏着合作风险。

3. 投入

寻找一个与自己有同样的投入意识的合作者是合作关系成功的第三个基石。就算合作者显得很有能力且与自己的体系相容,但是,只要他不愿向合作关系投入时间、精力和资源,合作关系就很难适应多变的市场环境,所以,跨国公司在最终决定与潜在的合作者组建合作关系之前,必须通过测试以确定对方与你一样有积极的投入意向。对投入意识的测试可归纳为以下两点。

(1) 合作关系的业务是否属于合作对方的核心产品范围或核心业务范围。如果拟设立合作关系的业务范围对合作者的主要业务来说是微不足道的,那么合作者就很有可能不愿向合作业务投入必要的时间和资源。同时,在这种情况下,合作对象很有可能也很容易退出合作关系而使你处于一种进退两难的境地。然而,如果合作关系涉及对方的主要业务或主要发展战略,这种风险便会大大减小。

(2) 确定合作伙伴退出合作关系的难度。合作关系面临的风险之一就是合作一方把合作纳入他们的全球战略,并且投入大量的资源和精力,而其合作伙伴却突然要求退出合作关系,从而使该方陷入进退两难的境地。所以,公司在最终决定组建合作关系前,必须测试这种可能性有多大,测试对方退出合作关系的困难程度。

4.4.2 供应链合作伙伴选择的原则

在合作伙伴的选择过程中,应该根据不同的供应链组成形式和具体任务制定不同的选择原则与标准,一般的通用性原则主要包括:

(1) 核心竞争力原则。即要求参加供应链的合作伙伴,必须具有并能为供应链贡献自己的核心竞争力,唯有合作企业拥有各自的核心竞争力,且核心竞争力正是供应链所需要的，使各合作企业的核心竞争力相结合才能提高整条供应链的运作效率。

（2）总成本核算原则。即实现供应链总成本最小化，实现多赢的战略目标，要求伙伴之间具有良好的信任关系，连接成本较少。

（3）敏捷性原则。供应链管理的一个主要目标就是把握快速变化的市场机会，因此要求各个伙伴企业具有较高的敏捷性，要求对来自供应链核心企业或其他伙伴企业的服务请求具有快速反应能力。

（4）风险最小化原则。供应链运营具有一定的风险性，例如市场风险依旧存在，只不过在个体伙伴之间得到了重新分配，因为伙伴企业面临不同的组织结构、技术标准、企业文化和管理观念。所以必须认真考虑风险问题，尽量回避或降低供应链整体运行风险。

（5）拥有相同的企业价值观及战略思想。企业价值观的差异主要表现在：是否存在官僚作风，是否一味地强调投资的快速回报，是否尊重市场规律，等等。战略思想的差异表现在：市场的策略是否一致，注重价格还是注重质量，等等。由此可见，如果供应链上企业的价值观及战略思想差距过大的话，企业间是很难实现合作的。

违反上述原则将会极大地影响供应链的效率。违反核心能力原则和总成本原则，难以满足供应链"外部经济性"的要求；违反敏捷性原则，则不能保证快速迎合市场机遇的目的；而忽视风险最小化原则，会为供应链的运营埋下巨大的隐患。因此在选择供应链合作伙伴时，必须全面认真地考虑以上五个基本原则。

上述五个原则只是供应链合作伙伴选择的一般性原则或基本原则。由于具体问题的不同，以及供应链核心企业具体目标的差异，在选择合作伙伴时可能并不限于五条基本原则，还要考虑很多其他方面的因素。

4.4.3 供应链合作伙伴选择的方法

供应链合作伙伴选择与评价的方法很多，主要分为定性、定量以及定性与定量相结合三大类，具体的方法主要有以下六种。

1. 直观判断法

直观判断法是根据征询和调查所得的资料并结合专家的分析判断，对供应商合作伙伴进行分析、评价的一种方法。这种方法主要是倾听和采纳有经验的人员或专家的意见，或者直接由他们根据经验做出判断。这种方法比较直观，简单易行，但是主观性太强，选择的结果科学性较差，常用于产品的非主要原材料供应商的选择。

2. 招标投标法

招标投标法是指由企业提出招标条件，各招标合作伙伴进行竞标，然后由企业决标，与提出最有利条件的合作伙伴签订合同或协议。招标投标法可以是公开招标，也可以是指定招标。公开招标对投标者的资格不予限制；指定招标则由企业预先选择若干个可能的合作关系，再进行竞标和决标。

3. 协商选择法

首先企业从多个合作伙伴中选出条件较为有利的若干个，然后同他们分别进行协商，再确定合适的合作伙伴。协商选择法由于供需双方能够充分协商，因此在采购物品的质量、交货时间以及售后服务上更有保证，但企业可能得不到更加合理的原材料价格和更加有利的供应来源。这种方法适合于采购时间紧迫、投标单位少、竞争程度低、订购物品规格和技术条件复杂的情况。

4. 成本比较法

对于质量和交货期都能满足要求的供应商，则需要通过计算采购成本来进行分析比较。采购成本一般包括售价、采购费用、运输费用等各项支出的总和。成本比较法是通过计算分析各个不同供应商的采购成本，选择采购成本较低的供应商的一种方法。这种方法单纯从采购成本的角度来进行选择，有很大的局限性，往往与企业的战略目标相违背。

5. 层次分析法

层次分析法(analytic hierarchy process，AHP)是美国运筹学家 T. L. Satty 教授于 20 世纪 70 年代提出的将定性问题进行定量分析的多准则评价决策方法。该方法将决策问题按总目标、各层子目标、评价准则直至具体的备择方案的顺序分解为不同的层次结构，然后通过求解判断矩阵的特征向量，求得每一层次的各元素对上一层次某元素的优先权重，最后再用加权和的方法递阶归并各备择方案对总目标的权重，权重最大者即为最优方案。这里所谓“优先权重”是一种相对的量度，它表明各备择方案在某一特点的评价准则或子目标下重要程度的相对量度，以及各子目标对上一层目标而言重要程度的相对量度。

层次分析法按照属性(指标)的逻辑关系逐层分解，形成层次结构，然后用一定的标度把人的主观判断进行客观量化，在逐层分解的基础上通过两两比较建立判断矩阵，进行层次排序并加以综合，从而得出每个可供选择的供应商的最终权重，通过对权重的比较来选择供应商。层次分析法作为一种定性和定量相结合的工具，是供应商选择与评价的常用方法之一。

6. 人工神经网络法

人工神经网络(artificial neural network，ANN)是 20 世纪 80 年代后期迅速发展起来的一门新兴学科。ANN 可以模拟人脑的某些智能行为，如知觉、灵感和形象思维等，具有自学习、自适应和非线性动态处理等特征。

将 ANN 应用于供应链管理环境下合作伙伴的综合评价选择，旨在建立更加接近于人类思维模式的定性与定量相结合的综合评价选择模型。通过对给定样本模式的学习，获取评价专家的知识、经验、主观判断及对目标重要性的倾向，当对合作伙伴做出综合评价时，该方法可再现评价专家的经验、知识和直觉思维，从而实现了定性分析与定量分析的有效结合，也可以较好地保证合作伙伴综合评价结果的客观性。

基于人工神经网络的合作伙伴综合评价选择的处理流程如图 4-4 所示。

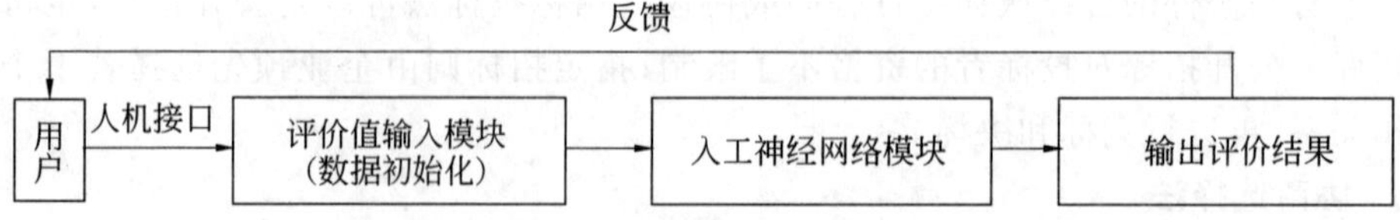

图 4-4　基于人工神经网络的合作伙伴综合评价选择流程

在选定评价指标组合的基础上，对评价指标做出评价，得到评价值之后，因各指标间没有统一的度量标准，难以进行直接的分析和比较，也不利于输入神经网络计算，因此，在用神经网络进行综合评价之前，应首先将输入的评价值通过隶属函数的作用转换为[0,1]之间的值，即对评价值进行标准无纲量化，作为神经网络的输入，以使 ANN 可以处理定量和定性指标。

评价值输入模块处理功能结构如图 4-5 所示。

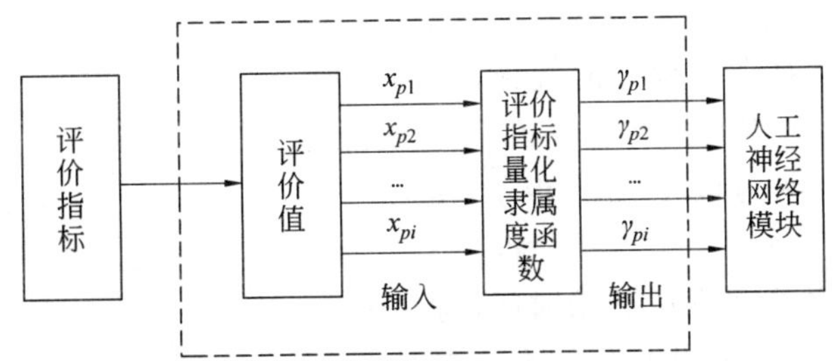

图 4-5 评价值输入模块处理功能结构示意图

其中 x_{pi} 表示第 i 个指标评价值(输入值)，γ_{pi} 表示第 i 个经量化后的评价值(输出值)，它是 B-P 人工神经网络(以下简称 B-P 网络)的输入值。

人工神经网络模块是综合评价系统的重要组成部分，由 B-P 网络组成，主要完成网络结构的定义、样本的学习和通过 B-P 算法进行合作伙伴的综合评价计算等功能。

用于合作伙伴评价选择的 B-P 网络可以采用具有一个输入层、一个隐含层和一个输出层的网络结构。各层具有多个节点，每相邻两层之间单方向互连，如图 4-6 所示。

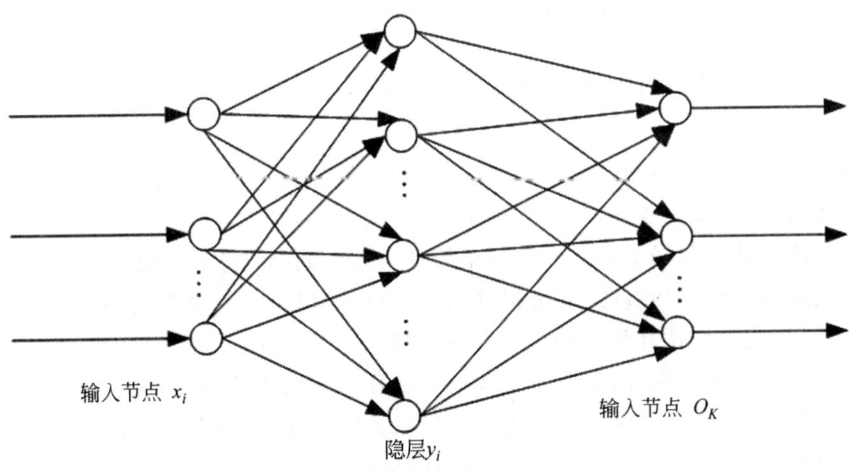

图 4-6 B-P 网络结构

B-P 网络结构参数的选择是一个十分重要的工作，输入层和隐含层个数的增加会增强网络的表达能力，但也会影响其收敛速度。B-P 网络结构参数可在网络运行前进行设置定义，相应设置存入网络结构文件。

在通过计算得到网络的权值和阈值后，就可将经过初始化的企业评价值作为网络输入进行计算，得到评价输出。

4.4.4 供应链合作伙伴的选择与评价步骤

供应链合作关系的建立并不是一件容易的事，既需要供应商、买方做大量艰苦的工作，又需要企业间的共同承诺、相互信任。供应链合作伙伴关系的风险在于：一个伙伴的失败或不合作可能导致整个供应链处于非有效运作状态，造成巨大的损失。因此，对合作伙伴的选择，应该分步骤地、综合地考虑多种因素的综合评价。供应链合作伙伴选择可以归纳为以下几个步骤，如图4-7所示。

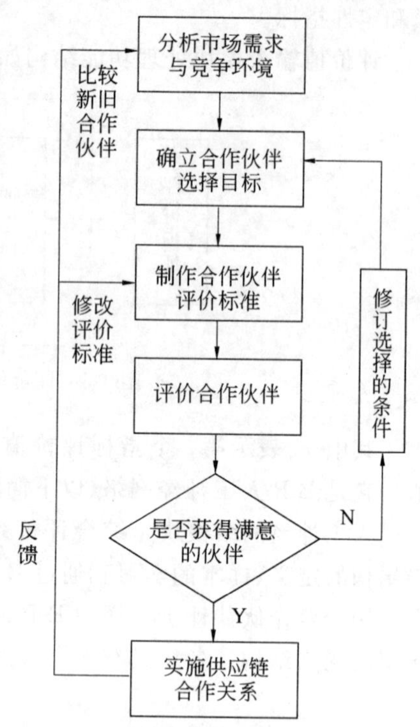

图4-7 供应链合作伙伴选择过程

企业必须确定各个步骤的开始时间，每一个步骤对企业来说都是动态的，并且每一个步骤对于企业来说都是一次改善业务的过程。

步骤1：分析市场需求和竞争环境。市场需求是企业一切活动的动力源泉。分析市场需求的目的在于找到针对哪些产品市场开发供应链合作关系才有效，必须知道现在的产品需求是什么，产品的类型和特征是什么，确认客户的需求，确认建立供应链合作关系的必要性。如果已经建立供应链合作关系，则根据需求的变化确认供应链合作关系变化的必要性，从而确认合作伙伴评价选择的必要性。同时分析合作伙伴的现状，分析、总结企业存在的问题。

步骤2：确立合作伙伴选择目标。企业必须明确需要什么样的合作伙伴，合作伙伴评价程序如何实施、信息流程如何运作、由谁负责等问题，必须建立实质性的和切合实际的目标。合作伙伴评价选择不只是一个简单的评价选择过程，它本身也是企业自身和企业之间的一次业务流程重构过程，实施得好，它本身就可以带来一系列的利益。

步骤3：制定合作伙伴评价标准。合作伙伴综合评价的指标体系是企业对合作伙伴进行综合评价的依据和标准，是反映企业本身和环境所构成的复杂系统不同属性的指标，是按隶属关系、层次结构有序组成的集合。根据系统全面性、简明科学性、稳定可比性、可操作性的原则，建立供应链管理环境下合作伙伴的综合评价指标体系。不同行业、企业、产品需求、不同环境下的合作伙伴评价应该有所不同，但不外乎都涉及合作伙伴的业绩、人力资源开发、质量控制、成本控制、技术开发、客户满意度、交货协议等可能影响供应链合作关系的各方面。

步骤4：评价合作伙伴。评价合作伙伴的一个主要工作是调查、收集有关合作伙伴的生产运作等全方位的信息。在收集合作伙伴信息的基础上，应用合适的工具和技术、方法进行合作伙伴评价。合作伙伴的评价应注意以下几点：

(1) 系统全面的综合评价。供应链合作伙伴涉及诸多方面的绩效，因此首先需要在企业经营、技术研发、生产管理、财务控制、人力资源开发、市场开拓等多个方面对合作伙伴进行系统全面的综合评价,形成供应链合作伙伴评价一级指标。

(2) 逐层细化进行评价。在供应链合作伙伴评价一级指标的基础上,逐层细化形成子指标来对供应链合作伙伴进行深入细致的评价,可能一级指标评价结果还不错,但其中某些子指标存在不足,因此评价的时候一定要逐层细化,形成二级或三级子指标,甚至进行更深层次的划分,逐步建立较为完善的供应链合作伙伴评价指标体系。

(3) 要有足够的数据来真实客观的说明。评价结论来源于生产实践,合作伙伴的日常表现也好,综合竞比也罢,都有很多的数据来支撑,所以对供应链合作伙伴进行评价一定要建立在具体客观的数据之上,才能使得评价结果具有实际借鉴意义。

(4) 一定要有一种公正公平的态度来评价。对合作伙伴评价一定是公正公平的,这是一种态度,也是一种工作责任与义务。

在评价过程的最后,有一个决策点,根据评价结果选择合作伙伴,如果选择成功,则可以开始实施供应链合作关系,如果没有合适的合作伙伴可选,则需要修订选择的条件返回步骤2重新开始选择。

步骤5:实施供应链合作关系。在实施供应链合作关系的过程中,市场需求可能不断发生变化,可以根据实际情况的需要及时修改合作伙伴评价标准,或重新开始合作伙伴评价选择。在重新选择合作伙伴的时候,应给予旧合作伙伴以足够的时间适应变化。是否持续实施供应链合作关系还需要对合作关系的绩效进行评估,绩效评估体系的要素主要包括评价对象、评价目标、评价指标、评价标准、评价方法、分析报告。绩效评估内容有内部绩效衡量、外部绩效衡量、综合供应链绩效衡量等。

4.5 供应链合作关系管理

4.5.1 供应链合作关系管理的重要性

全球制造和经济一体化促使企业间的竞争不断加剧,并逐渐由同行业单个企业间的竞争变为由一系列上下游合作伙伴企业构成的供应链之间的竞争。供应链合作伙伴的管理与协调有着重要的意义。

1. 加强核心竞争力,重组业务流程

企业核心竞争力指企业在研发、设计、制造、营销、服务等某一两个环节上处于优势地位且在短时间内不易被竞争对手超越,满足客户需求的独特能力。一个企业不可能在任何方面都具有完全压倒对手的竞争实力,但在传统的运作模式下,企业不可能也无法回避地要进入一些自己不擅长的领域。

供应链合作伙伴思想最重要的一点就是企业做自己最擅长的部分,把自己非核心的业务分包出去,而这些被分包出去的业务必然要由在此业务上具有优势的企业(合作伙伴)来承担,由此让企业摆脱了从前不擅长做某一领域,却又不得不为之的尴尬境地。

在分流非核心业务时,每个企业都不可避免地要对自己的业务流程进行重新梳理,企业通过这样的机会,可以从整体上设计最利于体现自己竞争优势的企业架构,通过在非核心竞争领域做减法，在核心竞争领域做加法，从而达到通过供应链的构建来增强自身竞争力的目的。

2. **提升合作关系，缩短供应链反应时间**

信息的飞速传递和大众消费习惯的改变，使市场的需求比以往有更大的不确定性，企业仅凭自身的实力，很难对这些即时的市场变化做出灵敏的反应。在搭建供应链后，企业通过高效的分工合作与周密的计划就有可能大大缩短市场反应时间，比竞争对手更灵敏地洞察与填补市场需求。一般认为供应链总周期时间由采购周期时间、内向运输周期时间、外向运输周期时间和产品设计/制造周期时间构成，如图 4-8 所示。

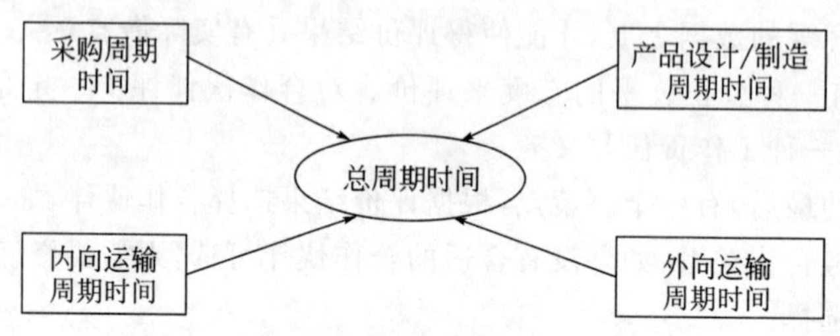

图 4-8 供应链总周期时间

通过建立供应商与核心企业之间的战略合作关系，供应链中核心企业可以影响供应商，通过技术革新和流程再造加快生产运作速度，以保证交货的可靠性和及时性。这就要求核心企业能够在先进的管理技术上（如 JIT、TQM 等），对合作企业进行指导与帮助。由此在客观上提升了整个供应链中各企业的管理水平，为整个产业的做大做强提供支持。

3. **降低交易成本，提高整体效益**

供应链的运作是以数字化的平台来传递信息，降低了信息在传递中延迟和出错的可能。此外，核心企业为上游企业提供了具体的需求计划，后者面对的需求就由原来的对订单的预测转变为具有战略伙伴关系的企业间的需求。有了真实可靠的需求信息，合作企业就能够从容地调配生产，通过原材料采购、减小库存等多个方面来降低成本，增加竞争优势。

对核心企业来讲，可以全面了解合作企业的运作状态、生产计划和库存情况，无论合作企业能否按时按量提供自己的所需，核心企业都能预先得到相关信息，及早采取相应的对策，把变动幅度限定在最小范围之内。供应链合作伙伴相对一般成员可以降低部分成本，例如机会成本、交易成本，从而体现供应链的价值。下面以图 4-9 和图 4-10 来说明。

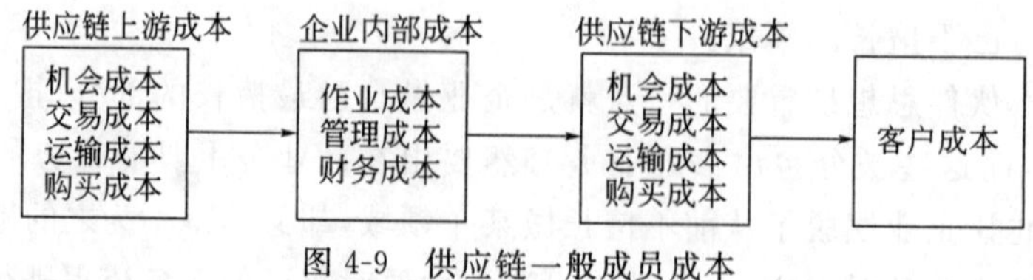

图 4-9 供应链一般成员成本

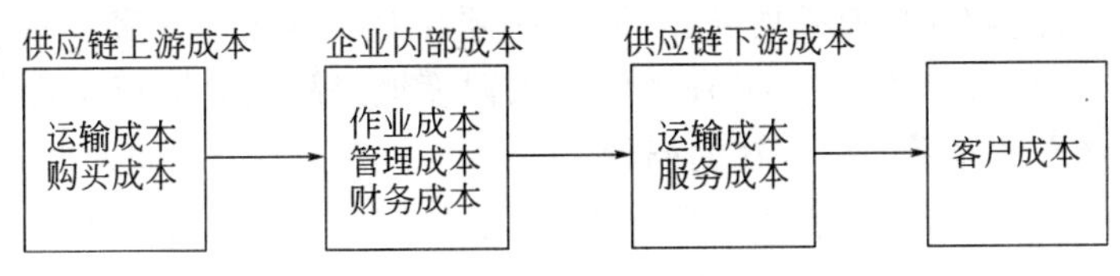

图 4-10　供应链合作伙伴成本

4.5.2　供应链合作伙伴关系管理中的制约因素及问题

1. 供应链合作伙伴关系管理中的制约因素

尽管供应链合作关系给供应链节点企业带来的利益和价值得到广泛认可，但要建立和保持这种关系绝非轻而易举。影响供应链合作关系的因素有很多，下面是几个重要的制约供应链合作关系的因素。

(1) 建立信任。信任对于合作的企业是至关重要的，良好的供应链合作关系首先必须得到最高管理层的支持，并且企业之间要保持良好的沟通，建立相互信任的关系。信任能使组织间共享有价值信息，投入时间和精力来理解相互之间的业务，并能取得超出各自企业单独行动所能获得的绩效。

(2) 共同愿景和目标。合作伙伴关系的建立需要了解相互的企业结构和文化，并适当地改变企业自身的结构和文化，同时在企业之间建立统一的运作模式或体制，解决业务流程和结构上存在的障碍。除此之外，还要互相了解对方长远的规划和企业发展目标。企业的愿景和目标越一致就越有利于建立合作伙伴关系，对于那些在企业目标上有较大分歧的企业，要建立战略合作伙伴关系是相当困难的。

(3) 共同利益和需要。共同利益是合作关系的基础，没有共同利益就不会有合作关系的产生。问题是在共同利益和需要的前提下，怎样把供应链的增值最大化，然后找出公平合理的利益分配机制和解决方案。实现企业间利益公平分享是合作关系建立和保持的难点。

(4) 高层主管的支持。成功的供应链合作伙伴关系必须得到企业高层主管的承诺和支持。合作企业的高层管理人员关系越融洽、越亲密，就越有利于快速建立并保持这种合作伙伴关系。承诺也必须从高层开始，当高层管理人员支持合作关系时，这种关系就比较容易成功。由高层所表现出来的合作和参与程度，就相当于为复杂问题的解决打下了良好的基础。

(5) 信息共享和沟通畅通。信息是企业合作的纽带，至关重要。合作伙伴之间需要紧密合作，加强信息共享，进行技术交流和提供设计支持。为了使沟通畅通，应该建立正式和非正式的沟通渠道。当沟通渠道畅通后，合作企业间的冲突就可以妥善解决。

(6) 变革管理。变化带来压力，会导致关注点的转移。因此，企业必须避免由合作伙伴变化带来的偏离核心业务的影响，准备应对由新合作伙伴带来的变化。还有良好的愿望、柔性、解决矛盾冲突的技能、有效的技术方法、资源支持，以及供应链绩效评价等都是很重要的制约因素。当然，上述因素都不是孤立地影响合作关系，而是相互作用，共同产生制约作用。要建立和保持有效的合作关系,必须综合全面地考虑各个因素以及相互制约关系。找出供应链合作关系中的"瓶颈",最大限度地提高供应链管理效率。

2. 供应链合作伙伴模式中存在的问题

建立牢固的供应链合作伙伴关系需要双方大量的工作和彼此的承诺,建立真正的合作伙伴关系并不容易,合作伙伴关系也存在问题和风险,这正是供应链合作伙伴关系管理研究的原因所在。

一般来说,供应链合作伙伴关系存在以下问题或风险。

(1) 供应链过分依赖一个或某些供应商。例如,当制造商将某一关键技术或者部件外包给某个特定的供应商,而该供应商又无法按期完成任务时,制造商将面临灾难,产品一旦比竞争对手晚上市就意味着可能失去市场份额。

(2) 容易丧失核心竞争力。随着大量部件的外包,如果制造商并不明确自己的核心竞争力,而把它们外包出去,就很有可能丧失其核心竞争力。

(3) 利益要求及分配困难。供应链合作企业中的利益分配问题会直接影响到整个合作的效果。

(4) 供应链合作伙伴之间容易"猜疑"。供应链企业之间的信任感决定了供应链的命运。然而,企业与企业之间表面上看起来是结成了供应链合作关系,但很多实质上仍然属于"输—赢"式的交易关系。

(5) 合作伙伴信息不对称。供应链合作要求各节点企业将私有信息完全共享出来,只有掌握了系统中各个成员的具体信息,才有可能求得供应链整体的最优解。但供应链成员作为独立的经济主体,虽然有长期合作伙伴关系,但相互之间也存在着竞争,供应链成员出于自身利益的考虑有时会故意隐瞒或谎报数据,造成信息的不对称,造成供应链上不同节点企业的利益失衡,影响分配公平、公正原则以及整个供应链的效率。

4.5.3 信息交流与知识共享机制

在目前的市场环境下,信息对于企业来说是非常重要的资源。信息交流和知识共享有助于减少投机行为,有助于促进重要信息在供应链中的自由传播和扩散。要建立供应链战略伙伴关系,供应链上的企业必须树立资源共享的合作观念,而信息这种资源也无疑要列入共享资源之中。

信息共享的第一步就是要建立起企业之间的信息系统。这里的信息系统不仅包括如POS、EDI、MIS等进行信息传递的通信系统,还指企业之间应该建立保障彼此信息通畅的观念和体制。首先企业必须愿意与合作伙伴进行信息共享。不管是供应链上的核心企业还是上下游的合作企业都要主动地与合作伙伴进行沟通,从经营计划、生产计划、销售计划、供应计划等各方面与合作企业进行广泛的商讨。同时,同一供应链上的企业间必须建立起统一标准的、可以在供应链上各企业之间通用的通信系统,以确保信息快速准确的传递。同时,运用信息管理系统还可以帮助核心企业实现"供应商管理库存"这样先进的管理方式,从而大大提升整条供应链的工作效率和竞争能力。

供应链不仅是物流供应链,而且也是知识供应链。在供应链企业组成的知识网络中,位于不同节点的企业在业务种类和组织结构上互有不同又相互补充。知识在成员间的流动使企业从具有某种知识或专门技术(与知识应用能力密切相关)的合作伙伴那里学习到组织缺乏的知识,提高了自身的知识水平,增强了知识创新能力。所以对供应链中的所有企业来说,有效的知识共享有助于企业获取知识资源,赢得竞争优势。

4.5.4 信任合作与冲突解决机制

供应链合作伙伴企业面对竞争激烈的市场环境,伙伴关系的破裂、供应链的解体在很大程度上是由于合作伙伴间缺少对彼此的信任与有效的冲突解决办法。随着企业竞争的加剧和供应链发展的需要,供应链合作伙伴间信任机制的建立和保障是一件迫切的事情。只有建立起一个行之有效的信任合作和冲突解决机制,才能促进供应链合作伙伴间关系的建立、维持和深化,才能提高企业核心竞争力,在市场竞争中取胜。

合作过程中资源投入是保证合作过程顺利的基础,然而投入资源意味着要承担相应的风险,对于供应链合作伙伴而言,如果没有建立起信任关系,越多的资源投入也就意味着越大的风险,一旦合作关系终止,投入的资源必然会有一部分将转化为沉没成本。供应链合作伙伴间的信任对供应链的成败起着重要作用。合作伙伴间具有程度较深、稳定的信任关系能促进合作伙伴关系的维持和深化,能促进合作伙伴树立长期的战略目标,能促使企业核心竞争力和供应链整体绩效的提高。

信任建立的基础是存在畅通的沟通,只要合作伙伴间建立起有效的沟通渠道和沟通手段,那么合作企业间的各种矛盾冲突就有最有效的解决方法。建立有效的信息沟通体系有助于供应链合作伙伴间进行深层次的交流,有助于企业间信任的深化、信任机制的建立。利用先进的信息技术,建立多渠道的信息沟通平台,提高合作伙伴间信息的透明度,有助于信任的深化,有助于合作伙伴依靠信息平台进行信息的归纳分析,对可能出现的风险进行规避。合作伙伴企业的领导者之间建立起良好关系,有助于帮助领导者收集信息,从而减少供应链信任的风险性和脆弱性问题,有助于消除彼此的差异和矛盾,使不同的企业文化能相互融合。

4.5.5 健全有效的激励机制

为了提高供应链的协调性,供应链的各成员企业应建立有效的激励机制。

1. 正激励

正激励就是对个体的符合组织目标的期望行为进行奖励,以使这种行为更多地出现,提高个体的积极性,主要表现为对员工的奖励和表扬等。供应链企业间的正激励,即对于供应链中高度合作的企业的奖励措施。正激励的实施,有利于合作机制的正常运行,意味着企业间良好合作来促进供应链整体目标的实现。在这种情况下,企业间可以加强合作的力度,提高信息的共享程度,扩大诚信范围,进一步减少合作成本,使合作关系更加稳固。

2. 负激励

所谓负激励,是指当组织成员的行为不符合组织目标或社会需要时,组织将给予惩罚或批评,使之减弱和消退,从而抑制这种行为。供应链企业间的负激励,即对供应链企业不合作行为的惩罚或者是对违法行为的惩罚。企业在进行合作的过程中,会存在很多损害供应链整体利益或其他企业利益的行为。例如,合作程度不够,信息传递错误,合同的违约,存在交易欺诈,等等。供应链的其他企业可以采取法律手段,对这些行为进行制裁,或者采取非法律手段,将之排除在供应链的继续合作中,以保证供应链的合作机制能够继续运行。

正激励和负激励作为两种相辅相成的激励类型,是从不同的侧面对人或者组织的行为规范起到强化作用。正激励是主动性的激励;负激励是被动性的激励,它是通过对人或者组织的错误动机和行为进行压抑与制止。正激励与负激励都是必要而有效的,因为这两种方式的激励效果不仅会直接作用于个人或组织,而且会间接地影响周围的群体。通过树立正面的榜样和反面的典型,扶正祛邪,形成一种良好的风范,就会逐步形成正面的行为规范,能够使整个供应链的行为导向更积极,更富有生气,逐步使供应链合作关系管理走向规范化。

4.5.6 风险管理与利益分配机制

复杂的市场竞争环境使得供应链中不确定因素不断增多,潜在的风险对供应链的正常稳定运营构成威胁。为了避免风险、减小风险对供应链构成的威胁与损失,应对运营中可能出现的风险进行管理,最大限度地减小风险造成的损失。

供应链风险因素主要有三个方面:一是环境风险因素;二是内部风险因素;三是整体运行风险因素。供应链风险有客观性、系统性、动态性、复杂性、关联性、层次化和多元化等主要特征。风险管理的过程主要包括:风险识别、风险评估、风险决策、风险控制、风险处理。建立供应链的风险控制体系,使得在供应链运营过程中能有效控制整个供应链风险的发生,对风险进行动态监测,使得供应链的运营或活动过程能趋利避险。

供应链中的核心企业对于整个供应链的建立、运营起着决定性的作用。但是供应链中风险的主体却不仅仅是供应链的核心企业,这就给供应链中风险控制机制的建立带来困难。由于参加供应链的各个合作伙伴企业在供应链中所占的份额、责任和风险的大小不同,同时为了更好地提高整个供应链的效益、激励各个合作伙伴在供应链中作用的充分发挥,应做到以下几点:

首先应该明确供应链中风险的主体,采取风险共担的机制。从根本上重构供应链的结构模式,改善低效的供应链关系管理,加深信息共享的程度,加快信息流通的速度。建立良好的信用机制,降低需求变动性。提高供应链合作伙伴的选择标准等方面来防范风险。按照预防在先、补救在后、控制为主、对抗为辅的原则,力求在风险管理中取得主动,避免出现经营风险的连锁反应。一旦风险发生了,风险管理者必须第一时间做出风险决策,以最大限度地降低风险带来的损失。

供应链的成功运营必须以公平合理的利益分配方案为基础,利益分配问题是供应链管理中的一个敏感而关键的问题。利益合理分配是维持和巩固供应链企业合作关系的根本保证,是激励供应链成员企业相互协助的动力,能提高供应链整体效率和绩效。由于供应链管理及其运营过程的特殊性,供应链中利益分配的方式与一般企业内部以及社会集团中利益分配的方式有所不同。供应链企业的合作关系的发展和维护有赖于公平、合理、科学的利益分配机制。

供应链成员企业,无论规模大小、实力强弱,在合作中的地位和对利益追求的权利是平等的。制订供应链利益分配方案是以适当、合理的利益分配方法和理论为基础,体现公平合理的原则,又不失高效和灵活性。供应链是一种协同合作、风险分担、利益共享的网络组织,供应链运营过程伴随着许多不确定性因素和潜在的风险。供应链的建立是以风险分担、利益分享为基础的,因此在制订供应链利益分配方案时,要考虑成员企业所承担的风险大小。一般来讲,成员企业所承担的风险越大,所得的收益越多。供应链利益分配方案由众多成员群体决策决定,应及时披露利益分配的方案、计算方法等方面的信息,做到信息透明,减少因信息沟通不畅而造成的误会和矛盾。另外,对利益分配应该有广义的认识,利益分配不仅是指合作产品及其利润的分配,而且还应该包括联盟所产生的专利权、技术诀窍、商标、商誉等,也应该对这些无形资产进行科学的评估,为利益分配提供决策依据。把各合作企业对供应链的贡献与其利益分配直接挂钩,并充分考虑企业在供应链中的努力程度,从而真实、公平地将利益在供应链各合作企业间进行合理分配,有利于奖优罚劣,调动合作企业的积极性和主动性,加速供应链整体目标的实现。

同普战略合作伙伴关系管理

作为中国大型的家电制造业集团,同普公司面临国内国际同行业的激烈竞争。以前,同普公司在计划推动模式下建立并运行了国内一流的采购、制造和营销系统。近年来该系统的竞争和利润潜力已接近尽头,公司不得不在战略上寻求新的、更有利的经营途径。同普集团自 1999 年 10 月实施国际化战略以来,在全集团范围内以现代物流革命为突破口,对原来的业务流程进行了重新设计和再造。物流整合的第一步是采购。公司将原来的供应商的买卖关系转变成战略合作伙伴关系,将采购管理向资源管理推进。这种资源不仅指产品资源,而且还包括人力资源和技术资源。以变频新超人的开发为例。随着变频新超人空调投放市场,同普在变频空调市场已经成为领先者。变频新超人通过其优秀的设计、优良的品质、安全性和广泛使用标准装置为业界设计了新标准。变频新超人是同普仅用了 6 个月就开发成功的高级变频空调。没有同普公司供应商的热心参与,就不可能完成这样的任务。

同普公司在确定供应商之前,一般会对供应商进行调查,这种调查分为三种。首先是初步调查,即调查供应商的基本情况,如供应商的名称、地址、生产能力、提供什么产品、能提供多少、价格和质量如何、市场份额有多大、运输进货条件如何等。在对供应商进行初步分析后,采购部还会进行资源市场调查,实际上是对供应材料所在市场进行宏观分析。分析的内容主要是要弄清楚资源市场是垄断性市场还是竞争性市场。如果是垄断性市场,则采取垄断性采购策略;反之,则采用竞争性采购战略。在完成前面的调查分析工作之后,基本上已经确定准备发展为自己供应商的企业。接下来的工作就是对候选企业进行深入仔细的考察。这种考察是实地考察,即深入到供应商企业的生产线、各个生产工艺、质量检验环节甚至管理部门,对现有的设备工艺、生产技术、管理技术等进行较为全面的考察，了解所要采购的产品能不能满足企业所具备的生产工艺条件，质量保证体系和管理规范要求。考察一般由采购部、质管部和技术中心抽出人员组成考察小组进行。考察完之后，考察小组就会根据考察内容，参照相关标准给供应商打分。分数出来后，依据相关标准或分数高低择优录取，并把结果送质管部、技术中心、开发部会审。会审通过后，报工贸公司总经理批准。接下来工贸公司会通知供应商进行送样。样品送过来后，由质检处质检员按规范标准进行检验，并进行记录。如果品质不合格，质检处就通知工贸公司采购部，再通知供应商送样，重新确认其品质。若仍不合格，则予以淘汰。若样品检验合格，则进行小批检验。小批检验若是通过，则进入大批供货。至此，该供应商才算与同普公司建立了初步的供应关系，具备了与同普公司建立战略合作伙伴关系的先决条件。

同普公司通过整合内部资源，优化外部资源，从 2 336 家供应商中选出了 978 家供应商，与之建立了战略合作伙伴关系，并建立了与之配套的网络化的企业运作模式，以便于日常运作；合作双方还建立了企业间和企业内的管理信息系统，以实现高质量和高效率的信息共享，形成对未来发展较一致的共同愿景。这一系列的措施有力地保障了同普公司产品的质量和交货期。不仅如此，更有一批国际化大公司以其高科技和高技术参与到同普公司产品的前端设计中，目前可以参与产品开发的供应商比率已经高达 35.2%。

同普公司通过实施战略伙伴关系取得了如下成果：①采购成本下降，采购品质提高。同普公司一年需要 150 亿元、15 000 个品种的生产和运作投入，它们来自 2 000 多家供应商。通过整合，供应商数目减少到 900 多家，集团采购人员减少了 1/3，成本每年降低 5%左右。与供应商的战略伙伴关系保证了公司产品的技术领先性和技术含量，还使公司新产品开发和商品化周期大大缩短。②库存和运转成本大为降低。以前，同普公司平均库存时间长达 30 天，仅青岛本部企业的外租仓库就达到 20 余万平方米。"仓库革命"之后，平均库存周转时间缩短了 3/5，集团仓库占地面积仅为 2.6 万平方米。ERP 的采用有效地缩短了订单响应时间，使公司 2001 年前五个月的订单量比 2000 年同期增加了 50%以上。③付款效率提高。通过物流改造和电子商务信息技术的应用，公司网上付款率达到 80%以上，付款及时率达 100%，杜绝了"三角债"，提高了公司的信誉。通过网上支付，每年为供应商节约费用达上千万元。

思考题：

1. 实施战略伙伴关系管理，对于同普公司和其供应商来说有哪些好处？
2. 同普公司在选择供应商时会进行哪些具体操作？
3. 同普公司与供应商建立战略伙伴关系有哪些风险？

习　题

1. 阐述供应链合作关系的含义，以及一般合作关系与战略性合作伙伴关系之间的区别。

2. 讨论供应链合作关系与传统的供应链合作关系的区别，以及供应链战略合作关系对于企业的益处。

3. 简述影响交易成本的三个主要因素。

4. 供应链合作关系形成的驱动力有哪些？

5. 供应链合作伙伴选择的原则是什么？

6. 供应链合作伙伴选择的方法主要有哪些？查阅相关资料学习和掌握这些方法的具体应用。

7. 分析选择供应链合作伙伴的流程，并以案例进行说明。

8. 合作伙伴关系管理中的制约因素有哪些？

9. 如何科学地评价供应链上的企业？

10. 如何理解供应链合作关系中的信息交流与知识共享机制？

11. 简述供应链合作关系的信任合作与冲突解决机制。

参考文献

[1] 马士华，林勇. 供应链管理[M]. 3版. 北京：中国人民大学出版社，2011.

[2] 姚建明. 战略供应链管理[M]. 3版. 北京：中国人民大学出版社，2014.

[3] Chopra S，Meindl P，陈荣秋. 供应链管理[M]. 3版. 北京：中国人民大学出版社，2013.

[4] 许淑君，马士华. 供应链企业间的战略伙伴关系研究[J]. 华中科技大学学报：自然科学版，2004，29(z1)：73-76.

[5] 李彬，季建华，孟翠翠. 基于降低供应中断风险的供应链管理研究[J]. 现代管理科学，2011(9)：5-7.

[6] 王丽杰，郑艳丽. 绿色供应链管理中对供应商激励机制的构建研究[J]. 管理世界，2014(8)：184-185.

[7] 徐贤浩，马士华. 物流与供应链管理导论[M]. 北京：清华大学出版社，2011.

[8] 李东贤. 现代物流管理[M]. 北京：清华大学出版社，2011.

[9] 刘小卉. 供应链管理[M]. 大连：大连理工大学出版社，2011.

[10] 王忠伟，庞燕. 供应链管理[M]. 北京：中国物资出版社，2009.

[11] 朱煜. 物流学概论[M]. 北京：机械工业出版社，2014.

[12] 王邦兆，梁卡丽. 基于熵的供应链合作伙伴风险评估与选择方法[J]. 技术经济与管理研究，2013(7)：27-31.

[13] 冯志玉. 供应链合作伙伴关系管理研究文献综述[J]. 合作经济与科技，2013(10)：44-46.

[14] 庞洋，韩飞. 供应链合作伙伴选择综合评价分析与AHP应用[J]. 牡丹江师范学院学报：哲学社会科学版，2015(6)：31-33.

[15] 李儒晶. 供应链合作伙伴间信任研究[J]. 物流技术装备版，2015(16)：189-192.

[16] 刘静. 供应链合作伙伴关系建立的研究[J]. 华章，2014(18)：60.

[17] 洪江涛，高亚翀. 供应链能力、知识传输与企业绩效关系的实证研究[J]. 科学学研究，2014，32(7)：1052-1059.

[18] 李健，史浩. 大数据背景下再制造闭环供应链竞争情报系统研究[J]. 图书情报工作，2014，58(2)：96-101.

[19] 沙振权，周飞，何美贤. 企业间关系嵌入对供应链合作绩效的影响机制[J]. 经济管理，2013(2)：87-95.

[20] 朱庆，张旭梅. 供应链企业间的知识共享机制研究[J]. 科技管理研究，2005，25(10)：69-71.

第 5 章

供应链管理绩效评价

5.1 供应链管理绩效评价概述

5.1.1 供应链管理绩效评价的内涵

1. 供应链管理绩效

所谓绩效,通常是指正在进行的某种活动或者已经结束的某种活动达到的效果,是指组织中个人(群体)特定时间内的可描述的工作行为和可衡量的工作结果,以及组织结合个人(群体)在过去工作中的素质和能力,指导其改进完善,从而预计该人(群体)在未来特定时间内所能取得的工作成效的总和。一般来说,供应链绩效是针对供应链目标而言的供应链整体运作情况,而供应链的运作情况又是由供应链上节点企业自身及企业间的合作实现的。因此,供应链绩效既包括节点企业的运作,又包括节点企业间的合作,以及最终实现的供应链整体的运作业绩和效果。

2. 供应链管理绩效评价

关于供应链管理绩效评价的定义较多,如国内学者姚芳等(2011)提出供应链管理绩效评价是以定量和定性分析方法为基础,构建供应链管理绩效评价指标体系,以符合供应链管理的目标。运用合适的统计学、运筹学等方法,对供应链在一定阶段内实施的效果进行评价。李长坤(2012)指出供应链绩效评价是指围绕供应链的目标,基于供应链的业务流程,对供应链整体、各实体运营状况以及各实体之间的协调关系等进行事前、事中、事后的分析评价。

所谓供应链管理绩效评价,是指以供应链管理目标完成情况为核心,运用定量与定性分析工具,对供应链管理实施的具体情况或者供应链管理的具体效果进行测量与评价。

3. 供应链管理绩效评价与企业管理绩效评价

所谓企业管理绩效评价,是指运用数理统计和运筹学原理,特定指标体系,对照统一的标准,按照一定的程序,通过定量定性对比分析,对企业的管理运营状况或经营绩效进行测量和评估。而现代企业的竞争方式逐渐伴随供应链管理的发展而改变,当前市场竞争已经从企业与企业之间个体的竞争转化为供应链与供应链之间的竞争。所谓供应链与供应链之间的竞争,强调的是供应链自身的核心竞争力,其评价的重点在处于供应链链条上的各个企业自身的竞争力和企业之间合作共享的情况,其评价指标是以供应链管理实施的效果为测量对象,强调供应链为一个整体。因此,对于供应链管理的绩效评价与企业自身的绩效评价侧重点并不相同。对于供应链绩效的评价指标来说,除了包括对企业自身的绩效评价指标外，还应包括该企业对整个供应链或其供应链中其他企业的影响程度的评价指标。对于企业自身绩效评价来说，其侧重点在于加强企业自身内部调整和内部的效率，缺乏企业与其他企业之间的合作与沟通评价，而供应链更多的是强调企业和合作伙伴之间的沟通协作。

5.1.2 供应链管理绩效的影响因素

总的来说，影响供应链绩效的因素包括企业内部影响因素与企业外部影响因素两个方面，如图 5-1 所示。

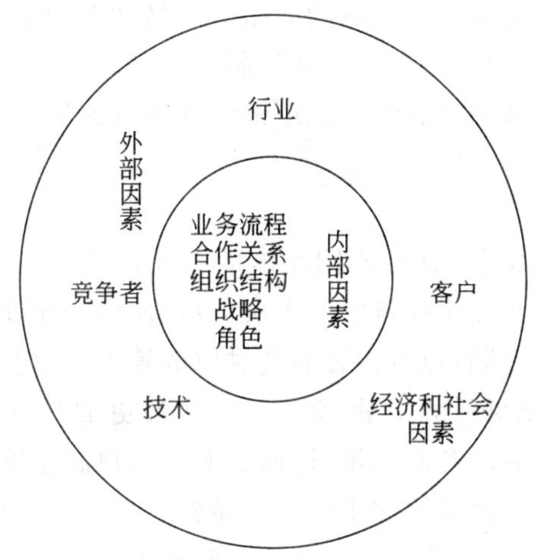

图 5-1　影响供应链绩效的内部与外部因素

1. 影响供应链绩效的内部因素

影响供应链绩效的内部因素有以下几个。

1）业务流程

由于供应链产品、服务、客户的差异性，导致其不同的供应链之间的业务流程上存在差异。制造型企业的运营可以分成分散采购集中制造和集中采购分散制造两种类型，这两种类型的制造型企业所处的供应链在业务流程设计上和企业运营模式上存在着很大的不同，这将直接影响到供应链管理的具体效果。

2）合作关系

处于供应链条上的各个企业之间的合作关系是直接影响供应链管理及供应链竞争能力的重要因素。供应链上的企业与企业之间的合作关系越紧密，它们之间的资源共享状况与信息交流状况就越好，良好的沟通与协作将会促进供应链管理绩效的提高与企业自身绩效的提高。与之相反的是，如果供应链上的企业与企业之间的合作较为松散，资源共享能力弱，企业自身的合作意识缺乏，信息沟通渠道闭塞，企业与企业之间就无法通过高效的协作达到提高企业间资源共享水平，节省企业运营与生产成本，从而降低供应链成木的目标，降低了供应链管理的绩效。

3）组织结构

如果将供应链流程分为采购/供应（S）、制造（M）、交付（D）几个环节，那么按照产品模块化水平和流程的延迟原则,供应链可分为四种类型:刚性型供应链的特点是纵向集成,它以满足库存为目标,追求的是大批量生产的规模经济;柔性型供应链则是通过大量的外包和外协运作,制造差别化组件,分散装配,满足客户个性化需求;模块型供应链中存在大量生产组件/部件的供应商,最终分销少量完工产品,这是最典型的供应链结构;延迟型供应链以大规模定制的思想满足客户个性化需求,追求的是范围经济。不同类型的供应链之间的组织结构存在较大差异,组织结构的差异将直接影响供应链管理的目标,从而影响其供应链管理战略的制定,进而影响供应链管理绩效。

4) 战略

供应链战略管理的实施就是将企业的战略方案转化为具体的行动,通过战略变革达到战略方案所要求的各项目标,进而达到全局制胜的动态过程,供应链管理绩效实际就是供应链战略实施的结果及效果,因此,对供应链管理绩效评价必须以供应链战略目标为最终标准。

5) 角色

供应链是由扮演不同角色、具有不同功能的企业组成的。这些企业由于其规模、业务、管理方式等存在区别,其在供应链中的主次关系、地位与作业也不尽相同,企业在供应链中所扮演角色的重要性不同,也直接影响其供应链管理绩效及其评价方法。例如,在一条供应链中,制造商对于原材料的质量、交货及时性等更加看重,因为原材料的质量和交货及时性直接影响到制造商的产品质量,进而影响到客户满意度;供应商其更加关注原材料的销量、购货周期等;而分销商更注重产品的品种、样式、批发价格、客户满意度等,而供应商又要通过制造商、分销商的相关调查才能了解到客户的相关信息。因此供应链中扮演不同角色的企业其对供应链管理绩效的影响也不同。

2. 影响供应链绩效的外部因素

影响供应链绩效的外部因素包括以下几点。

1) 行业

不同行业的供应链具有不同的特点,故其供应链的绩效管理重点也不同。例如,以分销商为核心企业的供应链与以制造商为核心企业的供应链,在供应链管理的侧重点和具体方法上会有所不同,所以其绩效管理的侧重点也有所不同。

2) 竞争者

在市场有限且客户的需求变化迅速的市场环境下,企业与企业之间的竞争变得愈发激烈,因此,企业时刻需要关注竞争对手的变化,包括其企业战略、技术、产品和生产流程、管理方式、人力资源、营销方式等各方面的变化。这些变化,将会直接影响到企业自身的战略、技术、产品和生产流程、管理方式、人力资源、营销方式等的改变,从而影响企业和企业所在的供应链绩效。现代企业的竞争,已经不是企业与企业之间的竞争,而是供应链与供应链之间的竞争,所以不仅要关注竞争对手,也要关注处于竞争地位的供应链的变化情况,从而直接影响到供应链绩效。

3) 技术

新的技术的产生,会直接影响到企业现有的生产水平和生产方式,甚至会引起替代产品的产生;新技术的产生,同样会引起信息技术的进步,可以帮助企业和供应链提高生产水平、提高沟通协调能力，进而提高供应链的竞争力。新技术的产生也会为企业和供应链带来新的挑战，如果处理不得当，就可能会对企业乃至整体供应链的生存造成威胁和阻碍。与此同时，新技术的产生，也会优化供应链管理绩效的评价方法与评价工具。

4）客户

满足客户需求是供应链上所有企业的最终目标，企业与供应链的一切改进都是围绕这个目标进行的，所以客户需求是供应链管理绩效的重要影响因素之一。客户不断出现的各种个性化需求，为企业和供应链带来了新的挑战，这给企业和供应链的生产周期、信息沟通、生产成本等带来了巨大的压力。供应链上的每一个环节、每一个企业，无论其在供应链中的地位与功能如何，其对于供应链提供的产品质量和服务质量都有直接影响，对客户的满意度也有直接影响。因此，客户需求的变化会直接影响到供应链管理绩效的变化。

5）经济和社会因素

经济、政治和文化等因素是影响企业、整个供应链、整个产业的重要约束因素。一个国家或地区经济发展和市场需求变化，必然影响企业以及供应链的产品供应和经营成本。政治和社会文化环境的变化对企业开拓产品市场、降低经营成本，以及与供应商和客户的伙伴关系产生影响，这将直接或间接地影响企业及其供应链绩效。

5.1.3　供应链绩效评价的原则

供应链绩效评价指标有其自身的特点，受到外部与内部因素的各种影响，在考虑各种影响因素的同时，为了建立能有效评价供应链绩效的指标体系，我们在衡量供应链的绩效时应当遵循一些原则。

1）重视供应链的整体性

首先，在评价的过程中强调供应链的整体绩效。根据系统论的观点，供应链上的每个企业可以看作整个供应链系统中的一个子系统，子系统之间相互关联。在衡量供应链绩效时，指标要能反映整条供应链的运营情况，而不仅仅是反映单个节点企业的运营情况。

2）重视供应链的业务流程

在衡量供应链绩效时，需要从企业供应链管理的业务流模型入手，着重就供应链运作的整体绩效的内外驱动力进行全面的分析，也就是要采用能反映供应链业务流程的绩效指标体系。

3）重视评价方法的及时性

在衡量供应链绩效时，应尽可能采用实时分析与评价的方法，因为能反映供应链实时运营的信息要比事后分析有价值得多。

4）重视企业与企业间的关系

在衡量供应链绩效时，要采用能反映供应商、制造商及用户之间关系的绩效评价指标。

5.2 供应链绩效评价的指标体系

我们在构建供应链绩效评价指标体系的过程中，除了考虑影响供应链绩效的内部因素、外部因素，还要遵循上一节提出的供应链绩效评价原则。同时由于构建过程中的出发点不同，国内外学者构建的供应链绩效评价指标各有不同。

目前已有一些关于供应链绩效评价指标体系的文献。如 Lummus 等提出了供应(可靠性、提前期)、转换(过程可靠性、加工时间、计划完成情况)、交运(完好订单完成率、补充提前期、运输天数)和需求管理(供应链总库存成本、总周转时间)等四类指标。Roger 认为顾客服务质量是评价供应链整体绩效的最重要手段，他从外在绩效、可靠性、响应速度、员工能力、服务态度、可信性、安全性、可接近性、沟通能力、理解顾客能力等几个方面进行评价。供应链研究的权威机构 PRTM(Pittiglio Rabin Todd & McGrath)提出了度量供应链绩效的 11 项指标：交货情况、订货满足情况、完美的订货满足情况、供应链响应时间、生产柔性、总物流管理成本、附加价值生产率、担保成本、现金流周转时间、供应周转的库存天数和资产周转率。霍佳震等从价值链角度构建了集成化供应链绩效整体评价体系。评价包括顾客价值评价和供应链价值评价两部分内容，分别从供应链的内部与外部对供应链整体绩效进行评价。

5.2.1 顾客价值评价

顾客价值评价有以下几个评价指标。

1. **柔性**

Slack 于 1987 年首次提出了供应链柔性的概念。他认为，供应链柔性是指供应链对顾客需求做出反应的能力。之后，一大批国外学者开始把供应链柔性作为评价供应链绩效的一项重要指标。Voudouri 是较早提出把柔性作为供应链绩效评价指标的一个学者，Beamon 在研究供应链的绩效评价时也认为柔性是指标体系中不可缺少的一个重要指标。马士华指出，供应链柔性对于需方而言，代表了对未来变化的预期；对于供方而言，它是对自身所能承受的需求波动的估计。柔性是指对环境变化的适应能力。环境的不确定性，是决定供应链要有柔性的一个重要因素。顾客唯一关心的就是企业或供应链是否能够在合适的时间、合适的地点、合适的价格将确切的数量、高质量的产品送到自己手中，即对产品的时间、地点、价格、数量、质量等方面有要求。因此对现有供应链评价的柔性可分为三种：产品柔性、时间柔性和数量柔性。产品柔性是指企业或供应链研发或引进新产品的能力或效率，通常以新产品数量和产品总量之间的比率表示；时间柔性反映了企业或供应链响应市场或顾客需求的速度；数量柔性主要是指不仅是环境，顾客的需求也在时刻发生变化，具有不确定性，企业或供应链要满足顾客的需求，就要对顾客需求数量拥有应变能力，该指标一般用企业或供应链能够获利的产品数量范围描述。

2. **可靠性**

该指标反映了供应链或者企业履行承诺的能力。顾客对于企业和供应链的信赖程度受到该指标的影响。可靠性与信赖度成正相关关系，其代表了客户对企业的满意度、忠诚度。具体来说，就是客户希望能够收到质量合格的产品，或者接受到令自己满意的服务。

3. 价格

价格和顾客的满意度之间有着无法割舍的关系，价格往往是吸引顾客的一个重要因素。为了吸引顾客，企业或供应链往往采取两种方式，一种是降低企业或供应链的产品的成本，从而直接降低价格，吸引顾客；另一种是通过促销的手段在短时间内通过压低产品价格来吸引顾客。

4. 质量

质量（包括产品质量和服务质量）是影响顾客满意度的重要因素之一，产品和服务是被交到顾客手中的最终产品，顾客对企业或供应链的印象直接由收到的产品或感受到的服务决定。常用的质量指标有产品标准、生产标准、售后服务、售前服务等。

5.2.2　供应链价值评价

如果说顾客价值评价评价的是供应链的外部绩效，那么供应链价值评价就是对供应链管理的内部绩效所进行的评价，有供应链投入、供应链产出和供应链财务评价三个二级指标（图 5-1）。

1. 供应链投入评价

有付出才有回报，有投入才有产出，要保持企业与供应链能够正常运行，则必须投入足够的资源。近年来，涌现出大量的文献研究资源对组织行为和企业绩效的影响。那么，如何正确策划集成化供应链的资源投入便是供应链投入评价的目标，从某种意义上讲，便是企业在供应链管理各个环节中由企业负担的成本。所以对供应链投入的策划其实是对供应链成本的测量，供应链的成本可以由人力成本、资产成本、信息成本和物流成本四部分成本组成。

人力成本管理的研究是人力资源管理领域的一个重要研究方向，是近年来国内外学者持续关注的一个热点和焦点问题。近年来，随着企业人力成本的持续上升，国内学者对人力成本管理的关注不断，研究领域涉及管理、会计与经济学三类学科，学者们的研究思路分别基于生命周期理论、基于战略管理和基于价值进行人力成本分析，并提出 PDCA 控制法、人力成本弹性控制法等具体策略。人力资源在各种资源中的地位变得越来越重要，其成本（或者称为投资）也有逐步上升的趋势。如上所述，人力成本的评价较为复杂。通过对前人学者关于人力成本类型的概述，人力成本可以按照投入与人力资源本身的关系分为：直接人力成本和间接人力成本。直接人力成本是指员工的直接收入，直接交到员工手中的那部分资源或资金，包括工资、奖金、津贴、福利等；间接人力成本是指获取人力资源所付出的成本，包括招聘费用、培训费用、赔偿费用等。

资产成本是指企业或供应链所拥有的财产。按照其流动性可以分成固定资产和流动资产两种。固定资产是指企业为生产产品、提供劳务、出租或者经营管理而持有的、使用时间超过 12 个月的，价值达到一定标准的非货币性资产，包括房屋、建筑物、机器、机械、运输工具以及其他与生产经营活动有关的设备、器具、工具等。固定资产是企业的劳动手段，也是企业赖以生产经营的主要资产。企业为了维持这一部分资产而进行的投入就是固定资产成本，这一部分投入一般费用高昂，占用企业大量的资金。流动资产是指企业可以在一年或者超过一年的一个营业周期内变现或者运用的资产，是企业资产中必不可少的组成部分，它的成本包括物料取得成本、制造费用及各种管理费用。

信息成本是指企业在管理过程中，为了降低决策结果的不确定性，收集、加工、储存、传递、利用信息中付出的代价，或由于信息不完全产生的决策损失和纠正支出。信息成本包括信息教育投入成本、信息的固定成本、信息的注意力购买成本、信息的获得成本几类。

物流成本，即供应链物流费用，指的是与特定企业在整个供应链运作过程中与物流作业相关的直接和间接的经济消耗或支出。对于这种物流费用的定义，根据物流费用发生层次划分，可以有三种形式的物流费，即微观层次的物流费（个别企业的物流费用和成本）；中观层次的物流费（包括特定产品水平层面的平均物流费及垂直层面的总物流费）；宏观层次的物流费（国民经济的物流费用支出）。根据物流费用的发生对象来划分，主要有社会物流费（全社会物流费用情况）、社会资本费（物流社会资本投资的资本成本）、企业物流费（作为商业成本的物流费）、物流业者的物流费（第三方物流费）、货主物流费（生产商、批发商、零售商的物流费）、企业别物流费（企业全体的物流费）及类别物流费（产品别、地域别、顾客群体别物流费）。

2. 供应链产出评价

所谓供应链产出评价，是指企业在供应链管理规划和实施阶段投入了各种资源，通过一系具体操作后所产生的对企业和供应链本身的实际效果或产出的成果。供应链的产出可以直接反映供应链管理的规划与实施的效果如何，供应链的战略选择是否合适，等等。所以供应链产出评价对供应链绩效管理有非常重要的意义。供应链产出指标可以分为效益型指标和非效益型指标两类。

效益型指标顾名思义，是指那些能够代表供应链的具体收益的以数量为测评单位的评价指标。例如供应链企业的总销售额、总利润、利润增长量等。

非效益型指标与效益型指标相比，其不同点在于其评价指标是指那些用于评价供应链效率的评价指标，对于供应链评价的长远发展有较大的意义，而效益型指标可以较为直接地反映供应链的收益状况。非效益型指标主要包括订单延迟率、订单提前率、缺货率等。

3. 供应链财务评价

关于企业的财务指标的相关研究一直受到国内外学者的广泛关注，从企业角度出发，财务指标是能够最为直接反映企业成长与发展状况的指标，它在一定程度上反映了企业在市场中的竞争力，是企业生存能力和发展能力的良好表现。传统的企业财务指标包括资产负债率、总资产周转率、不良资产比例、现金比率、营业活动收益质量、净资产收益率、成本费用利润率、总资产利润率、净利润增长率、主营业务收入增长率等。与企业财务评价指标不同，供应链是由多个企业组成的集合，简单地将企业的财务指标应用于供应链财务指标评价并不合适。有学者从供应链自身角度和股东角度出发对供应链财务进行评价。

从供应链角度出发，供应链的财务评价指标应当能够反映供应链整体的财务收益状况、资产运营状况和发展能力状况，具体的财务评价指标可以包括：总资产报酬率、总资产周转率和库存周转率、销售增长率和利润增长率，这里的各个指标是以供应链为统计单位进行的，而不是传统的以企业为单位。

从股东角度出发，反映的是供应链上股东所获得的利益，具体的评价指标包括选择净资产收益率和资本保值增值率。

表 5-1　供应链绩效评价指标

一级指标	二级指标	三级指标
顾客价值评价	柔性	产品柔性
		时间柔性
		数量柔性
	可靠性	
	价格	
	质量	生产标准
供应链价值评价	供应链投入评价	人力成本
		信息成本
		资产成本
		物流成本
	供应链产出评价	效益型指标
		非效益型指标
	供应链财务评价	供应链角度
		股东角度

5.3　供应链绩效评价的方法

目前国内外用于供应链管理绩效评价的方法主要包括：层次分析法、神经网络法、平衡计分卡、六西格玛度量法、供应链基准化法、供应链运作参考模型等，由于层次分析法和神经网络法在第 4 章供应链合作伙伴的选择的方法中介绍过，这里就不再赘述了。

5.3.1　平衡计分卡

Kaplan 和 Norton(1992)提出的“平衡计分卡”是来源于战略的各种衡量方法一体化的一种新的绩效评价框架。它与以往偏重财务方法衡量企业绩效不同，是一种以信息为基础的管理工具，分析哪些是完成企业使命的关键成功因素以及评价这些关键成功因素的项目，并不断检查、审核这一过程，以把握绩效评价确实是企业完成目标的关键方面。该方法从财务、客户、业务流程、创新与学习这四个各有侧重又相互影响的方面综合评价企业业绩。这四个方面使一种平衡得以建立——兼顾短期和长期目标、理想的结果和结果的驱动因素、硬的客观目标和软的主观目标，它可以科学地衡量企业包括客户关系、创新能力、质量水平、员工积极性、数据库和信息系统等在内的无形资产在创造持续的经济价值上所起的作用。因此，平衡计分卡不仅是一种新的企业绩效衡量工具，更是一种以系统性的过程来实施企业战略和获得与其有关的反馈的管理系统。

平衡计分卡的设计包括四个方面：财务角度、顾客角度、内部经营流程、学习和成长。这几个角度分别代表企业三个主要的利益相关者：股东、顾客、员工，每个角度的重要性取决于角度的本身和指标的选择是否与公司战略相一致，如图 5-2 所示。

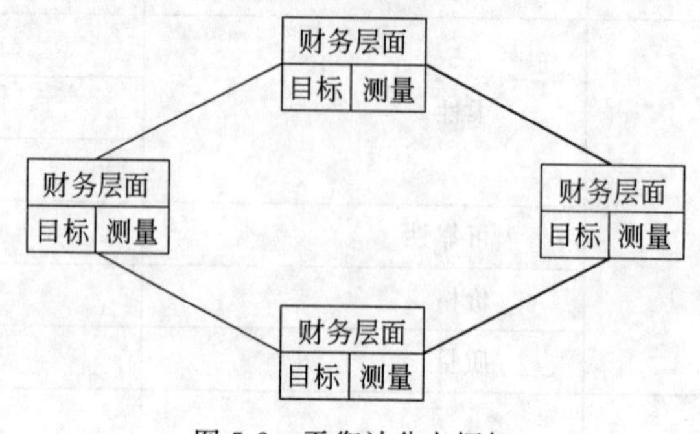

图 5-2　平衡计分卡框架

其中每一个方面，都有其核心内容。

1. 财务层面

财务业绩指标可以显示企业的战略及其实施和执行是否对提高企业盈利做出贡献。财务目标通常与获利能力有关，其衡量指标有营业收入、资本报酬率、经济增加值等，也可能是销售额的迅速提高或创造现金流量。

2. 客户层面

在平衡计分卡的客户层面，管理者确立了其业务单位将竞争的客户和市场，以及业务单位在这些目标客户和市场中的衡量指标。客户层面指标通常包括客户满意度、客户保持率、客户获得率、客户盈利率，以及在目标市场中所占的份额。客户层面使业务单位的管理者能够阐明客户和市场战略，从而创造出色的财务回报。

3. 内部经营流程层面

在这一层面上，管理者要确认组织擅长的关键的内部流程，这些流程帮助业务单位提供价值主张，以吸引和留住目标细分市场的客户，并满足股东对卓越财务回报的期望。

4. 学习与成长层面

它确立了企业要创造长期的成长和改善就必须建立的基础框架，确立了未来成功的关键因素。平衡计分卡的前三个层面一般会揭示企业的实际能力与实现突破性业绩所必需的能力之间的差距，为了弥补这个差距，企业必须投资于员工技术的再造、组织程序和日常工作的理顺，这些都是平衡计分卡学习与成长层面追求的目标，如员工满意度、员工保持率、员工培训和技能等，以及这些指标的驱动因素。

5.3.2 六西格玛度量法

六西格玛(Six Sigma，6 Sigma)是一种管理策略，它是由摩托罗拉提出的。这种策略主要强调制订极高的目标、收集数据以及分析结果，通过这些来减少产品和服务的缺陷。

六西格玛背后的原理就是如果你检测到你的项目中有缺陷,你就可以找出如何系统地减少缺陷,使你的项目尽量完美的方法。六西格玛包括两个过程:六西格玛 DMAIC 和六西格玛 DMADV,它们是整个过程中两个主要的步骤。六西格玛 DMAIC 是对当前低于六西格玛规格的项目进行定义、度量、分析、改善以及控制的过程。六西格玛 DMADV 则是对试图达到六西格玛质量的新产品或项目进行定义、度量、分析、设计和验证的过程。所有的六西格玛项目是由六西格玛绿带或六西格玛黑带执行的,然后由摩托罗拉创建的六西格玛黑带大师监督。

Lie-ChienLin 等认为供应链管理绩效评价应该有一个综合的框架,可采用六西格玛度量,包括三个部分:组织结构测量,供应链过程测量和产出测量。这种方法提供了一个更完善的绩效评价体系,并且具有很高的可行性。运用这种综合框架来评价,整个供应链和供应链上的成员将会以更有效的方式来提升其绩效。

5.3.3 供应链基准化法

在大部分市场中深层次的竞争导致绩效评价的重点不局限于绝对值,企业还需要衡量与竞争对手的相对值,并努力成为最佳。供应链基准化正是在这种情况下产生的,它分为横向基准和纵向基准。横向基准,即一个企业的绩效与其他企业相比,有助于企业认清自身的优劣势,并评价它的供应链能力。而纵向基准则是对当前状况与设定的目标之间的差距的评价。为了全面有效地衡量供应链绩效应将这两种方法结合起来应用。

具体步骤如下:①确定主要的供应链成功因素,确定供应链中每个独立环节中的关键性因素,并确定它们的战略发展贡献和经营改进潜力;②在本行业中选择基准企业,即本行业中最佳企业。企业在选择基准对象时不要局限于主要的竞争对手,还要考虑未来具有竞争威胁的潜在竞争者;③找出其他行业中的最佳领导企业,并与之比较以发现企业所在的供应链流程中的不足,从而在企业内部产生一种赶超领导企业的主动性;④纵向基准,推断供应链流程未来的发展前景。企业通过与自己能实现的目标比较对自身进行评价,而不是只看竞争对手做了什么,以此为基础来分析企业及其所在的供应链运营状况。

5.3.4 供应链运作参考模型

供应链运作参考模型(supply-chain operations reference-model,SCOR)是由供应链委员会(Supply Chain Council,SCC)开发支持的适合于不同工业领域的供应链运作参考模型。1996 年春,美国波士顿两家咨询公司 Pittigho Rabin Todd & McGrath(PRTM)和 AMR Research(AMR)为了帮助企业更好地实施有效的供应链,实现从功能管理到流程管理的转变,牵头成立了供应链委员会,并于当年年底发布了供应链运作参考模型 SCOR。

SCOR 是第一个标准的供应链流程参考模型,是供应链的诊断工具,它涵盖了所有行业。SCOR 使企业间能够准确地交流供应链问题,客观地评测其绩效,确定绩效改进的目标。流程参考模型通常包括一整套流程定义、测量指标和比较基准,以帮助企业开发流程改进的策略。SCOR 不是第一个流程参考模型，却是第一个标准的供应链参考模型。SCOR 模型主要由四个部分组成，供应链管理流程的一般定义、对应于流程绩效的指标基准、供应链"最佳实践"的描述以及选择供应链软件产品的信息。

1. SCOR 的主要架构

流程参考模型将企业流程重组、标准化和流程测评的概念结合成一个交叉功能的框架。它主要包括：①管理流程的标准化描述；②标准流程间的关系框架；③流程绩效评价的标准；④创造最优绩效的管理实践；⑤对于特征和功能的标准化整合。

SCOR 将供应链定义为：从供应商的供应商到顾客的顾客，集成了计划、资源、制造、配送和反向物流的流程，包括经营战略、物料、工作流和信息流。通过定义普遍的供应链管理流程，并且配以最优的实践、基准绩效数据和优化软件应用程序，SCOR 模型为制造业提供了一套强有力的提高供应链绩效的工具。

2. SCOR 的流程

SCOR 将供应链分解为五个流程：计划、物料获取、制造、交付和反向物流。

(1) 计划(plan)。平衡需求和供应，制订一系列行动方案以更好地为其余四个流程服务。

(2) 物料获取(source)。按计划或需求进行获取物料和需要的服务。

(3) 制造(make)。按库存制造、按订单制造、按订单设计的生产实施。

(4) 交付(dellver)。为库存生产、按订单制造和按订单定制的产品进行订单、仓库、运输和装配的管理。

(5) 反向物流(reverse logistics)。该流程与任何原因的退货和交付后的客户支持相联系，包括将原材料返回给供应商和顾客的退货。返回的产品则包括次品、MRO 产品和多余产品。

3. SCOR 模型的层次

SCOR 模型的第一层描述了五个基本流程：计划、物料获取、制造、交付和反向物流。它定义了供应链运作参考模型的范围和内容，并确定了企业竞争性能目标的基础，是企业建立竞争目标的关键。

SCOR 模型的第二层是配置层，由可能构成供应链的 30 个核心流程范畴组成。企业可选用该层中定义的标准流程单元构建他们的供应链。每一种产品或产品型号都可以有它自己的供应链。

SCOR 模型的第三层是流程分解层，它给出第二层每个流程分类中流程元素的细节，为企业提供成功计划和设定其改进供应链的目标所需的信息。第三层以下还可能有第四层或者更多层次，这些层次都是实施层，它们不属于 SCOR 模型的范畴。因为当企业提出特殊供应链改进要求时，每一个企业在第四层的具体定义都是根据企业自身情况确定的，具有特殊性，所以没有在行业标准模式中定义特殊元素的可能和必要。在实施层中，各个企业根据自身供应链管理的实际将第三层中分解出的流程元素进行再分解，从而获得竞争优势并适应商业流程的变化。

5.4　供应链的标杆管理

5.4.1　标杆管理的概念

标杆管理于 20 世纪 70 年代由施乐公司首创，后经美国生产力与质量中心系统化和规范化。标杆管理的基本环节是以最强的竞争企业或那些行业中领先和最有名望的企业在产品、服务或流程方面的绩效及实践措施为基准，梳理学习和追赶的目标，通过资料收集、比较分析、跟踪学习、重新设计并付诸实施等一系列规范化的程序，将本企业的实际状况与这些基准进行定量化评价和比较，分析这些基准企业达到优秀绩效水平的原因，并在此基础上选取改进本企业绩效的最佳策略，争取赶上和超过对手。一般地说，标杆法除要求测量相对优秀企业的绩效外，还要发现它们是如何取得这些成就的，然后利用这些信息作为制定企业绩效目标、战略和行动计划的基准。这里的优秀企业并不局限于同行业中的佼佼者，也可以是在各种业务流程中取得出色成绩的企业，可以是竞争对手，也可以是非竞争对手。

5.4.2　标杆管理的作用

标杆管理具有以下作用。

(1) 标杆管理可以用来评估企业绩效。标杆管理在发现和辨识行业领先企业的同时，可以明确自身在行业或供应链中所处的地位、发现自身的管理现状，从而提出自身改进的建议，并为企业今后的发展战略的制定提供参考。

(2) 标杆管理可以节省企业开支。有研究表明，标杆管理可以帮助企业节省 30%～40%的开支，可以帮助企业时刻监督企业的投入和产出现状。

(3) 标杆管理可以提高企业绩效。标杆管理通过不同的设定目标，为企业设定明确的改进目标可以提高企业的管理水平，提高企业的经营绩效。

5.4.3　标杆管理的种类

关于标杆管理的分类依据不同的标准国内外学者持有不同观点，总体来说包含以下几类：

1. 内部管理标杆管理

所谓内部管理标杆管理，就是以企业内部的各个部门为标杆，以企业内部操作为基准的标杆管理。内部管理层次的标杆管理对企业来说是最为简易的一种标杆管理方法。辨识内部绩效标杆的标准，即确立内部标杆管理的主要目标，可以做到企业内信息共享。在企业某一部门探索企业内部标杆管理的最佳流程及实践经验，然后推广到组织的其他部门，不失为企业绩效提高最便捷的方法之一。内部管理标杆管理实施的目的，就是发现企业内部各个部门的执行状况，从而寻找企业的优势业务进而发现企业自身的核心竞争力。

2. 外部竞争对手标杆管理

所谓外部竞争对手标杆管理，与内部管理标杆管理相比，内部管理标杆管理的基准是企业内部的各个部门，而外部竞争对手标杆管理的标杆基准是企业外部的所有竞争对手。通过寻找竞争对手中的优秀标杆，对其在企业内部管理、营销方式、研发流程等各个方面进行分析，寻找值得企业模仿和学习的对手，外部竞争对手标杆管理对企业来说困难较大，最核心的问题就是外部竞争对手的商业信息特别是其内部信息获取难度很大。

3. 外部职能标杆管理

所谓外部职能标杆管理，与外部竞争对手标杆管理相比，其选取的标杆基准范围更广，选取的标杆企业可以是供应链或者行业中在某一项职能上处于领先水平的企业，以其优秀职能作为企业的标杆进行模仿和学习，该种标杆管理与外部竞争对手标杆管理相比难度较低，原因是一般选取的企业与企业本身并不存在直接的竞争关系，甚至可以通过建立长期的合作关系达到共赢的局面，因此对于该类型企业的信息获取难度较低，合作的可能性也较大。

4. 流程标杆管理

流程标杆管理是以最佳工作流程为基准进行的标杆管理。通过对某一过程的比较，发现领先企业赖以取得优秀绩效的关键因素，诸如在某个领域内独特的运行过程、管理方法和诀窍等，通过学习模仿、改进融合使企业在该领域赶上或超过竞争对手的标杆管理。

5.4.4 标杆管理的规划与实施

1. 标杆管理的规划

标杆管理规划阶段的主要工作包括成立标杆管理小组、确定标杆管理的内容，选择基准企业，建立企业竞争力评价指标体系，并收集相关的情报信息等内容。

2. 实施标杆法的步骤

(1) 明确内容。标杆管理的第一步就是需要企业认清自身，即企业自身的目标是什么，主要任务什么，也就是标杆管理的目标。在了解了企业自身的主要任务后，再对其进行分解，从而明确标杆管理的主要内容。

(2) 标杆选择。对于标杆企业或流程的选择有两个需要遵循的原则：①被选择为标杆的企业应当具有行业领先的管理水平，在经营业绩上或者财务指标上领先于行业中的其他企业；②除了满足第一个标准以外，所选择的标杆企业还要与企业自身在某些方面具有相似性，这样标杆企业才有被学习和模仿的价值。

(3) 收集数据。这里收集的数据就是来源于标杆企业的数据。对标杆企业数据的收集是标杆管理中的核心环节，数据的内容和质量直接影响到标杆管理的成效。在数据收集过程中必须明确收集数据的类型与程度，确定优秀可靠的信息源，标杆企业的信息不一定非要从其企业内部获取，也可以通过各种公开披露的信息或者行业协会等第三方机构获取，同时在收集数据的过程中也要确定数据收集的途径，例如网络检索、实地调研、消费者调研等。

(4) 分析数据。在收集到足够而有效的数据之后，首先要对收集到的数据进行处理，包括对所收集的数据的鉴别、分类、整理、计算、排序等，从而将收集到的数据处理成便于分析的格式；之后要对收集到的数据进行全面而深入的分析，可以利用各种定性或定量的分析工具，从而发现数据内部深藏的含义。

(5) 目标指定。在数据分析过程之后，要确定标杆企业中企业自身可以学习的目标，同时明确追赶该目标的具体方法、措施等。

(6) 目标改进。将已得到的数据和既定目标于公司内部通报，发动企业员工共同讨论标杆管理的具体内容，进行改进。

(7) 方案确定。确定企业标杆管理的计划、具体实施步骤、主要内容、既定目标等。

(8) 方案实施。即对企业标杆管理的计划进行落实，标杆管理项目的进行需要企业领导和员工的积极参与及配合，应由专人负责或聘请专家指导。

5.4.5　标杆管理在供应链管理中的应用

标杆管理通常应用于企业管理，如果能够将标杆管理成功应用于供应链管理和绩效评价中，就可以帮助供应链降低成本，提高运作效率，从而提高供应链的核心竞争力。标杆管理于供应链管理的应用，就是要将标杆法管理的思想和工作方法贯穿于从供应商、制造商、分销商、第三方物流到最终用户的整个供应链过程。通过标杆管理的实施步骤可以发现，数据收集是标杆管理是否成功的一个详细而准确收集数据的能力，是标杆实施成功的关键因素之一，而对供应链的数据收集，其前提就是能否正确地识别供应链流程。识别供应链流程需要对供应链上扮演各个角色的企业有更加深入的了解，供应商与制造商之间，制造商与分销商之间，分销商与零售商之间，通过何种方式进行信息交流、资源共享，其在资源共享和信息交流的过程中，如何提高企业自身的运营绩效，作为企业自身所处的供应链，应当如何学习标杆供应链的管理能力、资源整合能力，是标杆管理应用于供应链管理的重点。

5.4.6　标杆管理的相关案例

在美国学习日本的运动中，美国的施乐公司首先开辟了后来被他们命名为标杆管理的管理方式。经过长期的实践，施乐公司将标杆管理定义为：一个将产品、服务和实践与最强大的竞争对手或是行业领导者相比较的持续流程。其核心就是以行业最高标准或是以最大竞争对手的标准作为目标来改进自己的产品(包括服务)和工艺流程。

从 20 世纪 70 年代后期开始，一直保持着世界复印机市场垄断地位的施乐公司遇到了全方位挑战。佳能、NEC 等公司以施乐的成本价销售产品且能够获利，产品开发周期、开发人员也分别比施乐短或少 50%，施乐的市场份额从 82%直线下降到 35%。面对竞争威胁，施乐公司最先发起向日本企业学习的运动，展开了广泛、深入的标杆管理。通过全方位的集中分析比较，施乐弄清了这些公司的运作机理，找出了与佳能等主要对手的差距，全面调整了经营战略、战术，以对手的最高标准改进了业务流程，很快收到了成效，把失去的市场份额重新夺了回来。

自从施乐公司利用标杆管理的方法获得了巨大成功后，标杆管理的方法就不胫而走，为越来越多的公司，尤其是美国公司所采用。标杆管理是一种能引发新观点、激起创新的管理工具，它对大公司及小企业都同样有用。埃克森美孚石油公司就是通过一个五年标杆管理的计划，在 2000 年实现了全年 2 320 亿美元的销售额。

1992 年年初，美孚石油进行了一项涉及与自己的服务站有关的 4 000 位顾客的服务质量调查。结果让美孚公司大为震惊：仅有 20%的被调查者认为价格是最重要的，其余的 80%想要三件同样的东西：能提供帮助的友好员工、快捷的服务和对他们的消费忠诚予以认可。而在这几方面，美孚的现状与顾客的要求之间差距还很大。调查结果使公司上层痛下决心，要让美孚公司来一个大变样。

美孚组织了专业人员下到自己遍布全美的 8 000 个加油站进行考察，开始考虑如何进行改造。讨论的结果一致认为应该实施标杆管理。为此，公司组建了由不同部门人员组成的三个团队，分别以速度(经营)、微笑(客户服务)、安抚(顾客忠诚度)命名，以通过对最佳实践进行研究作为公司的标杆，努力使客户体会到加油也是愉快的。

速度小组找到了 Penske，它在 Indy 500 比赛中以快捷方便的加油站服务而闻名。速度小组仔细观察了 Penske 如何为通过快速通道的赛车加油：这个团队人员身着统一的制服，分工细致，配合默契。速度小组还了解到，Penske 的成功部分归功于电子头套耳机的使用，它使每个小组成员能及时地与同事联系。

微笑小组考察了丽嘉-卡尔顿宾馆的各个服务环节，以找出该饭店是如何获得不寻常的顾客满意度的。结果发现卡尔顿的员工都深深地铭记：自己的使命就是照顾客人，使客人舒适。微笑小组认为，美孚同样可以通过各种培训，建立员工导向的价值观，来实现自己的目标。

安抚小组到“家居仓储”去考察该店为何有如此多的回头客。在这里他们了解到：公司中最重要的人是直接与客户打交道的人。没有致力于工作的员工，就不可能得到终身客户。这意味着企业要把时间和精力投入到如何招聘与训练员工上。而在美孚公司，那些销售公司产品、与客户打交道的一线员工传统上被认为是公司里最无足轻重的人。

安抚小组的调查改变了公司的观念，使领导者认为自己的角色就是支持一线员工，让他们把出色的服务和微笑传递给客户，传递到公司以外。在此基础上，美孚形成了新的加油站概念——“友好服务”。美孚在佛罗里达的 80 个服务站开展了这一试验。“友好服务”与其传统的服务模式大不相同。希望得到全方位服务的顾客，一到加油站，迎接他的就是服务员真诚的微笑与问候。所有服务员都穿着整洁的制服，配有电子头套耳机，以便能及时地将顾客的需求传递到便利店的出纳那里。希望得到快速服务的顾客可以开进站外的特设通道中，只需要几分钟，就可以完成洗车和收费的全部流程。“友好服务”的初期回报是令人振奋的，加油站的平均年收入增长了 10%。1997 年，“友好服务”扩展到公司所有的 8 000 个服务站。

弗莱克斯特罗尼克斯的供应链绩效控制

电子制造服务(EMS)提供商弗莱克斯特罗尼克斯国际公司两年前便面临着一个既充满机遇又充满挑战的市场环境。惠普、3COM、诺基亚等高科技原始设备制造商(OEM)出现的外包趋势，来自电子制造服务业的订单却在减少，同时，弗莱克斯特罗尼克斯受到来自制造成本和直接材料成本大幅度缩减的压力。弗莱克斯特罗尼克斯公司面临的境况不是罕见的。事实上,许多其他行业的公司都在它们的供应链中面临着同样的问题。很多岌岌可危的问题存在于供应链的方方面面——采购、制造、分销、物流、设计、融资等。供应链绩效控制变得日益重要。

控制绩效的两种传统的方法是指标项目和平衡计分卡。在指标项目中,功能性组织和工作小组建立并跟踪那些被认为是与度量绩效最相关的指标。不幸的是,指标项目这种方法存在很大的局限性。为了克服某些局限性,许多公司采取了平衡计分卡项目。虽然概念上具有强制性,绝大多数平衡计分卡作为静态管理"操作面板"实施,不能驱动行为或绩效的改进。弗莱克斯特罗尼克斯也被供应链绩效控制的缺陷苦苦折磨着。

弗莱克斯特罗尼克斯使用了供应链绩效管理的方法,采取行动更换供应商、缩减过度成本、利用谈判的力量。绩效管理的方法包括实施基于 Web 的软件系统加速供应链绩效管理的周期。弗莱克斯特罗尼克斯在 8 个月的"实施存活期"中节约了几百亿美元,最终在第一年产生了巨大的投资回报。供应链绩效管理周期使弗莱克斯特罗尼克斯获得这样的结果。

弗莱克斯特罗尼克斯公司认为,定义关键绩效指标、异常条件和当环境发生变化时更新这些定义的能力是任何供应链绩效管理系统令人满意的一大特征。一旦异常情况被确认,使用者需要知道潜在的根本原因,可采取的行动选择路线,以及这种可选择行为的影响。以正确的行动对异常的绩效做出快速的响应是必要的。但是,响应一旦确定,只有无缝地、及时地实施这些响应,公司才能取得绩效的提高。这些响应应该是备有文件证明的,系统根据数据和信息发生以及异常绩效的解决不断地做出更新、调整。响应性行动导致了对异常、企业规则、业务流程的重新定义。因此,周期中连续地确认和更新流程是必要的。

弗莱克斯特罗尼克斯管理人员随后使用系统了解问题和选择方案。他们评价异常情况并且决定是否重新谈判价格,考虑备选资源或者调整基于业务需求的不一致。同样,采购经理分析市场状况、计算费用,然后通过商品和卖主区分成本解决的优先次序。在供应链绩效管理周期开始之前或者周期进行中,弗莱克斯特罗尼克斯确认数据、流程和行动的有效性。当实施它们的绩效系统时,弗莱克斯特罗尼克斯建立指标和界限,并且也保证数据的质量和合时性。使用绩效管理系统,弗莱克斯特罗尼克斯已经能通过资本化各种机会节约成本并获得竞争优势。

思考题:

结合案例分析弗莱克斯特罗尼克斯实施供应链绩效管理带给其他公司的启示。

习　　题

1. 供应链绩效评价与企业绩效评价有什么不同?
2. 供应链运作参考模型的流程是什么?
3. 列举五个供应链绩效评价的常用方法。
4. 供应链标杆管理有哪些种类?
5. 案例中弗莱克斯特罗尼克斯国际公司使用了哪种供应链绩效评价方法?该方法

对该公司的成长有何意义？

参考文献

[1] 曹翠珍.供应链管理[M].北京：北京大学出版社，2010：316-317.

[2] 姚芳等.基于增强型BSC的绿色供应链管理绩效评[J].大众科技，2011(7)：270-273.

[3] 李长坤.基于平衡计分卡的敏捷供应链绩效评价体系研究[J].物流科技，2012(2)：105-108.

[4] 李书娟.供应链管理绩效评价研究[J].价值工程，2005(12)：48-50.

[5] 徐贤浩，马士华，陈荣秋.供应链绩效评价特点及其指标体系研究[J].华中理工大学学报(社会科学版)，2000(2)：69-72.

[6] Lummus P R, Vokurka R J, Alber K L. Strategic supply chain planning[J]. Production and Inventory Managementy Journal, 1998(3)：49-58.

[7] 霍佳震，隋明刚，刘仲英.集成化供应链整体绩效评价体系构建[J].同济大学学报，2002，30(4)：495-499.

[8] 季睿，高世葵.人力成本管理的国内研究述评[J].中国人口资源与环境，2011，21(3)：20-23.

[9] 符刚，刘春华，林万祥.信息成本：国内外研究现状及述评[J].情报杂志，2007(11)：83-86.

[10] 朱珍.信息成本及其现实意义[J].现代情报，2003(5).

[11] 宋华.基于供应链流程的物流成本核算与管理[J].中国人民大学学报，2005(3)：115-120.

[12] 宋香暖.层次分析法在集成供应链整体绩效评价中的应用[J].天津商业大学学报，2008(2)：27-32.

[13] 叶春明，马慧民，李丹，柳毅.BP神经网络在供应链管理绩效指标评价中的应用研究[J].工业工程与管理，2005(5)：35-43.

[14] Lie-ChienLin, Tzu-SuLi. An Integrated Framework for Supply Chain Performance Measurement Using Six-Sigma Metrics[J]. Software Qual, 2010(18)：387-406.

[15] 毛会芳，邹辉霞.基于供应链管理的绩效评价研究[J].科技与管理，2004(4)：69-72.

[16] 减艳，方敏，方旭异.供应链运作参考模型(SCOR)评析[J].现代管理科学，2002(9)：13-14.

[17] 冯俊文.现代企业标杆管理[J].科学学与科学技术管理，2001(5)：61-64.

[18] 施良星.标杆管理的内容与应用[J].现代情报，2006(3)：182-184.

第 6 章

城市物流与国际物流

6.1 城市物流概述

6.1.1 城市物流对城市经济的影响

城市物流支撑着城市日常经济活动的正常运行。在第一、第二利润源相继枯竭的21世纪，作为第三利润源的物流对城市经济的积极影响作用不言而喻。在节约交易成本、扩大就业、优化产业结构、促进城市产业布局等方面，城市物流都发挥着积极的作用。

1. 节约交易成本，提高经济运作效率

城市物流与经济的匹配发展，对节约交易成本的促进作用尤其大。对交易过程和交易主体行为两方面的考察，可见证现代物流对节约交易成本的积极作用。首先，在商品交易过程中，物流业与互联网、大数据、云计算、物联网等新兴信息技术相结合，减少了人工，提高了服务水平，节约了时间，从而降低了相关交易费用。其次，从交易主体行为看，现代物流业发展导致了供应链体系和供应网络体系的兴起，其中核心企业和各节点企业之间的关系不仅是相互协调、互利互惠，更是一个“组织学习”的过程，减少了交易主体之间产生的交易费用。供需双方交易成本的降低，最终反映在产品价格上，使商品具有低价格优势，从而使区域经济核心竞争力得到提升。

2. 扩大就业

物流业作为第三产业，从服务行业的特点和发展史来看，是一个有助于社会扩大就业的行业。随着城市物流业的繁荣，其吸纳高、中、低等人力劳动力的数量越多，扩大就业的能力也就越强。

3. 成为新区域城市经济增长点

对于枢纽型城市，政府可以把物流业定位为主导产业。因为合理的物流产业规划有利于当地扮演交通枢纽的角色，它能作为区域经济的一个切入点。而物流业的高关联性和高辅助性，带动了相关产业的兴旺，从而形成一个新的经济增长点。

4. 影响城市的产业布局

城市各产业的分布情况会受到物流业发展状况的影响。若物流产业在城市经济中占有重要地位，其产业带动性作用就能得以充分发挥。供应链上的企业会伴随物流的线路而分布在城市的不同位置，以降低物流成本，便于原材料、货品的输送，进而改善城市不合理的产业布局。

6.1.2 城市物流的概念及特点

1. 城市物流的概念

城市物流(urban logistics)是指为城市服务的物流,它服务于城市经济发展的需要,指物品在城市内部的实体流动、城市与外部区域的货物集散以及城市废弃物清理的过程,并存在不同的模式、体系和形态,与其他形式的物流有一定区别。

(1) 从范围上来看,城市物流有一个清晰的界限,其目的是为城市经济和市民生活服务,是为了使城市的功能得以正常发挥,而对物品进行的各种服务性工作。

(2) 从对象上来看,城市物流所研究的是整个城市物流节点的数量和类型,以及节点分布,城市交通网络的优化及其与物流节点的衔接,并使物流能够适应城市的功能和发展趋势。

(3) 从性质上来看,城市物流不是一种纯营利性的活动。城市物流有不同的参与者,包括货主和运输者、居民和管理部门。不同的参与身份有不同的目的,其中前两者的目的是要降低货物运输配送的成本,加快运输配送的速度,提高效率;而后者的目的是缓解城市内部的交通拥挤,降低城市的环境污染和能源消耗,营造良好的城市生活环境。

2. 城市物流的特点

城市物流顾名思义是城市中的物流,离不开"城市"这个概念,因此城市物流具备与城市活动相关的若干特点。

(1) 物流活动频繁、信息量较大。城市作为社会经济活动的中心,其经济运行的速度要比区域经济的运行速度快,生产、生活活动频繁,物流活动支持着生产中原材料及产品的运输,必然导致城市物流活动的频繁性。同时城市物流信息规模较大,变动频繁,覆盖面广,信息节点多,网络复杂。

(2) 运输距离短、主要为公路运输。相对于区域物流来说,城市物流的运送距离较短,主要为公路运输,部分涉及管道和内河运输,基本不涉及航空、铁路和远洋运输。运输方式以直线、零担、联合及中转运输为主。运输特点是小批量、多品种、高效率、近距离。

(3) 物流节点多、运送批量小、品种多、频率高。城市物流有很大一部分是为最终消费者服务的,而用户的需求越来越趋向个性化,消费品种多、数量少、频率高,以及分布密度的不同,使城市物流具有节点多、运输批量小和频率高的特点。

(4) 受城市规划与各种管制的制约较多。城市建设与规划对城市物流有很多的限制,这主要表现在两个方面:一是在仓储设施上,很多城市的发展规划都对其位置做了相应的限制;二是交通运输方面,很多城市都制定了相应的管制条例,如大型车辆的通行时间等。

6.1.3 城市物流系统的构成

城市物流系统是指在一定的时间和空间范围内,由城市物流企业、物流工作者、物流设施、物流对象和物流信息等要素构成的具有组织城市物流功能的有机整体。有效的城市物流系统应充分体现城市内各部门、各企业、生产与消费、供应与需求的关系,并通过城市物流活动将它们合理地、有效地、经济地联系起来。

从城市物流所需要的物质要素来看，城市物流系统可分为物流基础设施和物流信息系统两个部分。其中物流基础设施主要由道路、物流设施与网点、物流设备与工具构成。城市物流构成要素如图 6-1 所示。

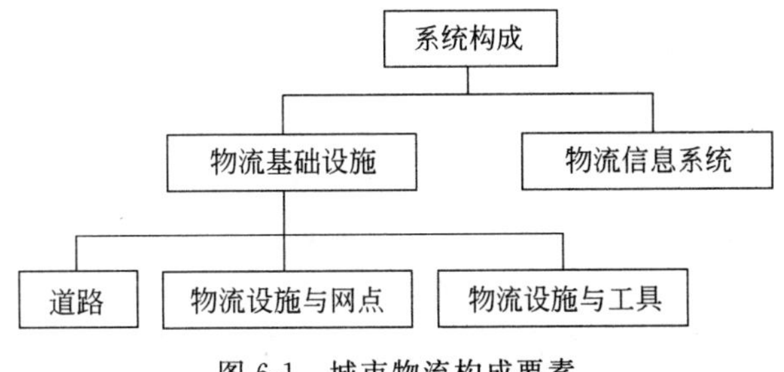

图 6-1　城市物流构成要素

道路是城市物流系统最基本的物质需求，这里的道路指货物通行的道路，包括为满足现代流通业的要求，城市内部允许配送车辆通行以及停靠的道路，以及连接主要物流节点和外部货运基础设施的货运道路系统。

物流设施与网点包括物流园区、物流中心、配送中心、物流基地、仓库、车站、港口、货场等。物流设施是物流系统运行的物质基础，在城市物流中，最重要的是城市物流设施与网点的空间布局问题。

物流设备与工具主要指运输、存储和装卸设备与工具，主要包括运输车辆、集装箱和托盘。从城市物流整体优化的角度看，最重要的是限制货运车尾气排放、噪声等问题，以及实现集装箱和托盘的标准化，尤其是配送车辆选型。

物流信息系统主要指与城市物流系统运行密切相关的各种信息系统，如道路交通信息系统、车辆供求与物流供求信息系统、车辆或货物跟踪系统、车辆自动识别系统、卫星定位系统、数字化地图等。城市物流信息系统对城市物流系统整体优化目标的实现是相当关键的。现代物流强调货物流和信息流的同步流动，即信息是现代物流管理的灵魂。具体来说，物流信息平台由公用信息平台和行业信息中心、企业信息中心、现场子系统、运载工具子系统各专项子系统构成。

6.1.4　中国城市物流的发展

从“十一五”规划到“十二五”规划，伴随着我国经济体制的改革，物流业也得到了迅速的发展。大力发展现代物流业，对于优化发展环境、带动产业升级、降低流通成本、普遍提高经济运行的质量和效益、增强城市综合服务保障能力，具有十分重要的意义。

1. “十二五”期间中国物流行业的发展

2015 年是“十二五”规划的收官之年。回望过去的五年，我国经济进入新常态，经济增速放缓，结构调整加快，发展动能转换。在下行压力不断加大的情况下，物流业保持了中高速增长。2015 年，我国社会物流总额达 220 万亿元，“十二五”时期年均增长 8.7%；社会物流总费用与 GDP 的比率约为 15%，比 2010 年的 17.8%有较大幅度下降。这里需要说明的是，其中有公路货运量、货物周转量、GDP 数据调整的因素，也有产业结构调整、物流服务价格下降的因素，同时也显示出物流运行效率有所提升。物流业作为国民经济的基础性、战略性产业,为“稳增长”“调结构”“惠民生”较好地发挥了支撑和保障作用。

(1) 市场规模持续扩大,需求结构加快调整。“十二五”时期,我国已成为全球最具成长性的物流市场。2015 年,物流业总收入约为 7.5 万亿元,全国货运量达 450.2 亿吨。其中公路货运量、铁路货运量、港口货物吞吐量多年来都居世界第一位。五年来,单位与居民物品物流总额年均增速接近 30%,并呈持续加快态势。快递快运、电商物流、冷链物流等生活消费性物流保持快速增长,成为市场投资热点,工业物流需求总体下降。

(2) 创新驱动模式变革。“十二五”时期,我国物流企业通过技术创新、管理创新、组织创新,整合优化物流资源,新的商业模式不断涌现。菜鸟网络、卡行天下等一批企业打造平台模式,整合物流资源。安能物流、圆通速递等企业优化加盟模式,强化干线管控。顺丰速运、德邦物流等企业启动多元化发展模式,发挥自身优势条件。怡亚通、招商物流、海尔日日顺等企业深耕供应链模式,提供物流一体化解决方案。长久物流、安吉物流等汽车物流企业拓展全产业链模式,提供物流、贸易、金融、汽车售后市场等全方位服务。林安物流、传化公路港、中储股份、深国际等一批企业复制基地模式,搭建全国节点网络。随着互联网进入物流行业,易流科技、维天运通、正广通、安联程通等一批企业尝试物流 O2O 模式。这些新理念、新模式倒逼传统企业转变观念,加速变革。

(3) 信息技术普及应用。“十二五”时期,正是新一轮科技革命孕育时期。物联网、云计算、大数据等新兴技术在物流行业得到推广应用。嵌入物联网技术的物流设施设备快速发展,车联网技术从传统的车辆定位向车队管理、车辆维修、智能调度、金融服务延伸。云计算服务为广大中小企业信息化建设带来福音。大数据分析帮助快递企业预测运力需求,缓解了“双 11”等高峰时期的“爆仓”问题。前瞻产业研究院发布的《2016—2021 年中国物流行业商业模式与发展趋势分析报告》提到,2015 年,由菜鸟网络牵头,国内主流快递企业全部普及使用电子面单,快递基础业务的信息化管理水平进一步提升。

(4) 政策环境持续向好。“十二五”时期,党中央、国务院重视物流业发展。2014 年 9 月,国务院出台《物流业发展中长期规划》,把物流业定位于支撑国民经济发展的基础性、战略性产业。有关部门出台了《促进物流业发展三年行动计划》。各部门从自身职能定位出发,密集出台支持物流业发展的政策措施。从 2015 年开始,全国现代物流工作部际联席会议形成新的运行机制,由国家发改委、商务部、交通运输部、工业和信息化部及中国物流与采购联合会轮流主持,坚持问题导向,着力解决制约物流业发展、亟待跨部门协调解决的重点问题。支持物流业发展的部门间合力逐步加强,行业政策环境持续改善。

2.“十三五”物流发展的新趋势

2016 年 3 月 17 日,《中华人民共和国国民经济和社会发展第十三个五年规划纲要》正式发布。纲要根据全面建成小康社会新的目标要求,明确了今后五年中国经济社会发展的七大主要目标,阐明了国家战略意图,明确了经济社会发展的宏伟目标、主要任务和重大举措。

(1) 加快多领域互联网融合发展,供应链、物流链创新将成新风口。“十三五”规划纲要中三十四次提及“互联网”,二十次提及“大数据”。组织实施“互联网+”重大工程,加快推进基于互联网的商业模式、服务模式、管理模式及供应链、物流链等各类创新,培育“互联网+”生态体系,形成网络化协同分工新格局。引导大型互联网企业向小微企业和创业团队开放创新资源，鼓励建立基于互联网的开放式创新联盟。促进“互联网＋”新业态创新，鼓励搭建资源开放共享平台，探索建立国家信息经济试点示范区，积极发展分享经济。推动互联网医疗、互联网教育、线上线下结合等新兴业态快速发展。放宽融合性产品和服务的市场准入限制。

(2)“一带一路”将成重要经济走廊，物流企业市场空间更大、更广。搭乘中欧等国际集装箱运输和邮政班列发展。建设上合组织国际物流园和中哈物流合作基地。推进公、铁、水及航空多式联运，构建国际物流大通道，加强重要通道、口岸基础设施建设。建设新疆丝绸之路经济带核心区、福建“21 世纪海上丝绸之路”核心区。打造具有国际航运影响力的海上丝绸之路指数。

(3) 促进生产性服务业专业化、基础设施及专业细分，物流将成重点。深化流通体制改革，促进流通信息化、标准化、集约化，推动传统商业加速向现代流通转型升级。加强物流基础设施建设，大力发展第三方物流和绿色物流、冷链物流、城乡配送。实施高技术服务业创新工程。引导生产企业加快服务环节专业化分离和外包。建立与国际接轨的生产性服务业标准体系，提高国际化水平。

(4) 中部地区交通物流建设步伐加快，西部地区物流业迎来新机遇。支持中部地区加快建设贯通南北、连接东西的现代立体交通体系和现代物流体系，培育壮大沿江沿线城市群和都市圈增长极。有序承接产业转移，加快发展现代农业和先进制造业，支持能源产业转型发展，建设一批战略性新兴产业和高技术产业基地，培育产业集群。

6.2　城市物流管理

城市经济的快速发展和城市化进程的不断加快使得以城市为依托的物流服务需求不断增长，这为城市物流业发展创造了环境也带来了机会，因此，加强城市物流管理也更为必要。本节将从城市物流规划、城市物流配送体系以及城市物流信息平台建设三个方面介绍城市物流管理的内容。

6.2.1　城市物流规划

1. 城市物流网络系统

物流已发展成为整个经济社会的重要组成部分。供应地、消费地以及种类繁多的中间节点，伴随着物质信息的流动，形成了集多个环节于一体的网络系统。物流网络系统如图 6-2 所示。

城市物流网络系统是指在一定城市区域的规划约束下，为实现城市物流整体最优化，以运营与监管等有关的物流活动体系为对象的系统。

城市物流通过聚集、辐射、中介三大功能相互依存、相互促进、相互联系，实现城市物流系统网络化，构成城市物流网络系统的影响力，形成一个有机的商品流通体系，促进经济社会的互补、互动发展。城市物流网络系统是整个城市经济社会大系统的重要基础，是城市功能充分发挥的有力支柱，它为处在城市内的制造业、商贸业、建筑业、服务业以及其他行业和家庭，以城市自身可以承受的方式，提供高效的、经济的、安全的物流服务。

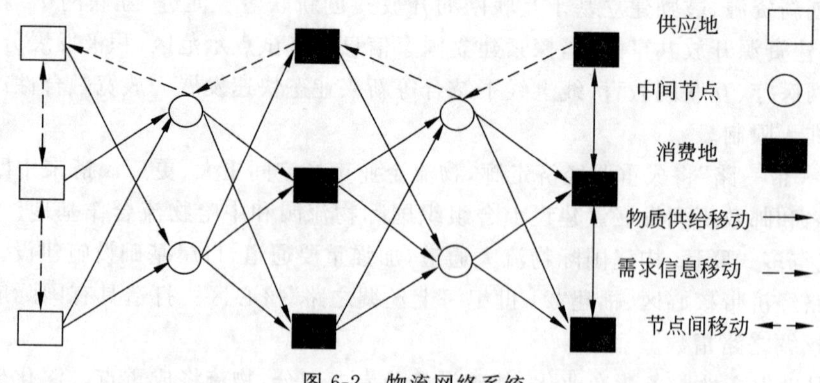

图 6-2 物流网络系统

城市物流网络系统具有以下特征。

(1) 物流规模大,方向变化多。城市物流以工业企业的原材料、零部件、半成品的采购销售为主,货物的性质多体现为流量大、流向多变、小批次、多种类、高频率等。这一特性决定了公路运输必将成为主要运输方式,部分是内河运输和管道运输,铁路、航空运输基本上不涉及。

(2) 物流节点多,分布广。随着城市物流的快速发展,城市生产企业、配送中心、批发市场、各种连锁超市以及消费者,将成为城市物流流通节点。

(3) 物流配送半径小。城市物流网络系统主要的经营范围是在城市范围内,所需要的配送节点众多,配送半径自然较小。

(4) 企业物流联系密切。企业物流如同城市物流网络系统中的微小血管,而城市物流又离不开这些微小血管为整体提供营养的供给。

新技术的发展使城市物流网络更加紧密,互联网、云计算、大数据使得物流网络扩大,同时又将城市中的资源合理利用起来,使各个网络中的节点分布更加广泛。利用物联网、GPS(全球定位系统)导航技术,通过精确的计算与监控,城市物流配送更加快速合理。

2. 城市物流规划应遵循的原则

在城市物流规划过程中,应当遵循以下原则。

(1) 与城市定位、城市功能和城市总体发展战略相一致的原则。

(2) 与城市总体规划和产业布局相协调的原则。

(3) 各种交通方式相互协调、优势互补的原则。

(4) 社会效益与经济效益统一的原则。

(5) 社会化、专业化、效能化、有序化、市场化的原则。

(6) 以市场为导向,以企业为主体,以信息技术为支撑,以增强城市物流功能和降低社会物流总成本为中心,走可持续发展道路的原则。

(7) 物流基础设施与城市未来用地规划、交通规划和生产力布局相协调的原则。

(8) 与区域物流、国际物流相衔接。

3. 城市物流网络布局规划的内容

城市物流网络布局主要包括物流节点的布局和物流通道的选择。物流节点、物流通道间的关系如图 6-3 所示。

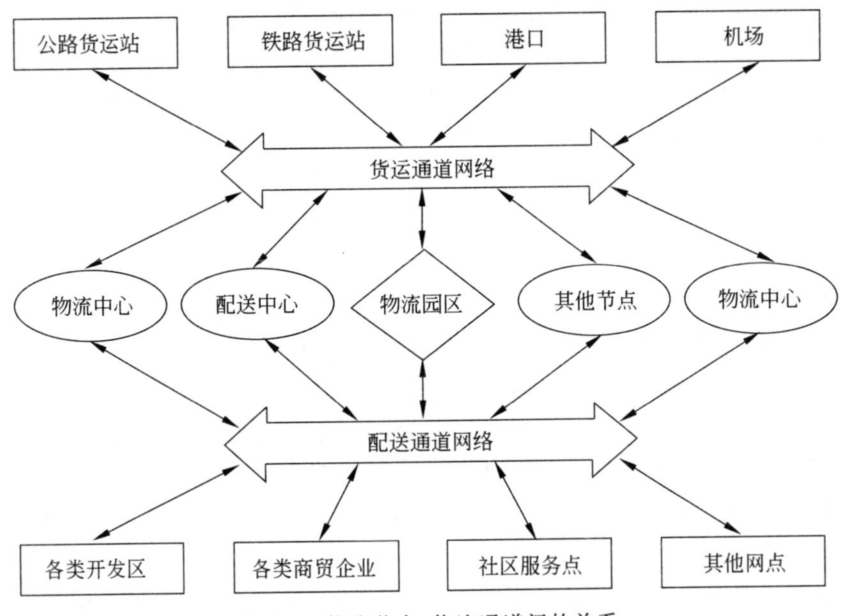

图 6-3 物流节点、物流通道间的关系

1) 物流节点

物流节点是物流网络中连接物流线路的交汇之处。全部物流活动是在线路和节点上进行的。其中,在线路上进行的活动主要是运输,包括集货运输、干线运输、配送运输等。物流功能要素中的其他所有功能要素,如包装、装卸、保管、分货、配货、流通加工等,都是在节点上完成的。现代物流网络中的物流节点对优化整个物流网络起着重要作用。

在我国,物流节点一般分为四类,包括物流园区、物流中心、配送中心和其他节点。

(1) 物流园区。物流园区是一家或多家物流企业在空间上集中布局的场所,是具有一定规模和综合服务功能的物流集节点。

物流园区一般以仓储、运输、加工等用地为主,同时还包括一定的与之配套的信息、咨询、维修、综合服务等设施用地。其规模可对市场需求及未来发展做出分析后,规划出一片区域用于发展物流园区,具体规模由市场需求、城市发展水平决定。

物流园区的有效衔接作用主要表现在实现公路、铁路等多种不同运输形式的有效衔接。物流园区对提高物流水平的作用主要表现在缩短了物流时间,提高了物流速度,减少了多次搬运、装卸、储存环节,提高了准时服务水平,减少了物流损失,降低了物流费用。物流园区对促进城市经济发展的作用主要表现在降低物流成本和降低企业生产成本,从而促进经济发展方面的作用,以及完善物流系统在保证供给、降低库存从而解决企业后顾之忧方面的作用。

(2) 物流中心。物流中心的主要功能包括运输、仓储、装卸、搬运、包装、流通加工、物流信息处理等。一个现实的物流中心应该根据其所处的环境具有其核心功能,并且物流中心的功能可以根据需要向上、向下进行延伸,在实际设计中最为关键的是要确定如何根据情况向上、向下延伸及延伸的范围。物流中心是企业优化分销渠道、完善分销网络、进行业务重组的结果，同时也是第三方物流理论得到应用的产物。

(3) 配送中心。配送中心是指商品集中出货、保管、包装、加工、分类、标付价格标签、装货、配送的场所或经营主体。配送中心有自用型和社会化两种主要类型。自用型配送中心有由制造商、零售商经营的，主要是服务于自己的产品销售或自有商店的供货。社会化的配送中心，也称"第三方物流"，是由独立于生产者和零售商之外的其他经营者经营的。在现代信息技术手段的支撑下，配送中心要适应现代物流业专业化、标准化、多功能化发展的要求。

物流中心与配送中心的功能相似，但物流中心的辐射范围大，处理的对象为大批量、小批次、少品种的商品，配送中心则相反。物流中心的上游是工厂，下游是配送中心或批发商，而配送中心的上游是物流中心或工厂，下游是零售店或最终消费者。

(4) 其他节点。物流节点除了物流园区、物流中心、配送中心外，还存在大量的其他节点，如公路上的节点、铁路上的节点、大型商业设施等。这些为数众多的节点是不可能被少数几个物流园区、物流中心或者配送中心所覆盖的。这些节点在物流系统中起着毛细血管的作用，它们可以将货物送往千家万户。虽然此类节点由于数目过于庞大而常常被排斥在物流规划以外，而由各自的系统(如公路系统、铁路系统、商业系统等)分别进行规划，但在未来的物流规划中必须将统筹规划放在优先考虑的位置，提出此类节点的规划原则以利于其所在系统进行规划，从而可以避免各系统间的恶性竞争和重复建设，进而提高城市物流系统的效率，使整个城市物流系统布局日趋合理、完善、和谐。

2) 物流通道

城市物流系统布局中，物流通道包括货运通道和配送通道。货运通道主要指连接主要物流节点的货运干线交通系统。货运通道网络主要是为国际物流、区域物流、物流节点(物流园区、物流枢纽、物流中心等)之间的物流提供物流服务的主要货运干线交通系统，包括公路、铁路、水路、航空、管道五种交通方式。配送通道主要指为满足市域内物流需求而进行市内配送的道路系统。

在进行城市物流系统布局的时候，必须充分考虑到物流通道的因素，在考察现有物流通道的同时，应当会同规划部门对现有物流通道进行优化，改扩建现有物流通道，并且兴建必要的新的物流通道。

6.2.2 城市物流配送体系

城市物流配送是服务于城市范围的物流配送服务系统。城市物流配送与传统意义上的物流配送相比，由于受服务区域范围的限制，其特征发生了较大改变。城市配送从本质上来说就是指合理地安排和组织配送计划，在城市范围内提供物流服务，以满足客户多样性的物流需求。

1. 城市物流配送体系框架

从可持续发展的角度看，Sjostedt(1996)提出的综合运输模型分析影响城市物流配送的要素之间的关系如图 6-4 所示。模型将 SUTP(sustainable urban freight transport)概念及其规划原则作为整合部分，在此基础上扩展了影响城市货物运输的外部因素、外部因素所产生的影响以及城市货运交通规划和措施。该模型以系统为导向，主要由四个基本要素组成：经济活动发生地的工具设备、在设施间有运输需求的货物、提供运输服务的车辆以及基础设施。

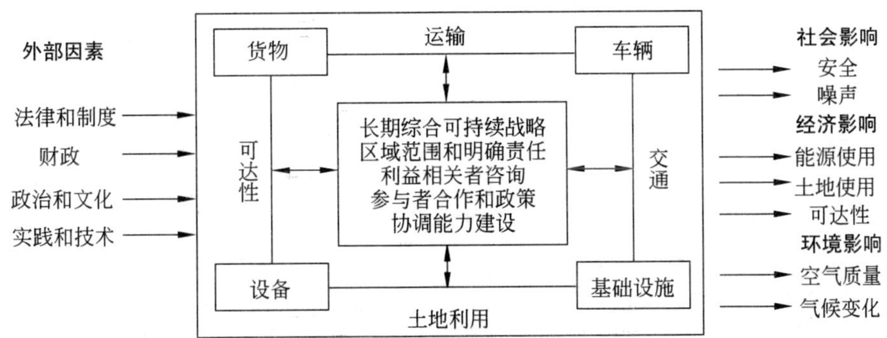

图 6-4　影响城市物流配送可持续发展的要素之间的关系分析框架

城市物流配送体系具备以下特征。

(1) 由多种要素组成的有机整体，不是简单的要素相加。城市物流配送体系的基本要素包括驱动要素(经济发展、科技进步、政策环境、物流需求等)、功能要素(运输、储存、包装、装卸搬运、流通加工、物流信息、增值服务)、网络要素(多对多的物流网络)、流动要素(流体、载体、流量、流向、流程)和资源要素(具有满足功能要素、流动要素和网络要素需要的各种资源，如交通运输资源、信息资源等)。这些要素的集合不是简单的叠加，它们之间存在冲突和联系，通过要素的内部、要素之间和要素外部的目标冲突与联系，最终形成了有机整体。

(2) 具有一定的结构，以保障体系运行的有序性，并具备特定的功能。城市物流配送体系具有多方面和多层次的结构，例如，物流配送据点的空间布局结构、物流配送的运作组织结构、物流配送的功能管理结构等，这些结构内部和之间相互衔接，以保障体系的顺利运作，如图 6-5 所示。

(3) 环境是制约体系形成和存在的重要条件。城市物流配送体系贯穿于社会再生产过程中的生产、流通、消费三大领域，它与外界多层次、多因素进行着密切的联系。例如，该体系与城市经济发展、城市空间布局有着极为密切的联系，城市经济的快速、稳定、健康发展将有效带动城市物流配送体系发展，城市的空间布局也影响着城市物流配送体系的空间布局。再如，该体系与外部的政策导向有极为密切的联系。

2. 城市物流配送系统的功能子系统

城市物流配送系统从系统功能角度考虑，主要包括城市物流配送网络子系统、城市物流配送运营子系统、城市物流配送信息子系统和城市物流配送网络设施。

(1) 城市物流配送网络子系统一般是由物流配送中心从供应商那里获得货品再配送到客户所形成的网络，该网络是由节点(供应点、物流配送中心、客户需求点)和链路构成的。

(2) 城市物流配送运营子系统是由实施完成物流配送业务各项环节(供货、备货、储存、分拣及备货、物流配送加工、配装、送达服务等)组成的整体，该系统一般由企业操控。

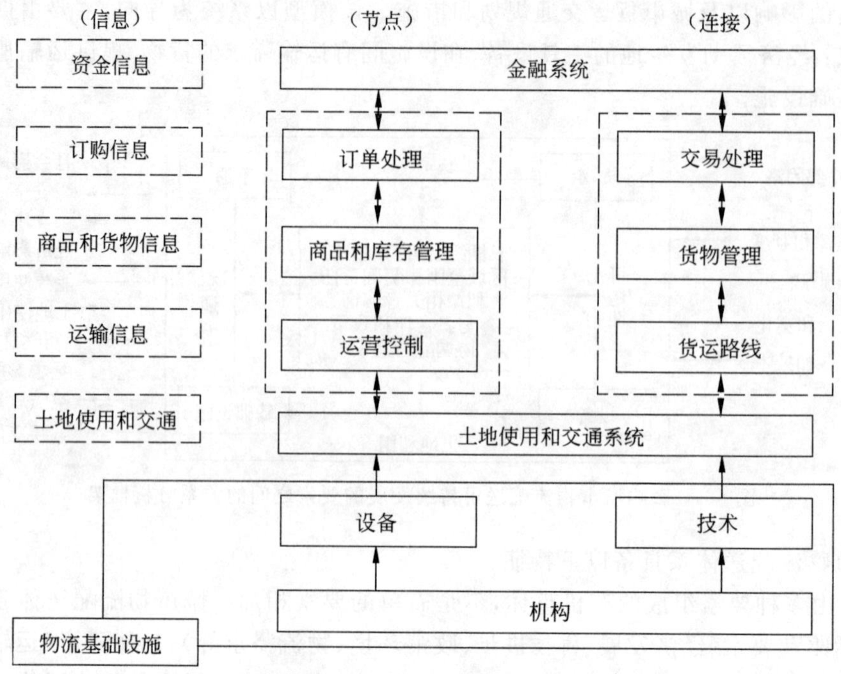

图 6-5 物流系统和物流基础设备的结构与功能

城市物流政策与管理子系统对物流配送业的引导、规范、规划、监督、限制等出台政策，该系统一般由政府管理。

(3) 城市物流配送信息子系统在整个物流配送系统之中进行信息的采集、传输、储存、处理、输出等活动，它的作用主要是组织协调整个物流配送系统的工作，支持系统中的各个要素之间的信息交互，存储客户需求、车辆路线安排等历史数据，同时还要提供科学的系统优化。理想的城市物流配送信息网络可以提供客户、物流配送中心以及供应商之间的信息共享，通过制订高效的物流配送计划，由信息代替库存。

(4) 城市物流配送网络设施包括车站、码头、仓库、物流配送中心，城市对外干线、对内城市道路；城市物流配送运营设施包括车辆、仓储设备、装卸搬运设备、分拣设备、流通加工设备、包装设备等。

3. 城市物流配送的参与者

城市物流配送物流中有各类的参与者，主要包括：发货人、收货人、最终消费者、公共管理者。他们之间存在着某种利益相关关系，使之在物流配送体系中紧密地联系。

6.2.3 城市物流信息平台构建

1. 城市物流信息平台的构成要素

所谓城市物流信息平台是指利用计算机、网络和通信等现代信息技术对城市物流作业、物流过程和物流管理的相关信息进行采集、分类、筛选、储存、分析、评价、反馈、发布、管理和控制的通用信息平台，是城市物流经济的神经中枢。城市物流信息平台规划是一个巨大的系统工程，而要把这项巨大的系统工程规划和建设好，首先要明确城市物流信息平台的构成要素。

城市物流信息平台主要包括物流信息平台核心数据交换及网络设施、物流信息应用系统和物流信息转换传递的软环境三个要素。

1）物流信息平台核心数据交换及网络设施

物流信息平台核心数据交换及网络设施是物流信息平台的基础，现代城市物流作业中，电子数据交换（EDI）技术被广泛应用于不同组织（政府、企业）间异构系统的数据交换及信息流转。要保证异构系统的数据交换及信息流转的通畅，平台需具备的硬件设备包括 EDI 交换主机系统、网络系统（交换机、路由器等）、安全体系（防火墙设备、密码系统等）、机房运行环境（空调、UPS 等）、因特网接入线路等。

2）物流信息应用系统

物流信息应用系统是物流信息平台发挥作用的关键，包括电子商务平台、办公自动化和综合信息管理系统、综合查询和决策支持系统、综合物流管理系统、客户关系管理系统等。

3）物流信息转换传递的软环境

物流信息转换传递的软环境是提高物流信息平台运转效率的保障，是指在技术及业务规范上，全面确保城市物流信息平台运作的科学性、合法性、有效性的相关的政策法规、业务流程、技术标准（包括物流术语标准、商品编码标准、表格与单证标准、信息交换标准等）等。

2. 城市物流信息平台的功能结构

城市物流信息平台是在解决企业物流的基础上，实现物流信息充分共享、社会物流资源充分利用，有效整合社会资源，同时发挥政府职能，推进城市物流系统发展的切入点。

1）城市物流信息平台的功能

总体来说，城市物流信息平台通过三个子系统体现如下功能。

（1）公共信息服务系统。公共信息服务系统作为汇接城市各相关行业、各种物流运作设施以及物流企业的信息系统，既是城市物流信息资源的汇接中心，也是国内外了解城市物流信息资源的窗口。公共信息服务系统主要包括如下具体功能：门户网站功能、公共信息发布与查询功能、交易服务功能、相关部门服务功能、用户信息服务功能。

（2）数据交换处理系统。数据交换处理系统是城市物流信息平台的重要组成部分，一方面担负着物流信息系统中公用信息的采集、加工、中转、发送；另一方面又负责不同用户之间信息交换的数据规范、格式转换。数据交换处理系统主要包括：数据格式转换功能、实现物流电子商务中交易双方的无缝对接功能、为物流企业提供信息系统支持服务的功能、与其他城市物流信息平台的连接和数据交换的功能、通过数据交换平台的网络互联和数据转换功能。

（3）企业物流管理应用系统。除以上两个主要子系统包括的功能外，物流信息平台还可以利用企业物流管理应用系统提供一些基本的物流作业和管理系统，但这些服务一般是有偿的。利用这些应用系统物流企业可以在此基础上进行二次开发，降低了企业物流信息管理系统开发成本。企业物流管理应用系统包括的功能有：车辆调度系统、库存管理系统、网上交易系统、统计决策支持系统等。

2）城市物流信息平台的结构

城市物流信息平台可划分为交换平台、基本服务平台和专业服务平台。交换平台是城市物流信息平台的基本内核，专业服务平台是城市物流信息平台的专业服务基础平台。根据城市物流信息平台的功能和服务对象，可设计为三层结构：公共信息服务层、政府职能部门管理层和企业物流管理应用层。

（1）公共信息服务层。公共信息服务层面向社会用户，提供基础信息的查询、发布等功能，其作为城市物流信息平台的门户层，发挥媒体宣传作用。

（2）政府职能部门管理层。政府职能部门管理层是面向政府职能部门和会员用户部门，提供部门和企业间的数据交换与网上管理等功能，如"网上通关支持系统"，这一层是城市物流信息平台的核心。

（3）企业物流管理应用层。企业物流管理应用层是城市物流信息平台的功能扩展层。它是针对申请服务的物流企业，为企业的经营管理提供应用服务，并为企业自建物流信息系统提供标准接口。因此，企业可以通过城市物流信息平台采集物流信息，并且可在共用系统基础上根据企业物流业务特点开发适合本企业的物流应用系统。

城市物流信息平台的结构如图 6-6 所示。

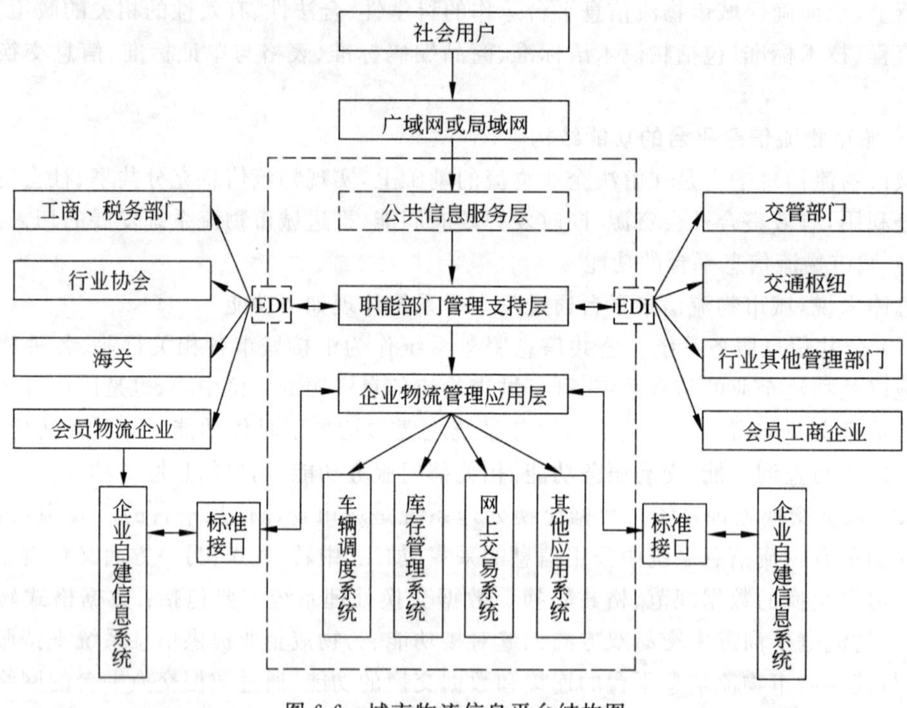

图 6-6 城市物流信息平台结构图

3．城市物流信息平台的规划

1）城市物流信息平台规划的影响因素

城市信息平台的规划涉及面广，数据采集量大，与之相联系的外部系统更多、更复杂，因而影响城市物流信息平台规划的主要因素有：

（1）城市物流系统规划。城市物流信息平台规划作为城市物流系统规划的一部分，应与该城市的物流系统规划协调一致，具体来说应与城市物流系统的功能、布局相协调，同时城市物流信息平台规划要在城市物流系统规划的前提下进行，必须与城市物流系统规划保持一致。

(2) 城市主要物流业务流程。城市物流信息平台应根据本市的主要物流业务流程特点进行详细的规划和设计，尽量突出其最具特色的一面，而对次要的物流业务流程只需要借用现有的成果进行完善和升级即可。

(3) 与之相关信息系统的衔接和交换。城市物流信息平台中各类信息间的相互关系及数据流向对宏观物流系统规划和企业物流运作提出了信息要求。城市物流信息平台不但为城市各种业务提供管理和运作服务，还为城市物流运作提供了一个综合的、公用的信息平台。因此城市物流信息平台规划应该考虑如何将与物流活动相关的多个信息系统整合在一起，为各级用户提供全面快捷的服务。

(4) 不同层次用户对城市信息平台功能的需求。城市物流信息平台涉及多层次用户，包括当地政府的行政管理部门、政府相关职能部门、物流园区、物流中心、配送中心、物流企业、用户企业和一般的公众用户。从时间来看，又可分为永久性用户、长期固定性用户、短期流动性用户和一次性用户。由于不同用户的物流服务需求有所不同，因此对物流信息平台的功能需求也有差异。由于城市物流信息平台用户存在多层次、范围广、需求各异、变化快的特点，城市物流信息平台不仅通过公用信息平台为各相关部门提供基本的信息交换与共享场所，也为不同用户提供了不同的接入方式和接入权限。

2) 城市物流信息平台规划框架

城市物流信息平台的规划框架由一个网络、两个平台和四大子系统组成。

一个网络是指通信基础网络。通信基础网络是实现信息共享和实时通信的基础，是连接物流信息系统各大组成部分的纽带。按技术类型和服务范围可以分为物流园区网络、城市物流信息网络和无线通信网络三个组成部分。

两个平台是指物流公共信息平台和物流交易平台。物流公共信息平台不但通过对物流过程相关的共用数据采集、组织和处理，为企业的物流活动提供基础信息支撑，还对行业主管部门的市场管理和协同工作以及政府决策提供支持。物流交易平台是一种 B2B 模式的电子商务平台，通过提供物流供需信息及网上交易功能，解决物流服务的供求双方之间“信息不对称”的问题，以降低物流交易成本，从而提高城市物流活动的整体运行效率。

四大子系统包括现场子系统、运载工具子系统、物流企业子系统和行业管理子系统。现场子系统主要有两个方面的功能：①用于道路、仓库及站场的信息采集；②提供与行业管理子系统、物流企业子系统间的数据交换接口。运载工具子系统是由安装于车上的信息接收、发送及采集设备组成，主要功能是物流数据采集。物流企业子系统是指与企业相关物流系统的总称，涵盖物流服务供求方企业，主要功能是服务于企业内部的物流活动，从物流企业角度看，一般包括订单管理、库存管理、车辆调度、客户关系管理、财务结算、报关等次级子系统。行业管理子系统是指与物流活动相关的政府部门和行业主管部门的电子政务系统的总称，其主要涵盖海关、税务、金融、外贸、工商、港口、交通等部门。

4. 物流信息平台的设计

1）实现功能

物流信息平台要求接口性能良好，能够整合各方面的物流资源，为企业、政府部门信息系统功能实现提供信息支撑。具体实现的功能如下。

（1）物流交易管理系统。其主要包括资质审查验证、物流合同公证和违约处理、法律咨询与保护、合同物流关系管理等。

（2）物流 EDI 等信息接口系统。其主要包括物流组织 EDI 系统与其他部门 EDI 系统自动翻译转换、电子票据中转发送，信息系统搜索引擎、实现各部门信息系统互联，等等。

（3）区域间物流资源整合系统。其主要包括整合综合物流、区域经济、经营主体资源数据库，物流企业数据库、公共物流设施数据库、物流政策法规标准数据库、物流活动数据库等的资源。

（4）物流市场管理系统。其主要包括物流需求与供给信息审查、公共物流设施使用管理、不正当竞争行为处理公告等。

（5）公众物流信息系统。其主要包括物流需求与供给信息发布、物流业务信息查询、物流投诉处理等。

（6）微观物流决策支持系统。其主要包括物流运行状况统计分析、企业竞争力分析等。

（7）宏观规划决策支持系统。其主要包括物流数据统计处理、区域物流经济适应性分析、区域物流发展趋势预测等。

（8）平台维护管理系统。其主要包括防火墙、系统日常运行维护、网络检测、安全验证体系等。

2）实现技术

（1）信息标准化技术。因为信息平台在运行中需要从下属的众多子系统中提取大量信息和数据，因此从平台出发，首先确定需要从子系统中提取信息的种类和要求，并完成各接口的设计，以实现平台与子系统间的友好衔接。而制定统一的信息标准，是保证信息平台获取充分和有效物流相关数据信息并提供服务的根本保证。因此，信息源接口与信息统一标准设计技术是城市物流信息平台规划的关键技术之一。

（2）数据挖掘技术。数据挖掘就是从大量的、不完全的、有噪声的、模糊的、随机的数据中，提取隐含在其中的、人们事先不知道的但又潜在的有用信息和知识的过程，提取的信息表示为概念、规则、规律、模式等形式。数据挖掘技术是人们长期对数据库技术进行研究和开发的结果，是在掌握了大量物流信息的前提下，查找并挖掘出深层次有用的物流信息，从而实现对用户主体信息服务和辅助决策的核心技术。

（3）数据仓库技术。数据仓库是面向主题的、集成的、稳定的、随时间变化的数据集合，是集成信息的存储中心，这些信息可用于查询或分析。数据仓库既是一种结构和富有理性的方法，也是一种技术。它首先把数据和信息从不同的数据源提取出来，然后把这些数据转换成公共的数据模型并且和仓库中已有的数据集成在一起。当用户向仓库进行查询时，需要的信息已经准备好了，数据冲突、表达不一致等问题已经得到了解决，这使得决策和查询更容易、更有效。

(4) 服务模块开发技术。为了满足各种用户对信息平台的服务请求，需要针对不同的用户主体及其服务需求内容，开发相应的模块和使用界面。模块应与信息平台的数据库和应用服务器之间有良好的接口，有针对用户主体服务需求所响应的对相关信息的分析和处理过程，另外还应有较好的输出端口。为保证信息平台的安全性和服务响应的有效性与快速性，应分别针对平台和用户主体开发服务软件的服务端与客户端。

(5) 数据及系统的安全维护技术。在城市物流信息平台的运行中，安全性是一个重要问题，其中信息的传输、异构环境和系统的使用等都是容易引起安全问题的因素。物流信息平台是以CORBA为核心的中间件体系。安全服务就成为CORBA公共对象服务的必然要求。CORBA体系安全服务可以通过标识与鉴别，授权和访问控制，对象间的安全通信、安全审计、安全管理来实现。

5. 物流信息平台的实施

1) 城市物流信息系统实施步骤

根据城市物流综合信息平台建设的需求分析和目标规划，可将城市物流信息化建设分为以下三个步骤来实施。

(1) 信息共享的基本功能建设。在此阶段中，要搭建起一个完整的物流综合信息平台，实现其信息共享的基本功能，并在此基础上开发一些最主要的物流作业管理软件，使城市的物流业发展走向正规化、现代化。

(2) 服务共享的管理功能建设。在此阶段中，在已建设的物流综合信息平台的基础上，进一步开发物流作业管理软件和物流企业管理软件，增强信息平台的服务功能，为物流企业提供多方位的物流服务，实现物流企业与客户业务往来的信息化和无纸化。

(3) 辅助决策的增值服务建设。在此阶段中，进一步完善物流综合信息平台的网上交易功能，并开发各项物流优化管理软件，即辅助决策系统，为企业和用户提供综合物流服务。

2) 城市物流信息系统的评价

城市物流信息系统投入运行后，要定期地对其运行状况进行集中评价，通过对新系统运行过程和成效的审查，来检验新系统是否达到了预期的目的。

系统评价的主要依据是系统日常运行记录和现场实际检测数据。一般新系统的第一次评价与系统的验收同时进行，以后每隔半年或一年进行一次。系统评价的内容如下。

(1) 系统性能评价。它包括系统平均无故障时间、联机响应时间、数据吞吐量和处理速度、操作方便性与灵活性、可扩充性等。

(2) 经济效益评价。它包括系统费用、系统收益、投资回收期、系统维护与扩充的费用估计。

(3) 系统管理水平评价。它包括各级人员对系统的认识水平、使用者对系统的态度、管理制度的建立与执行情况等。

6.3 国际物流概述

6.3.1 国际物流的概念及特征

1. 国际物流的概念

国际物流(international logistics, IL)是指在两个或两个以上国家(或地区)之间所进行的物流。国际物流是相对国内物流而言的,是跨国界(地区)的、流通范围扩大了的物品的实体流动,是国内物流的进一步延伸和拓展。而从不同的角度看,国际物流又有广义和狭义之分。

广义的国际物流研究的范围包括国际贸易物流、非贸易物流、国际物流投资、国际物流合作、国际物流交流等领域。其中,国际贸易物流主要是指定组织货物在国际间的合理流动;非贸易物流是指国际展览与展品物流、国际邮政物流等;国际物流合作是指不同国别的企业完成重大的国际经济技术项目的国际物流;国际物流投资是指不同国家物流企业共同投资建设国际物流企业;国际物流交流则主要是指物流科学、技术、教育、培训和管理方面的国际交流。

狭义的国际物流主要是指:当生产消费分别在两个或在两个以上的国家(或地区)独立进行时,为了克服生产和消费之间的空间间隔与时间距离,对货物(商品)进行物流性移动的一项国际商品或交流活动,从而完成国际商品交易的最终目的,即实现卖方交付单证、货物和收取货物。

国际物流的实质是根据国际分工的原则,依照国际惯例,利用国际化的物流网络、物流设施和物流技术,实现货物在国际的流动与交换,以促进区域经济的发展与世界资源的优化配置。国际物流的总目标是为国际贸易和跨国经营服务,即选择最佳的方式与路径,以最低的费用和最小的风险,保质、保量、适时地将货物从某国的供方运到另一国的需方。

2. 国际物流的特征

国际物流具有以下几个特征。

(1) 国际性。国际物流是在两个或两个国家(或地区)之间进行的物流活动,因而国际性是国际物流最显著的特征。国际物流是国际经济贸易交易双方国际贸易合同、国际直接投资合同、许可证贸易合同、国际工程承包合同、国际服务贸易合同等各种合同项下国际货物的跨越国家边境或关境的空间运动和时效安排,也是这些货物的国际性空间物理运动的活动和过程。

(2) 复杂性。各国之间不同的政策、法律、文化、基础设施情况等决定了国际物流的复杂性。不同国家的经济发展程度不同,导致科学技术水平也会有所差异,甚至由于有些区域无法使用某些技术致使整个物流体系水平下降,不同国家的不同标准造成物流活动接轨困难,国际物流体系难以建立。

(3) 高标准化。国际物流活动所涉及的货物装卸级别及港口条件和作业要求的标准化程度高,规范和要求都十分严格。国际货物从采购到入场,从商品的生产到销售,从货物包装到装卸,从仓储到运输,从入库到出库,从上架到下架,从分拣到配送,从加工到打包，整个运作过程都要求实现标准化操作和运营，标准化程度要求很高。

(4) 高风险性。物流本身的功能要素和系统与外界的沟通就已经很复杂，而国际物流又在这一复杂系统上增加了不同国家的因素，这不仅导致了地域和空间的广阔，而且还使所涉及的内外因素更多，所需时间更长。这些因素带来的直接后果是难度和复杂性的提高，即风险增大。

(5) 市场广阔。全世界有约 200 个国家和地区，人口约 60 亿。这样一个范围和人口的市场是任何国家的国内市场所不能比拟的。

6.3.2 国际物流与国际贸易

国际物流是国内物流的跨国延伸和进一步扩展，是不同国家和地区之间的物流。国际物流伴随国际贸易的发展而发展，实际上是国际贸易的一部分，并成为国际贸易的重要物质基础，以及影响和制约国际贸易进一步发展的重要因素。国际物流的发展极大地改善了贸易的环境，为国际贸易提供了各种便利的条件，国际贸易的进一步发展需要国际物流的支持。

1. 国际物流是国际贸易的基础

社会化大生产引发了不同的国际分工，各个国家需要紧密的国际合作，国际贸易不断发展。同时这也对国际物流提出了专业化、一体化的要求。物流是国际贸易的工具和桥梁，发展到今天，物流已成为集采购、包装、运输、流通加工、配送和信息处理等基本功能于一身的综合系统。

2. 国际物流是国际贸易的保证

国际物流的科学化、合理化又是国际贸易发展的有力保障。在大量跨越国境的贸易中，货物跨国转移所带来的国际物流量的上升不容忽视。物流量的增加势必带来更多的贸易量，这就要求国际物流为货物在运输、装卸、仓储、信息传输等各个环节都提供便利。现代物流运用科技手段，使信息快速、准确地得到反馈，采用货物流通的最优渠道，将货物快速送到消费者手中，刺激消费需求，促进国际经济的发展。

3. 国际贸易促进国际物流发展

跨国经营与国际贸易的发展，促进了货物和信息在世界范围内的大量流动与广泛交换，使物流国际化成为国际贸易和世界经济发展的必然趋势。随着国际贸易的发展，世界各国、各大企业在全球市场上展开了激烈的竞争，此时国际贸易就要求从各个方面降低成本：原材料价格、订单成本、运输价格、库存成本等。这就对国际物流的各个环节提出了新的挑战和要求，使得国际物流无论在理论上还是技术上都有重大的创新和发展。

4. 国际贸易对国际物流提出新的要求

世界经济的飞速发展，人类需求层次的提高，一方面使得国际贸易取得了长足的发展，实现了贸易量的快速增长和可贸易商品种类的丰富；另一方面，也使得国际贸易的结构发生了巨大变化，传统的初级产品正逐步让位于高附加值、精密加工的产品。国际贸易表现出的这一些新的趋势和特点，在质量、效率安全等方面对国际物流提出了更新、更高的要求。

6.3.3 国际物流系统的构成

国际物流系统是由商品的运输、仓储、包装、检验、装卸搬运、国际配送以及国际物流信息等子系统构成的。

1. 运输子系统

运输的作用是将商品使用价值进行空间移动，物流系统依靠运输作业克服商品生产地和需要地点的空间距离，创造了商品的空间效益。国际货物运输是国际物流系统的核心。国际货物相对国内运输而言具有运输路线长、环节多、涉及面广、手续繁杂、风险大、时间长等特点。运输费用在国际贸易商品价格中占有很大比重。国际运输主要包括运输方式的选择、运输单据的处理以及投保等有关方面。

国际货物的运输具有多段性，包括出口国的国内运输阶段、国际运输阶段和进口国的国内运输阶段。

2. 仓储子系统

商品储存、保管使商品在其流通过程中处于一种或长或短的相对停滞状态，这种停滞是完全必要的。因为商品流通是一个由分散到集中，再由集中到分散的源源不断的流通过程。国际贸易和跨国经营中的商品从生产厂或供应部门被集中运送到装运港口，有时需临时存放一段时间，再装运出口，是一个集和散的过程。它主要是在各国的保税区和保税仓库进行的，主要涉及各国保税制度和保税仓库建设等方面。

保税制度是对特定的进口货物，在进境后，尚未确定内销或复出口的最终去向前，暂缓缴纳进口税，并由海关监管的一种制度。这是各国政府为了促进对外加工贸易和转口贸易而采取的一项关税措施。

保税仓库是经海关批准专门用于存放保税货物的仓库，它必须具备专门储存、堆放货物的安全设施，健全的仓库管理制度和详细的仓库账册，配备专门的经海关培训认可的专职管理人员。保税仓库的出现，为国际物流的海关仓储提供了既经济、又便利的条件。有时会出现对货物不知最后如何处理的情况，这时买主(或卖主)将货物在保税仓库暂存一段时间。若货物最终复出口，则无须缴纳关税或其他税费；若货物将内销，则可将纳税时间推迟到实际内销时为止。从物流角度看，应尽量缩短储存时间、减少储存数量，加速货物和资金周转，实现国际物流的高效率运转。

3. 包装子系统

国际货运的路线长、环节多、风险大、时间长等特点，这对货物的包装提出了更为严格的要求。包装应起到保护货物的作用，同时又要注意包装的大小、性状、材料等因素。杜邦定律(美国杜邦化学公司提出)认为：63%的消费者是根据商品的包装装潢进行购买的，国际市场和消费者是通过商品来认识企业的，而商品的商标和包装就是企业的面孔，它反映了一个国家的综合科技文化水平。因此，这些包装物料、容器应具有品种多、规格齐全、批量小、变化快、交货急、质量要求高等特点，以便扩大外贸出口和提高创汇能力。

4. 检验子系统

由于国际贸易和跨国经营具有投资大、风险高、周期长等特点，使得商品检验成为国际物流系统中重要的子系统。通过商品检验，确定交货品质、数量和包装条件是否符合合同规定。如发现问题,可分清责任,向有关方面索赔。在买卖合同中,一般都定有商品检验条款,其主要内容有检验时间与地点、检验机构与检验证明、检验标准与检验方法等。

根据国际贸易惯例,商品检验时间与地点的规定可概括为三种做法。

(1) 在出口国检验。这可分为两种情况:在工厂检验,卖方只承担货物离厂前的责任,对运输中品质、数量变化的风险概不负责;装船前或装船时检验,其品质和数量以当时的检验结果为准。买方对到货的品质与数量原则上一般不得提出异议。

(2) 在进口国检验。这包括卸货后在约定时间内检验和在买方营业处所或最后用户所在地查验两种情况。其检验结果可作为货物品质和数量的最后依据。在此条件下,卖方应承担运输过程中品质、重量变化的风险。

(3) 在出口国检验、进口国复验。货物在装船前进行检验,以装运港双方约定的商检机构出具的证明作为议付货款的凭证,但货到目的港后,买方有复验权。如复验结果与合同规定不符,买方有权向卖方提出索赔,但必须出具卖方同意的公证机构出具的检验证明。

在国际贸易中,从事商品检验的机构很多,包括卖方或制造厂商和买方或使用方的检验单位,有国家设立的商品检验机构以及民间设立的公证机构和行业协会附设的检验机构。在我国,统一管理和监督商品检验工作的是国家进出口商品检验局及其分支机构。究竟选定由哪个机构实施和提出检验证明,在买卖合同条款中,必须明确加以规定。商品检验证明即进出口商品经检验、鉴定后,应由检验机构出具具有法律效力的证明文件。如经买卖双方同意,也可采用由出口商品的生产单位和进口商品的使用部门出具证明的办法。检验证书是证明卖方所交货物在品质、重量、包装、卫生条件等方面是否与合同规定相符的依据。如与合同规定不符,买卖双方可将此作为拒收、索赔和理赔的依据。

此外,商品检验证也是议付货款的单据之一。商品检验可按生产国的标准进行检验,或按买卖双方协商同意的标准进行检验,或按国际标准或国际习惯进行检验。商品检验方法概括起来可分为感官鉴定法和理化鉴定法两种。理化鉴定法对进出口商品检验更具有重要作用。理化鉴定法一般是采用各种化学试剂、仪器器械鉴定商品品质的方法,如化学鉴定法、光学仪器鉴定法、热学分析鉴定法、机械性能鉴定法。

5. 装卸搬运子系统

装卸搬运子系统主要起到对国际货物运输、保管、包装、流通加工等物流活动进行衔接的作用,以及在保管等活动中为进行检验、维护、保养所进行的装卸活动。在国际物流中,装卸搬运频繁发生,因而也是产品亏损的重要原因之一。对装卸搬运活动的管理,主要是确定最恰当的装卸搬运方式,力求使装卸次数最少,同时合理配置使用装卸工具。

6. 国际配送子系统

国际配送活动就是在合理的经济区域范围内,根据用户的要求,对到达的国际货物进行拣选、加工、包装、分割、组配等作业,并在确定范围内按时间送达指定地点的物流活动。配送子系统应与运输子系统有很好的衔接,使得货物远渡重洋到达某一国家后能够及时进行交接工作,确保货物送达用户手中。

国际物流的配送子系统作为国际物流网络的末端环节,同国内的配送系统一样,配送的货物具有多品种、小批量的特点,配送任务繁杂。因此需要对这一部分进行细致的规划。利用科学的计算,对配送路线进行规划,并使用定位技术和无线射频技术,对货物、车辆进行实时的跟踪监控,以达到降低配送成本的目的。

7. 国际物流信息子系统

国际物流信息子系统主要功能是采集、处理和传递国际物流与商流的信息情报。没有功能完善的信息系统,国际贸易和跨国经营将寸步难行。国际物流信息处理的主要内容包括进出口单证的作业过程、支付方式信息、客户资料信息、市场行情信息和供求信息等。国际物流信息系统的特点是信息量大,交换频繁;传递量大,时间性强;环节多,点多,线长。所以要建立技术先进的国际物流信息系统。国际贸易中 EDI 的发展是一个重要趋势,我国应该在国际物流中加强推广 EDI 的应用,建设国际贸易和跨国经营的高速公路。

6.3.4 国际物流的历史演进与发展趋势

1. 国际物流的历史演进

20 世纪中后期以来,国际范围内的物流有了较大发展。60 年代,开始形成国际间的大量物流,出现大型物流工具,国际集装箱船舶、国际大型油船开始出现。70 年代,船舶大型化趋势进一步增强,出现了提高国际物流服务水平的要求。70 年代中后期,航空物流大幅度增加,出现了更高水平的国际联运。80 年代前期和中期,出现了"精细物流"的服务要求。80 年代后期至 90 年代,国际物流的发展进入信息化时代。进入 21 世纪以来,国际物流的网络化、全球化、专业化日益明显。

2. 国际物流的发展趋势

在国际经济发展大环境下,GPS、卫星通信、射频识别技术等新兴信息技术迅速发展,国际物流发展呈现如下新特征。

(1) 国际物流手段现代化。现代国际物流使用先进的技术、设备与管理为客户提供服务、生产、流通、销售,物流的规模越大,范围越广,其技术、设备及管理越现代化。计算机技术、通信技术、机电一体化技术、语音识别技术等得到普遍应用。世界上最先进的物流系统运用了 GPS、卫星通信、射频识别技术、机器人等,实现了自动化、机械化、无纸化和智能化。

(2) 国际物流系统信息化。由于计算机信息技术的应用,现代国际物流过程的可见性明显增强,物流过程中库存积压、延期交货、送货不及时、库存与运输不可控等风险大大降低,从而可以加强供应商、物流商、批发商、零售商在组织物流过程中的协调、配合以及对物流过程的控制。特别是电子商务对物流发展的影响,使物流供应链各环节相互联系更加紧密。

(3) 国际物流作业规范化。借助现代技术,现代国际物流强调功能、作业流程、作业动作的标准化与程式化。智能化的设备及程序使复杂的作业变得简单,易于跨国界、跨区域推广与考核。

(4) 国际物流组织网络化。为了保证在全球范围内对产品促销提供快速、全方位的物流支持,现代国际物流需要有完善、健全的物流网络体系,网络上点与点之间的物流活动保持系统性、一致性,这样可以保证整个物流网络有最优的库存总水平及库存分布。同时运输与配送快速、机动，既能铺开又能收拢。分散的物流单体只有形成网络才能满足现代化生产与流通的需要。

(5) 国际物流活动全球化。在产业全球化的浪潮中，跨国公司普遍采取全球战略，在全世界范围内选择原材料、零部件的来源，选择产品和服务的销售市场。因此，其物流的选择和配置也超出国界，着眼于全球大市场。大型跨国公司普遍的做法是：选择一个适应全球分配的分配中心以及关键供应物的集散仓库，在获得原材料以及分配新产品时使用当地现存的物流网络，并且把这种先进的物流技术推广到新的地区市场。如耐克公司，一般是通过全球招标采购原材料，然后在中国大陆、中国台湾或东南亚生产，再将产品分别运送到欧洲、亚洲的几个中心仓库，通过配送环节，实现就近销售。

6.4　国际物流管理

6.4.1　国际物流战略

随着经济全球化进程的加快，全球对国际物流的需求不断增长。物流企业向海外发展，为了提高物流效率，必须有合理的国际物流战略，物流企业的国际物流战略可以分为以下几种类型。

1. "依附型"的海外发展战略

这种向海外发展的类型不一定局限于物流企业，依赖于向制造企业提供零配件的企业也属于这种类型。一方面，生产企业在海外基地从事生产活动的开始阶段，会有多种多样的物流需求。需要从很多国家和地区供应原材料、零配件，产品会销售到很多国家或地区，为了完成这些物流管理工作，生产企业需设置物流中心，进行运营、管理、仓库建设、配送业务等。对于生产企业来说，在国外从事物流活动，由于不熟悉环境，起步阶段效率不是很高，希望在国内合作过的物流企业也一同到海外发展，继续双方的合作。另一方面，对于物流企业来说，合作过的生产企业向海外发展导致业务量减少，不得已也向国外发展业务，以求增加收入，这样，物流业及为其提供业务的生产企业一起向海外进军。这种依附于生产企业向海外发展的战略称为"依附型"的海外发展战略。总之，只要依附于生产企业，就会有一定的物流业务。

2. 设置海外基地战略

这种类型的物流企业不是消极地依附于生产企业，而是积极地在海外构筑物流基地，基本属于"依附型"物流企业进入海外取得成功经验之后采取的行动。一些大型物流企业积极在海外设立物流基地，就连一些中小型物流企业也宣称是综合物流企业，建立物流基础设施，根据企业物流需求调整经营策略。在当地不只是作为海运公司的基地，有些意欲发展成为供应链的一个环节，向更广阔的领域发展。

3. 国际货运代理战略

国际货运代理战略是物流企业为生产企业提供仓储、港口运送、海运、空运等服务，物流企业把重要客户在当地的物流业务作为主体。比较常见的是物流企业在当地建设仓库，以满足重要客户对物流服务的需求。

4. 国际多式联运战略

采用两种方式以上形式的物流被称为国际多式联运，这是在20世纪70年代以后发展起来的，从发货到收货不间断地运送，实行单一的契约、运价、运送责任的方式，一切由承运人完成。这种方式适合于采用集装箱、陆海空一体化的运输。

5. 第三方物流战略

所谓的第三方物流，是指第三方物流提供商在特定的时间内按照特定的价格向使用者提供的个性化、系列化物流服务。这种物流服务建立在现代电子信息的基础上，根据企业的具体情况提供相应的服务，这是国际物流表现较多的一种形式。

6.4.2 国际物流的基本业务

进出口业务与国际物流之间存在着非常紧密的关系：国际贸易促进了物流的国际化；而国际物流是国际贸易顺利完成的必要条件，构成了进出口贸易的主要组成部分。因此，国际物流活动主要还是依照有关的国际贸易公约及国际贸易惯例展开的。国际物流的流程与进出口程序类似，其基本业务主要有订单处理、运输与保险、理货、报关检验、支付货款、储存与销售等。

1. 订单处理

如果进口商与出口商经过交易磋商签订了正式合同，订单处理就是对履行合同的相关事项所做的安排。它主要包括以下两方面内容。

1）履约准备工作

进口商申请进口许可证、进口配额等。在信用证支付条件下，还应按照合同的有关规定填写信用证开证申请书，向银行办理开证手续；出口商在按时、按质、按量准备应交货物的同时，应催促买方按合同规定及时办理开立信用证或付款手续。信用证开立后还要对信用证内容逐项进行认真审核，信用证条款必须与合同内容相一致，品质、规格、数量、价格、交货期、装运等应以合同为依据，不得随意改变，以保证及时装运、安全结汇。

2）进出口商之间的联络

贸易双方要根据不同的贸易术语列出对买卖双方的责任所作的不同规定，履行一定的通知义务。如在FOB合同中，买方应按规定期限将船名、装货泊位及装船日期通知卖方，以便卖方及时备货装船；在CIF合同中，则由卖方给予买方货物已经装船的充分通知，以便买方及时收领货物。

如果进口商与出口商之间没有签订专门的正式合同，那么订单的处理就尤为重要。按照国际惯例，对订单不加修改地接受，就在进口商与出口商之间形成了一个受法律保护的合约。订单往往没有标准的形式，一般应包括以下的信息：购买意向、订购数量、购买价格、信用条件和运输方式等。收到订单的一方如果觉得所有的条件是可以接受的，会发出收到证实书；如果认为有些条件必须修改，双方应进一步商讨之后，由出口商开具一张形式发票，注明双方都同意的条件。形式发票应注明商品的类型、数量、单价、估计重量、尺寸、有关的支付信用条件。如果进口商接受，那么形式发票就成为双方成交的法律依据。

2. 运输与保险

为了确保国际物流的经济安全，进出口双方应合理选择货物运输的路线、运输方式、运输工具，并对货物在运输中的风险进行投保。

不同的贸易术语对运输和保险责任的划分有所不同，例如，在 FOB 交货条件下，由买方负责派船到对方口岸接运货物；在 CIF 交货条件下，由卖方负责租船订舱。所以双方应按照合同要求来履行各自的义务。承担运输责任的一方应根据合同与运输公司（承运人）签订运输合同。委托运输公司完成货物的转移，其基本程序是：首先，托运人根据船期表填写货物托运单；其次，承运人根据托运单的内容，结合运输工具的航线、航期和仓储条件签发装货单，通知托运人装货的日期和航次，船长根据装货单接受该批货物装船；再次，船方在收货后，由船长或大副签发收货单，托运人凭收货单向承运人或其代理人缴纳运费并获取正式提单；最后，运输过程结束后，收货人凭提单向承运人领取货物。

承担投保责任的一方应根据合同要求的投保金额和险别，及时向保险公司办理投保手续。保险金额一般应由买卖双方经过协商确定。通常按 CIF 或 CIF 总值乘以 10%计算。投保险别则根据商品的特点及运输过程中的风险程度由双方约定，合同中没有约定的，投保方按最低险别投保。出口货物的保险由出口企业按合同或信用证要求填制投保单，列明被投保人的名称，保险货物项目、数量，包装及标志，保险金额，运输工具名称，投保险别，等等，并缴纳保险费，保险公司接受投保后即签发保险单或保险凭证。

3. 理货

理货是指船方或货主根据运输合同在装运港和卸货港收受和交付货物时，委托港口的理货机构代理完成的在港口对货物进行计数、检查货物残损、指导装舱积载、制作有关单证等工作。理货对于买卖双方履行贸易合同，按质按量交易货物，保障航行安全和货物在运输途中的安全具有重要意义。理货工作有以下内容。

1）理货单证

理货单证是指理货机构在理货业务中使用和出具的单证。它是反映船载运货物在港口交接当时的数量和状态的实际情况的原始记录。

2）分票、理数和确定溢短货物

（1）分票。分票就是依据出口装货单或进口舱单分清货物的主要标志或归属，分清混票和隔票不清货物的归属。

（2）理数。理数就是在船舶装卸货物过程中，记录起吊货物的钩数、点清钩内货物细数，计算装卸货物的数字，称为理数，也称计数。

（3）确定溢短货物。溢短货物是指船舶承运的货物，在装运港以装运单数字为准，在卸货港以进口舱单数字为准，当理货数字比装货数字或进口舱单数字溢出时，称为溢货；短少时，称为短货。货物装卸上船后，由理货长根据计数单核对装货单或进口舱单，确定实际装卸货物是否有溢短。

3）理残

凡货物包装或外表出现破损、污损、水湿、锈蚀、异常变化等现象，可能危及货物的质量和数量，称为残损。理残的工作内容主要是对船舶承运货物进行装卸时，检查货物包装或外表是否有异常情况。理货人员在船舶装卸过程中，必须剔除残损货物，记录残损货物的积载部位和残损情况，以便判断残损责任。

4）绘制实际货物运载图

装船前，理货机构从船方或其他代理人处取得配载图，理货人员根据配载图来指导和监督工人装舱积载。但是由于各种原因，在装船过程中经常会调整和变更配载。理货长必须参与处理配载图的调整和变更等事宜，在装船结束时，理货长还要绘制实际装船位置的示意图，即实际货物运载图。

5）签证和批注

理货机构为船方办理货物交接手续，一般要取得船方签证，同时，承运人也有义务对托运人和收货人履行货物收受与交付的签证责任。在理货或货运单证上书写对货物数字或状态的意见，称为批注。

6）复查和查询

（1）复查。处理卸港理货数字与舱单记载的货物数字不一致的情况，国际航运的习惯做法是船方在理货单上批注“复查”方面的内容，即要求理货机构对理货数字进行重新核查。

（2）查询。船舶卸货发生溢出或短少，理货机构为查清货物溢短情况，向装港理货机构发出查询文件或电报，请求进行调查，且予以答复；或在船舶装货后，发现理货、装舱、制单有误，或有疑问，理货机构向卸港理货机构发出查询文件或电报，请求卸货时予以注意、澄清，且予以答复；或船公司向理货机构发出查询文件或电报，请求予以澄清货物有关情况，且予以答复。这些统称为查询。

4. 报关检验

进出口货物必须经设有海关的地点进境或者出境，出口货物的发货人或其代理人应当在装货的 24 小时前向海关申报，进口货物的收货人或其代理人应当自运输工具申报进境之日起 14 天内向海关申报，接受海关监督，逾期则征收滞报金。如自运输工具申报进境之日起超过三个月未向海关申报，其货物可由海关提取变卖。

对一般进出口货物，海关的监管程序是：接受申报、查验货物、征收税费、结关放行。而相对应的收货人、发货人或其代理人的报关程序是：申请报关、交验货物、缴纳税费、凭单取货。

报关单位应在规定时间内填写“进出口货物报关单”向海关申报，并随附发票、提单、保单等有关单据，如属法定检验的进出口商品，还须随附商品检验证书。海关审核单证是否齐全、填写是否正确，报关单内容与所附各项单证的内容是否相符，然后查验进出口货物与单证内容是否一致，必要时海关将开箱检验或提取样品。报关单位要协助海关查验货物，负责搬移货物，开拆和重封货物的包装。货物经海关查验通过后，由海关计算税费，填发税款缴纳证，待报关单位交清税款或担保付税后，海关在报关单、提单、装货单或运单上加盖放行章后结关放行。

进出口货物检验主要对货物（尤其是进口货物）的品质、数量及规格等实施检验，确定进出口商品是否残损，是否符合安全、卫生的要求。国际通行的检验方法是“两次检验、两个证明、两份依据”，即以装运港的检验证书作为交付货款的依据，在货物到达目的地后，允许买方公证机构对货物进行复验，并出具检验证书作为货物交接的最后依据。进口货物运达港口后，港务局要进行卸货核对，如发现短缺，应及时填制“短缺报告”并交由船方签字确认，同时，根据货物短缺情况向船方提出保留索赔权的书面声明。卸货时如发现残损，货物应放在海关指定仓库，待保险公司同商检局检验后做出处理。对于法定检验的进口货物，必须向有关商检机构报验，未检验的货物不准投产、销售和使用。如进口货物经过商检局检验发现有残损短缺，应凭商检局出具的证书对外索赔。

5. **支付货款**

进口商对出口商支付货款的程序因所采用的支付方式不同而有差异，在中国出口业务中，使用议付信用证方式较为普遍。货物装运后，受益人(卖方)应及时制单，在信用证规定的有效期和交单期内向银行交单并开出汇票。议付行收到交易单证等各种票据后，在信用证的有效期和交单期内，向银行交单并开出汇票。议付行收到交易单证等各种票据后，按照信用证的要求审单，并在收到单据后七个银行工作日内将审单结果通知受益人。如果确认“单证一致，单单一致”，议付行将向开证行或其指定的银行寄单索偿，同时按与受益人约定的方法进行结汇。开证行收到国外寄来的汇票及单据后，应对照信用证的规定核对单据的份数和内容，如果内容无误，即由银行向国外付款，同时进口商向银行承兑或付款赎单。进口商在取得相关单据后可以凭单提取进口货物。如果银行在审单时发现单、证不符，应做出适当处理，如停止对外付款、对于相应部分付款而对于不符合部分则拒付、货到检验合格后再付款、在付款的同时提出保留索赔权等。

6. **储存和销售**

出口商在货物备运期间，应妥善保管所交货物，防止发生变质，如串味、腐烂等。进口商收到货物后也需要对货物进行储存，有时还需要对货物进行分装、转运等处理。在此期间，进口商应对储存地点、保险、费用等问题加以综合考虑，特别是当进口商向出口商索赔时，在储存期间采取必要手段保全尤为重要，否则一旦货物在储存期间由于保管不当而损坏，进口商会因此丧失索赔权。

进口货物的销售应按照进口商事先制订的商业计划进行，即选择恰当的营销组合将进口商品推向目标市场。

综上所述，国际物流的完成，要求进口商和出口商必须具备处理相关单据的能力与经验，以及与方方面面的机构协调关系的能力。当进口商和出口商缺乏这方面的经验与能力时，可以考虑请进口经纪人、货运代理人等专业人员来完成国际物流环节的事务。这些中介在国际贸易竞争激烈、社会分工越来越细的情况下，发挥着日趋重要的作用。

6.4.3 国际物流运输

1. **国际海运物流**

1) 国际海运的概念

按照运输通道的不同，运输可以分为水上运输、陆上运输、航空运输和管道运输等。海运运量大、费用低，所以在国际贸易中 80% 以上都是通过海上运输完成的。

国际海运是水上运输的组成部分。从狭义的角度看，它是指以船舶运输为运输工具，以海洋运输为运输通道，从事有关跨海洋运输运送货物和旅客的运输经营活动。由于国与国之间的海洋运输有时不一定需要跨海洋进行长时间的海上航行才能实现，而只需要沿海航行即可实现。所以,国际海运还包括部分沿海运输。不过,需要跨越海洋,进行长距离海上航行则是国际海运的主要部分。从广义的角度看,国际海运所包括的范围要更为广泛,它还包括那些为完成国际海运所从事的各种辅助业务或服务工作,如对所承运的货物进行装卸、理货、代理等业务都属于国际海运的范围。

2)国际海运的特点

国际海运主要从事国际间的运输,不但活动范围广,航行距离长,运输风险大,而且其活动要受有关国际规范的约束,从而使国际海运有明显的特点。

(1)政策性强。国际海运是国际性经济活动,涉及国家质检的经济利益和政治利益,其活动受到有关国家的法令、法规和国际公约的约束,政策性比较强,法律的约束性比较规范。

(2)运输线长、涉及面广、环节多、情况复杂。国际间的运输,通常都要运涉重洋,航行距离长,涉及面非常广,涉及的环节很多,情况自然比较复杂,而且环境多变,对人的环境适应性要求比较高。

(3)海上风险较大。由于国际海运船舶经常是长时间远离海岸,在海洋上航行,而且海洋环境复杂,气象多变,随时可能遇上狂风巨浪、暴雨、雪、雷电、海啸、浮冰等人力不可抗御的海洋自然灾害的袭击,从而使海运船舶在从事运输的过程中遭遇危机的机会大大增加。

(4)海运主要货运单证的通用性。海洋运输的货运单证繁多,作用各异。虽然各个国家、港口或船舶公司所使用的货运单证并不完全一致,但是因为国际海运船舶航行于不同国家的港口,货运单证能够划分各方责任,并作为业务联系的主要依据,应能够在不同国家和港口实行。就一些主要的货运单证而言,在名称、作用和记载的内容上常常大同小异,可以在国际间通用。

3)国际海运的经营方式

国际海运的经营方式包括班轮运输和租船运输。

(1)班轮运输。班轮运输又称定期船运输,是指轮船公司将船舶按事先制定的船期表(sailing schedule),在特定海上航线的若干个固定挂靠的港口之间,定期为非特定的众多货主提供货物运输服务,并按事先公布的费率或协议费率收取运费的一种船舶经营方式。班轮运输的航线、停靠港口、船期、运费率固定,承运人负责装和卸。

(2)租船运输。租船运输又称不定期船运输,是指租船人向船东租赁船舶用于货物运输的一种方式。租船运输适用于大宗货物运输,有关航线和港口、运输货物的种类以及航行的时间等,都按照承租人的要求,由船舶所有人确认。租船人与出租人之间的权利义务以双方签订的租船合同确定。

2. 国际航空运输物流

1)国际航空运输的概念

国际航空运输是指使用飞机、直升机及其他航空器运送运输货物并获取收入的一种运输方式。航空运输与海洋运输、铁路运输相比,有运输速度快、运输路程短的特点,适合鲜活易腐和季节性商品的运送。同时运输条件好,货物很少产生损伤、变质,适合贵重物品的运输,又可简化包装,节省包装费用。航空运输迅速准时,在商品买卖中,有利于巩固现有市场和提高信誉。但航空运输量小、运输费用高。由于新技术的发展,产品生命周期日益缩短,产品由厚、重、长、大向薄、轻、短、小方向发展。因此适于航空运输的商品将会越来越多,航空运输的作用会日益重要。

2) 国际航空货物运输的特点

航空运输虽然起步较晚,但是发展迅速,它具有许多其他运输方式所不能比拟的优越性。

(1) 运送速度快。航空运输最突出的优点就是速度快,大大缩减了货物的在途时间,对于那些易腐烂、变质的现货商品,时效性强、季节性强的报刊、节令性商品,抢险、救急品的运输,这一特点尤为突出。

(2) 不受地面条件限制,深入内陆地区。航空运输利用天空这一自然通道,不受地理条件限制,其对于地面条件交通不便的内陆地区非常合适,有利于当地资源的出口,促进当地经济的发展。航空运输使本地与外界相联系,对外辐射面广,而且航空运输相较于公路运输与铁路运输占用土地少,这对寸土寸金、地域狭小的地区发展对外交通十分合适。

(3) 安全、准确。与其他运输方式相比,航空运输的安全性较高。航空公司的运输管理制度也比较完善,货物的破损率较低,如果采用空运集装箱的方式运输货物,则更为安全。

(4) 节约包装、保险、利息等费用。由于采用航空运输的方式,货物在途时间较短,周转速度快,企业存货可以相应减少。一方面有利于资金的回收,减少利息支出;另一方面,企业仓储费用可以降低。又由于航空货物运输安全、精确、货损和货差少、保险费用较低,因此与其他运输的方式相比,航空运输的包装简单,包装成本减少。这些都造成企业隐形成本的下降。

当然,航空运输也有其局限性,主要表现在航空货运的运输费用较其他运输方式更高,不适合低价值货物;航空运载工具的舱容有限,对大件货物或大批货物的运输有一定的限制;飞机飞行安全受恶劣气候影响;等等。但总的来讲,随着新技术的广泛运用,产品趋向薄、轻、短、小、高价值,管理者更重视运输的及时性、可靠性。

3) 国际航空运输的经营方式

国际航空运输的经营方式主要有班机运输、包机运输、集中托运和航空快递。

(1) 班机运输。班机是指定期开航的、定航线、定始发站、定目的港、定途经站的飞机。一般航空公司都是用客货混合型的飞机,一方面搭载旅客,另一方面运送少量货物。有些大的航空公司在一些航线上开辟定期货运航班,使用全货机运输。

(2) 包机运输。包机运输分为整包机和部分包机两类。整包机即包租整架飞机,指航空公司按照与租机人实现约定的条件及费用,将整个飞机租给包机人,从一个或者几个航空港装运货物至目的地。部分包机由几家航空公司或发货人联合包租一架飞机或者由航空公司把一架飞机的舱位分别卖给几家航空货运公司装载货物。部分包机用于托运不足一整架飞机舱,但货量又较重的货物运输。

(3) 集中托运。集中托运指集中托运人将若干批单独发运的货物组成一整批,向航空公司办理托运,采用一份航空总运单集中发运到同一目的站,由集中托运人在目的地指定的代理收货,再根据集中托运人签发的航空分运单分拨给各实际收货人的运输方式。

④ 航空快递。航空快递业务是由快递公司与航空公司合作，向货主提供的快递服务，其业务包括由快递公司派专人从发货人处提取货物后以最快航班将货物出运，飞机抵达目的地后，有专人接机提货，办妥进关手续后直接送达收货人，称为“桌到桌运输”。这是一种最为快捷的运输方式，特别适合于各种急需物品和文件资料的运输。

3. 国际陆运物流

1）国际铁路物流

国际铁路物流是指以国际铁路为物流通道的国际运输活动，主要包括国际铁路运输及直接相连的辅助业务。这里与国际铁路运输直接相连的辅助业务主要是指国际铁路运输过程中货物的直接装卸、搬运作业。

国际铁路运输是一种仅次于海洋运输的主要运输方式，海洋运输的进出口货物，也大多数是靠铁路运输进行货物集中和分散的，其主要有以下特点。

(1) 铁路运输的准确性和连续性强。铁路运输几乎不受天气影响，一年四季可以不分昼夜地进行定期的、有规律的、准确的运转。

(2) 铁路运输的速度比较快。铁路货运速度每昼夜可达几百千米。

(3) 运输量比较大。铁路一列货物列车一般能运送 3 000～5 000 吨货物，远远高于航空运输和汽车运输。

(4) 成本较低。铁路运输的费用仅为汽车运输费用的几分之一到十几分之一，运输耗油约是汽车运输的二十分之一。

(5) 安全可靠，风险比海上运输小。

(6) 初期投资大。铁路运输需要铺设轨道、建造桥梁和隧道，建路工程艰巨复杂；需要消耗大量的钢材、木材；占用土地，因此初期投资大大超过其他运输方式。

2）国际公路物流

国际公路物流是指以国际公路为物流通道的国际运输活动，主要包括国际公路运输及与其直接相连的辅助业务。

公路汽车货物运输是现代交通运输体系中最为普遍的一种运输方式。公路汽车货物运输方式不仅在国家的经济建设和社会生活等方面具有十分重要的地位和作用，而且在国际贸易运输过程中也是不可缺少的一个环节。在国际货物运输中，不论采用海运、空运或者陆运中的任何一种运输方式，都需要以公路汽车作为衔接。同时，作为国际陆运货物运输的方式之一，公路汽车运输还承担着公路口岸的出入境货物运输任务。

公路运输主要有以下几个特点。

(1) 时差效益。在当今市场竞争日益激烈的情况下，对运输贸易的时效性要求越来越高。由于汽车机动灵活，可实现“门到门”运输，能实现时效性强的物流需要。

(2) 远距离效益。汽车调度灵活，适应性强，有时可以选择小于铁路或水路运输的运距，使在途运输的时间缩短，从而加速资金周转，获得远距离效益。

(3) 运输质量效益。公路运输的装卸环节少，货损货差小，同时由于汽车的单人作业责任运输制与个人经济利益紧密联系，驾驶员必须对运输质量有较强的责任心。相对而言，即使发生货损或者事故，由于单车运量小，损失比例也较小。

除此之外，与其他运输方式相比，公路运输又具有一定的局限性，如载重量小，不适宜装载重件、大件货物，不适宜长途运输，车辆运行中振动大，易造成货损事故，同时运价也较水运和铁路高。

3）国际管道物流

国际管道物流是指以国际管道为物流通道的国际运输活动，主要包括国际管道运输及与其直接相连的辅助业务，这里与国际管道运输直接相连的辅助业务主要是指国际管道运输过程中汽油的直接计量、检测、调控作业等。

管道运输是随着石油的产生而产生和发展的，是一种特殊的运输方式，与普通货物的运输形态完全不同：普通货物运输是随着运输工具的移动，货物被运送到目的地，而管道运输的运输工具本身就是管道，是固定不动的，只是货物本身在管道内移动。换言之，它是运输通道和运输工具合二为一的一种专门运输方式。

管道运输就其铺设工程可以分为架空管道、地面管道和地下管道，其中以地下管道应用最为普遍，根据地形情况，一条管道三种铺设方式可以兼而有之。管道就其地理范围可以分为：油矿至聚油塔或炼油厂，称为原油管道；从炼油厂至海港或集散中心，称为成品油管道；从海港至海上浮筒，称为系泊管道。管道运输就其运输对象又可以分为液体管道、气体管道、水浆管道。

管道运输的特点如下。

(1) 运输通道与运输工具合二为一。

(2) 高度专业化，适于运输气体和液体货物。

(3) 永远是单方向运输。

从以上特点中可以看出管道运输不受地面气候影响可以连续作业，运输的成本低，经营管理比较简单。但是也存在着运输货物单一、机动性差、固定投资较大等缺点。

6.4.4 国际货物储存

国际货物储存同国际物流货物运输一样，是国际物流流程中的重要环节。在国际物流活动中，国际货物仓储不仅承担着进口货物保管、存储的任务，在货物的加工、挑选、整理、包装、备货、组装和发运等一系列环节中也起着至关重要的作用。随着国际物流的迅速发展，全球对国际货物仓储业的发展也越来越重视。

1. 国际货物储存的作用

随着国际物流业的迅速发展，国与国之间的商品往来，无论在数量上还是质量上，都有明显的增加与提高。作为国际物流流程中的重要环节，国际货物仓储必须适应这一发展趋势，在国际物流流程中发挥应有的作用。国际货物储存在国际物流流程中主要有以下几个方面的作用。

1）保证进入国际市场的商品质量

在国际物流流程中，通过货物仓储环节，对即将进入国际市场的商品进行检验，剔除伪劣商品，可以保障进入国际市场的商品品质。主要有两个关键环节：一是商品入库保管期内的质量检查；二是商品出库前的检验检查。对于前者，待入库商品应该满足仓储要求，而在仓库保管期内，商品处于静止状态以减少发生物理或化学变化，保证储存商品的质量。对于后者，出库商品需符合国家出口标准和国际贸易合同对出口质量的约定，保证国际物流流程的顺利运转。

2）延伸生产的加工业务

随着国际货物仓储业的发展，其不仅具有储存货物的功能，而且越来越多地承担着具有生产特性的加工业务。例如，分拣、挑选、整理、加工、简单的装配、包装、加标签、备货等活动。货物的仓储过程与生产过程更有机地结合在一起，从而为国际物流活动提供更多的服务项目，使得商品增值，也大大缩短了商品进入市场后续环节的作业过程和时间，加快了商品的流通。

3）减少国际物流中的货损货差

在国际物流过程中，港口和机场的库场在接收、承运及保管货物时，都会对货物进行检查，并根据货物的性质、包装进行配载、成组装盘，根据需要，有的货物还会在库场重新包装、捆绑。进口货物在入库后还会对其进行分票、点数和分拨，这些都能有效减少国际物流过程中的货损货差。此外，当因海关审查、检验检疫手续延误，或天气等状况延误装船、交付和运输时，货物也可暂存在库场，从而避免货损发生。

2．国际货物储存仓库的分类

国际物流仓库是国际货物仓储必不可少的物质技术基础设施。为保证国际货物仓储作用的有效发挥，国际物流仓库相应地需要有不同的规模和不同的功能的多种类型。

1）按仓库在国际物流中的用途分类

（1）口岸仓库。口岸仓库也称周转仓库，其特点是商品储存期短、周转快。这种仓库大都设在货物集中发运出口的沿海港口城市，主要储存口岸和内地对外贸易业务部门收购的出口待运商品与进口待分拨的商品，规模一般较大。

（2）中转仓库。中转仓库也称转运仓库，其特点是大都设在商品生产集中的地区与出运港口之间，如铁路、公路车站，江河水运港口码头附近，商品生产集中的大、中城市和商品集中分运的交通枢纽地带。其主要职能是按照进出口商品的合理流向，储存、转运本地区和外地区经过口岸出口的商品。大型中转仓库，一般都设有铁路专用线，从而将国际物流货物的储存、转运业务紧密结合起来。

（3）加工仓库。加工仓库的特点是将出口商品的储存和加工结合在一起。其主要职能是对某些出口商品，按照成交合同规定的质量、规格、数量和包装等要求进行加工、挑选、整理、分级、包装和改装，以适应国际市场的需要。如农产品、畜产品、茶叶、中药材及部分干鲜果品等的加工仓库。

（4）储存仓库。储存仓库的特点是商品储存期较长，来源较广。其主要职能是用于储存待销的出口商品，援外的储备物资，进口待分拨、出口业务需要的储备商品，等等。这类仓库的规模大小不等，所储存的商品要定期检查，加强商品养护。

2）按存储商品的性能及设备分类

（1）通用仓库。通用仓库是用来储存一般没有特殊要求的工业品或农副产品的仓库，也叫普通仓库。它属于一般的保管场所，对储存、装搬、堆码和养护设备的要求较低，在各类对外贸易仓库中所占比重最大。

（2）专用仓库。专用仓库是专用于储存某一类商品的仓库，如较易受外界环境影响发生变质和失量的商品或由于本身的特殊性质不适宜与其他商品混合存放的商品。在保养技术设备方面，这类仓库也相应增加了密封、防霉、防火以及监测等设施，以确保特殊商品的质量安全。

(3) 特种仓库。它是用于存储具有特殊性质，要求使用特别保管设备维护的商品，一般指化学危险品、易腐蚀品、石油及部分医药商品等。这类仓库配备有专门设备，如冷藏库、保温库、危险库、危险品仓库等。

3) 按仓库的所有权进行分类

(1) 自有仓库。自有仓库又称自营仓库，是指由企业自己拥有并管理的仓库。自有仓库初期投资较大，但在以后的日常运行中成本很低。

(2) 公共仓库。公共仓库是指国家或企业向社会提供的仓库，专门向客户提供相对标准的仓库服务，如保管、搬运和运输等，因而又被称为“第三方仓库”。

(3) 合同仓库。合同仓库是指在一定的时期内，按照一定的合同约束，使用仓库内一定的设备、空间和服务。合同仓库的经营者可以将提供给客户的服务范围扩大到其他物流活动，例如，运输配送、存货控制、订货处理和顾客服务以及退货处理等，从而在仓库管理、设备使用和仓库作业环节上能够达到最大限度的规模经济。

3. 国际货物仓库的管理模式

国际货物仓库主要有两种管理模式，即企业自行管理和委托其他方管理。

1) 企业自行管理模式

企业自行管理是指各进出口专业公司自己拥有仓库并自行管理的国际物流仓库管理模式。企业自行管理的仓库一般只储存本企业生产所需的原材料、半成品或是可供销售的产成品。

相对于企业委托其他方管理模式，企业自行管理仓库模式具有以下优点。

(1) 企业自行管理可以更大程度地控制仓储流程，使其与企业整个生产过程相协调。企业自行对仓库进行管理，在产成品移交给客户之前，企业对产成品负有直接责任。由于企业拥有所有权，能够对仓储流程实施最大限度的控制，企业可将仓储的功能与企业的整个分销系统进行协调，从而保证为客户提供产品的质量，保障整个生产过程的顺利进行。此外，企业自行管理仓库，对于原材料的采购、补充和半成品的调配也更为便利，减少了与第三方沟通协调的程序和时间，使得整个生产过程更顺畅。

(2) 企业自行管理更能满足企业产品仓储的需求。企业自行管理，仓库可以按照企业要求和产品的特点对仓库进行合理的设计与布局。例如，高度专业化的产品往往需要专业的保管和搬运技术，而公共仓储难以满足这种要求。因此，这类企业必须自行对仓库进行管理或直接将货物送交客户。

(3) 企业自行管理有利于降低仓储成本。从长期来看，企业自行管理仓库，可最大限度地合理利用仓库的空间和各项资源，并使其满足本企业产品储存管理的需要，与企业的生产经营过程相协调，从而达到本企业仓储业务的优化配置，降低仓储成本。

企业自行管理仓库模式也存在以下缺点。

(1) 企业自行管理需要一定的资金、技术和人员，有一定的固定成本和机会成本。企业要自行管理仓库，首先必须拥有自己的仓库。修建自己的仓库往往需要大量的资金，而对仓库进行良好的管理，也需要相应的技术及管理人员。这些对于企业来说构成了企业的生产成本。此外，企业对仓库的投资占用企业的资金，而这部分资金如果投入到其他项目也许会得到更高的收益，因此，企业自行管理仓库又有一定的机会成本。

(2) 企业自行管理使得本企业仓储业务的灵活性降低，在短期内，企业自建仓库的空间是固定的，无法随着企业仓储需求的变动而变动。当企业对仓储空间的需求减少时，仍需承担自建仓库中未利用部分的成本；而当企业对仓储空间有额外需求时，自建仓库却无法满足。另外，自建仓库还存在位置和结构的局限性，短时期内无法改变，如果企业只使用自建仓库，当市场的大小、位置和客户偏好发生变化时，企业无法及时地进行调整，从而丧失市场机会。

2) 委托其他方管理模式

企业除了可自行对仓库进行管理外，还可委托其他方对仓库进行管理。主要采取两种方式：①租赁公共仓库，由外运公司管理本企业的仓储业务；②第三方仓储，由专业的物流公司管理本企业的仓储业务。

与租赁公共仓库相比，第三方仓储能够提供更专业化的高效、经济和准确的分销服务。企业若想得到高水平的质量与服务，则可利用第三方仓储，其仓库的设计水平更高，并且更能满足特殊商品高标准、专业化的搬运要求。如果企业只需要一般水平的搬运服务，则可采用租赁公共仓库的模式。从本质上说，第三方仓储是生产企业和仓储企业之间建立的伙伴关系。正是由于这种伙伴关系，第三方仓储相比租赁公共仓库的管理模式，更能为货主提供特殊要求的空间、人力、设备和特殊服务。

一般来说，采用委托其他方进行仓库管理的模式具有如下优点。

(1) 企业无须自行花费资本投资设立仓库。一般地，通过委托其他方进行仓库管理，企业无须对其设施和设备进行任何投资，只需支付相对少的租金即可得到仓储服务。企业也无须再花费资本投资设立仓库，从而避免资本投资和财务风险。

(2) 委托其他方进行管理可以避免企业自行管理技术、人员上的困难。企业自行对仓库进行管理需要一定的人员和相关的技术。对工人的培训和管理不仅会增加企业的生产成本，而且如果培训管理不当，还会造成企业生产经营过程的不顺畅。此外，对于产品需要特殊搬运或具有季节性的企业来说，维持一个有经验的仓库员工队伍也很困难。通过委托其他方进行管理可有效避免企业自行管理技术、人员上的困难。

(3) 可以满足企业在库存高峰时大量额外的库存需求。大多数企业由于产品的季节性、促销或其他原因，对仓储的需求水平会发生变化，委托其他方管理的仓库管理模式更能满足企业变化的仓储需求。

(4) 企业的生产经营活动更加灵活。委托其他方进行管理的合同是短期的，当市场、运输方式、产品销售或企业财务发生变化时，企业能灵活地改变仓库的位置。此外，企业还可以根据仓库对整个分销系统的贡献以及成本和服务质量等因素，临时签订或终止租赁合同。

委托其他方进行管理的模式也存在以下缺点。

(1) 增加了企业的包装成本。由于委托其他方进行管理时企业使用的是由其提供的公共仓库。很多情况下，各种不同种类的货物会储存在一起，而各种不同性质的货物可能会互相影响，为此，企业使用公共仓储时必须对货物进行各种保护性包装，从而增加包装成本。

(2) 提高了企业控制库存的难度。采用委托其他方进行管理的模式时，企业与仓库经营者都有履行合同的义务，但若发生盗窃等意外事件，货物的损坏给货主造成的损失将远大于得到的赔偿。因此，在控制库存方面，使用公共仓库将比使用自建仓库承担更大的风险。此外，企业还有可能由此泄露有关的商业机密。

6.5 "一带一路"对现代物流的影响

"一带一路"是"丝绸之路经济带"和"21 世纪海上丝绸之路"的简称，是习近平主席提出的一种合作发展的理念和倡议。"一带一路"倡议是在 2013 年习近平主席出访中亚和东盟期间提出的。"一带一路"作为中国对外开放的新战略对国内现代物流架构起到了支撑和示范作用，有利于刺激物流产业发展和升级，有利于加强中国的地区交流，形成东西互济、海陆统筹的发展格局。

"一带一路"是我国新一届政府根据当前严峻的国际形势所提出来的振兴民族经济的发展战略，是国家有意识、有准备地打造陆地物流产业发展的战略，同时也是打造海上物流产业发展的战略，以形成陆、海、空三大物流通道，从而实现中国国际贸易长远的"一体两翼"的发展战略。其中"一体"是中国的国际贸易为主体，一翼是"丝绸之路经济带"，另一翼是"海上丝绸之路"，从而促进我国多种形态物流体系结构的形成与发展。目前而言，物流行业是融合金融、电子商务、货代、仓储、运输、互联网等多产业、集约化的复合型服务业，是支撑我国国民经济发展的支柱性产业。我国是物流大国，铁路货物发送量、周转量、港口吞吐量、道路货运量、海港集装箱吞吐量、电子商务市场规模、高速铁路和高速公路里程等均居世界第一，航空货运量和快递量已居世界第二。

6.5.1 "一带一路"对国内物流业发展的积极影响

随着"一带一路"倡议的实施，各地区产业的沟通和交流必将增加，要想实现互利共赢，必须以高速的物流服务为前提。在省际和不同区域之间，经常因为各地区的政令不通，而影响物流工作的完成。"一带一路"可以确保各级政府和部门能够在与政策相应的区域范围内保持政令的畅通。为了更好地服务于国家的"一带一路"倡议，我国的交通运输部出台了《关于全面深化交通运输改革的意见》，使建设立体化大交通成为可能。我国在整体的交通运输方面已经很多年没有进行规模比较大的改革，本次在"一带一路"政策的推动下，较大规模地整治地区之间的交通运输，极大地完善了我国的综合交通运输体制机制，并且加快了交通运输现代市场体系完善的脚步。

"一带一路"对于物流业的发展也起到了督查的作用。在《物流业发展中长期规划》中，虽然对承担责任的单位及负责人有所规定，但在行政效率的考核中有所欠缺。因此，在"一带一路"倡议的推动下，对相关负责人进行逐月、逐季、逐年的监督和调查，并将督查情况通过媒体向大众公布，避免物流业界再次出现各部门"坐而论道"、不踏实做事的情况。

在“一带一路”倡议的推动下，我国企业面对的消费市场将会更加广阔，这给我国物流企业的发展带来了很多的机遇。面对这样的考验，如果只依照传统企业的经营方式，将很难迎合当代经济的发展。更多的物流企业选择对企业内部进行改革和创新，在企业中更多地引进科学的管理和先进技术，使得企业间的产品流通、企业内的物料移动、总分机构的事务处理等各方面实现信息化和自动化。这大大提高了企业的生产和工作效率，也极大地推动了国内物流业的发展。

6.5.2 “一带一路”对国际物流业发展的积极影响

党的十八届三中全会提出，适应经济全球化新形势，必须推动对内对外开放相互促进，“引进来”和“走出去”更好结合，构建开放型经济体制，形成全方位开放新格局，而“一带一路”战略正是这种目标的具体落实。加强国际物流大通道建设是强化区域协作和扩大内陆沿边开放的重要切入点。“一带一路”倡议的落实将进一步加强相关国际物流大通道的建设，是我国全面对外开放的重要支撑。

据商务部统计，目前，我国已经是不少“一带一路”沿线国家的最大贸易伙伴和合作伙伴、最大出口市场和主要投资来源地。随着“一带一路”的建设，沿线区域内双边贸易和投资量将会持续增加。而贸易投资量的增加将带来物流量的增加，这为国际物流业务的可持续增长创造了条件。

基础设施的互联互通将助推专业物流的发展，而国际物流产业是物流业的终极发展方向。加强建设“一带一路”沿线区域海、陆、空基础设施的互联互通是重中之重。为此，我国政府将协力推进新亚欧大陆桥、孟中印缅经济走廊、中巴经济走廊等骨干通道建设，与之配套的一批气势恢宏的国际工程项目会相继投资上马。这将给国际物流产业未来发展带来两大利好，一是电力、公路、港口、铁路等基础设施建设历来是我国对外工程承包企业在沿线国家经营的优势行业，能源大项目合作是我国同中亚五国投资合作的重要领域，工程承包业的持续增长和大项目的拉动将为这些年发展较快的工程物流市场提供新的增长点；二是随着区域互联互通建设项目的顺利推进，区域内海运将增加新的航线及班次，陆水联运通道将被不断打通，区域航空货运的规模日趋扩大，集装箱运输、散杂货运输和航空货代业务等国际物流有望迎来新机遇。另外，以竞相开通运行的中欧货运班列为平台的国际陆路运输通道的形成，将极大地拓展国际铁路物流的经营空间。沿线产业园区的建立将为物流产业“走出去”提供强有力的支撑。

“一带一路”沿线国家是我国输出铁路、核电等高端装备及钢铁、有色、建材、轻纺等国内传统优势过剩产能，并在境外建设上下游配套生产线，实现全产业链“走出去”的重要核心市场。我国政府将谋划在一些沿线国家设立产业园区，这将释放和聚焦巨大的物流需求。物流专家普遍认为，中国物流业要以“一带一路”倡议为契机，着力自身的发展，更要深入理解“一带一路”倡议的要求，夯实行业基础，提高国际竞争力，加速向国际大物流行业的渗透，为中外客户提供更优质的全程化物流服务，以利于行业长足发展。

6.5.3　"一带一路"新形势下物流业面临的新挑战

"一带一路"倡议为物流业的发展带来了巨大的机遇，也使得物流业面临新的挑战。

(1) 中国物流业尚缺乏具有国际竞争力的大型物流企业，物流企业各自为政甚至恶性竞争，缺少深入的合作与交流，物流行为单一、服务标准不统一成为制约中国物流业走向世界的基本因素。因此，中国物流业需要有国际化的战略眼光，加强物流企业之间的战略合作，建立完善的信息网络，明确服务标准，统一行业规范。物流行业要与企业加强联系，特别是对我国物资进出口量大的企业，应及时掌握其对物流的需求情况，从而为其提供优质的物流服务。我国物流业要变革观念，积极拓展多位一体的物流服务活动。像铁路行业这种传统大型运输企业，过去都是以运输为基础，对物流业的应用还处于探索阶段。应将传统的行业运输行为转化为综合化物流产业行为，要转变行业大局观，更要完善行业制度，培养超一流的物流管理人才，才能建设成为国际一流的物流产业。

(2) 沿线国家和地区对"一带一路"倡议的认识尚不统一，存在观望态度。历史上由于大国崛起必然会带来经济政治上对其他国家的侵蚀和压榨，因此部分周边国家始终对我国的"一带一路"倡议保持戒备态度。特别是前期我国外交政策的倾斜，与周边新兴市场国家在重要战略资源上的合作并不深入，加之"一带一路"沿线国家在经济政策、社会文化环境、意识形态等方面存在巨大差异，无疑使我国物流业发展面临巨大挑战。

(3) 周边国家和地区局势不稳定，风险与压力并存。一方面，由于历史原因，"一带一路"沿线国家存在诸多领土和主权问题；另一方面，"丝绸之路经济带"沿线国家和地区面临恐怖主义、毒品走私等犯罪活动的威胁，不仅对物流安全造成了较大冲击，也影响了沿线国家和地区之间投资贸易的顺利进行。

(4) "一带一路"倡议易引发国内相关省市区之间的恶性竞争，资源浪费严重。自"一带一路"倡议实施以来，国内各相关省市区，如新疆、陕西、福建、重庆乃至中部地区的河南等，积极争取成为"丝绸之路经济带"以及"21 世纪海上丝绸之路"的起点，以抢占发展先机。但是，这种无序竞争容易造成区域功能重叠、资源浪费、产品同质化等一系列问题，如各省市区相继开通的中欧国际铁路货运专列就存在货源地重叠问题，会在货源上引发恶性竞争。此外，这些货运专线多数面临始发地货源充足而返程无货可运的困境，会导致物流成本的大幅提升。

丰田进军国外市场是如何做物流的

2002 年盛夏，墨西哥城街头，仿佛一夜之间，丰田汽车的广告语—"你感觉得到"充斥着人们的眼睛。但对丰田来说，进入墨西哥市场并非瞬间的念头，历时三年缜密的物流计划后，第一辆丰田车经过海运从美国的巴尔摩港运至墨西哥韦拉克鲁斯，同时，第一批汽车配件也通过空运从美国安大略和辛辛那提起运。丰田美国汽车销售公司的物流计划经理托尼·米勇表示，目前一切运输都非常顺畅。

尽管经过如此周密的准备，但丰田并不准备把这一物流计划在墨西哥持续运用下去。一旦两三年内，丰田汽车在墨西哥的销量达到一定水平，丰田就会在墨西哥单独建一个零部件分拨中心，当然这其中的决定性因素在于，在墨西哥储存零部件要比从美国空运过去成本更低。相对于零部件来说，从美国和加拿大运输整车至墨西哥的战略将很快发生变化。随着更多的经销商在墨西哥站稳脚跟，以及丰田汽车在墨西哥销售的车型日趋多样化，这些汽车将会通过铁路从美国和加拿大运出，而不再使用海运。

事实上，丰田进入墨西哥市场的途径非常保守。起初，丰田只和 6 家经销商合作，其中 4 家在墨西哥城，另外两个分别在瓜达拉哈拉和蒙特雷。刚刚进入墨西哥时，丰田只带来了一种车型——佳美；半年后，丰田才把另一种车型 Corollas 运进墨西哥。

从概念上看，墨西哥市场应是美国市场的一个延伸。丰田在墨西哥没有生产厂，佳美和 Corollas 分别从美国和加拿大的生产地直接运到墨西哥的经销商手中。汽车配件则通过空运从美国的丰田零部件配送中心运出。但由于文化背景的原因，在墨西哥做生意实际比在北美其他地区要困难一些。由于墨西哥使用的是西班牙语，因此，所有的文件都得使用西班牙文，而不像原来那样使用英语，而且交易需用墨西哥比索，不再是美元，墨西哥海关的要求又与美国和加拿大海关大相径庭。

作为世界第三大汽车生产商，开拓新市场对丰田来说并非新鲜事，丰田的经验是深思熟虑、缓步前进。米勇表示，丰田奉行逐步发展的原则，不会顷刻间变得面目全非，每一步都是逐步积累起来的。例如，丰田从 1957 年就开始在美国市场销售汽车，但配件的运输一直控制在东京总部，从那里通过空运运给美国的经销商，这种情况一直持续到 1996 年，丰田才在美国建立了北美第一个零部件配送中心。在加拿大和波多黎各，丰田的步骤也大致如此。

为了设计在墨西哥的物流计划，丰田多方咨询。以丰田自己的物流人员为核心，建立了内部的评测程序。此外，丰田还与咨询公司合作，请了一个墨西哥律师，并与墨西哥的运输公司结成伙伴关系。丰田还将自己的计划与已在墨西哥立足的一些企业的物流程序进行对照。

零部件物流和整车物流完全不同。整车运输要求佳美有稳定的销量，先用卡车从美国的生产厂运到巴尔的摩港，再通过日邮的滚装船运到墨西哥。海上运输需要七八天的时间，这足以让墨西哥的经销商和运输公司做好充分准备。丰田将在墨西哥与更多的经销商合作，一旦汽车销量达到一定水平，将采用铁路运输，时间将会缩短，运输班次更为频繁，从而使整车产品受损的机会减少。而且，在美墨边境来回运输的一些企业也已做了大量的工作，理顺了报关程序。

配件和零部件的运输更强调时间性，因此丰田在墨西哥建立其零部件分拨中心之前，主要采取空运。目前，丰田已经与美国的 Expeditors 物流公司签订合同，由该公司把零部件从美国空运到墨西哥城，然后丰田在墨西哥的一家合资企业将负责把它们运送到各个经销商手中。最终，随着销售量的上升，丰田将在墨西哥建立零部件分拨中心。米勇称，主要决定因素在于，丰田感到有必要降低运输成本、缩短运输时间。

进入墨西哥市场之前，丰田还研究了海关有关运输零部件、整车到另一国家的要求。此外，墨西哥在有关产品标签、安全和环境问题上还有一大堆要求，丰田在进入墨西哥之前都进行了仔细研究。

丰田的物流部门对物流运作继续监测，一旦实现预期的目标，就会设立新的目标；同时，物流人员正在对丰田何时设立零部件分拨中心和整车生产厂进行考察，那时，丰田将推出另一套全新的物流计划。

思考题：

丰田进军墨西哥市场是如何开展物流工作的？

习　题

1. 什么是城市物流？城市物流具有哪些特征？
2. 简要回答城市物流系统的构成要素。
3. 简述城市物流网络布局规划的内容。
4. 简述城市物流配送的含义，城市物流配送系统的功能子系统包括哪些？
5. 简述城市物流信息平台的功能结构。
6. 简述城市物流信息平台规划的主要内容。
7. 国际物流的概念及其特征。
8. 简述国际物流系统的构成。
9. 国际物流的基本业务有哪些？
10. 简述国际物流运输的三种形式及其优缺点。
11. 简述国际货物储存仓库的分类。
12. 阐述"一带一路"倡议对现代物流的影响。

参考文献

[1] 吕律，陈鑫，董姗姗. 城市物流对城市经济发展的影响研究[J]. 东方企业文化，2014(22)：225.
[2] 杨萌. 城市物流系统构成与运行要素对环境的影响研究[D]. 北京：北京交通大学，2014.
[3] 唐秀丽. 城市物流[M]. 北京：中国物资出版社，2011.
[4] 贺红梅，程海芳. 我国城市物流发展水平的综合评价[J]. 物流技术，2011，30(11)：32-33.
[5] 李祎蜚. 城市物流网络系统节点规划研究[D]. 西安：长安大学，2010.
[6] 张潜. 城市物流[M]. 北京：北京大学出版社，2011.
[7] 汪晓霞. 城市物流配送管理[M]. 北京：北京交通大学出版社，2011.
[8] 龙江，朱海燕. 城市物流系统规划与建设[M]. 北京：中国物资出版社，2004.
[9] 方虹. 城市物流研究[M]. 北京：高等教育出版社，2006.
[10] 张良卫. 国际物流[M]. 北京：高等教育出版社，2012.
[11] 柴庆春. 国际物流管理[M]. 北京：北京大学出版社，2011.
[12] 逯宇铎，陈阵，李正锋. 国际物流学[M]. 北京：机械工业出版社，2012.
[13] 洪家祥，高阔. 现代物流管理[M]. 北京：北京交通大学出版社，2011.
[14] 吴健. 现代物流与供应链管理[M]. 北京：清华大学出版社，2011.
[15] 陈荣，郝世绵. 物流管理概论[M]. 合肥：合肥工业大学出版社，2010.

[16] 王赫男，毕晓芬. 国际物流[M]. 北京：电子工业出版社，2009.
[17] 柴庆春. 国际物流管理[M]. 北京：北京大学出版社，2011.
[18] 孙前进. 我国节点城市物流体系“十二五”发展规划与建设[M]. 北京：北京财富出版社，2015.
[19] 中投顾问产业研究中心. 2016—2020 年中国物流行业投资分析及前景预测报告[R/OL]. http://www.docin.com/p-1560270348.html.
[20] 翁心刚. 区域性国际物流信息服务体系构建研究[M]. 北京：中国物资出版社，2011.
[21] 翁心刚. 区域性国际物流信息平台构建研究[J]. 中国流通经济，2011，25(12)：26-30.

第 7 章

物流信息系统

7.1 物流信息系统概述

7.1.1 物流信息系统的概念与特点

物流信息系统，通常可以认为是企业信息系统中的一类，是计算机管理信息系统在物流领域的应用。从广义上来说，物流信息系统应包括物流过程的各个领域的信息系统，如运输、仓储、海关、码头、堆场等，是一个由计算机、应用软件及其他高科技的设备通过全球通信网络连接起来的纵横交错的立体的动态互动的系统。而从狭义上说，物流管理信息系统只是管理信息系统在某一涉及物流的企业中的应用，即某一企业（物流企业或非物流企业）用于管理物流的系统。

随着社会经济的发展和科技的进步，物流信息系统正在朝着信息分类的集成化、系统功能的模块化、信息采集的标准化、信息存储的实时化、信息传输的网络化、信息处理的智能化以及信息处理界面的图形化方向发展。

1. 集成化

集成化是指物流信息系统将业务逻辑上相互关联的部分连接在一起，为企业物流活动中的集成化信息处理工作提供基础。在系统开发过程中，数据库的设计、系统结构以及功能的设计等都应该遵循统一化的标准、规范和规程，以避免出现“信息孤岛”的现象。

2. 模块化

模块化是指把物流信息系统划分为各个功能模块的子系统，各子系统通过统一的标准来进行功能模块开发，然后再集成，组合起来使用，这样既能满足物流企业的不同管理部门的需要，也保证了各个子系统的使用和访问权限。

3. 标准化

标准化包括两个方面内容：一是物流信息本身的标准化，如数据格式、语言、传输协议、处理程序等的标准化；二是物流信息系统的结构、接口、基本模块的基本统一性。标准化有利于物流企业信息系统和其他企业信息系统之间的数据和信息的交换与共享。

4. 实时化

实时化借助于编码技术、自动识别技术、GPS、GIS 等现代物流信息技术，对物流活动进行准确、实时的信息采集，并采用先进的计算机与通信技术，及时地进行数据处理和传送物流信息，将供应商、分销商和客户在业务关系上连接起来，使得整个物流信息系统能够及时掌握和共享属于供应商、分销商或客户的信息。

5. 网络化

网络化通过网络技术和通信技术将分散在不同地理位置的物流分支机构、供应商、客户等连接起来,形成一个复杂但有密切联系的信息网络,实时地了解各地业务的运作情况。物流信息中心将对各地传来的物流信息进行汇总、分类以及综合分析,并通过网络把结果和反馈传达下去,以指导、协调、综合各个地区的业务工作。

6. 智能化

虽然现在智能化物流信息系统尚缺乏十分成功的案例,但物流信息系统正在往这个方向努力发展。如在物流企业决策支持系统中的知识子系统,就负责收集、存储和智能化处理在决策过程中所需要的物流领域知识、专家的决策知识和经验知识。

7.1.2 物流信息系统结构

从系统的观点来看,构成物流信息系统的主要要素有硬件系统、软件系统、数据资源、相关人员以及企业管理制度与规范等,物流信息系统将这些要素结合在一起,对物流活动进行管理、控制和衡量。

1. 硬件系统

硬件是指信息系统对信息进行收集、存储、加工、使用和传输等处理过程中所使用的物理设备或装置,包括主机系统及其外围设备。主机,如大型机、工作站等;大容量外存储器,如磁盘、光盘等;输入设备,如鼠标、扫描仪等;输出设备,如显示器、打印机等。此外还有通信、网络设备和办公自动化设备。物流信息系统物理结构如图 7-1 所示。

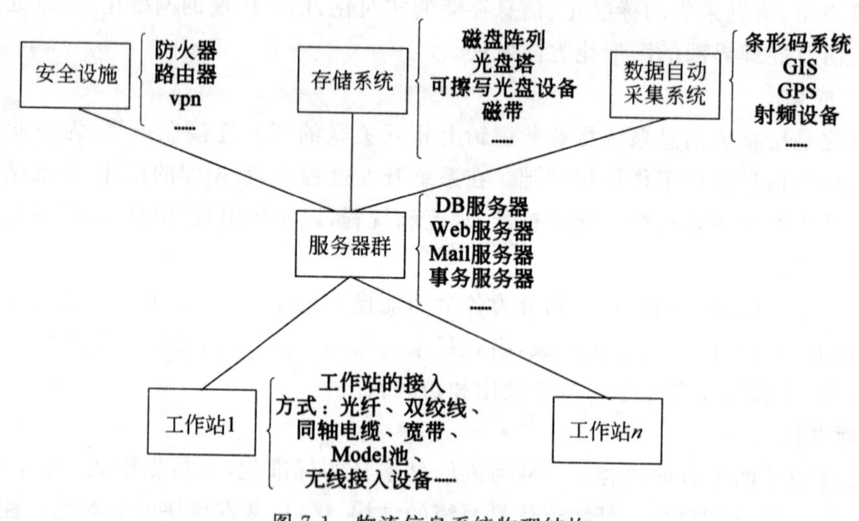

图 7-1 物流信息系统物理结构

2. 软件系统

物流信息系统依靠软件资源帮助终端用户使用计算机硬件,将数据转换成各类信息产品,软件用于完成数据的输入、处理、输出、存储及控制信息系统的活动。软件一般包括系统软件和应用软件。系统软件是指当计算机在执行各类信息处理任务时,那些管理和支持计算机资源及其信息处理活动的程序,是信息系统必不可少的软件;应用软件是指那些综合用户信息处理需求的，直接处理特定应用的程序，应用软件与物流企业的业务运作相关，实现辅助企业管理的功能。

3. 数据资源

数据资源是物流信息系统的核心内容，是系统运行的物质基础。物流信息系统依据用户的需求，将需要处理的数据集中存放从而形成物流信息系统的数据资源。这些数据资源在物流信息系统中可能以多种形式保存，如文本、图表、声音等，但它们本质上都是数据。如何有效地组织和使用这些数据是个十分关键的问题。数据库和数据仓库用来存放与应用相关的数据。随着国际互联网的深入应用以及计算机安全技术、网络技术、通信技术等的发展，以及市场专业化分工与协作的深入，企业和企业之间数据交换趋势日益增强，企业数据库的设计将面临采取集中、部分集中或分布式管理的选择。同时，随着物流信息系统应用的深入，采用数据挖掘技术的数据仓库也应运而生。

4. 相关人员

物流信息系统的开发、运行和维护，都离不开各级人员的参与。这些人员既有专业人员、终端用户，还有管理人员、业务人员等，不同的人员在物流信息系统开发与使用中起着不同的作用。对于企业而言，应该配备什么样的专业队伍，取决于企业对物流信息系统的认识，取决于企业对物流信息系统开发的管理模式。

5. 企业的管理思想与理念、管理制度与规范

企业本身的决策者和管理者的管理思想与理念决定物流信息系统的结构。同时管理制度与规范，如组织机构、部门职责、业务规范和流程、岗位制度等，都是物流信息系统成型开发和运行的管理基础与保障，它是构造物流信息系统模型的主要参考依据，制约着系统硬件平台的结构、系统计算模式、应用软件的功能等。

7.1.3 物流信息系统功能

物流信息系统实现对物流服务全过程的管理，系统以运输和仓储为主线管理取货、集货、包装、仓储、装卸、分货、配货、加工、信息服务、送货等物流服务的各环节，控制物流服务的全过程。

物流信息系统的核心部分功能主要有订货管理、入库管理、配货管理、在库管理、出库管理和配送管理等信息处理与作业指示等功能。

1. 订货管理

订货管理主要包含客户订单接收与处理、客户订货确认两个功能模块部分。

物流中心应要求客户逐步采取网上订货和进行在线实时信息传递，这样，物流中心不仅可以有效克服以前通过电话、传真等订货方式所造成的订货成本较高的弊端，而且还可以使客户的订单信息自动地转入物流中心的信息系统，从而减少了员工订单输入的工作量并防止了订单输入错误的发生。

在设计客户订单接收与处理功能模块时，物流中心要把握好两点：一是要让接收订货的信息尽可能充分全面，应当包含客户名称、客户代码、客户资信等级、订货时间、订货商品名称、数量、客户期望的到货时间、地点、商品属性、包装形态等信息。二是要坚持20/80 原则，即确保对重要客户进行特殊化服务，如优先配送、提供增值服务等。对重要

客户的确认可通过对客户资信等级进行检查和分析客户的历史记录得出。

物流中心可通过采用GPS、GIS等信息监控技术，更好地掌握客户订货商品的物流运动状态，尽量使客户的订货商品在入库时就处于随时待发的准备状态。

2. 入库管理

入库管理的主要功能应当包括接收货物入库、货物储存计划及储存确认、数据库系统的数据更新、入库确认、生成相应的财务数据信息等。在这一环节，更多的属于业务操作工作。物流中心应通过采用条形码技术、RF技术、智能卡等提高员工入库操作的准确度和工作效率。在入库货物的货位选择方面，还应当考虑货物出库和保管的效率与便利性。

3. 配货管理

配货作业是物流中心在员工对客户订单的相关信息（如商品名称、数量、到货时间等）进行与配货有关的处理时做出相关的作业指示。例如，每一个货位上设置一个配货提示器，在提示器亮灯并显示数量的情况下，员工进行商品寻找作业，这样可提高配货的效率并减少差错。

根据订单和拣取商品的对应关系以及操作流程，可将配货作业分为摘取式配货和播种式配货。摘取式配货一般用于配送对象多但商品货位固定的情形。这种作业方式具有作业方法单纯、订单处理前置时间短、作业人员责任明确等优点，但其突出缺点是作业人员的工作量较大。在物流中心大多采用自动化分拣系统的情形下，配货方式也逐渐由摘取式改为播种式，从而大大减小了配货工作量，缩短了配货时间，压缩了配货费用和成本。

4. 在库管理

在库管理的核心工作在于确定货物的保管位置、数量和入库日期，使在库数据与实际货物保持一致。从不同货物接受订货处理到做出货物出库指示，应保证货物快进快出和先进先出。

5. 接受货物

该环节主要确认客户的订货是否到货或入库。系统管理人员可首先对当天未到的订货清单或当天计划到货的订货清单进行详细查核，然后将订货清单打印并交给验货人员进行核对。验货人员可采用手持条形码输入终端进行验货确认。

6. 入库保管

对货物的入库保管作业来说，信息系统的应用，不仅在于提高作业效率和精度，而且在于最大限度地利用有限的商品储存空间，尽量避免缺货或货物出库后货位空闲所造成的巨大损失和资源浪费。例如，库存管理系统可随时对货物的保管存放货位进行恰当安排，库存操作人员只要按照系统所指示的位置进行商品存放就可以了。操作人员可从存取货物较方便的近距离货位开始存放，因而存货效率较高。

7. 货物盘点

货物盘点是指作业人员对在库货物实数与信息系统的在库数据进行核实并做相应更正。货物盘点工作主要是为了防止由于作业人员在出库操作时出现差错以及货物损坏等原因，而造成实际在库货物数据与信息系统数据不吻合。

8. 出库管理

货物出库管理包含出库计划、出库指示和未能出库等内容。其中，出库计划包括出库日的指示、每个客户的订货数据汇总、分批发货和完成发货等内容；出库指示包括出库部门输出各种出库用的票据；未能出库是掌握出库的实态，对预定出库但还未出库情况的管理。

9. 配送管理

配送管理既是最后一个主要环节，也是全部配送工作中的核心业务。要想合理、经济地进行货物配送，必须尽可能地实现“六个最”，即最少环节、最短距离、最低费用、最高效率、最大效益和最佳服务。配送管理中的配送路线选择和配送车辆安排都要紧紧围绕上述目标来展开工作。

10. 配送路线选择

物流中心应在利用计算机系统进行货物配送路线大量模拟的基础上，选择适宜的配送路线。配送路线的选择要避免迂回运输、相向运输、空车往返等不经济的现象。

11. 配送车辆安排

可利用一些车辆配送安排的软件模型作为决策的参考依据。要立足于对车辆实行单车经济核算，提高配送车辆的装载使用效率。

12. 财务会计系统

财务会计系统支持以下业务：对外主要以采购部门所传来的货品入库信息查核供货厂商所送来的清款资料，并据此资料付款给厂商；或由销售部门取得出货单、制作应收账款清款单并收取账款。财务会计系统还要制作各种财务报表，给营运、绩效管理系统运作提供参考。

13. 营运、绩效管理系统

营运、绩效管理系统除从各系统处取得资料外，更由流通业务部门取得外部信息，制定各种营运政策，而后将政策内容及执行方针告知各个运作部门，此外要将物流中心的资料提供给物流业。

当然，每个物流管理信息系统的功能并不可能完全与上述分类一一对应，它可根据企业信息系统的实际需求进行相应的变动。物流信息系统所要解决的问题是：缩短从接受订货到发货的时间，库存适量化，提高装卸和搬运作业效率，提高运输效率，使接受订货和发出订货更为省力，提高订单处理的精度，防止发货、配送出现差错，调整需求和供给，信息查询。一个功能完善、强大的物流管理信息系统还应该在简单的物流信息管理之上，具备管理控制、信息决策以及制订战略计划等功能。总而言之，企业应该立足于本企业物流的特点，建立集可靠性、及时性、灵活性、适应性于一身的现代物流管理信息系统。

7.1.4 物流信息系统现状与发展趋势

我国目前可提供的物流信息系统的品牌与数目众多，但是由于软件供应商自身的发展仍不成熟，再加上我国物流市场正处在初步形成与发展阶段，系统开发与应用中仍存在不少问题。

(1) 现有开发的物流信息系统中，没有很好地考虑客户需求，在结构上开放性和扩张性考虑不足，在物流成本核算方面还存在不足。我国物流软件开发过程中很大程度上参考了国外成熟的先进软件，在功能上还是比较全面的，但是相对缺乏对我国物流企业自身管理业务水平和经营战略的考虑,采用该系统的物流企业经营业务一旦有变化,物流信息系统就不能适应。

(2) 物流企业缺乏对其自身经营战略的定位,表现在对物流信息系统的选择上缺乏对系统的规划,物流信息系统的建设缺乏适用性。这不仅影响了对物流全过程信息的有效收集,而且也影响了系统必要的决策支持功能的实现。

(3) 现有物流信息系统中相关业务信息的标准化工作执行不力,对其物流数据系统的构建还不完善。目前,还没有建设一个综合数据环境来实现数据的交互对接,导致物流相关信息在运作部门间彼此隔离,内部信息与外部信息不兼容,不能实现数据的及时交换与传递,形成"信息孤岛",从而大大降低工作效率。

当前我国物流业的发展和物流信息化市场正进入一个加速发展的时期。由于加入WTO(世界贸易组织)后对外开放的步子加快,国内物流市场近期将呈二元结构:以跨国公司和少数国内先进企业为主要客户群的高端市场,以国内中小企业客户为主,通过逐步信息化来完善自身物流的低端市场。前者为国外物流商、IT商所关注,目前还没有全面进入中国;后者是国内物流商、IT商施展的舞台。市场的二元结构还会持续一段时期。对于国内企业来说,基础信息化仍然是当前需求的主要内容。最近有关IT媒体进行了一次信息化需求调查,结果显示:72%的企业仍把OA(办公自动化)建设列为未来一年的重点,86.1%的企业未来一年将上MRP2,60%的企业把ERP列为下一阶段建设的重点。这表明在相当长的一段时期内,需求的特点仍是在规范流程中实现信息的采集、传输、存储、共享,建立决策、控制依赖于信息、数据的机制。对于物流信息系统的功能需求也有差异,调查表明,用户对物流管理软件最为关注的功能是存量管理,其关注率达到41.4%;其次是数据交换、物流计费和车辆管理。这些功能需求的背后,其实反映了目前物流企业最为关心的两个问题,一是成本核算,二是多个物流软件之间的数据交换问题。不同行业的物流发展格局特点是:制造业将以ERP为主,扩展到物流的一些主要环节上去;相比之下,连锁分销业对物流信息系统的建设则要重视得多,这是因为我国正处于零售市场加快连锁化的发展阶段。据有关专家预测,近三年内中国的零售市场也会像发达国家那样,跨国连锁分销商将占据市场50%以上的份额,国内连锁零售商将占据30%的市场份额,传统零售企业的市场份额将降到20%以下。所以零售行业将在整合市场的过程中把物流信息系统作为主要的竞争力来规划建设,把物流系统与分销网络的建设密切结合在一起。

7.2 物流信息系统技术基础

物流信息技术是指信息技术在物流活动中的各种应用,是物流现代化的重要标志。物流信息技术是物流技术中发展最快的领域,随着物流信息技术的不断发展和应用,产生了一系列新的物流管理理念和物流经营方式,推进了物流活动的变革。

7.2.1 物流信息的自动识别与采集技术

物流信息的自动识别与采集技术主要包括条形码技术和射频识别技术。条形码是由一组黑白相间、粗细不同的条状符号组成的。条形码隐含着数字信息、字母信息、标志信息、符号信息，主要用于表示商品的名称、产地、价格、种类等，是全世界通用的商品代码的表示方法。条形码可以有各种不同的组合方法，构成不同的图形符号，即各种符号体系，也称码制，适用于不同的应用场合。条形码的构成如图 7-2 所示。

0 21234 56789 3

图 7-2　条形码的构成

条形码是一种经济、实用的自动识别技术。条形码技术具有以下几个方面的优点。

(1) 输入速度快。与键盘输入相比，条形码输入的速度是键盘输入的五倍，并且能实现"即时数据输入"。

(2) 可靠性高。键盘输入数据出错率为三百分之一，利用光学字符识别技术出错率为万分之一，而采用条形码技术误码率低于百万分之一。

(3) 采集信息量大。利用传统的一维条形码一次可采集几十位字符的信息，二维条形码更可以携带数千个字符的信息，并有一定的自动纠错能力。

(4) 灵活实用。条形码标识既可以作为一种识别手段单独使用，也可以和有关识别设备组成一个系统实现自动化识别，还可以和其他控制设备连接起来实现自动化管理。

另外，条形码标签易于制作，对设备和材料没有特殊要求，识别设备操作容易，不需要特殊培训，且设备也相对便宜。

无线射频识别技术(radio frequency identification devices，RFID)是一种非接触的自动识别技术，其基本原理是利用射频信号和空间耦合(电感或电磁耦合)传输特性，实现对被识别物体的自动识别。射频识别系统的组成一般包括两个部分：电子标签(tag)和阅读器(reader)。电子标签中一般保存有约定格式的电子数据，在实际应用中，电子标签附着在待识别物体的表面。阅读器又称为读出装置，可无接触地读取并识别电子标签中所保存的电子数据，从而达到自动识别物体的目的，并进一步通过计算机及计算机网络实现对物体识别信息的采集、处理及远程传送等管理功能。

射频识别技术根据频率不同可分为低频系统和高频系统。根据电子标签内是否装有电池为其供电，又可将其分为有源系统和无源系统。根据电子标签内保存的信息写入方式可分为集成电路固化式、现场有线改写式和现场无线改写式。根据读取电子标签数据的技术实现手段，可将其分为广播发射式、倍频式和反射调制式。

7.2.2　物流信息的跟踪技术

物流信息的跟踪技术主要包括全球定位技术和地理信息系统技术。

GPS(Global Positioning System)即全球定位系统，是美国从 20 世纪 70 年代开始研制，历时 20 年，耗资 200 亿美元，于 1994 年全面建成的具有在海、陆、空进行全方位实时三维导航与定位能力的新一代卫星导航与定位系统，由空间部分、地面监控部分和用户接收机三大部分组成。GPS 的主要功能表现在以下几个方面。

(1) 跟踪车辆船舶。为了随时掌握车辆和船舶的动态，可以通过地面计算机终端，实时显示出车辆、船舶的实际位置。

(2) 信息传递和查询。利用GPS,一方面可以向车辆、船舶提供相关的气象、交通、指挥等信息;另一方面,也可以将运行中车辆、船舶的信息传递给管理中心,实现信息的双向交流。

(3) 及时报警。利用GPS,及时掌握运输装备的异常情况,接收求助信息和报警信息,并将这些信息迅速传递到管理中心,从而实施紧急救援。

(4) 支持管理。通过GPS提供的信息,可以实施运输指挥,实施监控、规划和选择路线,向用户发出到货预报,等等,有效地支持大跨度物流系统管理。

地理信息系统(Geographic Information System,GIS)是以地理空间数据为基础,采用地理模型分析方法,把图形管理和地理空间数据管理有机地结合起来,对各种地理空间信息进行收集、存储、分析和可视化表达,为地理研究和地理决策提供信息服务的技术系统。GIS的基本功能是首先将表格型数据(通常来自数据库、电子表格文件或在程序中交互输入)转换为地理图形显示,然后对显示结果进行浏览、操作和分析。GIS技术囊括了数据库管理、图形图像处理、地理信息处理等多方面的基础技术,在计算机软件和硬件的支持下,运用系统工程和信息科学的理论,科学管理和综合分析具有空间内涵的地理数据,为各行业提供规划、管理、研究、决策等方面的解决方案。一个典型的GIS包括空间模型、地理参考系和数据结构。

GIS应用与物流分析主要是指利用GIS强大的地理数据功能来完善物流分析技术。GIS、GPS和无线通信技术的有效结合,再辅以车辆路线模型、最短路径模型、网络物流模型、分配集合模型和设施定位模型等,能够建立强大的物流信息系统,使物流变得实时并且成本最低。

7.2.3 物流信息的存储、交换与传输技术

物流信息的存储技术主要是指数据库管理技术和数据仓库技术。数据库管理技术的核心是数据库系统,数据库系统(data base system,DBS)是由计算机系统、数据库、数据库管理系统和有关人员组成的具有高度组织性的总体。在数据库系统中,对现实世界的数据的抽象、描述以及处理等都是通过数据库模型来实现的,数据库模型反映了数据的组织形式及数据间的联系,是数据库系统中用于提供信息表示和操作手段的形式框架,是数据库系统实现的基础。物流企业设计数据库系统时所面临的重要问题之一,就是选用哪种类型的数据库模型问题。在数据库系统中使用的数据模型主要有三种:①层次数据库模型。该模型用树形结构来表示客观实体间的联系。树的节点是记录类型,上、下两层记录类型之间的联系是1∶N,即一对多联系。②网状数据库模型。该模型用网状结构来表示客观实体间的联系。网状结构中的节点是记录类型,两记录类型之间的联系是1∶N。③关系数据库模型。该模型的主要特征是用表格结构来表示客观实体,用键确定实体间的关联。实体与实体间的联系都是用关系来表示的。每个关系实际上是一张二维表格,由行和列组成。每一行代表关系的一个记录,每一列代表关系的一个属性。能够唯一地标识实体的属性或属性组合的即为主键。在这三种数据库模型中,以关系数据模型的应用最为广泛。

数据仓库是一种只读的、用于分析的数据库,常常作为决策支持系统的底层。它从大

量的事务型数据库中抽取数据，并将其清洗、转换为新的存储格式，即为了决策目标而把数据聚合在一种特殊的格式中。1993年，W. H. Inmon编写了一本具有里程碑意义的书*Building the Data Warehouse*。在这本书中，他对数据仓库的定义是："一个面向主题的、集成的、随时间变化的非易失性数据的集合，用于支持管理层的决策过程。"其中，"主题"是指用户使用数据仓库辅助决策时所关心的重点问题，每一个主题对应一个客观分析领域，如销售、成本、利润的情况等。那么，所谓"面向主题的"(subject oriented)就是指数据仓库中的信息是按主题组织的，按主题来提供信息。"集成的"是指数据仓库中的数据不是业务处理系统数据的简单拼凑与汇总，而是经过系统的加工整理，是相互一致的、具有代表性的数据。所谓"随时间变化"是指数据仓库中存储的是一个时间段的数据，所以主要用于进行时间趋势分析。一般数据仓库内的数据时限为5～10年，数据量也比较大。进入数据仓库的数据，一般来说变更很少，将被长期保留。

数据仓库组织和管理数据的方法与普通数据库不同，主要表现在以下三个方面：①它依据决策要求，只从数据库中抽取那些需要的数据，并进行一定的处理；②数据仓库是多维的，即数据仓库的数据的组织方式有多层的行和列；③它支持决策处理，不同于普通的事务处理。仅仅拥有数据仓库是不够的，在其上应用各种工具进行分析，才能使数据仓库真正发挥作用。联机分析处理和数据挖掘就是这样的分析工具。联机分析处理侧重于数据的分析，数据挖掘则致力于知识的自动发现，把它们有机地结合起来，就可以使它们的能力更充分地发挥出来，以提高信息系统相应的能力。

物流信息的交换技术主要是指电子数据交换(electronic data interchange，EDI)技术。电子数据交换是计算机与计算机之间结构化的事务数据交换，它是通信技术、网络技术与计算机技术的结晶。将数据和信息规范化、标准化，在计算机应用系统间直接以电子方式进行数据交换。EDI是目前较为流行的商务、管理业务信息交换方式，它使业务数据自动传输与处理，从而大大提高了工作效率和效益。

EDI的系统构成要素包括数据标准，EDI软件和硬件，通信网络。数据标准也称EDI标准，是由各企业、各地区代表共同讨论制定的电子数据交换共同标准，可以使各组织之间的不同文件格式，通过共同的标准，达到彼此之间文件交换的目的。EDI标准主要包括以下内容：语法规则、数据结构定义、编辑规则与转换、公共文件规范、通信协议、计算机语言。EDI的标准有四种：企业专用标准、行业标准、国家标准和国际标准。EDI软件具有将用户数据库系统中的信息，译成EDI的标准格式，以供传输交换的能力。虽然EDI标准具有足够的灵活性，并可以适应不同行业的众多需求，但每个公司都有自己规定的信息格式，如果公司需要发送EDI报文，必须用某些方法从公司的数据库中提取信息，并将这些信息翻译成EDI标准格式，这就需要由相关的EDI软件来完成。EDI软件主要包括转换软件、翻译软件、通信软件三种：①转换软件(mapper)。它可以帮助用户将原有计算机系统的文件转换成翻译软件能够理解的平面文件，或是将从翻译软件接收来的平面文件转换成原计算机系统中的文件。②翻译软件(translator)。它可以将平面文件翻译成EDI标准格式文件，或将接收到的EDI标准格式文件翻译成平面文件。③通信软件。在EDI标准文件的外层加上通信信封，并将它发送到EDI服务中心的信箱，或是EDI服务中心将接收到的文件取回。EDI硬件一般包括计算机、调制解调器和通信线路。

EDI工作流程如图7-3所示，基本流程是平面转换、翻译和通信，接收方从信箱中收取EDI信件，翻译、映射并转送到应用系统进一步处理。在EDI中，EDI参与者所交换的信息客体成为邮包。在交换过程中，如果接收者从发送者所得到的全部信息包括在所交换的邮包中，则认为语义完整，并称该邮包为完整语义单元（complete semantic unit，CSU）。CSU的生产者和消费者统称为EDI的终端用户。在EDI的工作过程中，所交换的报文都是结构化的数据，整个过程都是由EDI系统完成的。

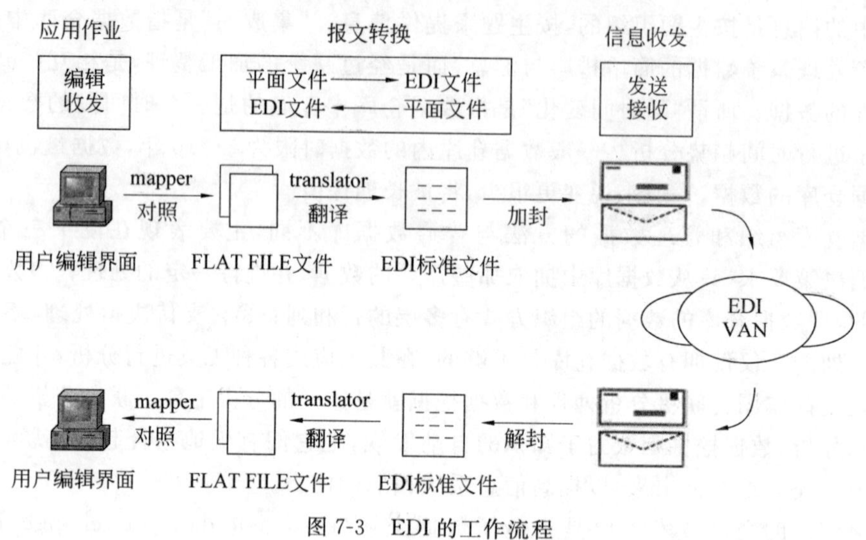

图7-3 EDI的工作流程

物流信息的交换技术主要是通过无线网络通信技术实现的。根据国际上所采用的通信技术种类可将无线传感器网络划分为无线广域网（WWAN）、无线城域网（WMAN）、无线局域网（WLAN）、无线个域网（WPAN）、低速率无线个域网（LR-WPAN）。无线广域网主要是为了满足超出一个城市范围的信息交流和网际接入需求，让用户可以和在遥远地方的公众或私人网络建立无线连接。在无线广域网的通信中一般要用到GSM、GPRS、GPS、CDMA和3G等通信技术。无线城域网技术在市场上又被称为"WiMAX技术"，WiMAX技术的物理层和媒质访问控制层（MAC）技术基于IEEE802.16标准，可以在5.8GHz、3.5GHz和2.5GHz这三个频段上运行。WiMAX利用无线发射塔或天线，能提供面向互联网的高速连接。其接入速率最高达75Mbps，胜过有线DSL技术，最大距离可达50km，覆盖半径达1.6km，它可以替代现有的有线和DSL连接方式，来提供最后1km的无线宽带接入。因而，WiMAX可应用于固定、简单移动、便携、游牧和自由移动这五类场景。无线局域网是指以无线电波、红外线等无线媒介来代替目前有线局域网中的传输媒介（比如电缆）而构成的网络，具有覆盖范围小的特点。从网络构成上来看，无线个域网位于整个网络架构的底层，用于很小范围内的终端与终端之间的连接，即点到点的短距离连接。无线个域网是基于计算机通信的专用网，工作在个人操作环境，把需要相互通信的装置构成一个网络，且无须任何中央管理装置及软件。用于无线个域网的通信技术有很多，如蓝牙、红外、UWB、HomeRF等。而低速率无线个域网主要用于极特定领域，具有速率低，但是可靠性强、功耗低的特点。

7.2.4 其他技术

生物特征识别技术，是指以人的现场参与和不可替代性为前提，根据个人自身的物理特性或者行为特征，以及人体特征具有不可复制的特性，进行身份识别的技术。如指纹识别技术、视网膜识别技术、虹膜识别技术和面相识别技术等。生物特征识别技术适用于几乎所有需要进行安全性防范的场合，遍及诸多领域，在金融证券、安全、公安、教育、海关等行业以及电子商务领域系统中都具有广阔的应用前景。

语音识别技术，是指以语音为研究对象，通过比较用户的发音与计算机中的音速、词汇或短语的模板，从现有模型库中找出一个最接近的模型或序列作为识别结果，目的是最终实现人机自然交流的识别技术。系统通过语音识别技术进行用户身份识别，基于每个人的声音特征都是唯一而且几乎很少会发生变化的特性，因而可以提高交易的可靠性和安全性，降低交易系统费用和欺诈的可能性。语音识别技术广泛应用在如下的领域中：呼叫中心系统信息的查询、电话交易、保安系统以及证件防伪等。

图像识别技术，是指通过光学照相处理、视频信号处理和计算机处理、分析和理解等技术首先对图像信息进行预处理，滤去干扰和噪声，进行几何校正和色彩校正，从而提高信噪比；其次将处理过的图像进行分类确定类别名称；再次进行图像分割，选择需要提取的特征进行测量和特征提取；最后根据测量结果进行分类的技术。图像识别技术广泛应用于图像遥感技术、医用图像处理和工业、军事、公安和文化等领域中。

7.3 物流信息系统的开发方法与系统规划

7.3.1 常用信息系统的开发方法

信息系统的开发不同于其他系统软件、应用软件的开发，它是一项复杂的系统工程，不仅涉及技术问题，而且涉及管理业务流程、组织和文化等。信息系统的开发不仅是科学，而且是艺术。研究信息系统的开发方法非常重要。

结构化系统开发方法（structured system development method），简称 SS 法，是用系统工程的思想和工程化的方法，结构化，模块化，按照用户至上的原则，自顶向下分析与设计和自底向上逐步实施的建立计算机信息系统的一个过程，是组织、管理和控制信息系统开发过程的一种基本框架，是目前应用最普遍、最成熟的一套方法。

结构化系统开发方法包括五个阶段。

(1) 系统规划阶段。主要任务是明确系统开发的请求，并进行初步的调查，通过可行性研究确定下一阶段的实施。

(2) 系统分析阶段。主要任务是对组织结构与功能进行分析，理清企业业务流程和数据流程的处理，并且将企业业务流程与数据流程抽象化，通过对功能数据的分析，提出新系统的逻辑方案。

(3) 系统设计阶段。主要任务是确定系统的总体设计方案，划分子系统功能，确定共享数据的组织，然后进行详细设计，如处理模块的设计、数据库系统的设计、输入输出界面的设计和编码的设计等。该阶段的成果为下一阶段的实施提供了编程指导书。

(4) 系统实施阶段。主要任务是讨论确定设计方案、对系统模块进行调试、进行系统运行所需数据的准备、对相关人员进行培训等。

(5) 系统运行阶段。主要任务是进行系统的日常运行管理,评价系统的运行效率,对运行费用和效果进行监理审计,如出现问题则对系统进行修改、调整。

结构化的系统开发方法强调严格按照系统开发的生命周期进行新系统开发,适合于大型系统的开发。该方法的优点是严格区分系统开发的阶段性,强调系统开发过程的整体性和全局性,遵循用户至上的原则,系统开发过程工程化,文档资料标准化。但也存在系统开发周期长、对需求调查要求高、不够灵活的缺点。

原型法(prototyping method),简称 PP 法,是在系统开发初期,凭借系统开发人员对用户需求的了解和系统主要功能的要求,在强有力的软件环境支持下,迅速构造出系统的初始原型,然后与用户一起不断对原型进行修改、完善,直到满足用户需求。

原型法开发过程分为六个阶段,如图 7-4 所示。

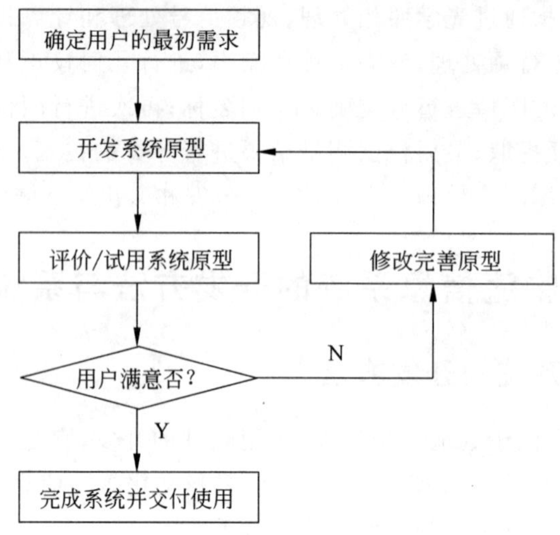

图 7-4 原型法工作流程

(1) 确定用户的最初要求。系统开发人员向用户了解用户对信息系统的基本需求,即应该具有的一些基本功能,如人机界面的基本形式等。

(2) 开发系统原型。在对系统有了基本了解的基础上,系统开发人员应争取尽快地建造一个具有这些基本功能的系统。

(3) 评价,试用系统原型。用户和开发人员一起对刚完成的或经过若干次修改后的系统进行评审,提出完善意见。

(4) 修改完善原型。开发人员要根据用户的意见对原始系统进行修改、扩充和完善。

(5) 开发人员在对原始系统进行修改后,又与用户一起就完成的系统进行评审,如果不满足要求,则要进行下一轮循环,如此反复地进行修改、评审,直到用户满意。

(6) 完成系统。经用户评审,系统符合要求,则可根据开发原始系统的目的,或作为最终的信息系统投入正常运行,或者是把该系统作为初步设计的基础。

原型法的优点是对系统需求快速捕捉，确保用户的要求得到较好满足；改进了用户和系统开发人员的交流方式；开发的系统贴近实际，提高了用户的满意程度；减少了用户培训时间，简化了管理；降低了系统开发风险；降低了开发成本。缺点是对开发工具要求较高，不过现在的开发工具基本能满足要求，但在解决复杂的系统和大型系统时往往很困难；对用户的管理水平要求较高。

面向对象的方法(object oriented method)，简称OO法，即把数据和过程包装成为对象，以对象为基础对系统进行分析与设计，为认识事物提供了一种全新的思路和办法，是一种综合性的开发方法。客观世界是由各种各样的对象组成的，每种对象都有各自的内部状态和运动规律，不同对象之间的相互作用和联系就构成了各种不同的系统。对象(object)是客观世界中的任何事物或人们头脑中的各种概念在计算机程序世界里的抽象表示，是面向对象程序设计的基本元素。一个对象类定义了具有相似性质的一组对象。所谓面向对象就是基于对象概念，以对象为中心，以类和继承为构造机制，来认识、理解、刻画客观世界和设计、构建相应的软件系统。

面向对象方法的开发过程包括：

(1) 系统调查和需求分析。对系统将要面临的具体管理问题以及用户对系统开发的需求进行调查研究，即先弄清要干什么的问题。

(2) 分析问题的性质和求解问题。在繁杂的问题域中抽象地识别出对象以及其行为、结构、属性、方法等。一般称之为面向对象的分析，即OOA。

(3) 整理问题。对分析的结果做进一步的抽象、归类、整理，并最终以范式的形式将它们确定下来。一般称之为面向对象的设计，即OOD。

(4) 程序实现。用面向对象的程序设计语言将上一步整理的范式直接映射(即直接用程序设计语言来取代)为应用软件。一般称之为面向对象的程序，即OOP。

面向对象方法直接反映了人们对客观世界的认知模式，在设计中容易与用户沟通，应用程序具有较好的重用性，易改进、易维护和易扩充。但是面向对象方法需要一定的软件基础支持才可以应用，对分析设计人员要求也较高，最难的在于面向对象思想的培养和思维模式的训练。

7.3.2 信息系统开发方式

信息系统开发方式主要有以下几种。

1. 自行开发

用户依靠自己的力量独立完成系统开发的各项任务。这种开发方式适合于有较强专业开发能力队伍的组织和单位，如IT公司、大学、研究机构等单位。

自行开发方式的优点是开发人员熟悉业务处理流程，沟通交流容易，方便维护和系统扩展，有利于培养自己的系统开发人员。缺点是开发水平同专业的开发公司相比还不高，容易受到业务工作的限制，系统整体优化可能不够。开发人员应专心从事开发工作，不受原来从事工作的影响，也应克服组织中各方面的干扰因素。

2. 委托开发

用户将信息系统建设的规划、目标等方面的要求明确提出，可以采取招标等方式委托软件公司,通过签订合同的方式来完成开发任务。

这种开发方式的不足是风险较大,对于开发单位需要进行深入调查,所签订的开发合同的条款需要细致、明确。

3. 合作开发

合作开发是由用户和开发单位共同完成系统开发任务。优点在于双方取长补短,用户在此过程中培养了一支队伍。在双方合作过程中用户应充分明确自身的职责。

4. 购买软件

购买软件的优点是购买的软件技术资料齐备、维护可靠,但是市场上的软件往往具有通用性,对于组织的特殊情况难以充分考虑,需要进行二次开发,这往往会有一定的技术难度,没有有关产品供应商的协助是难以进行的。

7.3.3 物流信息系统规划概述

信息系统规划(information system planning,ISP)是信息系统实践中的主要问题。信息系统的建设是个投资巨大的工程项目,规划不好造成的损失将十分巨大,甚至造成严重后果,因此必须把规划提到重要的战略位置上。系统规划是建立信息系统的第一阶段,是系统开发的基础准备和总体部署阶段。系统规划根据组织的战略目标和用户提出的需求,从用户的现状出发,经过调查,对所要开发信息系统的技术方案、实施过程、阶段划分、开发组织和开发队伍、投资规模、资金来源及工作进度,用系统的、科学的、发展的观点进行全面规划。

系统规划一般包括三年或更长时间的计划,也包括短期的计划。规划的内容包括:①组织的战略目标、政策和约束、计划和指标分析。②新的信息系统的目标、约束、计划和指标分析。③应用系统的功能结构、信息系统的组织、人员、运行和管理;④信息系统的效益分析和实施计划。

系统规划的一般步骤包括:①确定规划的基本问题。包括规划的年限、方法等。②收集初始信息。包括企业内部、外部等信息资料。③现状分析评价、识别约束条件。④设置目标。根据组织的战略规划确定系统开发总目标。⑤设立优先级并选择项目。⑥分析资源需求。⑦设定时间进度和最终期限。⑧编制系统规划文档。

信息系统规划阶段的成果主要包括两大部分:①技术文档:包括系统规划报告、可行性研究报告。②管理文档:包括开发计划、开发合同、系统规划报告评审意见。

7.3.4 物流信息系统规划方法

关键成功因素法(critical success factors,CSF)的基本思想是基于在现行系统中,总存在着多个变量影响系统目标的实现,其中若干个因素是关键的和主要的(即关键成功因素)。通过对关键成功因素的识别,找出实现目标所需的关键信息集合,从而确定系统开发的优先次序。关键成功因素来自组织的目标,通过组织的目标分解和识别、关键成功因素识别、性能指标识别,一直到产生数据字典。识别关键成功因素,就是要识别联系于组织目标的主要数据类型及其关系。不同组织的关键成功因素不同,不同时期关键成功因素也不相同。当在一个时期内的关键成功因素解决后,新的识别关键成功因素又开始。

关键成功因素法的步骤如下。

(1) 目标识别。确定企业或 LMIS 的战略目标。

(2) 识别所有成功因素。主要是分析影响战略目标的各种因素和影响这些因素的因素。

(3) 确定关键成功因素。对识别出来的所有成功因素进行评价,并且根据企业的现状及目标确定其关键成功因素。

(4) 明确各关键成功因素的性能指标和评估指标。

战略目标集转移法(strategy set transformation,SST)的基本思想是把整个战略目标看成是一个“信息集合”,由使命、目标、战略等组成,信息系统的规划过程,即是把组织的战略目标转变成信息系统的战略目标的过程。

战略目标集转移法的规划步骤,包括识别组织的战略集和将组织战略集转化为信息系统战略。

(1) 识别组织的战略集。识别组织的战略集包括:①描绘出各类人员;②识别每类人员的目标;③对于每类人员识别系统相应的使命及战略。

(2) 将组织战略集转化为信息系统战略。将组织战略集转化为信息系统战略包括:根据组织目标确定信息系统目标;对应组织战略集的元素识别相应信息系统战略的约束;根据信息系统目标和约束提出信息系统战略。

企业系统规划法(business system planning,BSP)是一种对企业信息系统进行规划和设计的结构化方法,IBM 公司在 20 世纪 70 年代初将 BSP 作为用于内部系统开发的一种方法,它主要是基于用信息支持企业运行的思想。在总的思路上是自上而下识别系统目标、识别企业过程、识别数据,然后再自下而上设计系统以支持目标。BSP 法是系统规划的主要方法,其主要作用在于确定未来信息系统的总体结构,明确系统的子系统组成和开发子系统的先后顺序。对数据进行统一规划、管理和控制,明确各子系统之间的数据交换关系,保证信息的一致性。企业系统规划法的优点在于利用它能保证信息系统独立于企业的组织机构,也就是能够使信息系统具有对环境变更的适应性。

BSP 法的一般步骤如下。

(1) 准备工作。成立由最高领导牵头的委员会,下设一个规划研究组,并提出工作计划。

(2) 调研。规划组成员通过查阅资料,深入各级管理层,了解企业有关决策过程、组织职能和部门的主要活动与存在的主要问题。

(3) 识别业务过程。业务过程指的是企业管理中必要且逻辑上相关的、为了完成某种管理功能的一组活动。

(4) 定义数据类。从各项业务过程的角度将与该业务过程有关的输入数据和输出数据按逻辑相关性整理出来归纳成数据类。

(5) 定义信息结构。刻画未来信息系统的框架和相应的数据类,因此其主要工作是利用 U/C 矩阵划分子系统。

(6) 定义信息结构和功能重组所使用工具为 U/C 矩阵。U/C 矩阵的详细内容将在系统分析一章中讲解。

(7) 业务流程重组。业务流程重组是在业务流程定义的基础上，找出哪些流程是正确的，哪些流程是低效的，需要在信息技术支持下进行优化处理，还有哪些流程不适合计算机信息处理的特点，应当取消。

(8) 确定系统优先顺序。子系统按先后顺序排出开发计划。

(9) 完成 BSP 研究报告，提出建议书和开发计划。

7.4 物流信息系统的分析与设计

7.4.1 物流业务流程及数据流程分析

业务流程分析可以帮助系统分析人员了解该业务的具体处理过程，发现系统调查中的错误和疏漏，修改现行系统的不合理部分，优化业务处理流程并进行流程重组，为目标系统的开发奠定坚实基础。业务流程分析主要包括原有流程分析，业务流程优化，确定新的业务流程和新系统的人机界面等内容。对业务流程进行描述可以使用业务流程图(transaction flow diagram，TFD)进行分析，业务流程图是用规定的符号来表示具体业务处理过程。业务流程图的绘制基本上按照业务的实际处理步骤和过程绘制，对于开发者理顺和优化业务过程是很有帮助的。业务流程图的表达目前还没有统一，但大同小异，只是在一些具体的规定和所用的图形符号方面有些不同，而在准确明了地反映业务流程方面是非常一致的。其基本符号如图 7-5 所示。

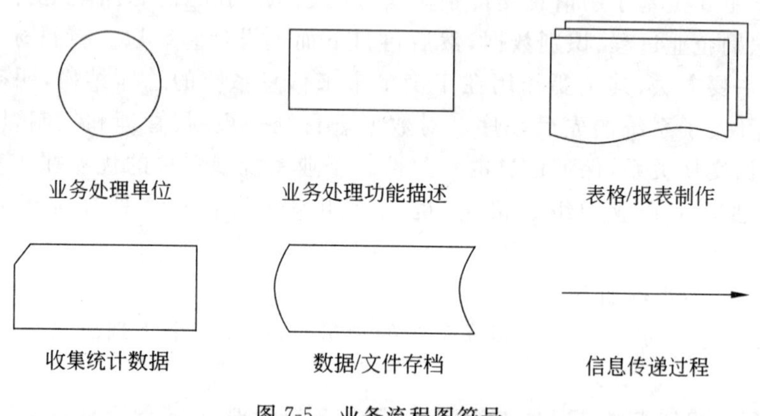

图 7-5　业务流程图符号

绘制业务流程图应该根据实际的管理业务，按照原系统中信息流动的过程，详细描述各个环节的处理业务、信息来源、处理方法、信息流经去向以及提供信息的形态(报告、单据等)。下面以某集装箱进场业务为例，其流程如图 7-6 所示。

数据流程分析即把数据在组织(或原系统)内部的流动情况抽象地独立出来，舍去了具体组织机构、信息载体、处理工作、物资、材料等，单从数据流动过程来考察实际业务的数据处理模式。数据流程分析主要包括对信息的流动、传递、处理、存储等的分析。分析的目的是要发现和解决数据流通中的问题。这些问题包括数据流程不畅、前后数据不匹

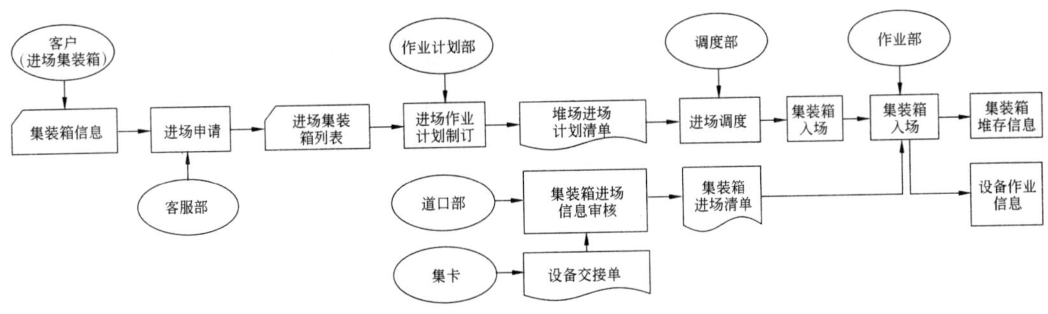

图 7-6　集装箱进场业务流程图

配、数据处理过程不合理等。现有的数据流程分析多是通过分层的数据流程图(data flow diagram,DFD)来实现的。数据流程图是一种能全面地描述信息系统逻辑模型的主要工具,它可以用少数几种符号综合地反映出信息在系统中的流动、处理和存储情况。数据流程图的基本符号如图 7-7 所示。

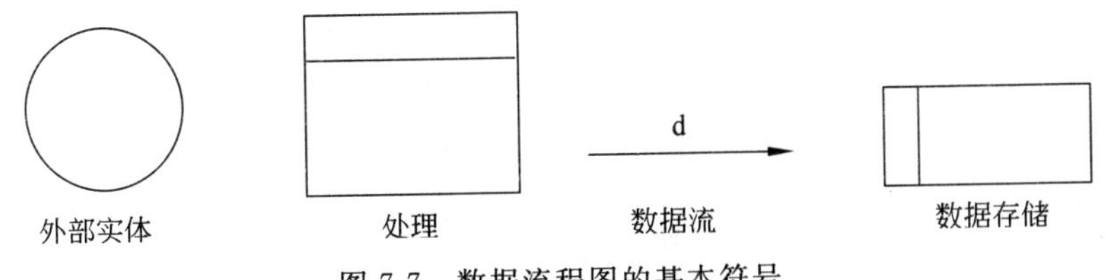

图 7-7　数据流程图的基本符号

绘制数据流程图应从总体到部分、从简单到复杂、由粗到细逐步展开、不断扩展,直到符合要求为止。其基本步骤如下。

(1) 确定系统边界,即影响系统运行的外部项、系统的数据输入来源和输出对象。

(2) 确定系统正常运行的输入、输出数据流,确定系统的主要信息处理功能,从而画出数据流程图的顶层图。

(3) 根据自顶向下、逐层分解的原则,对上层图中全部或部分环节进行分解,直到逐层分解结束。

(4) 检查草图,征求用户意见,修订草图。

下面以某汽车配件公司数据流为例,如图 7-8、图 7-9 所示。

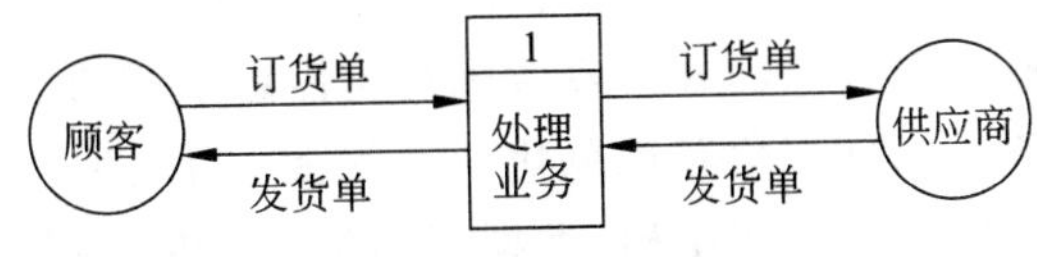

图 7-8　顶层数据流层图

7.4.2　物流信息系统总体结构设计

物流信息系统总体结构设计也就是系统的功能模块设计,每个功能模块对应着物流信息系统的需要设计的功能或子系统。以配送信息系统为例,如图 7-10 所示。

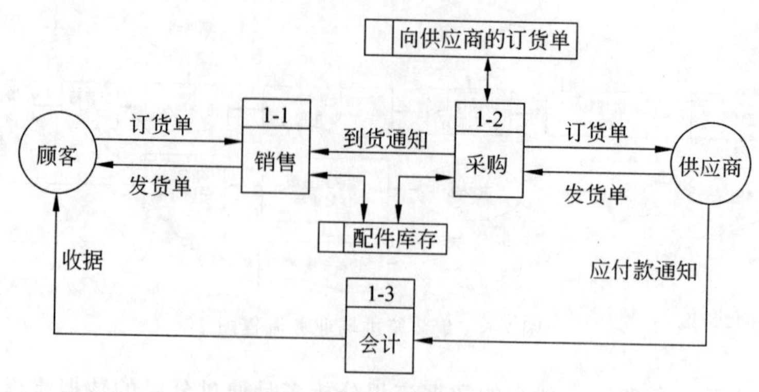

图 7-9 第二层数据流程图

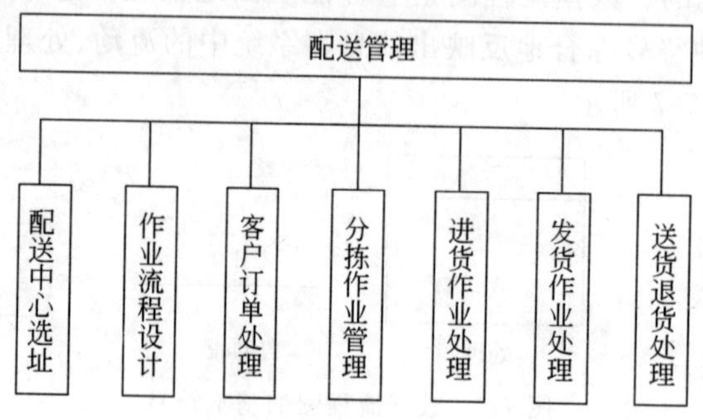

图 7-10 配送信息系统模块功能

7.4.3 物流信息系统的代码与数据库设计

物流信息系统中涉及大量的代码处理，如客户代码、作业代码、商品代码、储位代码、集装箱代码、车辆代码、货物状态代码、费用类别代码等。所以，非常有必要对物流信息系统进行代码设计。所谓物流信息系统的代码设计就是对大量的物流信息进行合理分类，然后用代码加以表示。将物流信息编码以标准的形式发布，就构成了物流信息的分类编码。统一的物流信息分类编码是物流信息系统正常运作的前提。

代码设计的主要原则包括：①唯一性。在一个物流管理信息系统的编码体系中，每一个代码仅代表唯一的实体或属性。②适用性和可扩充性。代码要尽量反映编码对象的特点。代码结构要合理。在设计代码时，要考虑物流信息系统的发展和变化，预留一定的空间，以便增加新的代码。③标准化和规范化。凡是能够采用国家标准和行业标准的要坚决采用。在一个代码体系中，代码结构、类型和编写格式必须规范统一。④一致性。设计的代码在逻辑上必须能够满足用户的需要，在结构上应当与处理的方法相一致。

代码的种类有很多，这里介绍几种常用的编码方式。

1. 顺序码

顺序码可以分为数字顺序码和字母顺序码。顺序码是最简单的代码形式，一般适用于编码对象数目较少的情况。例如，可对运输方式进行编码，01 表示航空运输，02 表示铁路运输，03 表示汽车运输，04 表示管道运输。

2. 区间码

区间码将数据项分成若干组，每一区间代表一个组，码中数字的值和位置都代表一定的意义，如电话号码、邮政编码等。区间码又分为以下几种类型。

(1) 上下关联码。由几个意义上相互关联的区间码组成，一般按自左向右的结构进行排列。例如，我国的居民身份证代码就是一种典型的上下关联区间码，由 18 位或 15 位的数字或字母组成。18 位的身份证号码从左到右依次为 6 位数字地址码、8 位数字出生日期码、3 位数字顺序码和 1 位数字或字母校验码。

(2) 多面码。将分类对象按其特征或属性分成若干个"面"，每个"面"按其规律分别进行编码；使用时，根据需要，选择"面"中的代码，并按预先确定的"面"的顺序将代码组合，以表示编码对象。例如，对空调可以从功率、外形、频率变化和能耗等级等四个"面"进行分类，每个"面"内又可以分成若干个类目，并分别编码，多面码示例见表 7-1。

表 7-1　多面码示例

功　率	外　形	频率变化	能耗等级
1—1P	1—中央空调	1—变频空调	1—Ⅰ级
2—1.5P	2—柜式空调	2—定频空调	2—Ⅱ级
3—正 1.5P	3—挂壁式空调		3—Ⅲ级
4—……	4—窗式空调		4—Ⅳ级
	5—……		5—Ⅴ级

数据库设计是在选定的数据库管理系统基础上建立数据库的过程。数据库设计的关键是如何建立一个数据模型，使其能够正确反映用户的现实环境，向用户提供及时、准确、全面的信息，支持用户对所有需要的数据进行处理，同时还要有较高的运行效率，易于维护。数据库的设计是围绕着数据模型的建立而展开的，所以要求物流信息系统设计者必须详细了解整个系统的信息处理现状和各种信息流，并对其进行分析和概括，同时还要熟悉数据库管理系统的特点，以便利用各种工具进行数据库设计。按照规范设计法可以将数据库设计分为需求分析、概念结构设计、逻辑结构设计、物理结构设计、数据库实施、数据库运行维护 6 个阶段。本节重点介绍概念结构设计。

概念结构设计是根据用户需求分析的结果，设计数据库的概念模型。概念模型反映了现实世界中的事物及其相互联系，是现实世界到计算机世界的一个中间层次。目前建立概念模型的方法有多种，其中最常用、最著名的是实体-联系模型法，简称 E-R 图法。E-R 图由三种符号组成，如图 7-11 所示。

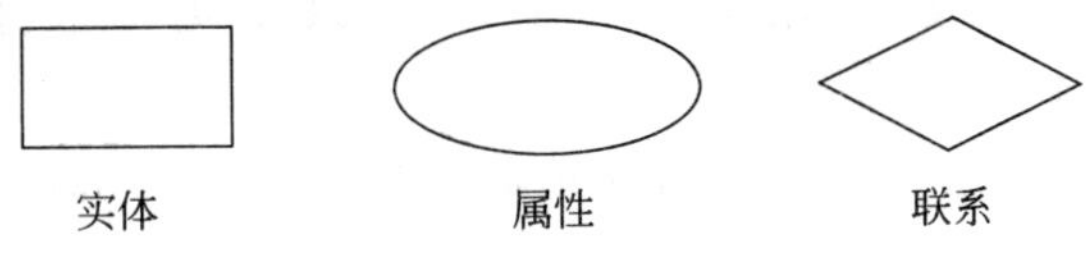

图 7-11　E-R 图的组成符号

实体(entity)是对现实世界中客观事物的描述。实体可以是具体的事物，也可以是抽象的概念，如一个人、一本书、一张订货单等都可以看作实体。实体符号用一个矩形方框表示,方框内标明实体的名称。属性(attribute)一般指实体所具有的某种特征,用来描述一个实体,如职工实体可由职工号、姓名、年龄、性别、所属部门等属性来描述,属性符号用椭圆形表示,在椭圆形内写上属性的名称,用无向边连接属性与实体。联系(relationship)符号用菱形表示,在菱形内写上联系的名称,用无向边通过菱形把相联系的实体连接起来,无向边上标明联系的类型。

实体之间的联系有三种类型:一对一联系(1∶1)、一对多联系(1∶M)和多对多联系(N∶M)。一对一关系指对于实体集 A 中的每个实体,实体集 B 中至多有一个实体与它有联系,反之亦然。这种关系称为1∶1。一对多关系指对于实体集 A 中的每个实体,实体集 B 中有 M($M\geqslant 0$)个实体同它有关系;反之,对于实体集 B 中的每个实体,实体集 A 中至多有一个实体同它有联系,把这种关系定义为1∶M。多对多关系指对于实体集 A 中的每个实体,实体集 B 中有 N($N\geqslant 0$)个实体同它有关系;反之,对于实体集 B 中的每个实体,实体集 A 中有 M($M\geqslant 0$)个实体同它有关系,把这种关系定义为 N∶M。

E-R 图示例如图 7-12 所示。

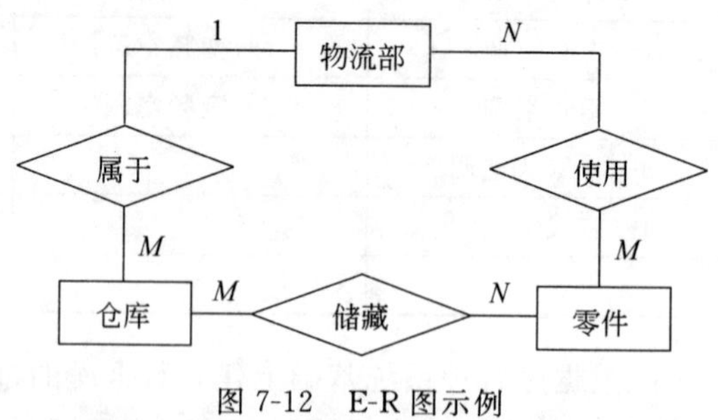

图 7-12 E-R 图示例

7.4.4 物流信息系统的输入/输出设计

输入设计的工作是依据功能模块的具体要求,分析各种数据输入的方式和适用范围、用户界面和输入校验方式等。

1. 输入设计的原则

输入设计包括以下几项原则。

(1) 最小值。在保证满足处理要求的前提下使输入量最小。输入量越小,出错机会越少,花费时间越少,数据一致性越高。

(2) 简单性。输入的准备,输入过程应尽量容易,以减少错误的发生。

(3) 早检验。对输入数据的检验应尽量接近原数据发生点,使错误能及时得到改正。

(4) 少转换。输入数据应尽量用其输入所需形式记录,以免数据转换介质时发生错误。

2. 输入设计的基本内容

(1) 确定输入数据的内容。这包括确定输入数据项名称、数据内容、精度、数值范围等。

(2) 确定数据的输入方式。数据的输入方式与数据按其表现形式不同,可分为文字、图像和声音等。不同的数据类型应使用不同的输入方式,如手工输入或计算机自动输入。

(3) 确定输入数据的记录格式。输入界面中的记录格式是人和计算机之前的交互窗口，其对输入的准确性、效率、校验等都有重要的影响。所以必须简单、符合习惯、清楚。

(4) 输入数据的正确性检验。对输入的数据进行必要的校验，是保证输入正确、减少差错的重要工作。常用的方法有重复校验、视觉校验、分批汇总校验、格式校验和逻辑校验等。

(5) 确定输入设备。数据的类型和数据输入所处的环境，以及应用要求是不同的，所以输入设备要根据所输入的数据的特点、数据输入所处的环境以及应用要求，并根据设备本身的特性来确定。

输出设计是物流信息系统用户最为关心的一部分，也是用户对整个物流信息系统进行评价的重要内容。一个好的输出设计不仅可以获得用户的好评，更重要的是可以为用户提供简洁、明了、有效、实用的管理和控制信息。输出设计主要包括选择输出方式和输出格式。选择输出方式是指实现输出要采用哪些设备和介质。目前可供选择的输出设备和介质主要有终端显示器、打印机、磁盘机、绘图仪等。当输出信息是在显示屏幕上或者打印机上输出时，需要对输出信息的表示形式或记录形式进行版面格式设计。输出格式要符合用户的习惯，要使用方便，便于计算机处理，能满足系统的发展和项目增减的需要。如最常用的表格形式。

数据的输入和输出离不开人机交互界面。人机交互界面是系统与用户之间的接口，也是控制和选择信息输入、输出的主要途径。人机交互界面设计包括菜单设计、会话管理方式、提示方式与权限管理方式等。人机交互界面设计应坚持友好、简便、实用、易于操作的原则，尽量避免过于烦琐和花哨。

7.5　物流信息系统实例：第三方物流信息系统

7.5.1　第三方物流概述

物流主要分为自营物流和第三方物流，传统意义上的物流属于自营物流，即主要由生产企业自己进行组织和管理。这种形式的物流在一定时期内曾推动了经济的发展，但随着生产社会化的迅速发展，社会分工的不断细化，传统物流的规模已大大落后于生产发展的规模，于是物流的社会化便成了适应生产社会化发展的必然选择。所谓的物流社会化，就是要从社会的角度实行系统化的物流综合管理，形成供、运、需一体化的供应网络，它是现代物流发展的主要趋势。这种集中企业能力发展核心业务的管理思想为许多企业所认同和实践，它们逐渐将运输、仓储、信息管理等非核心的业务外包给专业的服务提供商，第三方物流也就应运而生了。

第三方物流(third-party logistics，TPL 或 3PL)是物流社会化的重要形式，即“供方与需方以外的物流企业提供物流服务的业务模式”，其运作模式如图 7-13 所示。第三方是指提供物流交易双方的部分或全部物流功能的外部服务提供者。通常，第三方物流公司要与客户之间建立一种长期的合同关系，并在经营理念上向客户提供其对物流总需求的全部作业或重要部分作业。因此，第三方物流常常也被称为“合同物流”。

第三方物流的产生带来了很大的效益。

(1) 有利于降低企业的总成本。第三方物流避免了传统自营物流出现的零担运输现

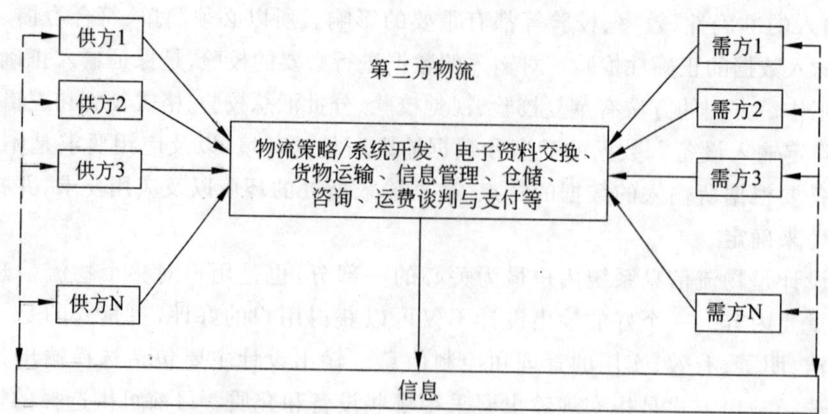

图 7-13　第三方物流运作模式图

象，取而代之为整车运输，大大提高了运输的效率，降低了企业的成本，从而使企业获得更多的经济利润。

(2) 有利于企业专心搞好生产。实行第三方物流以后，企业可以把有限的人力、财力集中起来改进技术，发展生产，从而实现规模化生产，提高企业的规模化效益。

(3) 有利于增加企业的流动资金。企业可以利用第三方物流公司为之精心策划的物流计划和适时的配送手段，最大限度地减少库存，降低库存占用费用，使企业有更多的流动资金来发展生产。

(4) 第三方物流还有利于整个社会资源的优化配置，易于形成规模经济，从而提高资源的利用率，减少整个社会对物流的总投资，给整个行业和社会带来很大的利益。

7.5.2　第三方物流信息系统的系统目标

本系统采用结构化的系统开发方法进行开发，建设一个第三方物流企业信息发布、浏览、与查询的行业性网站，可以有效实现中小型第三方物流企业的信息收集、汇总、处理等专项业务，及时发布和整理生产企业货物信息，可调配运输车辆信息以及物流动态等信息，为生产企业和后台信息管理提供方便快捷的操作界面，尽可能实现网上信息快速共享和调度。其主要实现如下目标。

(1) 提供完备的会员管理功能。

(2) 物流行业内企业对各类信息的发布、查询、查看等功能。

(3) 为物流企业提供辅助工具。

(4) 通过后台对前台各类信息进行全面的管理。

(5) 管理网站会员信息。

7.5.3　第三方物流信息系统的业务流程分析与功能模块设计

系统整体业务流程如图 7-14 所示。

图中上半部分是第三方物流信息网前台业务流程：生产企业和物流公司所属车辆所有者可以注册会员，不注册则只能查看和检索概要信息。当用户已经注册时便可以输入

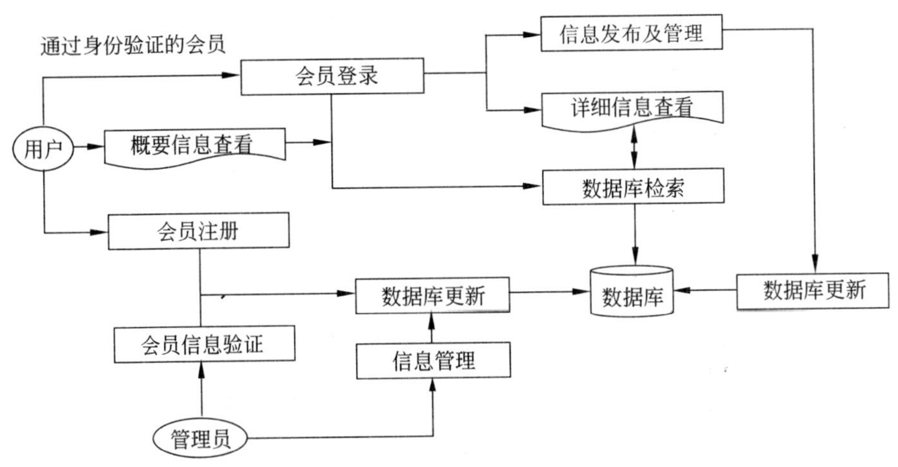

图 7-14 系统整体业务流程图

用户名和密码登录系统，进行货物信息、车辆信息、企业信息的发布、修改和删除管理，同时可以对货物信息、车辆信息、企业信息、物流知识、行业信息、公告信息、帮助信息等信息进行详细查看和检索管理，这些都归属到信息发布及管理和详细信息查看项目中；图的下半部分是第三方物流信息网后台业务流程：管理员点击系统管理并正确输入管理员密码则可以进入后台管理页面，进行会员信息的验证管理和货物信息、车辆信息、企业信息的检索查询与删除，同时对物流知识、行业信息、公告信息、帮助信息等信息进行添加、修改和删除，这些都归属到信息管理项目中。由于本系统是针对第三方物流公司信息共享和收集而开发设计的，在分析业务流程时要特别注意对于不同信息的处理方法和权限有何不同，这些应该在下面模块的业务流程中详细说明。

根据需求分析的结果，整个网站设计分为前台应用和后台处理两大模块，每个模块又可以细分为相对独立的小模块。两个模块的结构功能图如图 7-15 和图 7-16 所示。

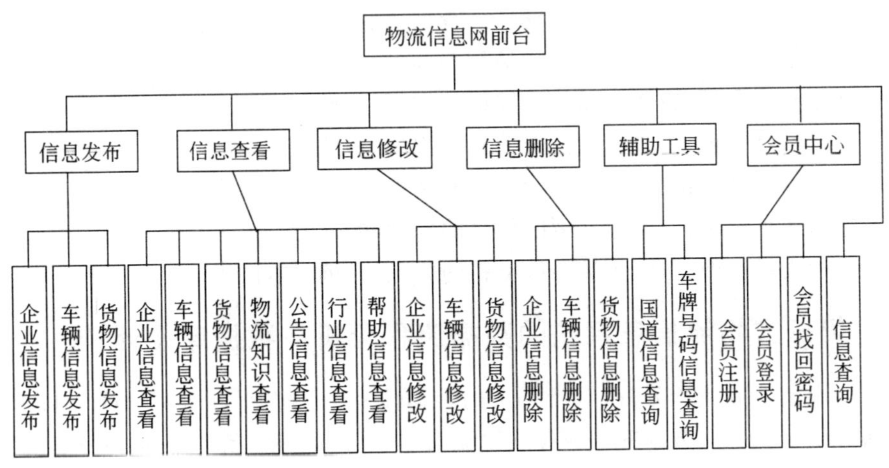

图 7-15 第三方物流信息系统前台功能结构图

前台主要包括各类信息发布、信息查看、信息修改、信息删除、辅助工具、会员中心等

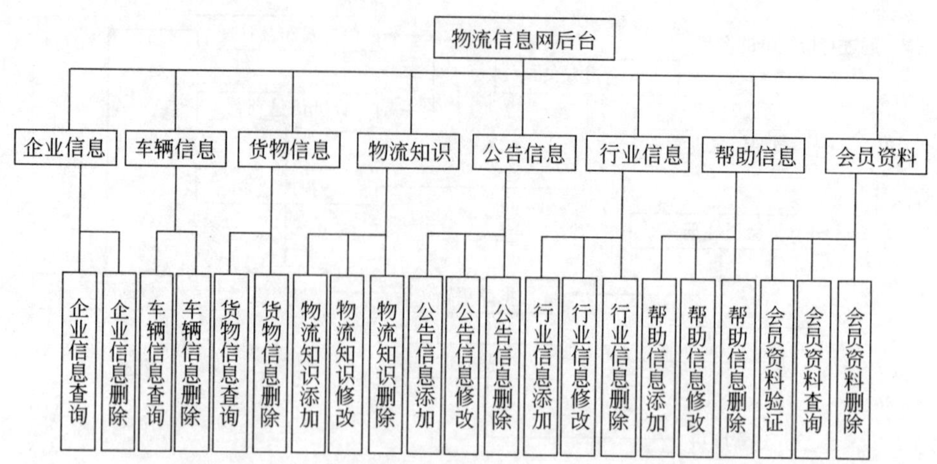

图 7-16　第三方物流信息系统后台功能结构图

功能模块。每个功能模块实现的功能需求如下。

(1) 信息发布：主要实现企业信息发布、车辆信息发布和货物信息发布。

(2) 信息查看：主要实现企业信息查看、车辆信息查看、货物信息查看、物流知识查看、公告信息查看、行业信息查看和帮助信息查看。

(3) 信息修改：主要实现企业信息修改、车辆信息修改和货物信息修改。

(4) 信息删除：主要包括企业信息删除、车辆信息删除和货物信息删除。

(5) 辅助工具：进行国道信息查询和车牌号码信息查询。

(6) 会员中心：主要包括会员注册、登录、找回密码三个功能。

后台主要包括企业信息管理、车辆信息管理、货物信息管理、物流知识管理、公告信息管理、行业信息管理、帮助信息管理、会员资料管理等模块，各模块实现功能如下。

(1) 企业信息管理：主要包括企业信息查询、删除。

(2) 车辆信息管理：主要包括车辆信息查询、删除。

(3) 货物信息管理：主要包括货物信息查询、删除。

(4) 物流知识管理：主要包括物流知识的添加、修改、删除。

(5) 公告信息管理：主要包括公告信息的添加、修改、删除。

(6) 行业信息管理：主要包括行业信息的添加、修改、删除。

(7) 帮助信息管理：主要包括帮助信息的添加、修改、删除。

(8) 会员资料管理：主要包括会员资料的验证、查询、删除。

7.5.4　第三方物流信息系统的数据流程分析与数据库设计

根据上面的业务流程分析，对于复杂的数据流程分层进行分析。如图 7-17 所示，系统用户通过前台处理向数据库发送各项物流信息，同时也通过系统查询浏览各项所需数据。另外，系统管理员通过后台管理对系统中各项信息和数据进行管理与操作。由于系统模块众多，前后台模块数据流程均涉及数据信息的添加、修改和查询，有很多相似和雷同之处，在这里，我们继续对系统前台做第二层数据流程分析。如图 7-18 所示，用户在系统前台通过浏览器界面向数据库发送信息发布、修改和删除的数据，并从数据库提取所需信息进行查看；同时，用户还通过辅助工具向数据库发送待查信息，提取所需数据；在会员中心方面，用户向数据库发送注册信息数据，成为会员，并提供用户名和密码数据，登录系统。

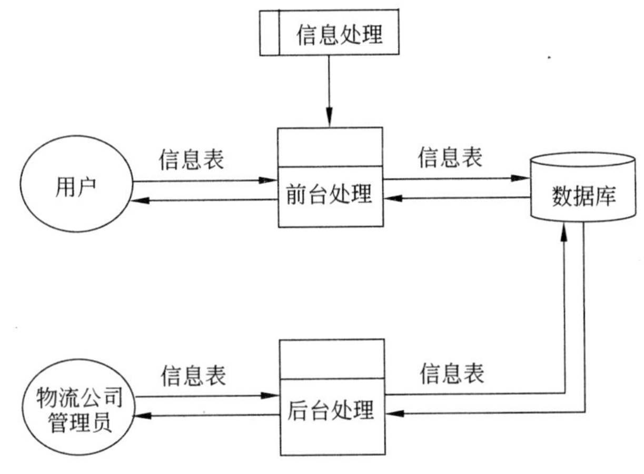

图 7-17　系统前台第一层数据流程图

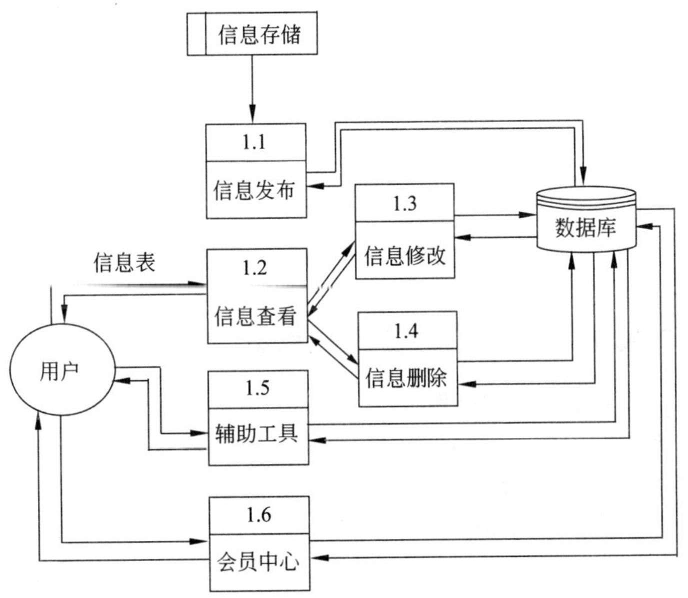

图 7-18　系统前台第二层数据流程图

本网站基于第三方物流信息系统理论，面向广大用户，主要功能是为生产企业提供一个方便的货物信息发布和物流信息获取平台，网站的用户和管理员根据各自权限的不同，享受不同的服务。其中最主要的服务就是用户信息发布和管理者信息收集处理，用户可以向网站发布共享信息，而网站管理者则要对信息进行收集、查询和处理。用户、信息和管理员之间的关系如图 7-19 所示。

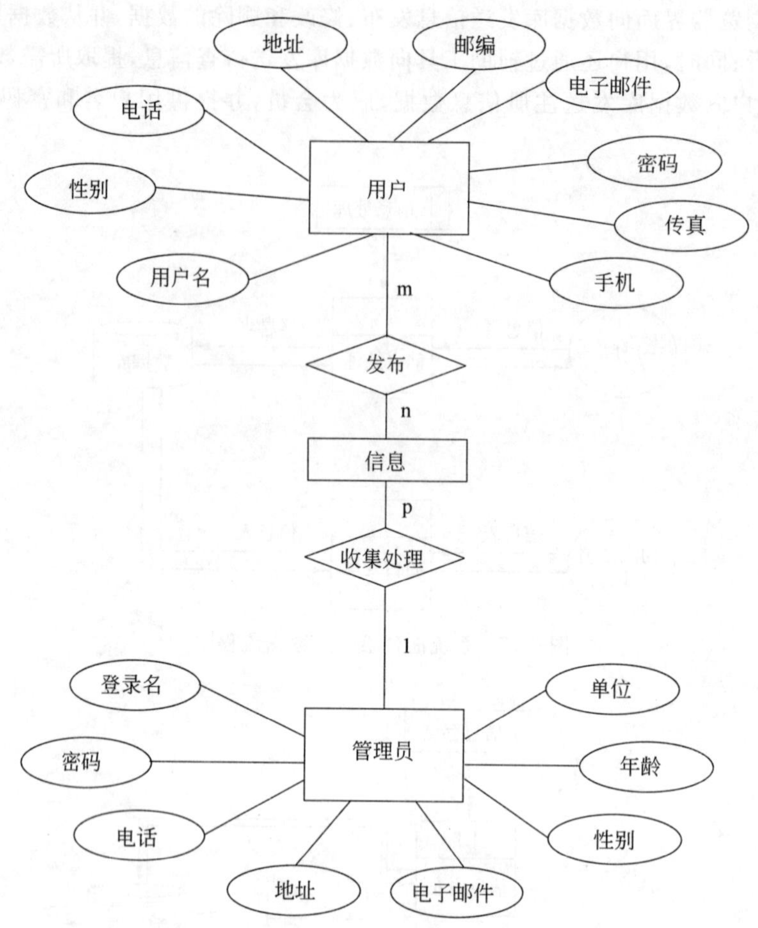

图 7-19 用户、信息和管理员之间的关系图

7.5.5 第三方物流信息系统的实施与总结

通过以上几个步骤的开发和操作，一个针对中小型第三方物流公司的物流信息系统就基本完成了。本系统实现了用户和物流公司对各类信息的发布、查询、查看等功能，能够及时发布和整理生产企业货物信息，可调配运输车辆信息以及物流动态等信息，为生产企业和后台信息管理提供方便快捷的操作界面，实现网上信息快速共享和调度。但是该系统的功能较为简单，只是提供了简单的信息管理功能，并没有充分利用数据仓库技术等现代化的物流信息技术，也无法满足快速发展的物流行业需求。

物流管理信息系统的建设涉及货主企业、分包商、收货人等许多方面的问题，所以，第三方物流企业在寻找合作伙伴时，应注意对方的信息系统建设发展程度，选择信息系统基础较好的合作伙伴，会给自己的系统开发甚至服务质量带来很大的便利。另外，社会的发展对第三方物流服务的需求将越来越大，要求也将越来越高，在进行系统建设时，应该注意系统的二次开发问题，以便应对各种可能的需求。同时，在进行系统建设时，要以客户为中心进行建设，要深入到客户中，进行需求调查，这样才能长久地赢得客户。

习 题

1. 阐述物流信息系统的概念与特点。
2. 简述物流信息系统的主要功能。
3. 物流信息技术中数据仓库和传统的数据库技术相比有什么不同?
4. EDI 数据交换技术的主要内容是什么?
5. 简述常用物流信息系统的开发方法,以及各自的优缺点。
6. 简述常用的物流信息系统规划方法。
7. 举例说明你知道的其他物流信息系统实例,以及它们的主要作用。

参考文献

[1] 路军,王立颖. 物流信息系统[M]. 北京:国防工业出版社,2010.
[2] 王道平. 物流管理信息系统[M]. 北京:机械工业出版社,2015.
[3] 黄有方. 物流信息系统[M]. 北京:高等教育出版社. 2010.
[4] 黄梯云. 管理信息系统[M]. 北京:高等教育出版社,2003.
[5] 夏火松. 物流管理信息系统[M]. 北京:科学出版社,2007.
[6] 薛华成. 管理信息系统[M]. 北京:清华大学出版社,2004.
[7] 陈禹,梁昌勇,杨善林. 信息系统分析与设计[M]. 北京:高等教育出版社,2005.
[8] 甘仞初. 信息系统分析与设计[M]. 北京:高等教育出版社,2003.
[9] 萨师煊. 数据库系统概论[M]. 第 3 版. 北京:高等教育出版社,2000.
[10] 薛华成. 管理信息系统[M]. 北京:清华大学出版社,2004.
[11] 白丽君,彭杨. 物流信息系统分析与设计,2009.
[12] 高明波,物流管理信息系统[M]. 北京:对外经济贸易大学出版社,2008.
[13] 琚春华等. 现代物流信息系统[M]. 北京:科学出版社,2005.

第 8 章

物流与供应链管理中的新兴信息技术应用

8.1 物联网技术与智慧物流

8.1.1 物联网技术

物联网(internet of things,IoT)作为一种新兴网络技术,是继计算机、互联网和移动通信之后新一轮信息技术革命。物联网指的是将无处不在的末端设备(devices)和设施(facilities),包括具备"内在智能"的传感器、移动终端、工业系统、楼控系统、家庭智能设施、视频监控系统等和"外在使能"的,如贴上 RFID 的各种资产、携带无线终端的个人与车辆等"智能化物件或动物"或"智能尘埃",通过各种无线或有线的长距离或短距离通信网络实现互联互通(M2M)、应用大集成以及基于云计算的营运等模式,在内网、专网或互联网环境下,采用适当的信息安全保障机制,提供安全可控乃至个性化的实时在线监测、定位追溯、报警联动、调度指挥、预案管理、远程控制、安全防范、远程维保、在线升级、统计报表、决策支持、领导桌面等管理和服务功能,实现对"万物"的"高效、节能、安全、环保"的"管、控、营"一体化。

简单来说,物联网就是"物物相连的互联网",是通过各类传感装置、RFID 技术、视频识别技术、红外感应、全球定位系统、激光扫描器等信息自动采集设备,按约定的协议,根据需要实现物品互联互通的网络连接,进行信息交换和通信,以实现智能化识别、定位、跟踪、监控和管理的智能网络系统。

物联网的价值在于让物体也拥有了"智慧",从而实现人与物、物与物之间的沟通,将由互联网产生的虚拟世界与现实的物理世界融合在一起,物联网的特征在于感知、互联和智能的叠加。《物联网"十二五"发展规划》的一大重点是推进物联网新兴产业群的科技创新。随着物联网技术的日趋成熟,国内物联网技术的热潮还会持续高速增长。

8.1.2 智慧物流

随着物流业开始接触物联网,并运用物联网技术实现物流作业智能化、网络化和自动化,在 2009 年,中国物流技术协会信息中心、华夏物联网、《物流技术与应用》编辑部率先在行业提出"智慧物流"的概念。

智慧物流理念的提出,顺应历史潮流,也符合现代物流业发展的自动化、网络化、可视化、实时化、跟踪与智能控制的发展新趋势,符合物联网发展的趋势。2016 年 4 月 6 日,国务院总理李克强主持召开国务院常务会议,决定实施《装备制造业标准化和质量提升规划》,部署推进"互联网+流通"行动,打造智慧物流体系,发展物联网。

所谓智慧物流,是指运用物联网技术和信息技术构建起的一个集信息化、智能化、系统化为一体的物流配送网络体系,主要利用高新技术和现代管理手段实现物流配送体系的高效率与低成本的智能化运作。智慧物流一般具有感知、优化决策和智能反馈等功能。

(1) 感知功能。运用射频识别、红外以及卫星定位等高新技术,实时获取并存储包装、仓储、车辆及物流配送过程中各个环节的数据和信息,实现整个业务流程中对目标对象的追踪、定位等的感知功能,初步完成感知智慧。

(2) 决策功能。将数据挖掘和信息处理技术应用于物流管理与配送系统,通过对物流数据、客户需求和商品库存等信息与数据进行数据挖掘和分析,计算和决策最佳仓储位置与配送路径,实现物流存储和配送决策智能化。

(3) 反馈功能。物流业务流程中,配送系统和收货方均需要实时了解货物的位置和状态等配送信息,通过红外、感知网和物流管理系统为客户与管理者提供实时的物流运行状态的信息反馈,实现智慧物流架构体系中每一个环节的信息反馈。

智慧物流是物流现代化发展的高级别阶段,具有参与主体多、涉及领域广和跨行业等特点,其发展既需要政府引导和企业参与,更离不开物流基础设施、技术及管理和服务的现代化。可喜的是,目前我国智慧物流在物流公共信息平台数据交换与集成以及智能分析与优化等方面的建设已初见成效,其规模化发展带来的便利与效益将会更加惊人。

智慧物流发展至今呈现出智能化、柔性化、一体化、社会化的趋势。

(1) 智能化。这是物流发展的必然趋势,是智慧物流的典型特征,它贯穿于物流活动的全过程,随着人工智能技术、自动化技术、信息技术的发展其智能化的程度将不断提高。它不限于库存水平的确定、运输道路的选择、自动跟踪的控制、自动分拣的运行、物流配送中心的管理等问题,随着时代的发展,而是不断地被赋予新的内容。

(2) 柔性化。本来是为实现"以顾客为中心"理念而在生产领域提出的,即真正地根据消费者需求的变化来灵活调节生产工艺。物流的发展也是如此,必须按照客户的需要提供高度可靠的、特殊的、额外的服务,"以顾客为中心"服务的内容将不断增多,服务的重要性也将越来越大,如果没有智慧物流系统柔性化的目的是不可能达到的。

(3) 一体化。智慧物流活动既包括企业内部生产过程中的全部物流活动,也包括企业与企业、企业与个人之间的全部物流活动等。智慧物流的一体化是指智慧物流活动的整体化和系统化,它是以智慧物流管理为核心,将物流过程中运输、存储、包装、装卸等诸环节集合成一体化系统,以最低的成本向客户提供最满意的物流服务。

(4) 社会化。随着物流设施的国际化、物流技术的全球化和物流服务的全面化,物流活动并不局限于一个企业、一个地区或一个国家。为实现货物在国际间的流动和交换,促进区域经济的发展和世界资源优化配置,一个社会化的智慧物流体系正在逐渐形成。构建智慧物流体系对于降低商品流通成本将起到决定性的作用,并成为智能型社会发展的基础。

8.2 物流管理中的物联网技术应用

8.2.1 物联网的发展阶段和发展趋势

1. 物联网的发展阶段

1）启蒙阶段（1994—2005）

在物联网的概念提出之前，物联网的应用形式即用网络连接和传送物的信息的形式已经存在，如军事上的卫星、雷达侦测、遥控武器和各个行业的自动控制等领域都有应用。最初的物联网概念，国内外公认的是 MIT Auto-ID 中心 Ashton 教授 1999 年在研究 RFID 时最早提出来的。当时叫传感网，其定义是：通过 RFID、红外感应器、全球定位系统、激光扫描器等信息传感设备，按约定的协议，把任何物品与互联网相连接，进行信息交换和通信，以实现智能化识别、定位、跟踪、监控和管理的一种网络概念。

2）起步探索阶段（2005—2009）

2005 年 11 月 17 日，在突尼斯举行的信息社会世界峰会上，国际电信联盟 ITU 发布了《ITU 互联网报告 2005：物联网》，物联网的定义和范围已经发生了变化，覆盖范围有了较大的拓展，不再只是指基于 RFID 技术的物联网，提出任何时刻、任何地点、任何物体之间的互联，无所不在的网络和无所不在的计算的发展愿景，除 RFID 技术外，传感器技术、纳米技术、智能终端等技术将得到更加广泛的应用。物联网理念得到了全面的提升。

3）理性发展阶段（2009 年至今）

（1）2009 年 1 月，IBM 首席执行官在与美国总统奥巴马的圆桌会议中提出“智慧地球”的概念，目前“智慧地球”的概念已上升至美国的国家战略。

（2）2009 年 6 月，欧盟委员会向欧盟议会、理事会、欧洲经济和社会委员会及地区委员会递交了《欧盟物联网行动计划》（*Internet of Things—An Action Plan for Europe*），介绍传感网/RFID 等前端技术和 20 年发展趋势。

（3）2009 年，温家宝提出“感知中国”理念；2010 年 3 月 5 日，国务院总理温家宝在十一届人大三次会议上作政府工作报告时指出积极推进“三网”融合取得实质性进展，加快物联网的研发应用。同时，国家“十二五”规划中明确提出，物联网将会在智能电网、智能交通、智能物流、金融与服务业、国防军事等十大领域重点部署。

2. 物联网的发展趋势

整体来看，全球物联网相关技术、标准、应用、服务还处于起步阶段，物联网核心技术持续发展，标准体系加快构建，产业体系处于建立和完善过程中。未来，全球物联网将朝着规模化、协同化和创新性方向发展，同时以物联网应用带动物联网产业将是全球各国的主要发展方向。

1）规模化发展

随着世界各国对物联网技术、标准和应用的不断推进，物联网在各行业领域中的规模将逐步扩大，尤其是一些政府推动的国家性项目，如美国智能电网、日本、韩国物联网先导应用工程等，将吸引大批有实力的企业进入物联网领域，大大推进物联网应用进程，为扩大物联网产业规模起到巨大作用。

2）协同化发展

随着产业和标准的不断完善，物联网将朝协同化方向发展，形成不同物体间、不同企业间、不同行业乃至不同地区或国家间的物联网信息的互联互通互操作，例如传统产业通过与物联网技术深度融合，同时利用互联网的平台服务以及移动互联网的商业模式，形成开放产业生态创新产品和服务的模式。应用模式从闭环走向开环，最终形成可服务于不同行业和领域的全球化物联网应用体系。

3）创新性发展

物联网从互联互通的简单分析阶段，这个阶段主要构建了一个互联互通的物联网系统，将传感器互联，将信息传给数据中心，做简单的数据处理；发展到了构建了一个共享的物联网平台的阶段，这个阶段可以对来自物理世界大量的物联网数据进行处理，扩充和发展很多不同的信息处理技术；而现在物联网的发展趋势迈向了物联网技术和云计算技术的深度融合，一方面是物联网技术与方案向云端移动，物联网部署的方案从本地部署上升到云端来提供，另一方面是对物联网产生的大数据去伪存真，进行深入分析，来产生可执行力的洞察力，不但要理解物理世界，更需要根据理解来改变、优化世界。所以，物联网越来越要求对于现有技术进行创新。

第一，是对传统 IT 数据处理技术的创新，可能是性能的突破，如物联网处理系统需要一秒钟处理上百万信息；也可能需要对非结构化数据进行存储和处理，需要新的技术，传统的数据是结构化数据，可以依赖于包括关系数据库这类技术来进行管理和处理。第二，物联网引入物理模型来模拟物理世界，这就需要构建大量的物理模型，并挑选出合适的模型，对物理世界做更好的模拟与理解。第三，物联网通过认知计算产生洞察力和决策支持。物联网的出现要求我们把认知计算这样关键性的数据处理技术，带入物联网数据分析中。认知计算的重要特质是有强大的自然语言能力，能帮助我们对物理世界做更好的管理。物联网的发展越来越需要具有自我学习的创新能力。

物联网已成为当前世界新一轮经济和科技发展的战略制高点之一，发展物联网对于促进经济发展和社会进步具有重要的现实意义。

8.2.2　物联网的体系架构

物联网实现过程是由传感器件对物的信息进行采集获取，通过网络将物品与互联网连接，对物的信息进行传递和处理，最后通过管理平台对信息进行交换应用，实现对物品智能化跟踪、监控和管理。因此，物联网由三个部分组成，如图 8-1 所示：感知层，即以射频识别（RFID）、无线传感器网络（WSN）为主，实现对“物”的识别，从而进行数据的收集；网络层，即通过现有的互联网和通信网络等实现数据的传输，并在云计算的平台上进行数据的处理；应用层，即利用云计算、数据挖掘、中间件等技术实现物联网在各个行业领域的应用，这是整个物联网体系的成果。

8.2.3　物联网的关键技术

根据物联网的体系构架，将物联网涉及的关键技术分为信息采集技术、信息传输技

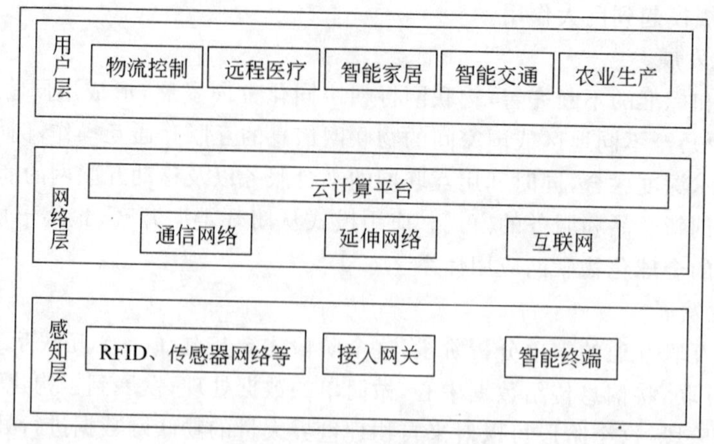

图 8-1 物联网的体系结构

术、信息处理技术和信息安全技术四大类,其中信息采集、传输和处理技术主要集中在感知层、网络层和应用层,除此之外,信息安全技术也具有很重要的意义。

1. 信息采集技术

首先实现感知层的基础是对物理世界进行的识别。物联网的识别技术是以 RFID 为基础的。RFID(radio frequency identification devices,射频识别)是一种非接触式的自动识别的无线通信技术,它通过射频信号自动识别目标对象并获取相关数据,识别过程无须人工干预,可工作于各种恶劣环境。每个物体上都有一个电子标签标识这个物体。电子标签能够自动或在外力的作用下,把存储的信息发射出去,读写器负责读取或写入电子标签的信息。RFID 技术可识别高速运动物体并可同时识别多个标签,操作快捷方便。RFID 技术与互联网、通信等技术相结合,可实现全球范围内物品跟踪与信息共享。

RFID 电子标签是一种把天线和 IC 封装到塑料基片上的新型无源电子卡片,具有数据存储量大、无线无源、小巧轻便、使用寿命长、防水、防磁和安全防伪等特点,是近几年发展起来的新型产品,是未来几年代替条形码走进"物联网"时代的关键技术之一。阅读器(PCE 机)和电子标签(PICC 卡)之间通过电磁场感应进行能量、时序和数据的无线传输。在 PCE 机天线的可识别范围内,可能会同时出现多张 PICC 卡。如何准确识别每张卡,是 A 型 PICC 卡的防碰撞(anticollision,也叫防冲突)技术要解决的关键问题。

另外,物联网技术也离不开无线传感器网络(wireless sensor network,WSN),WSN 是集分布式信息采集、信息传输和信息处理技术于一体的网络信息系统,以其低成本、微型化、低功耗和灵活的组网方式、铺设方式以及适合移动目标等特点受到广泛重视,是关系国民经济发展和国家安全的重要技术。物联网正是通过遍布在各个角落和物体上的形形色色的传感器以及由它们组成的无线传感器网络,来最终感知整个物质世界的。

传感器网络节点的基本组成包括如下几个基本单元:传感单元(由传感器和模数转换功能模块组成)、处理单元(包括 CPU、存储器、嵌入式操作系统等)、通信单元(由无线通信模块组成)以及电源。此外,可以选择的其他功能单元包括:定位系统、移动系统以及电源自供电系统等。在传感器网络中,节点可以通过飞机布撒或人工布置等方式,大量部署在被感知对象内部或者附近。这些节点通过自组织方式构成无线网络,以协作的方式实时感知、采集和处理网络覆盖区域中的信息，并通过多条网络将数据经由 Sink 节点（接收发送器）链路将整个区域内的信息传送到远程控制管理中心。另外，远程管理中心也可以对网络节点进行实时控制和操纵。

2. 信息传输技术

物联网体系结构的网络层要求能够充分利用通信网络和互联网等网络以承载海量信息传输，实现各种传感网络的互联，广域的数据交互和多方共享，并依托云计算平台进行数据信息的处理，才能真正建立一个有效的物联网。

物联网中的信息传输技术主要分为通信技术和网络技术。

通信网络是物联网信息传递和服务支撑的基础设施，通过泛在的互联功能，实现感知信息可靠性、高安全性的传送。物联网需要综合各种有线及无线通信技术，如常用的 2G、3G 蜂窝网络等。其中近距离无线通信技术将成为物联网的研究重点。目前使用较多的是近距离通信技术包括超宽带（UWB）、ZigBee、蓝牙等。此外还有近年来兴起的近场通信（near field communication，NFC）技术。

网络技术涵盖泛在感知和骨干传输等多个层次。参照物体的具体运动特征，可以大致分为固定网络、移动网络、Ad-hoc 网络等。

3. 信息处理技术

物联网的应用层通过中间件技术、基于云计算的应用处理中心和系统集成技术来实现物联网技术在各行业领域中的作用。

中间件技术需要解决数据过滤、数据聚合和信息传递三个关键问题，实现准确互通，以满足物联网在混合组网、异构环境下的高效运行。物联网中间件处于数据与应用程序之间，相当于物联网整个网络的神经系统，是业务应用程序和底层数据获取设备之间的桥梁，它是指除操作系统数据库和直接面向用户的客户端软件以外，所有能批量生产高度复用的软件。中间件可以封装 RFID 读写器管理、数据管理、事件管理等通用功能，实现软件复用，从而降低应用系统的开发成本和缩短开发周期。物联网中间件是数据管理、设备管理和事件管理的中心，是物联网应用集成的核心部件，所以在物联网产业链条中占有重要的地位。

基于云计算的应用处理中心主要包括：云计算架构技术、快速部署技术、资源调度技术、多租户数据过滤技术和数据聚合技术，可以用于处理感知层采集的大量冗余信息数据。

系统集成技术主要加强功能集成、网络集成、软硬件操作界面及功能控制、系统及软件等技术。具体包括对海量感知信息的数据融合、高效存储、语义集成、并行处理、知识发现、数据挖掘等技术，其核心是采用云计算技术。我国物联网“十二五”发展规划中指出要重点发展物联网信息处理技术，关键技术包括海量数据存储、数据挖掘、图像视频智能分析等。

（1）海量数据存储。围绕重点应用行业，开展海量数据新型存储介质、网络存储、虚拟存储等技术的研发，实现海量数据存储的安全、稳定和可靠。

（2）数据挖掘。瞄准物联网产业发展重点领域，集中开展各种数据挖掘理论、模型和方法的研究，实现国产数据挖掘技术在物联网重点领域的全面推广。

(3) 图像视频智能分析。结合经济和社会发展实际应用,有针对性地开展图像视频智能分析理论与方法的研究,实现图像视频智能分析软件在物联网市场的广泛应用。

物联网中的信息处理技术将发挥重要作用,具体表现在:降低了物联网的整体能量消耗;提高了信息采集的准确性;提高了数据采集的效率。

4. 信息安全技术

信息安全技术贯穿于物联网体系结构的感知层、网络层和应用层。

感知层则是围绕感知端所采集的数据信息安全,从感知端设备与信息汇聚节点的交互接口到数据通信等各个方面,确保数据采集环节的安全可靠。

网络层则围绕数据传递安全,从最开始的认证和访问控制直至数据传递过程中的机密性保护等各个方面,确保数据在传递环节中的安全可靠。

应用层围绕主机数据安全,从最外围的系统接入直至内部的数据存储保护等各个方面,确保数据在处理、分析、存储环节的安全。

另外,为了确保风险和威胁不扩散,需要在各层之间实现适度安全隔离。感知层设备接入网络层时,向上要通过一定的接入手段完成认证和授权,以确保其身份的真实性。而网络层则需要在感知层和应用层的边界处做好适度的边界防护和隔离,确保数据在传递过程中的完整性。同时,应用层要做好上传数据的检测工作,规避由于应用数据而带来的风险,确保整个应用层系统的可用性。同时,针对物理安全、感知层安全、网络层安全和应用层安全,根据物联网信息系统及同一系统内不同网络域安全等级的不同,制定相对应的安全防护策略,从而达到对物联网信息系统实施重点保护与适度保护的一致性,实现对物联网信息系统的等级保护。

8.2.4 物联网技术在物流管理中的应用

物联网带来技术的创新和业务模式的创新,势必为传统的物流业务流程带来新的变化,明显体现在其对于传统供应链的改造,传统的物流信息管理系统无法及时跟踪物品信息,对物品信息的录入和清点也多以手工为主,速度慢且容易出现差错。物联网技术的出现从根本上改变了物流中信息的采集方式,改变了生产、配送、装卸运输、仓储各环节的物品流动监控、动态协调的管理水平,极大地提高了物流效率,完善和优化供应链管理体系,提高供应链效率,降低供应链成本。

(1) 生产环节。生产商在自动化生产线上利用 RFID 技术可以实现对原材料、零部件、半成品、成品的跟踪与识别,降低了人工识别成本和出错率,提高了效率和效益。尤其是在准时制生产方式(JIT)的生产流水线上,原材料和零部件要求必须准时送达工位,物联网中的 RFID 技术通过识别电子标签,能够迅速从数量庞大、种类繁多的库存中精确找到工位上所需求的原材料和零配件,保障了流水线的正常生产作业,使产品质量得到控制。

(2) 配送环节。配送环节主要包括两项工作:"配货"以及"送达",物品需要多次经历被分拆重组、拣选分发的过程,如何提高这个过程的效率和准确率,同时又能减少人工并降低配送成本对一个物流企业至关重要。如果所有的物品都贴有电子标签,则物品在进行拣选时,只需要将托盘安装上阅读器便可以读取到所有物品的标签信息,阅读器将读取的信息传送到信息中心，信息中心系统将这些信息与发货清单进行核对，如果全部吻合便可以发货。这样在物联网技术的支持下，通过数据中心获取货物的信息可以实现更加合理的配货，包括订单的整合。这里举个例子，如经常上网购物的朋友，有时会发现一人要签收 3～4 次货物，这就给客户带来了很多不便。通过物联网技术我们可以在配货环节将相关的信息进行梳理，如发现收件人是同一个人，系统可以将这些订单整合在一起统一配送，这样就提高了效率、节约了成本。货物的送达在物流环节也是非常关键的，通过物联网技术可以实时地将相关的节点信息采集至数据中心，作为管理者或者客户可以很简单地监控整个货物的送达过程。

(3) 装卸环节。传统装卸环节往往通过人工的方式去清点装卸的货物的数量与种类，这样人工操作造成效率比较低。而通过电子标签的方式可以实现自动化装卸，比如当货物从流水线送到车辆上时，流水线上的识读设备可以实时记录相关货物的装卸信息。而这些信息又会实时地汇总到数据中心，管理者将利用这些信息实现更好的管理，同时掌握库存的情况。

(4) 运输环节。首先这一环节牵涉的因素很多，如人、货、运输工具以及路径等。这些因素其实是物流环节中最为复杂的因素，例如人，在运输环节中很重要的人就是司机，司机可以说是物流环节中最难管理的一部分。所谓“将在外，军令有所不受”，从目前的状况来看物流公司很难去监管司机的行为，只能使用比较粗放的管理方式。举个简单的例子，按要求这笔货需要经过高速发往客户那边，可是司机为省钱走了国道，这就造成货的交付时间出了问题，但是这样的行为却很难取证与监管。除了司机，货、运输工具、运输路径一样存在监管的困难。货的状况如何，一些药品是否按照规定的温度来存放，这些都得不到有效的管理。因此造成很多不必要的损失，甚至带来安全性问题。物联网技术的引入，将在一定程度上改善上述谈到的这些问题。例如，我们可以在车辆安装 GPS 定位装置，在途的车辆和物品上贴有电子标签，运输线路上的一些检查点上装有阅读器，当物品到达某个检查点时，阅读器将电子标签的信息和其地理位置信息一同传至通信卫星，由通信卫星传送至信息中心，送入数据库中。数据中心可以根据这些信息来判断整个运输过程是否正常，如车辆的位置信息，货物的温度信息，车辆的油压信息，国外的一些公司甚至支持货物的实时视频。这样运输车辆就可以在数据中心的关注下按照合理的路径完成运输环节，传感设备除了与中心通信还可以实时与司机互动。如车速过高的提醒，货物有异常状态的提醒，等等。通过这些智能的手段，上述提到的一些问题可以得到有效的解决，保证运输环节更加有效、安全的执行。

(5) 仓储环节。货的存放保管也是物流过程中很重要的环节。大量的物流公司、生产企业都有自己的仓储中心，来实现货物的存放。通常有一些货物的存放条件比较苛刻，如药品对温度和湿度有要求，而玻璃制品则对挤压等有相关要求。在物联网时代，我们可以通过一些传感芯片来感知这些信息，如在货物上贴上电子标签，当物品入库的时候，货架上的识读设备会自动将出入库信息传送到数据中心；在货物存放的时候，传感器和电子芯片就负责将各种中心关注的货物的状态和数据上送，如货物的温度、货物的有效期等。另外，在货物入库或出库时，利用带有阅读器的拖车即可分门别类地送入指定仓库，可以让物品登记自动化，盘点时不需要人工扫描条码或检查，快速准确，并减少了人力成本支出;当零售商的货架上商品缺货时,货架会自动通知仓库,仓库管理人员及时补货,商品库存信息也会自动更改,保证了商品的及时供应。这些信息都可以通过数据中心进行处理,从而实现智能管控,也可以作为一种信息服务,帮助将货物托管在仓库里的商户更为准确地了解到货物的相关信息。

(6) 产品增值环节。这一环节通常包括包装、加工和信息服务等。有些货物具有特殊的属性,如易爆、易燃等;有些货物对存放环境要求较高,如冷冻食品等。这些产品在流通和加工过程中如果处理不当往往会带来巨大的安全事故,造成人员身亡与财产损失,同时影响到环境。目前国内对此环节的监管措施还比较单一,通过引进物联网技术可以有效地改善这些问题,装配工人可以通过物联网获取到产品的相关属性以及安装和加工的注意事项,减少安全事故的发生。例如,在封装易爆品时,流水线上的设备会检测出易爆品的相关属性进而通知安装工人要小心该易爆品。对于那些特殊的产品甚至可以采用自动加工的方式,通过物联网芯片实时地把情况反馈回来。可见针对包装和加工的环节,物联网技术可以有效地防止安全事故的发生,同时提高工作的效率。在信息服务商,通过数据中心,可以获取大量在物流过程中的信息(库存信息、存储信息、销售信息)等,这些信息可以推送给生产企业、物流中心、消费者等供应链中的每个角色,通过这些信息可以进行数据分析,如借助真实的销售信息协助生产企业制订详细的生产计划,帮助经销商调整进货计划。对于消费者来说物联网信息服务带来的是革命性的便利,如你在超市买了一块猪肉,通过物联网信息服务便可以查询该猪肉的产地、运输过程、屠宰过程等各个环节,增强消费者的购买信心,让假货无所遁形。

下面将介绍物联网技术在物流系统的集成应用。其实物流业是物联网很早就落地的行业之一,很多物流系统和网络也采用了最新的红外、激光、无线、编码、认址、自动识别、定位、无接触供电、光纤、数据库、传感器、RFID、卫星定位等高新技术,这种集光、机、电、信息等技术于一体的新技术在物流系统的集成应用就是物联网技术在物流业应用的体现。

概括起来,目前相对成熟的物联网应用主要在以下三大领域。

(1) 是与我们日常生活密切相关的物品的智能可追溯网络系统。目前,我国物品可追溯领域的技术与政策等条件都已经相当成熟,在烟草、医药、农产品、食品等领域也有很多成功的行业应用。例如,农业部的溯源项目,通过质量追溯系统,采集食品质量信息和种植、养殖加工过程中与质量相关的数据,建立质量信息数据库,并通过先进的条形码识别技术对产品质量进行追溯。配合仓储物流的规范化管理,质量追溯系统除了能对产品质量进行追溯外,同时对产品的物流状态、全销售环节也可进行定位跟踪。通过信息化的手段,对农产品质量安全进行"数字化"管理,为食品建立"身份证"制度,试点食品实行条码销售,消费者可以利用追溯条码通过短信、互联网、触摸屏等方式查询蔬菜产品的相关信息,从而实现"知根溯源",放心消费。

(2) 在可视化、智能化的管理网络系统方面,目前主要应用是在汽车移动物联网(车联网)。主要是基于 GPS 卫星导航定位技术、RFID 识别技术、传感器感知技术等多种技术,借助互联网和数据通信手段,在物流过程中进行实时车辆定位、运输物品监控、在线调度与配送可视化管理。目前,全网络化与智能化的可视管理网络还没有,但初级的应用比较普遍,如有的物流公司或企业建立了 GPS 智能物流管理系统;有的公司建立了食品冷链的车辆定位与食品温度实时监控系统等,初步实现了物流作业的透明化、可视化管理。

(3) 智能化的物流配送中心,这包括智能物流中心以及智能配货的信息化平台的搭建。主要是基于传感、RFID、声、光、机、电、移动计算等各项先进技术,借助配送中心智能控制、自动化操作的网络,解决物流配送作业过程中大量的运筹和决策,如库存水平的确定、运输搬运路径的选择、自动导向车的运行轨迹和作业控制、自动分拣机的运行、物流配送中心经营管理的决策支持等问题,以实现商流、物流、信息流、资金流的全面协同。例如当今的流通领域已将物流的高科技(自动分拣机、自动化立体仓库、信息处理及通信自动化等)广泛应用于配送中心,但物流智能化依然是目前的一个技术难题,也将成为电子商务和物联网发展相结合的物流行业的一个新的发展趋势。

现阶段物联网在物流行业的应用尚处在快速发展的起步阶段,随着物联网技术的深入发展和全面普及,物联网在物流行业的应用将有极大的发展空间。物联网技术可以使机器设备之间在预先设定好的机制下自动完成通信,使人们从设备与设备之间的通信中解放出来,这涉及社会生产生活的方方面面,所以物联网技术覆盖范围很广,可以应用到很多领域,物联网的应用已经渗透到社会活动的方方面面。

物联网技术对现代物流管理的促进作用体现在以下几方面。

(1) 实现了全方位、实时的网络查询。物联网在物流管理中的应用,可以使整个物流链或供应链实现信息化,可以将整个链条上的每一个部分连接起来,从而实现实时的信息查询。迄今为止,物联网时代的到来,使智能化成为科技自动化领域的主要研究方向,而智能化的前提就是信息的自由流通。在物联网中,首先由植入物体和产品的末端传感器将信息进行采集,然后传输到数据处理中心或是系统指挥本部,以实现动态的选择,所以,能够满足实时网络查询的物联网技术具备了智能化的三个基本特征:自动化、信息化和网络化。

(2) 实现了全球一体化的管理。网络全球化实现了全球范围内的信息联通,让互联网的力量遍及全球的每一个角落。全球化发展是当今世界的主要特征,是一种正在进行的无法改变的客观事实,网络全球化以经济全球化为基础,以信息化和网络化、智能化为手段,网络传播的速度快、多变化、无边界、多维度等特点,加速了全球化的进程,抹平了差异阻隔,实现了空间与时间的分离。网络自身没有太多的意义,但是将其与物流链上的各个环节联系起来以后,就有了一种“自我诞生”的过程。网络本身是一种工具、一种媒介、一种现代化技术,网络作为一种工具,有其服务的对象和服务方式,但是其提供的便利要大于很多传统的工具。作为一种媒介,网络全球化可以打破时空和地理的界限。

(3) 实现了智能化的管理。物联网时代的物流管理需要有一些物联网技术的支持,一些关键技术将得到快速发展。一是识别与采集信息技术,包括 RFID、传感器等。二是移动通信技术,包括 3G 网,甚至 4G 网等移动无线通信技术。三是智能终端,与其他行业的信息化相比,物流信息化中特有的两种装备:机载终端和手持终端,将得到快速发展。研究这两个智能终端的差异性,将反映物联网时代物品和人的管理方式。四是位置服务,基于位置的服务现在非常流行,除了传统的 GPS,发展最快的是通过智能手机提供的位置服务。五是商业智能技术,一旦管理转移到依赖于商业智能技术进行加工和处理信息,实现决策增值时,商业智能技术将会成为热门。

(4) 实现了物流信息的及时反馈与管理。企业过去建立管理信息系统就是建立一个企业内部的信息管理体系,目标是将本企业的信息管理好。但是,随着信息时代的到来,当今的信息管理是一种开放式的管理,信息体系也不局限于本企业内部,而是一个连接了很多企业的信息管理联盟,企业之间自由进行信息的交换和共享。传统的管理在前期基本上是按照二八法则定位的,也就是说企业的KPI指标、服务水平,只要求把自己的事情管好,也就是一些车、人、仓库,把它们管好了,服务水平的80%就有保证。其他因素可能很多,但影响很小。但是在这个基础上要再上一个台阶就困难了,还需要知道交通情况、天气情况等,这些情况对于企业进一步提高KPI非常重要,从80%提高到90%、95%,没有外部系统的沟通是不可能做到的。所以在进一步提高时,二八法则就要调整,要掌握更多的资源。因此,一定要建设开放性的平台,这种开放性是提高运营水平的一个必然趋势。在这个开放的过程中,一些热门技术,像定位技术、传感器技术等,将会成为实现开放性的关键技术手段。同时,我们还要认识到制约开放的主要问题是安全性。过去之所以不能开放,或者开放的步子小,主要就是怕系统不安全。所以在未来的发展中,系统的开放性和安全性会有矛盾,这个矛盾在传统的情况下怎么平衡,在新的情况下怎么平衡,这些变化制约着整个系统开放性的发展。现阶段要解决安全的问题,一要靠技术;二要靠流程,即要重新设计流程;三要靠法律;四要靠内部管理。安全问题也在不断变化,包括对安全问题的认识、承受程度等。这种变化使开放性和安全性之间的平衡状态不断调整,这也会促进系统自身逐渐地开放。

总之,物联网正在对当代经济社会产生深刻的影响,它的出现和发展将极大地促进社会生产力的发展,丰富我们的生活。可以说,物联网将在一定程度上改变整个社会的生产方式、生活方式,进而改变人们的生存方式。

8.3 大数据与数据挖掘技术

8.3.1 大数据

半个世纪以来,随着计算机技术全面融入社会生活,信息爆炸已经积累到一个开始引发变革的程度。它不仅使世界充斥着比以往更多的信息,而且其增长速度也在加快。信息爆炸的学科如天文学和基因学,创造出了“大数据”这个概念。如今,这个概念几乎应用到所有人类智力与发展的领域中。21世纪是数据信息大发展的时代,移动互联、社交网络、电子商务等极大拓展了互联网的边界和应用范围,各种数据正在迅速膨胀并变大。互联网(社交、搜索、电商)、移动互联网(微博)、物联网(传感器、智慧地球)、车联网、GPS、医学影像、安全监控、金融(银行、股市、保险)、电信(通话、短信)都在疯狂地产生数据。在2006年个人用户才刚刚迈进TB时代,全球一共新产生了约180EB的数据;到2011年,这个数字达到了1.8ZB。而有市场研究机构预测,到2020年整个世界的数据总量将会增长44倍,达到35.2ZB。(1ZB=10亿TB)

大数据是用传统方法或工具很难处理或分析的数据信息。大数据既是数据量的一个激增(从最开始的 ERP/CRM 数据,逐步扩大到增加互联网数据,再到物联网的传感器等相关信息数据),同时也是数据复杂性的提升。大数据可以说是量积累到一定程度后形成的规模化质变。大数据的数据类型丰富多样,既有原有的数据库数据等结构化信息,又有文本、视频等非结构化信息,而且数据的采集和处理速度也要求越来越快。

大数据包含了“海量数据”的含义,在内容上超越了海量数据,简言之,大数据是“海量数据”加复杂类型的数据。大数据包括交易和交互数据集在内的所有数据集,其规模或复杂程度超出了常用技术按照合理的成本和时限捕捉、管理及处理这些数据集的能力。

大数据由三项主要技术趋势汇聚组成。

(1) 海量交易数据。在从 ERP 应用程序到数据仓库应用程序的在线交易处理(OLTP)与分析系统中,传统的关系数据以及非结构化和半结构化信息仍在继续增长。随着更多的数据和业务流程移向公共及私有云,这一局面变得更加复杂。内部的经营交易信息主要包括联机交易数据和联机分析数据,是结构化的、通过关系数据库进行管理和访问的静态历史数据。通过这些数据,我们能了解过去发生了什么。

(2) 海量交互数据。这一新生力量由源于 Facebook、Twitter、LinkedIn 及其他来源的社交媒体数据构成。它包括呼叫详细记录(CDR)、设备和传感器信息、GPS 和地理定位映射数据、通过管理文件传输(manage file transfer)协议传送的海量图像文件、Web 文本和点击流数据、科学信息、电子邮件等。这些数据可以告诉我们未来会发生什么。

(3) 海量数据处理。利用多种轻型数据库来接收发自客户端的数据,并将其导入到一个集中的大型分布式数据库或者分布式存储集群,然后利用分布式数据库来对存储其内的集中的海量数据进行普通的查询和分类汇总等,以此满足大多数常见的分析需求,同时对基于前面的查询数据进行数据挖掘,能满足高级别的数据分析需求。例如,YunTable 是在传统的分布式数据库和新的 NoSQL 技术的基础上发展而来的新一代分布式数据库。通过它能构建一个百台级别的分布式集群来管理 PB 级别的海量数据。

相较于传统的数据,人们将大数据的特征总结为四个 V,即大量化(volume)、多样化(variety)、快速化(velocity)和价值密度低(value)。

(1) 大量化(volume):是指数据量非常庞大,主要体现在数据存取量大和计算量大。从 TB 级别,跃升到 PB 级别。

(2) 多样化(variety):包含结构化的数据表和半结构化、非结构化的文本、视频、图像等信息,而且数据之间的交换非常频繁和广泛。

(3) 快速化(velocity):一是指数据在不断更新,增长的速度快;二是指数据存取、传输等处理速度快。

(4) 价值密度低(value):是指数据的价值密度很低。以视频为例,连续不间断的监控过程中,可能有用的数据仅仅有一两秒。

8.3.2 数据挖掘技术

数据挖掘(data mining,DM),又称为数据库中的知识发现(knowledge discovery in database,KDD),是指从大量数据中提取有效的、新颖的、潜在有用的、最终可被理解的模式的非平凡过程。数据挖掘方法与传统型数据分析方法的主要区别在于数据挖掘是在没有明确假设的前提下挖掘信息和发现知识，而传统型数据分析方法一般都是先给定一个假设然后通过数据验证。总的来说，数据挖掘方法通过大量的搜索工作从数据中自动提取并生成某种模式，所获取的信息具有未知性、有效性和实用性这三个特点。数据挖掘融合数据库系统、人工智能、统计学、机器学习、信息科学等，是一个新兴的多学科交叉应用领域。数据挖掘技术已经在各行业的决策支持活动中扮演着越来越重要的角色。

数据挖掘的对象可以包括各种类型的现存数据文件，即经典的关系型数据库文件、半结构化乃至部分非结构化的文本型数据文件、超文本数据文件和新型的多媒体数据文件等。近年来，随着数据库技术的发展，特别是数据仓库技术的兴起和应用，它可以从各类操作型数据库文件中抽取数据，经过集成、清洗、转换、加载等处理，为数据挖掘的实施提供有效的数据保证。其中，经典的关系型数据库文件和其拓展的数据仓库已成为目前广泛应用的主流数据源，是数据挖掘技术所涉及的主要数据挖掘对象。

数据挖掘主要方法为：神经网络、聚类分析、主因子分析、决策树分析、关联分析等。

(1) 神经网络在一定学习规则下，对提供的学习样本进行学习，从中获取特征信息，并存储(记忆)在相应的权值及参数上。学习后，对于新的输入数据，网络可通过已获取的权值及参数，计算网络的输出。

(2) 聚类分析是按照事物的某些属性，把事物聚集成类，使类间相似性尽量少，类内相似性尽量多。

(3) 主因子分析是一种多变量分析方法，通过变量变换把相关的变量变为不相关的、比原来少的若干个新变量。

(4) 决策树分析是一种以实例为基础的归纳学习算法，它从一组无次序、无规则的实例中推理出树表示形式的分类规则。

(5) 关联分析是对事物中物品之间同时出现的规律知识模式进行分析的方法。

数据挖掘过程是一个需要经过多次反复处理的过程，因此在实施数据挖掘之前需要制定详细的计划和明确的数据挖掘目标，才能保证数据挖掘有条不紊的实施并取得成功。数据挖掘的过程模型为数据挖掘过程提供了科学化的方法指导和工程化的技术实施标准，它将数据挖掘过程中的各个阶段有机地结合在一起，指导人们更好地开发及使用数据挖掘系统。按目前各种标准所解决问题方法和侧重点的不同，将数据挖掘标准划分为四类。

(1) 过程标准。定义数据挖掘模型产生、使用和部署的过程标准，如 CRISP-DM 和 Fayyad 过程标准等。

(2) 接口标准。为方便客户应用程序调用，针对具体编程语言和系统提供的数据挖掘 API 接口，如 JDM、SQL/MM 等。

(3) 语言标准。针对数据挖掘问题定义，用于问题描述、知识发现和表达的数据挖掘语言标准。用统一的语言标准规范数据挖掘平台和应用程序开发。与 SQL 语言类似，已经设计出数据挖掘查询语言(如 DMQL、MSQL 和 Mine Rule 等)、数据挖掘定义语言(如 PMML、CWM for DM 等)和集查询、定义和操纵于一体的通用数据挖掘语言(如 OLE DB for DM)。

(4) 网络标准。用于解决网络上分布式和远程数据挖掘问题的数据挖掘 Web 标准，如 XML for Analysis、Data Space、Semantic Web 等。

随着数据挖掘技术在学术界和工业界的影响越来越大，数据挖掘的研究正向着更深入和更实用的方向发展。目前，数据挖掘的研究重点集中在以下几个方面：

(1) 数据挖掘理论与算法的研究。一方面，经过十几年的研究，已经提出了许多各具特色的数据挖掘理论；另一方面，需要更深入的、新颖的理论和算法促进数据挖掘研究与应用的发展，如面向具有单独的和集成的数据挖掘功能的可伸缩的数据挖掘算法、基于约束的数据挖掘方法等。

(2) 复杂数据类型的数据挖掘。复杂数据类型的数据挖掘是数据挖掘研究领域中一项重要的前沿课题。目前在地理空间挖掘、多媒体挖掘、时序挖掘以及文本挖掘方面已经取得了一些进展，但与实际应用需求仍存在很大的差距，还有大量问题等待人们解决。

(3) 数据挖掘语言的标准化。标准的数据挖掘语言以及其他方面的标准化工作有助于数据挖掘的系统化开发，改善多个数据挖掘系统间的互操作性，并促进数据挖掘系统在各领域的广泛应用。这一方面的研究近年来有较大进展，如后文将提到的数据挖掘结果模型标准 PMML 等。

(4) 可视化数据挖掘。可视化数据挖掘是从大量数据中发现知识的有效途径。通过将可视化技术与数据挖掘过程相结合，用直观的图形、图表将信息模式、数据关联或趋势呈现出来，可以提高用户对数据的理解，进而指导数据挖掘。可视化数据挖掘是近几年数据挖掘领域的研究热点之一，系统地研究和开发可视化数据挖掘技术可以帮助人们主动去发现知识，有助于数据挖掘工具的普遍推广与应用。

(5) 数据挖掘中的隐私保护与信息安全。数据挖掘的普及引发的一个重要问题是隐私保护和信息安全问题，需要进一步研究有关策略，以便在适当的信息访问和挖掘过程中确保隐私保护与信息安全。

8.4　面向供应链管理的案例知识挖掘技术

8.4.1　案例知识挖掘技术

随着人工智能的发展，案例知识挖掘技术，也可以说是基于案例的推理技术（Case-Basd Reasoning，CBR）开始兴起。它指的是一种基于经验知识进行推理的人工智能方法，是对人类认知过程的一种模拟，一般区别于基于规则的推理（Ruler-Based Reasoning，RBR）。它的基本原理是：以实例或累积的经验作为储存知识的基础，建立实例库，对面临的新问题加以定义及描述，通过搜索实例库中过去同类问题的求解过程与结果，找到合适的实例作为解决新问题的参考，并以“模拟”“转换”“调整”“合并”等手法修改原有的解决方案以适应新的情景。

CBR 反映了专家的形象思维机制，它的核心思想是人类经验的再应用，具有如下特点：

(1) 不需要一个确定领域模型，知识获取就是历史案例的收集过程。

(2) 主要操作过程简化成提取案例库中有意义特征的过程，这比建立确定性模型更加容易。

(3) 可运用数据库技术管理大量的信息。

(4) 通过获取新的知识作为案例进行学习,维护更加简便。适用于没有很强理论模型和领域知识不完全、难以定义或定义不一致而经验丰富的规模大、任务复杂、智能程度高、非机构化决策问题求解。

CBR 兴起的主要原因是传统的基于规则的系统存在诸多的缺点,如在知识获取问题上存在困难,推理效率低下,整体性能较为脆弱,等等,而 CBR 恰好在解决此类问题上具有独特的优势。与基于归纳方法的学习和其他机器学习方法相比,CBR 有许多优点。

(1) 它特别适用于那些较难发现规律性也不容易找到因果模型的知识领域,而且实际的案例往往能比一组分类规则提供更多的信息。

(2) 案例库都是实际案例的记载,它不像规则库那样有知识的一致性问题。一般来说,当把一组实例转化成一组规则时,概念的泛化和抽象往往是不可避免的,知识的不一致性也就在此时被引进了。

(3) 基于案例的学习是增量式的,CBR 系统总是在不断地扩充、完善,只要有部分案例就可以使用,而且随着案例的不断扩充,系统的性能得以不断提高,这也充分显示了 CBR 系统的自学习能力。

(4) 易于维护,每当一个新来的案例与库中的案例相匹配,肯定或否定这一匹配的结果时,案例库中所含的知识也就做了一次求精,不仅达到了学习的目的,还可以反映用户需求特点,从而导致的案例库的修改总是局部的,不需要对案例库重新组织。

CBR 的前提是要建立一个基于已有经验的案例库。它根据具体领域或者具体提问的特点,每一条经验被表示成一个案例。类似于人解决新问题的思考过程,CBR 是基于已有的经验,从中搜索和新问题相似的案例,然后根据相似案例的解决方案做适当的调整来得出新问题的处理方案。可见,在 CBR 的整个过程中,主要包括以下几个重要的组成部分:案例的知识表示,案例的搜索,案例解决方案的调整和确定,案例的学习。基于案例的推理的流程如图 8-2 所示。

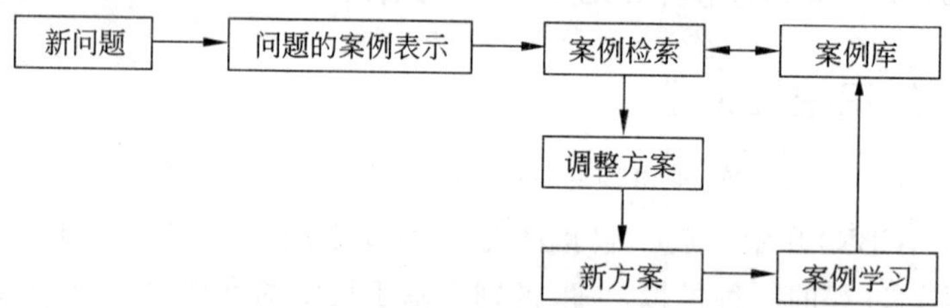

图 8-2 基于案例的推理的流程

CBR 求解问题不是简单地从头推导,而是借鉴原有的经验和成功案例,不断修改直至满足新的问题要求,这非常符合人的思维习惯,也有助于人们利用前人的经验智慧,因而 CBR 近年来在许多领域得到了飞速的发展,如在供应链管理领域。

8.4.2 案例知识挖掘技术在供应链管理中的应用

随着 20 世纪经济全球化的高速发展,企业所面对的市场环境发生了巨大的变化,在市场供需关系上,买方市场占据了主导地位,消费者的需求越来越多样化、个性化,产品生命周期也大大缩短了。在这种环境中,企业为了应付各方面的压力,提高自身的竞争力,越来越重视与上、下游企业建立战略合作伙伴关系,将企业内部不具备竞争优势的业务分离出去,外包给合作企业。因此,企业的竞争优势已经更多地依赖于其与合作伙伴的合作关系。于是市场竞争已不再是企业与企业之间的竞争,而是转变为供应链与供应链以及产品价值链与价值链之间的竞争。面对这样的新型市场竞争环境,企业管理者认识到,要想取得竞争优势仅靠单打独斗是远远不能适应新的竞争环境的。于是,供应链管理成为企业决策者关注的提高企业竞争力的新型管理理念与企业运作模式。

供应链管理强调合作伙伴间既竞争、又合作的合作共赢思想,它的关键在于使供应链各个节点企业之间在设计、生产、竞争等方面相互协调,形成无缝连接的整体优势,即建立战略性合作伙伴关系。只有在供应链合作伙伴间建立良好的竞合关系,才能很好地实现供应链管理,进而在竞争中取得优势。所以,供应链合作伙伴的选择至关重要,本节通过应用 CBR 选择供应链的合作伙伴来详细介绍 CBR 的五个组成部分:案例的知识表示,案例库的建立,案例的搜索,案例解决方案的调整和确定,案例的学习。

1. 案例的知识表示

案例知识是指对案例的认识和从中总结出的规律、经验。案例知识表示是将案例中的属性、特征、案例间的关系、案例发生的过程等编码成一种合适的数据结构,是案例知识的符号化过程,从而用计算机能够接受的方式表示出来。常用的方法有谓词逻辑表示法、框架表示法、语义网络表示法、产生式规则表示法、面向对象知识表示法、过程表示法等。通过案例的知识表示将已有的知识或者经验表示成一个案例库,CBR 才能在此基础上发挥作用。案例库模拟人脑的记忆,存储了一些过去的相关案例,案例本身则可以用语义网及节点、规则、框架或对象实现,这些案例按一定的模式在知识库中组织,以便在需要的时候能及时取出。这是一个渐进的学习过程,因为每一次问题解决了,就会有一个新的问题解决法保留下来,进入案例库中作为源案例储备,用于解决未来的问题。如果一个新的问题和案例库中的案例密切匹配,则案例库中一个或一个以上类似的案例就被检索出来,重复使用和测试案例库中建议的解决方案,直至取得圆满结果。如果检索的问题案例和案例库中的案例不密切匹配,就会修改方案,这又形成了新的案例,并保留下来。

案例的表示包含两个内容:特征的提取和案例的描述。一个案例一般可以被表示成一个特征值向量的形式,特征的提取指提取可以用来表示案例的特征值。通常案例中的描述性特征被称为特征属性,案例的结果或者决策方案被称为决策特征,然而,要确定问题的特征属性,必须对问题有很清楚的了解。对一些比较复杂的问题,如某些控制过程,人们又往往缺乏足够的知识,从而造成不能正确地抽取特征属性以至不能用案例准确地描述以往的经验。由于 CBR 是完全处于经验基础之上的,如何正确提取特征和准确的案例就尤为重要。根据不同问题的特性,很多不同的方法已经应用到特征提取中,如神经网络,大多数研究都是通过确定在特性空间的特征权重来衡量每一个特征的重要性。如一个案例有三个属性特征,通过一定的学习计算,三个特征对应的权重分别为 0.65、0.3、0.05,那么说明前两个属性特征是比较重要的,相比之下,第三个属性特征对决策特征的影响是可以被忽略的。因此,经过特征抽取,这个用三个属性特征表示的案例就可以只用两个特征属性来储存,这样既降低了对存储空间的要求,又更精确地描述了属性特征和决策特征之间的关系。那些与决策不相关的属性就被去掉了，从而提高了 CBR 的抗噪能力。确定了属性特征以后，每一条以往的经验都可以比较精确地表示成一个案例，从而形成一个案例库。

供应链合作伙伴选择案例的知识表示具体做法是应该先将伙伴选择用领域知识表示，然后用规范的知识表示来描述，形成伙伴选择案例，以方便以后的案例推理。根据整个案例推理过程所包含的信息，本文的案例主要由问题目标、问题描述、问题解决办法和专家评价组成，用多元式描述为

$$\text{Case}=\langle O,P,S,E\rangle$$

式中：$O=\{O_1,O_2,\cdots,O_m\}$是一个有限非空集合，表示案例解决的问题所要达到的目标；$P=\{p_1,p_2,\cdots,p_m\}$是一个有限集合，表示案例所具有的各种问题特征的描述；$S=\{S_1,S_2,\cdots,S_m\}$是一个有限非空集合，表示由问题特征集产生的解决办法集；$E=\{e_1,e_2,\cdots,e_m\}$是一个有限集合，表示专家对此案例的评价集。针对上述供应链合作伙伴选择的特点和案例指标体系的建立，需要选择一种有效的知识表达方式。

从上文可知，常用的案例知识表示方法有谓词逻辑表示法、框架表示法、语义网络表示法、产生式规则表示法、面向对象知识表示法、过程表示法等。本文采用框架表示法来表示供应链合作伙伴选择案例。框架是描述对象属性的一种数据结构，在框架表示法中，框架被看成是知识表示的基本单位，不同框架之间可以通过属性之间的关系建立联系，从而构成一种框架网络，充分表达相关对象间的各种关系。用框架中的槽表示某一方面的属性，并根据各个属性重要程度的不同，赋予相应的权值。侧面是用于描述相应属性的一个方面。槽和侧面的属性值分别称为槽值和侧面值。各个属性对应的权值在实际情况中并不是固定的，它是由各个领域的专家组给出的。本文的案例的知识表示见表 8-1：

表 8-1　案例的知识表示

案例号	SCCP(n)	
框架名称	供应链合作伙伴案例	
槽 1	合作双方信息描述	
	侧面 1	双方企业名称
	侧面 2	合作项目描述
槽 2	合作伙伴的核心能力因素描述	
	侧面 1	产品合格率
	侧面 2	产品成本
	侧面 3	交货的及时性
	侧面 4	服务的响应速度
	侧面 5	技术研发能力与速度
槽 3	合作伙伴关系的协同因素描述	

续表

	侧面 1	重视合作程度
	侧面 2	信息处理能力
槽 4	合作伙伴关系运行环境因素描述	
	侧面 1	竞争环境
	侧面 2	合同执行率
	侧面 3	合作项目失败风险
	侧面 4	管理技术的兼容性
槽 5	合作伙伴运行绩效因素描述	
	侧面 1	盈利能力
	侧面 2	库存控制水平
	侧面 3	创新能力

2. 案例库的建立

案例库包含三个内容：案例库，目标分析库，方案评价库，如图 8-3 所示。案例库中存储的是根据各个案例情况得到的对应以上评价指标体系的内容的指标值；目标分析库的内容是根据上述供应链合作伙伴选择所要达到的目标对案例库中的案例的目标实现情况进行分析得到的；同时，组织专门的专家组对案例库中案例的解决方案进行评价，存入建立的方案评价库中。

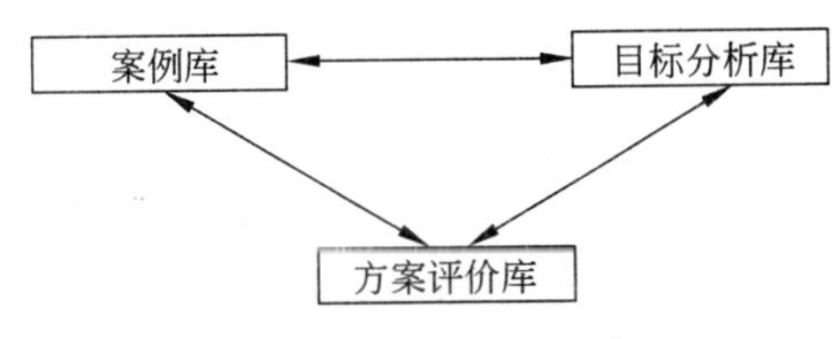

图 8-3　案例库的组成

3. 案例的搜索

1）案例检索的历史和难点

案例检索的研究与开发已成为当今世界研究热点之一，美国马萨诸塞州大学的智能信息检索中心(Center of Intelligent Information Retrieval，CIIR)可说是这方面研究的佼佼者。1996 年，IBM 中国研究中心和上海交通大学联合开展案例检索的研究与开发。所谓案例检索，实质上就是在用户给出案件之后，检索系统能够自动地从案例库中找出用户所指定的方面与案件完全相同或部分相同的案例来，而且要求输出结果能按符合用户要求的程度进行排序，符合提问程度高的优先输出。

案例检索存在着自动提取特征信息困难的问题，除此以外还存在着以下难点。

(1) 实现实时性检索的要求高，往往要精心地设计案例检索的实现算法才可能实现实时性检索的要求。寻找出大量与案件相关的案例的检索要求，可化归为大量不同的检索条件的检索。若案例 K 有 m 个特征：$f_1, f_2, \cdots, f_m$，案例检索不仅要从案例库中找出同时具有这 m 个特征的案例，而且也应找出具有 $m-1, m-2, \cdots, 1$ 个特征的案例。若检索结果集合为 $Z = \bigcup_k Z_k$，其中 $Z_k = \mid X_i(s) \mid, k = f(s); s \in [0,1]$，是案例 X_i 与案例 X 的相似度，可以将其定义为 $s = \dfrac{1}{m}\sum u_{ij}$。根据文献，一次案例检索等同于有 $N = \sum_{u=m} C_m^k = 2^m - 1$ 个不同检索条件的检索。牙科病历案例包含八个特征向量，$\mathbf{N} = 2^8 - 1 = 255$，对该种案例的一次检索相当于 255 次不同检索条件的检索。并且随着特征向量的增多，检索次数呈几何级数增长，检索量极大幅度增加。因而，只有精心设计的高效的算法，才可能实现实时性检索。

(2) 存储空间的巨耗与排序耗时严重。如上文所述，一次案例检索相当于大量普通检索，检索结果的量也极大。

2) 案例检索研究的常用方法

案例检索是 CBR 循环的一个重要环节，它直接关系到智能系统的性能和运行效率。因为，案例检索的作用是从案例库中迅速、准确地检索出对解决新质量问题最有用的案例，它是一个查找与匹配的过程，若检索到的案例恰当，就可以使修改部分的工作量大大减少，从而提高整个系统的效率。在案例检索时，要考虑以下一系列可能的优先：①目标指向优先。检索和当前情况具有相同目标的案例。②突出特征优先。优先考虑匹配最主要特征或者匹配重要特征数最多的案例。③指定优先。先检查匹配次数最多的案例。④频率优先。先检查匹配次数最多的案例。⑤最新性优先。优先考虑最近使用过的案例。⑥易适应优先。先使用最容易适应当前情况的案例。

在 CBR 中，案例检索要达到以下三个目标：①检索出来的案例尽量少；②检索出来的案例尽可能与目前案例相关或相似；③搜索效率高。

案例检索技术是实现案例检索的关键。检索必须具有高度的概括性，能代表案例的主要特征，检索算法的优劣直接影响到案例库的效率和可用性。

案例检索过程分为案例的索引和案例的检索。案例的索引技术通常有三种：最近相邻法、归纳推理法和知识引导法。单独使用以上每种策略都会有各自明显的不足，下面做一下简要的介绍。

(1) 最近相邻法。根据案例中各组成部分的权值，求得其权和，然后根据其权和的远近来组织相应的案例，即从案例库中找出与当前情况距离最近的案例。最近相邻策略将一案例的特征矢量视为高维空间的一个点，在这些点上建立一个特殊的最近相邻查找结构，使得当给定一个问题描述(也就是中间的一个点)时，能迅速找到与之取得最佳匹配的点。使用这种方法首先需要给出案例间距离的定义，由此定义计算当前案例与案例库中所有案例间的距离，然后从中选出距离最小者。由于最近相邻策略的主要思想是比较目标案例与案例库中各案例的距离，取出其中最近的案例作为解，但在距离计算过程汇总时要用到很多平方差、开方等计算，使得最近相邻策略的计算时间相对很长。随着案例库的逐步扩充和增大，这种检索方式的效率问题会更加明显。

(2) 归纳推理法。根据案例特征矢量在不同维上所提供的信息的差别，不断地从案例的各组成部分抽取最能将该案例与其他案例区别开来的成分，并根据这些成分将案例组织成一个类似于判别网络的层次结构，将案例库组织成一棵决策树的形式。其索引方法可采用建造决策树时采用的 ID3 算法和采用费根鲍姆的判别网络的策略。归纳推理策略能自动分析策略，确定出案例的最佳特征，并将案例库分层组织，从而大大缩短检索的时间。

(3) 知识引导法。根据目前已知的知识来决定案例的哪些特征或信息在进行案例检索时是重要的，并利用这些特征或信息来组织和检索。索引知识包括领域原理、特征之间的因果关系等，但是要获得这些知识，并在 CBR 系统中适当地使用这些知识是非常困难的，因此，许多 CBR 系统往往将这种方法与其他技术结合使用。

案例的检索与案例的索引相对应，分为三种：相联检索、层次检索和基于知识的检索。其中相联检索与案例索引的最近相邻法相对应。该算法检查目标案例与案例库中的案例的某种属性的匹配程度，计算各属性匹配程度的加权和，以此决定最佳匹配案例。在众多最近相邻法的案例检索方法中，传统的、目前用得最多的相似度计算方法是欧氏距离。

3) 传统的欧拉算法

KNN 法是指从案例库中找出与目标案例最相似案例的方法。检索前先为案例的各个特征属性分别指定权值，检索时根据输入案例中特征属性的权值与案例库中各属性的匹配程度计算相似度 Sim。或者按照相似度定义公式计算出目标案例与案例库中所有案例间的相似值，然后从中选出距离最小的案例作为最佳目标案例。

定义 1　相似度是指两个案例的相似程度。设案例 X,K 的相似度用 $\mathrm{Sim}(X,K)$ 表示，$\mathrm{Sim}(X,K)\in[0,1]$，且满足条件：

对称性，$\mathrm{Sim}(K,X)=\mathrm{Sim}(X,K)$；

自反性，$\mathrm{Sim}(X,X)=1$；

传递性，$\mathrm{Sim}(X,Z)\geqslant\bigvee_{y}\mathrm{Sim}(X,K)\wedge\mathrm{Sim}(K,Z)$。

定义 2　假设案例 $X=\{X_1,X_2,\cdots,X_n\}$，$X_i(1\leqslant i\leqslant n)$ 是它的特征值，W_i 是其权重。X 是 n 维特征空间 $D=(D_1*\cdots*D_n)$ 上的一点，$X_i\in D_i$。对于 D 上的 X,K，则 X,K 在 D 上的距离为

$$\mathrm{Dist}(X,K)=\left(\sum W_i\times D(X_i,K_i)^r\right)^{1/r} \tag{1}$$

其中

$$D(X_i,Y_i)=\begin{cases}|X_i-K_i| & \text{如果 } D_i \text{ 是连续的}\\ 0 & \text{如果 } D_i \text{ 是离散的，且 } X_i=K_i\\ 1 & \text{如果 } D_i \text{ 是离散的，且 } X_i\neq K_i\end{cases} \tag{2}$$

在(2)中，当 $r=2$ 时，即 $\mathrm{Dist}(X,K)$ 为欧拉距离。

欧拉距离的相似度定义如(3)所示，其中 $D(X_i,Y_i)$ 的计算见(2)。

$$\mathrm{Sim}(X,K)=\mathrm{Dist}(X,K)=\sqrt{\sum_{j=1}^{n}W_iD^2(X_{ij},K_j)} \tag{3}$$

式中 X_{ij} 代表第 i 个案例的第 j 个属性值，Wj 表示第 j 个属性的权重，n 为属性总数，K_j 为目标案例 K 的第 j 个属性的值。$\mathrm{Sim}(X,K)$ 为目标案例 K 与源案例库中第 i 个案

例之间的欧氏距离，$\mathrm{Sim}(X,K)$越小说明它们之间越相似。

4）供应链合作伙伴选择案例检索

据上文知，目前常用的案例的索引算法主要有最近相邻法、归纳推理策略和知识导引法三种。其中最近相邻法的核心思想是计算案例间的相似度，找出一个或多个最大相似度的案例作为其检索结果。使用这种方法时，首先计算目标案例与旧案例对应属性之间的相似度，然后再根据属性的权值计算出两个合作伙伴选择案例之间的相似度。故供应链合作伙伴选择案例检索首先选择使用最近相邻法，又鉴于在供应链合作伙伴选择案例中，描述案例特征的属性很多，且有的特征属性在不同的案例里会有不同的权重值，因此，同时也使用了改进 TC 相似法来检索最优案例。由于案例库中存储的案例数量众多，如果需要计算案例库中每一个案例与新问题的相似度，工作量会很大，同时很大一部分计算是没必要的。为了减小计算量，在进行相似度计算之前，先对案例库进行处理，得到候选案例集合，这可以很大程度地提高案例检索的效率。此即为案例的检索，它常用的方法有三种：相联检索、层次检索和基于知识的检索。供应链合作伙伴选择案例检索选择与最近相邻法相对应的案例检索方法，相联检索。供应链合作伙伴选择案例检索的案例库将每个案例合作项目设为该案例的作业类别字段，并将案例的作业类别作为第一检索条件。同时由于案例库采用关系数据库技术存储，可将案例特征的第一描述符作为第二检索条件。在出现新问题时就可以利用搜索语句对众多的案例先后进行两次检索，找出与新问题在这两个检索条件上相匹配的关联案例，形成候选案例集合。

经上述处理得到候选案例集合之后，将候选案例集合中各个案例的案例特征与新问题的内容描述进行匹配，通过算法得出两者的相似度，再得到两案例之间的相似度，从中选出相似度最大的案例，此案例即为搜索得到的最优案例。相似度计算中最关键的问题是企业评价指标间的相似度度量，而目前的度量方法都只考虑了有确定属性值的情况，对于不确定型的案例指标（即属于模糊属性的指标），传统的度量方法仅简单地将模糊属性等同于确定性属性，进行同等处理，并不能很好地解决案例模糊属性的相似度度量问题。考虑到供应链合作伙伴选择案例特征属性的不确定性等，直接应用欧拉距离计算会导致结果偏离实际。因此，供应链合作伙伴选择案例检索首先在欧拉距离计算相似度的基础上结合了模糊数学的相关算法，其次结合使用最近相邻法和改进 TC 相似法计算相似度，形成简单有效的混合检索方法，称为 TF-KNN 法。

（1）对数据进行归一化处理

对数据进行归一化处理，即把案例属性值按照某种函数归一化到某一无量纲区间，并将所有相关特征属性归一化到同一量级内，以便计算结果能更准确地反映源案例与目标案例间的匹配度。为了使计算结果更为准确，本文引入一种归一化效用函数，将不同量纲的原始特征属性值转换到$[-1,1]$区间，同时尽可能将特征属性值转换成与原始属性值成正比关系的值。

设 $S=(S_1,S_2,\cdots,S_{m-1},S_m)$是源案例集，$C=(C_1,C_2,\cdots,C_{n-1},C_n)$是案例的属性集，构造特征属性矩阵：

$$\dot{\boldsymbol{X}} = \begin{vmatrix} X_{11} & X_{12} & X_{13} & \cdots & X_{1n} \\ X_{21} & X_{22} & X_{23} & \cdots & X_{2n} \\ & \cdots & \cdots & \cdots & \\ X_{m1} & X_{m2} & X_{m3} & \cdots & X_{mn} \end{vmatrix} \tag{4}$$

上式中 X_{ij} 代表第 i 个案例的第 j 个属性值。

记第 i 个特征属性的平均值为 $\overline{C}_j$，$j=1,2,\cdots,n$，中间变量为 M_{ij}，有

$$\overline{C}_j = \frac{\sum_{i=1}^{m} X_{ij}}{m}, M_{ij} = \frac{X_{ij} - \overline{C}_j}{\overline{C}_j}$$

将原始特征属性值转换到[−1,1]区间上的效用函数为 X'_{ij}，令 $X_{ij}=X'_{ij}$，可得归一化效用函数为

$$Y_{ij} = \frac{1-e^{-M_{ij}}}{1+e^{-M_{ij}}} \tag{5}$$

$Y_{ij}=F(M_{ij})$ 是一条曲线，其中 M_{ij} 反映了原始数据 X_{ij} 与均值的偏离程度：

当 $X_{ij}=\overline{C}_j$ 时候，$M_{ij}=0$；

当 $X_{ij}>\overline{C}_j$ 时候，$M_{ij}>0$，此时 Y_{ij} 随着 M_{ij} 的增长而非线性递增；

当 $X_{ij}<\overline{C}_j$ 时候，$M_{ij}<0$，此时 Y_{ij} 随着 M_{ij} 的增长而非线性递减。

通过进一步的研究发现，当 $X_{ij}>\overline{C}_j$ 时，经过转换后其效用函数值 Y_{ij} 大于 0，原始值越大效用函数值越大，当原始值 $X_{ij}=2\overline{C}_j$ 时，效用函数值 Y_{ij} 达到 0.9 以上；$X_{ij}>4\overline{C}_j$ 时，效用函数值 Y_{ij} 接近上限值 1。同理，当 $X_{ij}<\overline{C}_j$ 时，经过转换后其效用函数值 Y_{ij} 小于 0，原始值越大效用函数值越小，当原始值 $X_{ij}=-2\overline{C}_j$ 时，效用函数值 Y_{ij} 达到 −0.9 以下，$X_{ij}<4\overline{C}_j$ 时，效用函数值 Y_{ij} 接近下限值 −1。

(2) 特征属性的分类及其对应的相似度计算方法

结合供应链合作伙伴选择案例的特点，将其特征属性分为三类：确定数字属性集(如 79%、29%等)、确定符号属性集(如是、不是、有、没有等)和模糊概念属性集。不同类型属性之间的相似度采用不同的计算方式。具体做法如下。

确定的数字属性值：该种属性值可以是连续的，也可以是离散的，相似度计算方法为

$$\text{sim}(x_i, y_i) = \exp\left(\frac{-|x_i - y_i|}{\max(i) - \min(i)}\right) \tag{6}$$

式中：max(i)和 min (i)分别表示存储在数据库中的经验值，由专家组确定，代表一般情况下该属性的取值范围，起着将特征属性间的绝对差值转为相对差值的作用。当其难以确定时，可简单地由专家确定两者之差为一正实数 k。

确定符号属性值：该种属性值通常用明确的术语表示，如“是”或“不是”“有”或“没有”等。此种数值的相似度计算为

$$\text{sim}(x_i, y_i) = \begin{cases} 1 & x_i = y_i \\ 0 & x_i \neq y_i \end{cases} \tag{7}$$

模糊概念属性值：该种属性值可以认为是一概念变量，所有这样的属性值可构成一项目集。项目集中，每一项目对应一模糊概念。模糊关系和模糊数可以用高斯函数表示，

为了简化计算，这里采用基于梯形的模糊集合来模拟模糊属性，其函数为

$$W(x) = W'(x) = \max(0, 10 - x) \tag{8}$$

所以模糊集的隶属函数为

$$D(x)\begin{cases} W\left[\dfrac{c-x}{p}\right] & x < c \\ 10 & c \leqslant x \leqslant c' \\ W'\left[\dfrac{c'-x}{p}\right] & x \geqslant c' \end{cases} \tag{9}$$

式中：c, c', p 是参数，一般由领域专家确定。

通过计算两个隶属函数对应余弦的夹角作为模糊集之间的相似度，具有既准确又简单的优点。计算公式为

$$\operatorname{sim}(x_1, y_1) = \cos\theta = \frac{W_{x_1} \times W_{y_1}}{W_{x_1}^2 \times W_{y_1}^2} \tag{10}$$

(3) 最终相似度的计算

为了提高基于案例推理的供应链合作伙伴选择案例检索的准确性，本文结合使用了最近相邻法和改进 TC 相似法计算源案例与目标案例之间的相似度。具体过程如下。

① 判断目标案例与源案例各个指标的权重是否一样，一样则按 ⅱ 计算最终相似度，如不一样则据 ⅲ 计算最终相似度。

② 据最近相邻法的相似度定义计算案例之间的相似度。按照上述不同的计算方法将各个不同种类的特征属性的相似度 $\operatorname{sim}^0(x_i, y_i)$ 求出，代入式(11)即可得到源案例和目标案例的相似值。

$$\operatorname{sim}^0(X, G) = \frac{\sum_{i=1}^{n} w_i \times \operatorname{sim}^0(x_i, g_i)}{\sum_{i=1}^{n} w_i} \tag{11}$$

式中：w_i 为各属性的权重。$\sum w_i = 1$ 初始默认权重由专家评估法给出，使用过程中不满足时可以调整。

③ 据改进 TC 相似法的相似度定义计算案例之间的相似度。因为目标案例与源案例之间指标的权值不一样，故不能直接使用上述不同类型属性的计算方法计算各指标之间的相似度。本文为了减小案例检索的计算量，减轻系统的负荷，直接对目标案例与源案例的权值进行处理，求其平均值，然后按照上述的计算方法求出各个不同种类的特征属性的相似度 $\operatorname{sim}^1(x_i, y_i)$，代入式(12)即可求得源案例和目标案例的最终相似度。

$$\operatorname{sim}^1(X, G) = \frac{\sum_{i=1}^{n} w_X^i \times w_G^i \times \operatorname{sim}^1(x_i, g_i)}{\sqrt{\sum_{i=1}^{n} (w_X^i)^2 \sum_{i=1}^{n} (w_G^i)^2}} \tag{12}$$

式中：w_X^i 为第 i 个指标在案例 X 中的权值，W_G^i 为第 i 个指标在案例 G 中的权值，$\sum_{i=1}^{n} w_X^i = 1$，

$\sum_{i=1}^{n} w_G^i = 1$。

案例检索算法如图 8-4 所示。

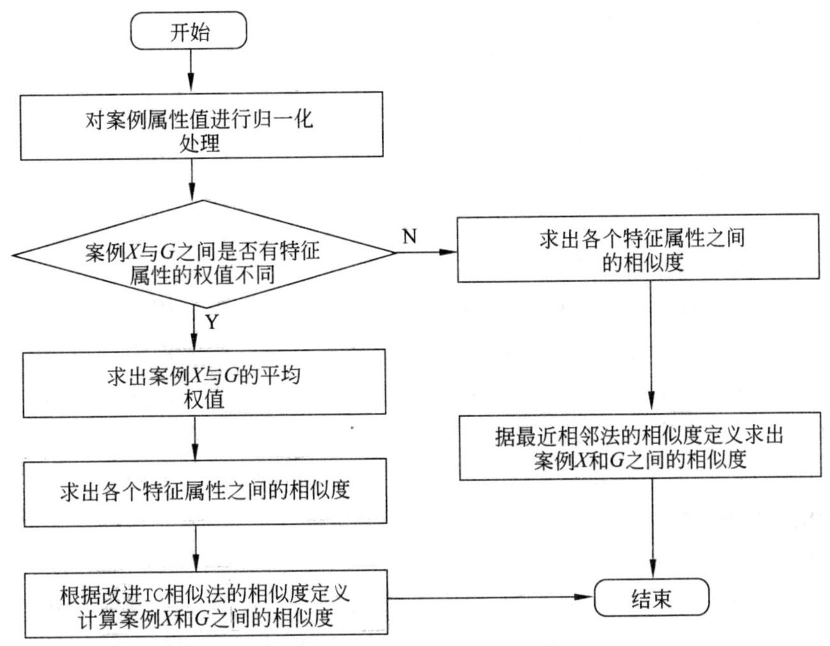

图 8-4　案例检索算法的流程

从候选案例集中选出相似度最大的案例，此案例即为搜索得到的最优案例。

4. 案例解决方案的调整和确定

1）案例调整的必要性和重要性

在基于案例推理的供应链合作伙伴选择系统中，检索结果有两种情况：一种是从案例库中通过检索得到最相似的案例与目标案例完全相同，此时可直接调出历史案例的解决方案来解决新问题，而不需要经过修改；另一种是检索到的案例与当前案例不完全相同，则历史案例的解决方案只能部分满足当前问题的求解，这种情况下就必须修正旧的方案来适配新问题。从实际情况看，后一种情况更为普遍。

案例修正可以被简单地理解为对检索出的结果进行部分修改以满足目标问题的要求。修改有几种形式，可以直接向解决方案中插入一些新内容，也可以从解决方案中删除一些内容，替换解决方案的某一部分内容，也可以将某一部分内容改造。由于案例的修改具有领域依赖性，涉及的问题也很复杂，故对于这一过程的研究较少，许多商用的 CBR 系统中也缺少有效的案例修改过程。另外，由于设计中很难存在完全一样的问题，必须对重用案例进行修改才能适应新问题。因此，案例修改对于 CBR 系统来说又是不可缺少的部分，已成为目前案例推理系统研究的重点。

2）案例的调整

通过案例检索可以在案例库中找到与所给问题最为相近的案例，从而为解决新问题提供了参考和依据。案例调整是 CBR 实现技术研究中的一个难点和具有挑战性的内容，它主要是适当调整在搜索操作中获得的最佳案例中的求解方案，使之适于求解当前问题。如果检索得到的案例的特征与新问题的特征相同，则可以直接复用旧案例的解决方案，此即为案例的复用，它集中在两个方面：一方面是检索出案例可以传递到新案例中的那一部分；另一方面是过去案例和当前案例的不同。案例的复用方法主要有以下两种：一是拷贝。在简单的分类任务中，差异被分离，检索出的案例的解答被传递到新案例中作为解答，这是一种浅层次的复用；然而有些时候也会考虑两案例之间的不同，不会直接传递到新的案例中而是要求一个“采纳”的过程来考虑这些差异。二是改编。它是对具有强壮的领域模型的案例采用的复用方法，即复用过去案例的解答，但并不将它直接作为新案例的解答，而是将一些知识应用到原有的解答中并将它转变为新案例的解答，这种方法不关注一个问题是怎么解决的，而是关注问题解答的等价。

如果检索出的案例保存了有关解决问题的方法的信息，将采用关注于检索出的案例中问题是怎样解决的，将这种解决方法应用到新的案例中。如果检索得到的案例的特征异于新案例的特征，则据新案例不同于旧案例的特征对旧案例的解决方案进行修正与优化，不断地修改当前方案使其能适应新的问题，重复求解过程，直到可以把它应用到新案例中解决新问题。案例的修正与优化往往与一个特定的领域有关，因此很难定义一个通用的方式执行案例的调整操作，只能具体问题具体分析。

对搜索出的案例的解决方案的复用还包含一个很重要的内容，即案例的调整和修复。案例库中储存的案例既有成功的案例，也有失败的案例。若通过案例搜索找到的最相似案例是成功的案例，那么它是所求解问题的最优解（或理想解）的概率是比较小的，要对这一案例进行复用必须对这一案例根据所给出问题的条件进行调整，这种调整是在成功案例的基础上进行的细节方面的调整，这种调整并非说明原案件不适合这一条件，而是因政策或技术导向引起的差异。通过调整，使得基于案例的推理能适应不同变化的需要，具有比较大的灵活性。如果所检索出的案例是失败的案例，就需要根据其他的领域知识对其进行修复。在修复过程中，首先要分析出失败的原因，同时参照失败的原因更改问题的特征参数及相应的规则，根据这些规则和所求问题的条件修改原来的案例。如果这一个案例是成功的就将其作为问题的解，若这一案例是失败的则需重新对案例库进行检索。案例调整是对成功的案例根据所给问题的条件进行调整，案例修复是对过去失败的案例进行修复的过程中原来的案例发生了变化，而案例调整在对成功的案例进行调整时，并没有改变原来案例的性质及特征参数，而是根据原来的案例结合所给问题的条件调整出一个新的案例。也就说明对于案例库来讲，案例修复没有增加案例的数目，而案例调整除了原来的案例外又增加了一个新的案例。

3）供应链合作伙伴选择案例的调整方法及过程

为了提高基于案例推理的供应链合作伙伴选择案例库的使用效率，本文综合采用多种调整方式，把各种调整方式有机结合在一起，建立统一的调整策略，对解元素进行调整。并设定了阈值 $\alpha=0.6$，即当所检索到的最优案例与目标案例的相似度 $\geqslant 0.6$ 时，方对所检索到的案例进行调整，否则要建立新案例。

具体调整流程如图 8-5 所示。

步骤 1：判断检索到的最优案例（即与目标案例相似度最大的案例）相似度是否大于

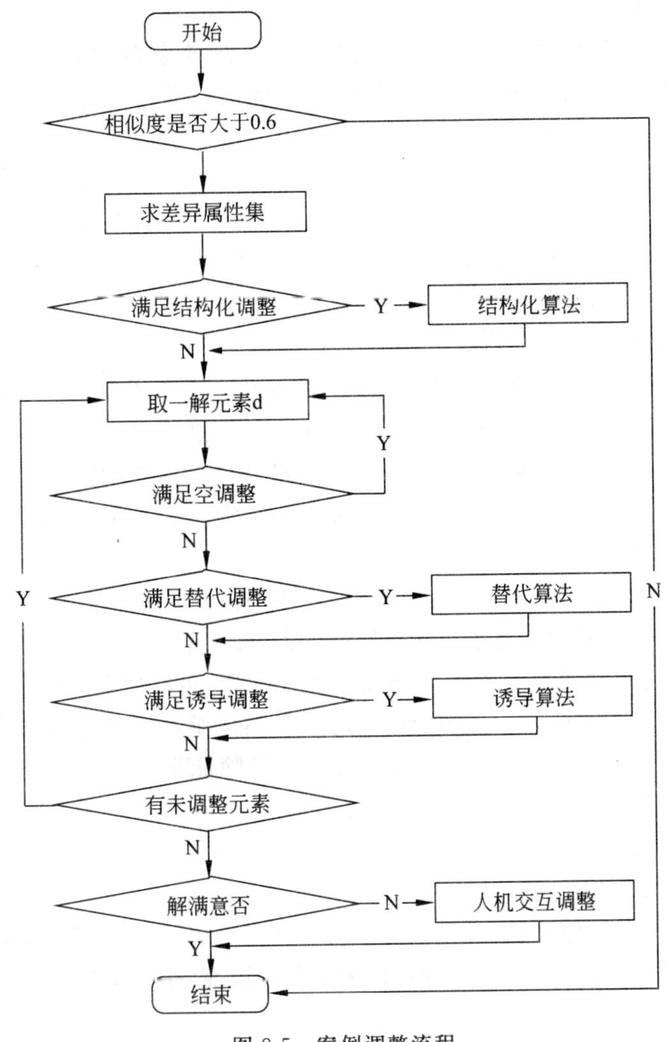

图 8-5　案例调整流程

或等于 0.6,是则转入步骤 2,否则结束。

步骤 2：求目标案例与最优案例之间的差异属性集,并判断其是否满足结构化调整,满足则调用结构化算法对解元素重新进行组织,否则转入步骤 3。

步骤 3：取一解元素 d,据差异属性集判断其是否满足空调整,满足则返回步骤 3,不满足则转入步骤 4。

步骤 4：据差异属性集判断 d 是否满足替代调整,满足则先调用替代算法对 d 进行调整,然后转入步骤 5,不满足则直接转入步骤 5。

步骤 5：据差异属性集判断 d 是否满足诱导调整,满足则先调用诱导算法对 d 进行调整,然后转入步骤 6,不满足则直接转入步骤 6。

步骤 6：判断是否存在未调整的解元素,存在则转入步骤 3,不存在则转入步骤 7。

步骤 7：判断解是否满意,满意则调整过程结束,不满意则转入步骤 8。

步骤 8：进行人机交互调整,然后调整过程结束。

5. 案例的学习

当案例添加过多，使案例库变得十分庞大时，推理效率必然受到影响。为了将案例库控制在一定规模内，必须对加入到案例库的案例进行学习。这种“学习”实际上是替换案例库中的旧案例，以及对旧案例的调整和相同案例的废弃。案例学习是指案例库不断获得新知识(新案例)和改进旧知识(旧案例)的过程，案例学习分为成功学习和失败学习。成功学习是指：一是推理成功；二是案例库学习，即新案例的增加。所谓推理成功，就是相似案例经过调整和修正能作为问题案例的解决方案；案例库学习是指，如果案例库中存在相似程度大于预先设定的阈值的旧案例，则问题案例不选入案例库，否则作为新案例加入到案例库中。失败学习是指：一是推理不成功；二是案例库的学习。推理不成功是指，问题案例不能在相似案例中找到使用解，或旧案例与问题案例的最大相似程度低于预先设定的阈值，旧案例的解不适合作为问题案例解决方案；案例库的学习是指，如果专家能给出问题案例的解，则问题案例作为新案例加入到案例库中，否则问题案例不入库。目前，人工智能中，机器学习领域的案例学习仅是一个泛化过程，即只进行相似性学习。

案例的学习是这样实现的，当原有的案例库中的案例不能解决新出现的问题时，可以考虑增加新的案例，使系统具有解决新问题的能力，即向案例库中添加新的案例。在对一个新的测验结果进行验证分析之后，将其加入案例库中，可以使案例库中可用的成功案例增加，从而提高推理的准确性。当案例库中的一个案例基本上没有被其他的案例所匹配的时候，这个案例的存在就没有必要了，这时将它删除能提高案例推理的效率。应当指出，案例的学习不仅仅是简单的案例存储，它还包括一些不成功的案例或有关参数的调整过程，将这些信息存储起来可为以后可能遇到的类似问题提供已有的解决方案。这种学习功能由于涉及制定调整规则、判别可用案例等，必须由业内专家协助完成。案例学习是扩充和更新案例库的一种手段，也是确保所建立的案例库长期有效、可靠应用的重要条件。CBR 中的案例学习目前没有人进行较为细致的研究，是一个需要进行大量研究工作的重要课题。

8.5 云物流平台

传统的物流管理过程中，物流过程基本上是以厂家、分销中心、销售点的物流管理方式。物流软件资金投入多(软硬件设备与技术团队)、运行成本高、运营风险大，严重制约了企业信息化管理水平的提高。随着技术的发展、网络信息时代的到来，云计算应用模式的物流平台服务即云物流平台开始出现，使得用户可以以更低的成本、更灵活的方式获得优质、高效、及时的物流信息服务。

云物流平台就是利用云技术整合闲置的物流资源成为大规模资源集群，物流资源信息由云平台统一调配，指派给在云物流平台上发布的物流任务，服务使用者按需获得，并支付费用。所以说，云物流平台可以通过互联网使得这个资源集群为网络上的物流公司、代理服务商、物流需求者、行业协会、管理机构、法规政策等企业和个人提供服务，为经销商和生产、运输企业再次利用，突破物流过程中的信息流转障碍，减少货物在物流过程中的重复搬运过程，从而进一步降低物流资源浪费。云物流平台的特点是物流信息平台开放，资源共享，服务集成，终端无限。云物流平台融合了云计算、物联网、优化和智能分析以及移动技术的应用，可以运用在物流运作管理服务、供应链可视化服务、关联方门户服务、供应链协同网络服务、智慧物流移动服务等多个领域。

云物流平台体系架构的层级有：用户层、处理层、服务层和终端层。图 8-6 所示为云物流平台的体系架构图。

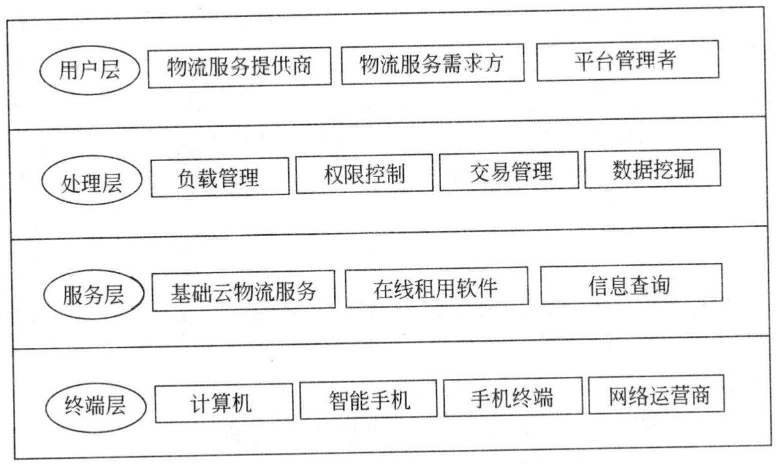

图 8-6　云物流平台体系架构图

1. 用户层

用户层面向云物流平台的使用者，因此也称为操作层，是用户直接接触和使用云物流平台的媒介，在云物流运作模式的表现形式是物流资源和物流任务的整合。

(1) 物流服务提供商。物流企业和零散的个体货代，将闲置的物流资源信息发布到云平台，实时展示货运信息、车辆剩余运力、仓储剩余容量等信息，与其他物流企业一道发布、查询、分享路况、环境和气象等信息资源。

(2) 物流服务需求方。将物流任务信息发布到云平台上，等待云平台指派资源信息，需求方在平台上跟踪任务进度，评价物流服务质量。

(3) 云物流平台管理者。按照统一作业流程和相关的规则，收集、筛选在云平台上登录的物流资源信息，处理、分配物流任务信息；暂时保管需求方预先支付的服务费用，物流任务完成后，再支付给服务提供方；清除信誉较差、长时间没有业务动态的服务提供商，解除云平台服务器的资源占用。

2. 处理层

云处理层位于云物流的链接用户和计算机平台的位置，有着承上启下的作用，为云物流平台提供云服务的管理和运行环境，主要负责支持物流服务信息的分解、组装、编排、监督和控制功能。

(1) 负载管理。保证云端的每台服务器有均衡的工作量，数据处理和计算任务不会都分配给某一台计算机或服务器，在访问请求高峰时，也能保证云平台的平稳运行。

(2) 权限控制。控制云平台物流资源提供商、需求方和云平台管理者的访问权限,各用户主体只能访问与自身企业和业务有关的信息与数据。如物流企业的权限是在私有云上访问本企业注册信息、申请云物流平台许可的材料、资格证书和交易数据的统计情况等信息,其他主体对这些数据没有访问权限,但因业务需要必须公开的历史交易和客户评价等信息可以在公有云平台上进行查询。

(3) 交易管理。监管物流服务订单的达成和执行,引导物流服务双方在线下单、预支付,达成有效合同,完成任务,双方互评,实现网上交易;处理违规业务和企业主体,对其进行降级或罚款,保证云物流平台顺利运行。

(4) 数据挖掘。将交易记录和数据信息进行分析,发掘交易客户经常浏览点击的物流资源信息和服务信息的关联性,预测客户需求,并以此挖掘潜在客户和市场。优化平台的搜索界面,当用户输入关键词时,智能提示用户想要输入的内容、显示相关的其他信息,提供智能化服务。

3. 服务层

服务层包括用户登录进入云物流平台后所能使用到的所有功能,是连接用户与服务器的中间层,在云物流运作模式中的表现形式是云团中的服务功能,服务层为用户提供的物流服务有:基础云物流服务、在线租用软件、信息查询。

(1) 基础云物流服务。采用 GPS、GIS 和物联网等现代信息技术,整合云物流平台资源信息,以最优的资源匹配方式,为用户提供物流服务的仓储、运输、包装、加工、装卸搬运、配送和信息处理七大基本物流服务功能,综合云物流平台物流资源信息和线上物流的信息,全程监控任务进度,对意外和紧急情况进行补救,保证任务顺利执行。

(2) 在线租用软件。物流服务需求方在线租用云平台以软件及服务的服务类型提供的仓储云软件、运输云软件、采购云软件、供应链管理云软件等,按使用数量付费,以最低的成本实现高质量物流服务。

(3) 信息查询。利用云物流平台数据库信息,查询服务项目平均报价和物流服务标准,查询与物流任务相关环境信息、物流企业、任务承包商的历史成交记录,查询物流政策法规和行业标准,等等。

4. 终端层

终端层是指云物流平台获得和发布物流资源信息、控制和管理物流平台运行的所有设施设备与组成部分,终端层是用户使用云平台的媒介。云物流平台的终端层不仅包括计算机、智能手机、手持终端等常见设备,还包括网络运营商的信息数据和互联网服务及基础设备。云物流运作模式中与终端层相对应的是信息支持平台。

云物流平台的特点如下。

(1) 使用资源便捷。云物流依托云计算中大规模的虚拟服务器、缓存技术、异构平台信息交互技术,将物流资源信息集中在服务器云端中,云物流的使用者在任何时间、任何地点只需使用一台计算机、一部智能手机或其他终端设备,通过互联网的网页,随时随地查询、发布物流资源,查询物流信息、获得物流服务。

(2) 敏捷响应。云物流信息平台拥有超大的后台存储设备和信息交互能力,24 小时实时更新物流资源信息和物流服务需求，云物流资源提供方可以对新登录的物流任务信息做出即时的响应，缩短用户的等待时间，提升客户体验。

(3) 服务费用低廉。云物流平台上所有的资源都是按需提供给服务需求方的，使用者按需付费，资金有限的中小型物流企业不必通过购买设备和软件提升物流服务，可以在云平台上租用硬件和软件物流资源，完成物流任务，减少企业固定资产的投入，降低服务成本。另外，云物流平台上拥有海量的物流任务订单，经打包整合，容易形成规模，降低服务费用。

(4) 物流服务标准化。云物流平台上的任务和资源订单信息都集中到一起进行管理，为物流服务提供标准的参考，物流任务流程、服务类型、收费价格、售后服务等都能做到标准、透明。云物流平台的使用者众多，云物流平台制定的物流服务标准也易于推广，并被更多用户所接受，物流服务标准化也有利于规范行业主体的行为。

RFID 技术在国内外物流领域的应用

1. 美国

1) 沃尔玛

作为北美 Auto ID Center 和 EP CglobalInc 的早期参与者之一，沃尔玛在 2001 年就开始进行 RFID 技术应用的测试和研发工作，使用 EPC 追踪企业商品物流。2003 年 6 月，沃尔玛宣布将要求其前 100 大供应商于 2005 年 1 月前，在供货所用托盘或箱体上必须贴有附带各种物流数据的电子标签。尽管目前沃尔玛的前百名供应商 RFID 应用计划受到推延，但是沃尔玛确实迈出了连锁零售商大规模应用 RFID 技术的第一步，相关供应商的 RFID 计划合作也在逐渐深入，单品(商品个体)电子标签化进程虽暂受挫折，托盘和箱体的 RFID 计划却顺利开展，成效显著。最新的沃尔玛 RFID 试点店的应用研究报告显示：在对 12 个 RFID 试点商店和 12 个不采用 RFID 的商店进行 29 周的研究后发现，专卖店 RFID 技术应用后，缺货率降低了 16%；贴有电子标签的货物补货速度比应用条形码技术的货物快三倍；自动化订货使得库存量降低了。

2) Gap 公司

美国的 Gap 公司在全球性的专业零售业中居领先地位，其产品主要包括成人、妇女、儿童及婴儿的服装、配饰品。除了在美国本土销售外，Gap 公司在世界各地拥有几千家分店。仅 2000 年 Gap 的销售总额就达 136 亿美元。

Gap 公司在把 RFID 技术应用到库存管理和衣物的追踪管理方面很有经验。在过去的几年中，公司致力于围绕整个经营流程，即从最初的生产阶段到辅助销售人员工作的店内跟踪、订购、存货、控制等各个环节，创建一个完整的体系。电子芯片以服装标签为载体在制作流程中被安装在每一件服装上。这些标签上储存有服装的款式、尺寸、颜色、既定目的地等电子信息。通过对货品的即时追踪，大大提高了 Gap 在全球上千家连锁店从制作、流通到库存控制的所有主要方面的管理效率。

2. 中国

1) 中国物美集团

目前国内连锁零售业界对于RFID技术应用基本持观望或怀疑态度,物美集团RFID零售示范工程店是国内连锁零售商实施RFID技术应用的首个成功案例。该集团的RFID零售示范工程店类似于METRO集团。集团所运行的"未来商店",向顾客展示RFID系统支持下的购物过程,当顾客购物车经由装有读写器的收银台时,读写器获取所购商品的信息,结合后台信息系统,购物清单将自动生成输出,这种付款过程与现有的条形码系统付款过程相比大幅度缩短了结算时间。

2) 海尔集团

与国外零售巨头沃尔玛集团对RFID技术的推动相比,在中国,最先尝试RFID的并不是零售业而是制造业。实力雄厚的海尔集团已经建立起两个全自动化物流中心,以优化自己的供应链管理。通过部署RFID技术,海尔集团不仅减少了20万平方米仓库,还降低了90%的滞留物资,减少了63%的库存资金,极大地降低了运营成本。

3) 劲霸服装集团

中国的服装企业也在RFID热潮的推动下开始了亦步亦趋的探索。该集团于2006年在其货品仓库和专卖店内部署了美国讯宝科技公司的RFID管理解决方案。通过对物流仓库和成品仓库实施无线管理,通过电子条码的识别系统在各专卖店和卖场进行实时数据采集,与总部实现及时信息共享和沟通,解决了该企业在仓库管理和供应链管理中长期存在的问题。

思考题:

比较分析RFID用在企业中的优点。

习　题

1. 简述物联网技术有哪些。
2. 谈谈自己对于智慧物流的看法。
3. 简述什么是大数据。
4. 说一下自己对于数据挖掘技术的理解。
5. 云物流平台的实现需要哪些条件?

参考文献

[1] 黄慧芬. 云物流平台发展现状及建议[J]. 中国包装工业, 2013, 16: 83-84.
[2] 高迎冬, 李杰, 张颖. 物联网技术在现代物流管理中的应用[J]. 物流技术, 2012, 31(11): 175-177.
[3] 刘明亮, 李雄飞, 孙涛, 等. 数据挖掘技术标准综述[J]. 计算机科学, 2008, 35(6): 5-10.
[4] 贺瑶, 王文庆, 薛飞. 基于云计算的海量数据挖掘研究[J]. 计算机技术与发展, 2013, 2: 69-72.
[5] 雷光临, 李俊. 基于物联网技术的智慧物流研究[J]. 物流技术, 2012, 31(8): 393-394.

[6] 石亚萍. 基于物联网的智慧物流[J]. 物流技术，2011，30(9)：44-45.
[7] 温荷. 基于大数据的云物流管理平台的架构设计[J]. 物流技术，2015，34(9)：272-274.
[8] 林云，田帅辉. 物流云服务——面向供应链的物流服务新模式[J]. 计算机应用研究，2012，29(1)：224-228.
[9] 楼巍. 面向大数据的高维数据挖掘技术研究[D]. 上海：上海大学，2013.
[10] 施惠娟. 可视化数据挖掘技术的研究与实现[D]. 上海：华东师范大学，2010.

第 9 章

全球供应链管理

9.1 全球供应链管理导论

9.1.1 全球供应链管理模式的产生

1. 全球供应链管理概述

全球供应链又称为全球网络供应链，在全球供应链中，供应链成员遍及全球，生产资源和信息资源的获取、产品生产的组织、货物的流动和销售等，都是在全球范围内进行的。到目前为止，全球供应链并没有形成统一的定义，不同的学者从不同的角度提出了各自的见解。Feernstra 认为，全球供应链主要是指充分利用现代各种先进的科学技术，采取全球多个生产基地和销售网点，联合众多企业，组成全球范围的并且实现供应链企业的优势互补和集成，以降低运输成本、企业营运成本、生产成本以及避免关税壁垒在国内表现为地方保护主义，联手面对竞争，合理利用资源，尽可能获得更多的利润。Albino 指出，全球供应链是指将原材料制成中间产品以及最终产品，并通过销售系统送达顾客手中，以实现供应链上原材料、在制品、成品在全球范围内流动的网络结构，并且供应链上各主体之间的相关活动超越了国界，需要通过全球进出口贸易来完成。

全球化供应链管理是应用供应链管理的基本理念、模式、工具和手段，对全球供应链的经营运作进行控制和管理。在形式上，它是供应链管理范围的一种扩展，其基本原理与供应链管理原理相同，但管理对象更加复杂、管理范围更加宽广以及管理模式更加多样化。

全球供应链是在国内供应链的基础上发展而来的。如果供应链所有节点企业都在国内，这条供应链就是国内供应链。如果供应链跨越了国家界限，节点企业位于不同的国家或地区，需要通过进出口贸易来实现，这条供应链就是全球供应链，这条供应链的管理模式也就是全球供应链管理模式

2. 全球供应链管理的产生

进入 21 世纪以后，科学技术的不断进步和经济的不断发展、全球化信息网络和全球化市场的形成以及技术变革的加速，使得围绕新产品的市场竞争越来越激烈，企业面临的竞争环境发生了巨大的变化，面临的竞争压力也越来越大。这些竞争压力主要体现在以下几个方面。

(1) 全球经济一体化趋势加强，企业面临的国际竞争压力增大。

世界经济的发展、信息技术的应用和互联网的普及，使整个世界成为日益紧密联系的

经济统一体，国家、地区间的经济壁垒逐渐得到消除，一国的经济会受到其他国家经济的影响，任何一个地区或局部的市场，都会面临国际竞争。但是，企业在建立全球化市场的同时，也在全球范围内造就了更多的竞争者，加剧了国际竞争的激烈程度。因此，在全球经济一体化的情况下，企业面对的是日益激烈甚至更加残酷的国际市场竞争。

(2) 产品更新速度加快，企业产品研发难度加大。

现代科技日新月异的发展，使新产品层出不穷，产品寿命周期越来越短。企业的产品能力不断提高，新产品研发周期大大缩短。科学技术的发展带来了一些全新的生产管理模式，大大缩短了产品开发和生产加工过程，加快了技术扩散和新技术应用的步伐。但同时，产品结构日益复杂，产品功能不断增强，产品研制开发的难度也越来越大。越来越多的企业认识到新产品开发对企业创造收益的重要性，因此许多企业不惜工本予以投入，但是资金利用率和投入产出比往往不尽如人意。原因之一就是产品研制开发的难度越来越大，特别是那些大型、结构复杂、技术含量高的产品在研制中一般都需要各种先进的设计技术、制造技术、质量保证技术等，不仅涉及的学科多，而且大多都是多学科交叉的产物，因此，如何成功地解决产品的开发问题成为摆在企业面前的头等大事。

(3) 用户个性化需求日益突出，对产品要求越来越严苛。

赢得顾客信赖是企业保持长盛不衰的竞争力的重要因素之一，赢得顾客不仅要靠具有吸引力的产品质量，而且要靠销售后的技术支持和服务，许多世界著名企业在全球拥有健全而有效的服务网络就是最好的证明。

随着社会的发展、大众知识水平的提高和激烈竞争带给市场的产品越来越多、越来越好，顾客的要求和期望也越来越高，消费者的价值观发生了显著变化，需求结构普遍向高层次发展：一是对产品的规格、花色品种、需求数量呈多样化、个性化要求，这种多样化要求具有很大的不确定性。为了能在新的环境中继续保持发展，企业必须转变生产管理模式，采取措施从大量生产转向定制化大量生产，即从传统的"一对多"生产关系，转向"一对一"的定制化生产服务；二是对产品的功能、质量和可靠性要求日益提高，且这种要求提高的标准又是以不同用户的满意度为标尺的，产生了判别标准的不确定性；三是在满足个性化需求的同时，产品的价格要像大批量生产时那样低廉。个性化需求导致多品种、小批量在企业生产中逐渐占据主要地位，给企业生产成本控制带来困难。如何通过规模化生产方式，降低生产成本、提高企业经济效益，成为企业提高竞争力的关键问题。

(4) 生产要素流动加快，企业对交货时间以及响应速度的要求越来越高。

市场竞争的加剧使经济活动的节奏越来越快，每个企业都感到顾客对时间方面的要求越来越高。这一变化的直接反映就是主要竞争因素的变化。20 世纪 60 年代企业竞争的主要因素是成本，到 70 年代时竞争的主要因素是质量，进入 80 年代后转变为时间。这里的时间值指的是交货期和响应周期。随着市场变化节奏的加快，交货期成为主要的竞争因素，以时间为基准的竞争越来越突出，能否以更快、更好、更低的成本制造出新的产品投入市场，将是企业生产和发展的关键。因此，我们说企业要有很强的产品研发能力，不仅指产品品质，更重要的是指产品上市时间，即尽可能提高对顾客需求的响应速度。

实际上，人们很早就注意到了外部环境的变化对企业管理模式的影响，并从技术和组织的角度采取了很多措施，提出了许多适应竞争环境的有效方法。例如，已经在企业中得到广泛应用的计算机辅助产品设计/制造（CAD/CAM）、柔韧性制造系统（FMS）、MRP/ERP、精细生产等，都可以认为是企业为了提高对用户需求的有效响应而采取的措施。这些先进的单项制造技术或管理方法，虽然取得了一定的实效，但在企业经营的灵活性、快速满足顾客需求等方面并没有实质性突破。人们终于意识到问题不在于具体的制造技术与管理方法本身，而在于它们局限于传统生产与经营模式的框框之内。

由于"纵向一体化"管理模式的种种弊端，从20世纪80年代后期开始，国际上越来越多的企业放弃了在这种经营管理模式，随之是"横向一体化"管理模式的兴起，即本企业只抓核心的东西，形成在横向上的企业竞争优势，通过外包快速响应市场，充分利用企业外部资源。企业管理的范围，从企业内部扩展到企业外部，从单个企业向社会扩展，以共同利益为目标，企业间进行结盟。"横向一体化"管理模式形成了一条从供应商到制造商再到分销商的贯穿所有企业的"链条"。由于相邻企业表现出一种需求与供应的关系，当把所有相邻企业依次连接起来，便形成了供应链。这条链上的节点企业必须达到协调运行，才有可能使链上所有的企业都受益。于是便产生了供应链管理这一新的运营与运作模式。

供应链管理这种"横向一体化"管理模式在全球范围内、跨国性的扩展，形成了全球性的供应链管理模式——全球供应链管理模式。在这种模式下，核心企业管理的范围，不仅从企业内部扩展到企业外部，从单个企业向社会扩展，更多更主要的是从国内市场向国外市场扩展、向全球扩展，以共同利益为目标，企业间进行结盟，形成了一个在全球范围内从供应商到制造商再到分销商的贯穿所有企业的"全球供应链管理模式"。

3. 全球供应链管理的作用

全球供应链管理就是要求以全球化的观点，将供应链的系统延伸至整个世界范围，在全面、迅速地了解世界各地消费者需求偏好的同时，对其进行计划、协调、操作、控制和优化，在供应链中的核心企业与其供应商的供应商、核心企业与其销售商乃至最终消费者之间，依靠现代网络信息技术支撑，实现供应链的一体化和快速反应运作，达到物流、价值流和信息流的协调。

全球供应链管理可减少从原材料供应商到销售点的物资流通时间。全球供应链管理能适应全球市场快速变化的形势，供应链上的企业通过对消费者需求作出快速反应，实现供应链各环节即时出售、即时生产、即时供应，也就是在需求信息获取和随后所作出的反应尽量接近实时及最终消费者，将消费者需求的消费前置时间降到最低限度，从而赢得消费者的青睐，为企业在国际市场中占有更大的份额创造条件。

全球供应链管理可减少社会库存，降低成本。供应链通过整体合作和协调，在加快物流速度的同时，也减少了供应链各个环节上的库存量，避免了许多不必要的库存成本的消耗。另外，供应链的形成消除了非供应链合作关系中上、下游之间的成本转嫁，从整体意义上降低了各自的成本，使得企业将更多的周转资金用于产品的研制和市场开发等，以保证企业获得长期发展。

全球供应链管理可提高企业的产品质量。在供应链伙伴的选择中，应注重合作伙伴对某项技术和某种产品所拥有的核心能力，其产品设计、生产工艺、质量是否处于国际同行业领先地位。供应链管理就是通过这样一种选择和设计，借助网络技术，使分布在全球不同地区的供应链合作伙伴，在较大区域范围内进行组装集成制造或系统集成，使制造出质量近乎完美的产品成为可能。

全球供应链管理可使企业组织简化，提高管理效率。供应链管理的实施需要Intranet/Extranet的技术作为支撑，才能保证供应链中的企业实时获取和处理外界信息及链上信息，使企业高层管理者可以通过供应链中的企业内部网络随时了解情况，而基层人员也可以通过网络知道企业有关指令和公司情况。因此，企业的许多中间协调、传送指令的管理机构就可削减，企业管理组织机构可由金字塔型向扁平型方向发展。

9.1.2 集成化的全球供应链管理

1. 集成的范围

1）企业内部的集成

ERP系统很好地实现了企业内部信息和业务流程的集成，它将企业的财务、制造、分销等功能模块有机地结合在一起，共享企业的基础信息，从而提高企业的运作效率，达到缩短计划周期、降低库存成本、加快客户反应速度的目的。但ERP并不能实现企业内部所有信息的集成，它还需要与其他信息系统集成以实现更高程度的信息共享。

2）供应链的集成

把集成的范围扩展到企业外部，将企业内部的信息系统和供应链中商业伙伴的信息系统集成起来，就成为集成的供应链。供应链中的每个成员都能够依据基于整个供应链的正确信息来协调各自的商业运作，从而实现包括客户服务和支持、计划和预测、产品开发、生产制造、采购、人力资源等在内的全面的企业集成。这种集成最初体现在EDI的应用上，它是一种一对一的信息交换和共享系统，成本高、灵活性低。随着Internet的迅猛发展，出现了电子商务系统，它更多地表现为一种B2C模式的信息共享，主要应用在商业零售渠道，它将企业后端支持系统如ERP与前端的客户服务系统联系在一起，是一种一对多或多对多的系统。

集成化供应链管理的核心是由顾客化需求—集成化计划—业务流程重组—面向对象过程控制组成第一个控制回路（作业回路）；由顾客化策略—信息共享—调整适应性—创造性团队组成第二个回路（策略回路）；在作业回路的每个作业形成各自相应的作业性能评价与提高回路（性能评价回路）。供应链管理正是围绕这三个回路展开的，并形成相互协调的一个整体。

更具集成化思想，可构建集成化供应链管理的理论模型，如图9-1所示。

2. 集成化全球供应链管理的实现

企业从传统的管理模式转向集成化全球供应链管理模式，一般要经过五个阶段，包括从最低层次的基础建设到最高层次的集成化供应链动态联盟，各个阶段的不同之处主要体现在组织结构、管理核心、计划与控制系统、应用的信息技术等方面。

1）基础建设阶段

这一阶段是在原有企业供应链的基础上分析、总结企业现状，分析企业内部影响供应

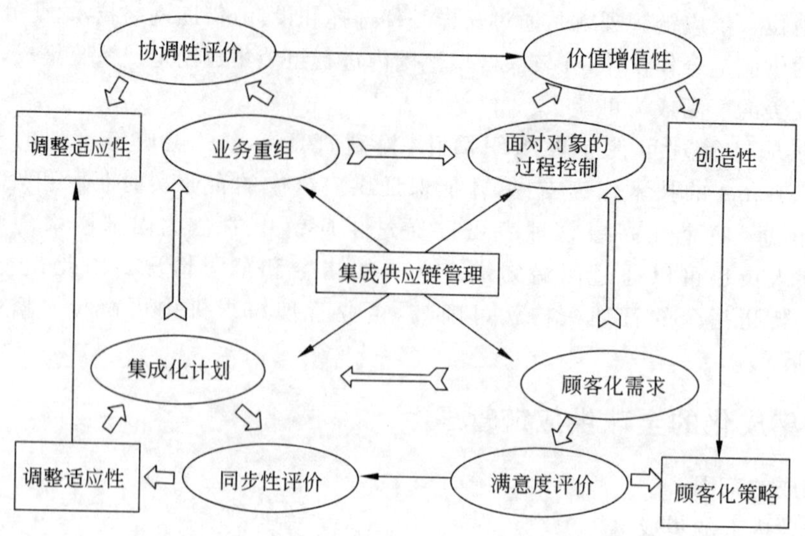

图 9-1 集成化供应链管理的理论模型

链管理的阻力和有利之处，同时分析外部市场环境，对市场的特征和不确定性做出分析与评价，最后相应地完善企业的供应链。处于这一阶段的企业主要采取短期计划，出现困难时需要一个一个地解决。虽然企业强调办公自动化，但环境往往导致整个供应链的效率低下，同时也增加了企业对供应和需求变化影响的敏感度。

2）职能集成阶段

该阶段集中处理企业内部的物流，企业围绕核心职能对物流实施集成化管理，对组织实行业务流程重构，实现职能部门的优化集成，通常可以建立交叉职能小组，参与计划和执行项目，以提高职能部门之间的合作，克服这一阶段可能存在的不能很好地满足用户订单的问题。职能集成强调满足用户的需求。实际上，用户需求在今天已经成为驱动企业生产的主要动力，而成本在其次，但这样往往导致第二阶段的生产、运输、库存等成本的增加。

在这一阶段，由于采用的各项技术之间、各项业务流程之间、技术与业务流程之间都缺乏集成，库存和浪费等问题仍可能困扰企业。

3）内部供应链集成

内部供应链集成主要实现企业直接控制的领域的集成，实现企业内部供应链与外部供应链中供应商和用户管理部分的集成，形成内部集成化供应链。集成的输出是集成化的计划和控制系统。本阶段企业管理的核心是内部集成化供应链管理的效率问题，主要考虑在优化资源的基础上，以最低的成本和最快的速度生产最好的产品，快速地满足用户的需求，提高企业反应能力和效率。这对于生产多品种产品或提供多种服务的企业来说意义更大。

在这个阶段，企业可以考虑同步化的需求管理，将用户的需求与制造计划和供应商的物料流通化，减少不增值的业务。同时企业可以通过广泛的信息网络来获得巨大的利润。

4）外部供应链集成

实现集成化全球供应链管理的关键在于第四个阶段，将企业内部供应链与外部的、全球范围内的供应商和用户集成起来，形成一个全球性集成的供应网链。而与主要供应商和用户建立良好的合作伙伴关系，即所谓的全球供应链合作关系，是集成化供应链管理的关键。

此阶段企业要特别注重战略伙伴关系管理。管理的焦点要以面向供应商和用户取代面向产品，增加与主要供应商和用户的联系，增进相互之间的了解，相互之间保持一定的一致性，实现信息共享等，企业通过为用户提供与竞争者不同的产品/服务或增值的信息而获利。

5）供应链动态联盟

在完成以上四个阶段的集成后，已经构成了一个网链化的企业结构，我们称之为供应链共同体，它的战略核心及发展目标是占据市场的领导地位。为了达到这一目标，随着市场竞争的加剧，供应链共同体必将成为一个动态的网链结构，以适应市场变化、柔性、速度、知识等的需要，不能适应供应链需求的企业将从供应链联盟中被淘汰。供应链从而成为一个能快速重构的动态组织结构，即集成化供应链动态联盟。

集成化供应链动态联盟是基于一定的市场需求、根据共同的目标组成的，通过实时信息的共享来实现集成。主要应用于 Internet 的集成，同步化的、扩展的供应链计划和控制系统是主要的工具，基于 Internet 的电子商务取代传统的商务手段。这是供应链管理发展的必然趋势。

9.2　全球供应链下的业务外包

9.2.1　全球化市场下的企业竞争

1. 企业的核心竞争力

在当今世界中经济全球化深入发展，随着中国、印度等新兴市场经济体逐渐融入全球经济体系，经济全球化的规模正在空前扩大。在竞争激烈的国际市场环境中，要充分发挥企业的核心竞争力。那么，何为企业的核心竞争力？我们又该如何充分利用企业核心竞争力的优势呢？

企业的核心竞争力就是企业的决策力，它包括把握全局、审时度势的判断力，大胆突破、敢于竞争的创新力，博采众长、开拓进取的文化力，保证质量、诚实守信的亲和力。

1990 年，美国著名战略学家普拉哈拉德（C. K. Prahalad）和哈默尔（Gary Hamel）在《哈佛商业评论》上发表了《公司核心竞争力》一文，文章中重点提出了现代企业核心竞争力的概念，为研究公司核心竞争力开辟了先河。此后许多研究者围绕企业核心竞争力展开了更加深入的探讨和研究，发表了一系列具有划时代意义的文章。普拉哈拉德和哈默尔认为企业的核心竞争力是企业内部组织学习的能力，尤其是关于如何协调不同的生产技能和整合各种资源形成竞争优势的能力。目前，美国和日本等一些发达国家的世界著名公司，如微软、IBM、本田等公司，通过识别、培育、实施、巩固、创新企业核心竞争力，使之在国际市场上获取了长期的优势。反观我国一些比较大的公司对企业核心竞争力的认识和理解则仍然处于萌芽状态。

每个企业都有每个企业的核心竞争力，一个企业所拥有的核心竞争力就是指这个企业不断创造新产品和提供新服务以适应市场的能力，不断创新管理的能力，不断创新营销手段的能力。海尔的创始人张瑞敏就曾经说："创新是海尔文化的价值观，也是真正的核心竞争力，因为其不易或无法被竞争对手模仿。"也就是说核心竞争力是每个企业所特有的、不易外泄的知识体系，是企业特有的经营化的知识体系。这种区别于其他企业的核心竞争力可以最大化本企业在竞争激烈的市场环境中的竞争优势。另外，企业核心竞争力也正是在企业经过激烈的市场竞争和不断的创新改革中一步一步被企业攥在手里的无形财富。

2. 企业核心竞争力的特征

对于企业来说怎样识别企业核心竞争力是创造企业竞争优势的第一步，同时也是企业分辨核心竞争力和非核心竞争力的依据条件。这就需要企业来了解核心竞争力的特征有哪些。作为企业赢得市场先机的必备条件，企业核心竞争力具有以下特征：价值性、差异性、延展性、动态性。

1）价值性

企业核心竞争力在提高企业效率、降低成本和创造价值方面能比竞争对手做得更好，同时也有利于吸引企业的潜在目标客户。从客户的角度来说，选择企业的产品和服务很大程度上要依赖于选择的这个企业核心竞争力的大小。企业核心竞争力在给客户带来满意的服务的同时也会为企业赢得良好的口碑和更多的消费者剩余，以此来提高客户的忠诚度和满意度。我国著名的经济学家管益祈认为，"消费者剩余"就是企业核心竞争力的一部分。如此看来，企业核心竞争力能够使得企业在创造价值和降低成本方面比竞争对手更具有优势，如冰箱制造业的无氟制冷技术，可使用户直接感受到产品所带来的效用并从中获益。

2）差异性

企业核心竞争力是独一无二的，是每一个企业在本身的长期的经营活动中形成的。简单来说，企业不同，则核心竞争力不同。核心竞争力是特定企业的特定的组织结构、特定企业文化、特定企业员工群体共同作用的产物，是在企业长期的经营管理实践中逐步形成的，走的是自己的发展之路，个性化发展的特点非常突出，很难被竞争对手模仿。企业的核心竞争力一旦形成，其寿命也大大长于基于这种能力的产品或服务。比如 Inter 公司领先世界的芯片技术，联想公司独步中国的销售网络和渠道。不同的研究者对"差异性"有不同的表述，如"特定性""专有性""途径依赖性和积累性""独特性"等。对于这些不同的表述从其具体阐述来看，基本上是一致的。

3）延展性

在企业的诸多能力中，核心竞争力是母本、是核心，有溢出效应，可使企业在原有的竞争领域中保有持续的竞争优势。管理学界一般认为，培育和建立企业的核心竞争力的基本途径是实施限制性的多元化发展战略。由企业核心竞争力可以衍生出企业在不同领域、不同产品、不同服务中的竞争优势，对企业一系列具有关联度的产品或服务的竞争力的提高都有促进作用。企业也可以围绕其核心竞争力进行相关市场的开拓，通过创新获取该市场领域的持续竞争优势。也有研究者将"延展性"表述成"持久性""衍生性"。

4）动态性

企业的核心竞争力是企业在长期的实践经营活动中以特定的方式，沿着特定的技术轨道逐步积累起来的，并因此具有相对的稳定性。由此可以看出，企业核心竞争力与一定时期的产业动态、管理模式以及企业资源等变量高度相关，它是企业在某一特定的历史发展阶段所获得的特定的发展成果。所以，企业核心竞争力并不是一成不变的，企业在发展改革以适应市场行情的过程中，总是不断地巩固完善自身的核心竞争力。从企业生存环境和战略方向的变化来看，企业核心竞争力的动态发展演变是客观必然的。曾经的核心竞争力可能会演变为企业的一般能力，而这种一般能力并不能为企业带来额外的附加价值。总的来说，企业核心竞争力是激烈的市场竞争的产物，企业在不断的发展变化的过程中要不断地构建新的核心竞争力以此来保持企业的竞争优势。一个没有核心竞争力的企业是无法为企业本身或社会大众带来收益和福利的，一个无法创造社会价值的企业也必定是无法在激烈的市场竞争中生存下去的。例如，苹果公司的“用户界面友好”技术，在 20 世纪 80 年代可以称得上是苹果公司的核心技术之一，也正是在这种技术优势之下，苹果在早期的 PC 市场中能占得先机。然而随着当今社会计算机技术的快速发展，特别是近 20 年来计算机的技术已经日益成熟，“用户界面友好”技术已经非常普遍和基础，它也不能够再为任何一家 IT 公司带来附加价值。

3. 企业核心竞争力的塑造

在企业核心竞争力的观念进入企业领导者的管理理念之前，企业核心竞争力只是企业无意识的一系列经营活动的最终结果。当然，以这种无意识的企业行为来塑造最终的企业核心竞争力同企业有意识的塑造和提升行为相比，前者要困难得多，也要漫长得多。也正是在这种漫无目的的核心能力塑造的过程中，大量的企业在还没有成型的核心竞争力面前轰然倒塌。与此相比，根植于核心竞争力观念的企业管理者，往往能够在敏锐地察觉市场需求和了解产品技术变化趋势的基础上，对企业的核心竞争力有一个准确的定位。我们前面说过，企业核心竞争力能够帮助企业在市场竞争中占得先机，甚至是彻底击垮竞争对手。具体来说，企业核心竞争力的塑造需要通过以下两个步骤。

1）企业核心竞争力战略的培育和沟通

企业核心竞争力是企业保持持续竞争优势之源。因此核心竞争力的建立和培育是企业谋变革、求发展的重中之重，这直接关系到企业能否在市场中站稳脚跟，也关系到企业内部管理制度的创新和员工主人翁意识的提高。总的来看，企业必须站在新的战略高度来培育和创建企业核心竞争力。作为企业的重大发展战略，核心竞争力的塑造必须有一个完整的规划，从企业的角度来说，企业的管理者要清楚地审视自身所经营的业务、自身的战略优势与劣势、拥有的战略资源、外部的市场环境等影响因素。运用本企业的创新能力和创新技术，独具慧眼地认识到自身企业的核心竞争力发展方向。在这同时我们也要明白如何来界定构成企业核心竞争力的技术要素。需要强调的一点是，企业核心竞争力绝不是制造某一两种产品或提供一两种服务的能力，而是满足客户某一类型或者某一方面价值需要的能力。

有关企业核心竞争力塑造的战略还必须在企业内外进行广泛、深入、有效的沟通，以此来确保企业核心竞争力能够被企业员工认识、理解、接受和支持，并转化为企业员工的自觉行为。这种员工的自觉行为可以渗透到企业生产经营活动的方方面面，这样既增强了企业员工的责任感与认同感，也在潜移默化之中提高了企业的凝聚力，形成了鲜明的特有的企业文化。

就企业而言，核心竞争力的塑造绝不仅仅体现在具体的产品或者服务商，它是企业长期以来形成的一种特有的竞争优势与技术优势。有的学者把企业核心竞争力分成硬核心竞争力和软核心竞争力。硬核心竞争力是指以核心产品或者核心技术或技能形式为主要特征的核心竞争力，这类核心竞争力在技术密集型行业尤为重要。软核心竞争力是指企业在长期运作中形成的具有核心竞争力特征的经营管理方面的能力。这类核心竞争力是无形的，所以更加难以识别和模仿。21 世纪以来，经济全球化的趋势进一步加深，越来越多的现代化企业都面临着构建软核心竞争力的难题，如何创造积极向上的企业文化和良好的软核心竞争力已是许多大型企业急需解决的问题。

2）企业核心竞争力的塑造方法

企业作为市场经济的主要参与者和新技术的开发应用者，本身就是一个自组织的结构。通过内部开发这条途径可以有效地塑造企业核心竞争力，许多技术开发能力较强的优秀企业都积极地参与到产品研发中来。

内部开发作为企业寻求核心竞争力的有效方式，需要企业主体有较强的开发能力和较完整的开发体系，培养和引进开发人才，注重研发经费的投入，完善企业的创新技术体系。一旦掌握了核心的产品技术优势的硬核心竞争力，企业就可以充分发挥自身的技术特点以此来创造更多的消费者剩余。

9.2.2 供应链管理的全球化外包

1. 全球化业务外包的原因

所谓的供应链管理中的业务外包指的是制造业或销售等企业为集中资源、节省管理费用，增强核心竞争力，将其非核心业务以合同的方式委托给专业的相关业务的公司或企业运作。业务外包是一种长期的、战略的、相互渗透的、互利互惠的业务委托和合同执行方式。

随着全球经济一体化进程的加快、信息技术在物流领域的应用和发展，对一体化多渠道市场需求的增长和供应链服务供应商服务能力的扩充与完善，非核心业务外包服务将逐步被社会认识、了解、认可和进一步采用。

企业业务外包所推崇的理念是：如果我们在产业价值链的某一环节上不是世界上最好的，这又不是我们的核心竞争优势，而且这种活动不至于把我们同客户分开，那我们应当把它外包给世界上最好的专业企业去做。即首先确定企业的核心竞争优势，并把企业内部的技能和资源集中在那些具有核心竞争优势的活动上，然后将剩余的其他企业活动外包给最好的专业企业。那么，业务外包给企业带来的主要益处有哪些呢？

1）有利于企业将有限的资源集中于发展核心业务

实施业务外包最重要的一点是集中有限的人力、物力、财力来发展自己本身具有竞争优势的广阔市场前景的核心业务。制造企业将业务外包给第三方承包企业，可以使企业实现资源的优化配置，减少用于物流业务方面的车辆、仓库和人力的投入，将有限的人力、财力集中于核心业务。在当今社会激烈的市场竞争环境中，大多数公司都具有自己特有的核心技术、产品优势或者市场定位等。也就是说企业得以区别于其他竞争对手博得客户的忠诚度和满意度的关键在于自身具有的核心竞争力。因而集中资源和力量发展核心业务是企业拉开与竞争对手的差距，赢得市场先机的第一步，而把其他不擅长或者不盈利的非核心业务外包给其他专业化的公司运作是很有必要的。

2）降低成本，增加盈利

从事外包业务运作的第三方企业利用规模经营的专业优势和成本优势，通过提高各环节能力的利用率，实现费用节省，使企业能从分离费用中获益。另外，对实施外包业务的企业而言，把非盈利或者难以驾驭的业务外包出去是有利于降低其生产成本和管理成本的。此外，企业通过外包部分业务可以在减少成本的情况下完成产品的开发和销售，同时极大地提高了生产效率，降低了投资和生产成本。进一步说，非核心业务的外包不论是对于承担外包业务的第三方企业还是实施外包业务的主体企业来说，都是相互依存、互利共赢、优势互补的双赢的局面。

3）分担经营风险

实施业务外包战略，可以使企业摆脱长久以来的影响企业发展变革的外部环境因素的困扰，这其中包括由政府、经济、市场、财务等不确定因素带来的风险。企业通过业务外包把相当一部分的经营风险转嫁给其他企业，从而避开了自身的短板，以集中精力发展核心产业。乐百氏公司对全球外包业务调查表明，实施外包的公司出现财务麻烦的可能性仅仅是没有实施外包业务的企业的三分之一。更加重要的是，企业把风险分担出去，转而利用自身的长处和优势处理好企业内部风险。

4）降低管理难度，提升管理效率

非核心业务外包既能使制造企业享受专业管理带来的效率和效益，又可将内部管理活动变为外部合同关系，把内部承担的管理职责变为外部承担的法律责任，有利于简化管理工作。亚当·斯密在《国富论》中重点强调了“分工”所带来的企业效率的极大提高和企业所产生的规模化利润，通过与其他企业之间的优势互补、相互合作，实施积极有效的业务外包战略可以在很大程度上降低企业的管理成本、经验成本和管理效率。

2. 全球范围内的业务外包及其挑战

进入 21 世纪以后，经济全球化的趋势进一步加深，越来越多的企业需要面对的是竞争更加激烈的全球市场环境所带来的机遇与挑战。而对于实施业务外包的企业来说必须在全球范围内寻找业务外包的机会以及合适的外包合作企业。

成功的外包策略可以帮助企业降低运营成本和管理成本，分担经营风险，更重要的是帮助企业集中精力发展核心业务，但是业务外包也会为企业带来一些棘手的问题。这其中包括业务控制权的丧失、商业机密的泄露、存在意外风险和产品质量不可控、客户关系处理难度增大等诸多问题。此外，从公司员工的角度来说，如果员工得知公司的部分业务面临外包的境地，那么员工自身的归属感和主人翁意识就会得到削弱，甚至导致员工的工作积极性降低直至辞职。从物流外包的业务来看，生产企业通过第三方物流来完成产品的配送与售后服务，削弱了企业与客户之间的关系，不利于稳定密切客户关系的建立。而且客户信息是一个企业非常重要的资源，第三方物流企业有很多客户，它们在为企业的竞争对手提供服务的时候，增大了泄露企业商业秘密的可能性。

企业的全球化业务外包所面临的问题更加复杂，除了以上遇到的问题之外，全球化业务外包还可能导致货币汇率的变动、物流运输地域的限制、国家之间的法律差异等一些需要考虑的问题。

企业应该从战略上而不是短期的或者是权宜的方式来决定是否外包。大致上看就是哪些业务需要外包，哪些业务不需要外包，外包给哪些国家的哪些企业，实施怎样的外包策略，如何来签订外包合同，等等一系列的决策。确认哪些业务需要外包以后要仔细地估算业务外包后给公司带来的收益和成本比，以及外包后企业的发展方向与发展战略。如美国波音客机有一千多个零件在全世界各地生产，美国只控制波音客机生产的知识产权和技术标准，客机的80%以上的零件都是在日本和韩国生产的。

3. 从物流外包到供应链管理流程的外包

供应链中的核心企业与其供应商的供应商、核心企业与其销售商乃至最终消费者之间，依靠现代网络信息技术支撑，实现供应链的一体化和快速反应运作，达到物流、价值流和信息流的协调。

1）物流业务外包的形式

物流业务的外包可以有以下几种主要的形式。

（1）物流业务完全外包。物流业务完全外包是最彻底的物流业务外包形式。是否要采取这种外包形式主要取决于企业是否具有自营物流的能力，如果没有物流自营的能力，那么可以采取这种外包形式。如果自营物流的能力还不太成熟，那么可以通过对自身企业外包物流后的盈利评估和战略分析，决定是否采用这种业务外包方式。

（2）物流业务部分外包。企业将物流业务分为两大类，一类是可以自营的物流业务，另一类是非自营的物流业务。而物流业务部分外包指的是企业将非自营业务或不盈利的自营业务外包给第三方物流的方式。

（3）物流系统接管。物流系统接管指的是企业将自身的物流系统全部卖给或外包给其他的物流供应商的形式，也称为物流社会化。

（4）战略联盟。企业与其他物流供应商合资，企业保留物流设施的部分产权，并在物流作业中保持参与。与此同时，第三方的物流供应商为企业提供了资本和物流管理经验，企业也为合资者提供了特色服务与资金。

2）供应链管理流程的外包

自2005年以来，全球化在物流和供应链领域的影响日趋明显。随着经济全球化的影响越来越大，物流外包已经发展到整个供应链管理流程的全球化外包。供应链管理是企业内部和企业之间所有物流活动与商业活动的集成。随着运输时效、信息技术的开展，运输、仓储等主要物流活动的全球化已经开始了很长时间，全球采购、全球配送等物流环节近年来的全球化趋势明显，而供应链商业过程，如制造、研发、IT、客户服务近年来外包发展迅速，供应链商业流程外包增强了企业的价值增值能力。

领先的全球化物流服务供应商已经由原来的提供高质量的物流服务向提供整个全球供应链管理服务转化。21世纪以来供应链全球化的趋势表明，物流服务供应商的能力，必须从提供以资产为基础的物流服务,向提供以管理能力为核心的完整的供应链管理的服务转型,才能在激烈的国际竞争中处于优势地位。

9.2.3 全球供应链管理下的扩展企业

1. 扩展企业的概念

扩展企业的概念是伴随着经济全球化、全球化生产、客户化生产而产生的。全球市场竞争的日益激烈以及客户化的生产都增加了企业生产有竞争力的产品的难度,也就是说企业试图依靠一己之力打开市场的可能性已经微乎其微,还包括个性化生产所带来的资源与资金方面的压力,这些压力都逼迫着企业思考更好地寻求合作和发展的战略性的问题,并以此找到可以通过与供应链企业建立战略伙伴关系以此来释放企业内部生产压力的有效途径。这一问题的最终解决办法正是需要建立以供应链管理环境为基础的扩展企业,也可以说是供应链战略伙伴关系的一种具体的体现。

扩展企业可以定义为一个概念性的组织单元或系统,它超越了传统组织对企业的定义范畴,不仅包括企业内部的各个组织部门所构建起来的框架,还包括整个供应链上的合作伙伴关系,如企业的供应商、客户等。它们之间通过紧密的合作来实现自身利益的最大化,这些企业可能不会是同一条供应链上的实体,但都必须是供应链上的主要环节。扩展企业概念的出现使得原有的市场经济中企业与企业的竞争改变成现如今的供应链与供应链之间的竞争。

扩展企业中供应链上的企业之间的合作是通过产品设计、运输、原材料的采购、销售等职能而实现的。一个成功的扩展企业不仅要求企业与企业之间的职能能够跨越企业的界限得以集成,从而发挥更大的资源配置优势,同时也使得供应链的上下游之间的企业文化、产品设计、数据与信息的分享得以交流融合。

2. 扩展企业的目标与特征

扩展企业的概念部分来自在地理上分布的制造业,供应链上的各个环节为了获取竞争优势,在激烈的市场竞争中占有一席之地进行了深度的战略合作,建立了长久的战略合作伙伴关系。这种思想的核心在于充分的利用自身并不拥有的战略资源,这些资源可以是资金、物流网络、管理经验等。这种扩展企业下的合作可以表示成在独立的制造企业间通过产品的设计、开发、运输、销售等各个环节来搭建共同的利益链。

1) 扩展企业的目标

扩展企业下的各个企业合作的目标主要体现在以下几个方面。

(1) 缩短物料加工、产品开发、信息沟通、数据处理和传输的周期。

(2) 提高对产品上市时间的要求,开展基于时间的竞争。

(3) 采用更广泛的产品周期的概念。

(4) 形成更为有效的组织和系统。

扩展企业不仅包括企业的各个职能部门之间的联系,而且更重要的是涵盖了企业与它的客户、供应商、合作伙伴之间的关系。扩展企业中的各个实体都需要参与产品从研发到销售的部分环节,每个实体都需要对产品的质量进行把关和控制。因此,它超越了传统组织的概念。

2）扩展企业的特征

扩展企业主要具有以下特征。

（1）扩展企业的概念集中体现了核心竞争力的商业活动价值，对于企业的非核心竞争力，企业可以通过业务外包的方式外包给“专业”的服务提供商和供应商。业务外包可以降低企业的运营成本和管理成本，为扩展企业的产生奠定了实践的基础。

（2）扩展企业下的核心企业与供应商和客户建立了长久的合作伙伴关系，是互惠互利的共生体而不是竞争对手的关系。

（3）为了实现供应商和客户在商业与技术上的集成，扩展企业在全球范围内采用先进的通信技术和运输手段支持跨组织的商业活动。

9.3 全球供应链客户关系管理

9.3.1 全球供应链客户关系管理概述

1．CRM 的产生

CRM 产生的背景源于新经济和新技术。新经济包括经济环境的自由化，打破了国家地域等垄断。新技术则加大了竞争，产品的生命周期更短，客户的需求也更加多样化。企业如何保持竞争力并实现发展对于企业而言是个大挑战。在此情况下，有三个方面催生了 CRM 的兴起，分别是营销理念和管理理念的更新、需求的拉动、技术的发展。

从管理科学的角度上讲，CRM 是市场营销的分支，来源于市场营销学。而随着社会经济不断向前推进，生产力增加，产品丰富，由卖方市场过渡到买方市场，因此产生了营销观念和营销方式的变革。20 世纪以来，管理理念变革如下。

1）20 世纪 30—50 年代

在此阶段，生产理念和营销理念没有从用户的角度出发，而是把交易看作销售，一味地追求利润的最大化，而非保持客户关系。越来越多的企业在此阶段中发现自身无法保持市场的制约作用。

2）20 世纪 50 年代

企业的核心逐渐从生产产品过渡到消费者的身上，营销观念逐渐产生，企业们开始比竞争者更有效地提供客户目标市场需求。

3）20 世纪 70 年代

社会营销观念继续向前发展，不仅要满足消费者的需求，而且考虑到消费者和社会的长远利益，企业也更多地受到法律、社会舆论、消费者等方面的影响。

4）20 世纪 80 年代

较之以前有所进步的地方在于强调了企业需要在客户和自身之间实现双赢，必须互惠互利，采取合理的行动。

5）20 世纪 90 年代

企业将系统论作为基本思想，将企业放在现实大环境下考量企业的营销活动，认为企业营销是一个融合消费者、竞争者、供应商、分销商、政府机构、社会组织发生互动的过程，只有正确处理好这些关系，企业才能够获得成功。

因此，现代市场营销理论的核心从原来的 4P 过渡到 4C，实现了以消费者为中心。

2. CRM 中企业管理中心观念

企业中心观念的发展经历了以下五个阶段。

(1) 产值中心论。基本条件是市场状况为卖方市场，产品供不应求。制造业发展迅速，只要生产出产品就可以销售，因此，企业管理的核心是产值管理。

(2) 销售额中心论。由于现代化大发展，产值中心论受到了挑战，产品的大量积压导致众多企业的破产。在此基础上，企业的管理实质是销售额的管理，通过各种手段实现销售额的上升，导致了一场销售竞争运动和质量竞争运动。

(3) 利润中心论。由于销售额中心论的兴起，导致企业纷纷举办促销活动，而激烈的产品竞争又让成本大大增加。在两方面的作用下，虽然销售额提升了，但企业获得的利润并没有实际意义上的上涨，因此，企业又将核心点转为以利润为中心。

(4) 客户中心论。利润中心论过于追求企业形象而忽略了顾客需求的价值，导致了顾客的不满和利润的减少。另外，过分削减的成本也逐渐招致顾客的不满，导致销量下降。在此基础上，企业自然把目光转而放在了顾客身上。此时顾客的地位被提高，企业管理开始进入以顾客为中心的时代。

(5) 客户满意中心论。随着经济全球化和服务一体化趋势的加快，顾客对产品满意与否决定了企业的发展，而顾客的满意就是企业发展的源泉，因此，由客户中心论升级为客户满意中心论，这也是现今企业管理的核心观念。

消费者需求价值观的变迁也经历了如下三个阶段。

(1) 理性消费时代。在这一时代，恩格尔系数较高，社会物质比较匮乏。消费者的消费行为是相当理智的，不但重视价格，更看重质量，追求的是物美价廉和经久耐用。此时，消费者价值选择的标准是“好”与“差”。

(2) 感觉消费时代。这一时代，社会物质和财富开始丰富，恩格尔系数下降，人们的生活水平逐步提高，消费者的价值选择不再仅仅是耐用，而是开始注重产品的形象、品牌、设计和使用的方便性等，而选择的标准是“喜欢”和“不喜欢”。

(3) 感情消费时代。在这一阶段，人们生活水平大大提高，消费者越来越重视心灵上的充实和满足，更在意追求商品购买与消费过程中心灵上的满足感。因此，在这一时代，消费者的价值选择是“满意”与“不满意”。

3. CRM 的发展简史

最早发展 CRM 的国家是美国，美国在 1980 年年初便使用接触管理专门收集客户与公司联系的信息。到 1990 年则演变成客户关怀。从 20 世纪 80 年代中期开始，许多公司开始业务流程再造和企业资源计划，使得企业内部效率和质量得到提高，但在处理企业与外部客户的关系时，越来越觉得没有信息技术支持的客户关系管理力不从心。直到 20 世纪 90 年代，GartnerGroup 提出了 CRM。

CRM 最初用于部门的解决方案，如销售队伍自动化和客户服务支持。随后推出了整合交叉功能的 CRM 解决方案，将内部数据处理、销售跟踪、国外市场融为一体。而到 2004 年，分析咨询和系统集成服务是 CRM 的主要内容，对企业产生很大的影响。

4. CRM 的定义和内涵

CRM 可以通过三个关键词进行定义。

管理：CRM 属于企业管理的范畴，CRM 涉及企业的运营战略、业务流程和企业文化。

关系：CRM 是一种关系管理，CRM 涉及企业和企业以及企业和人的关系。

客户：客户是 CRM 涉及的核心，产品的最终流向是消费者，生产过程就是为消费者服务的过程，一旦客户不存在，那么产品和企业也就不复存在。

CRM 整体的概念在不同的时期、不同的视角、不同的角色对 CRM 的理解都存在很大的差异性。因此在业界出现了各种各样的定义：GartnerGroup 对 CRM 的定义是：CRM 是代表增进盈利、收入和客户满意度而设计的企业范围的商业战略。CRM 是一种商业战略而不是一套系统，它涉及的范围是整个企业(而不是一个部门)，它的战略目标是增进盈利、销售收入、提升客户满意度；HurwitzGroup 认为，CRM 的焦点是自动化、改善市场营销、客户服务等商业流程，CRM 既是一套原则制度，也是一套软件和技术；IBM 将 CRM 定义为企业识别、挑选、获取、发展和保持客户的整个商业过程，包括关系管理、流程管理、接入管理；HP 认为，CRM 不仅是一个软件，而且是一个商业战略，可以帮助企业实现管理理念的变化。

CRM 是通过对客户详细资料的深入分析，提升客户满意度，从而提升企业的竞争力，主要包含以下方面：客户概况分析，包括客户的层次、风险、爱好、习惯；客户忠诚度分析，指客户对产品或商业机构的忠实程度、持久性等；客户利益分析，指不同客户所消费的产品的边缘利润、总利润额、净利润等；客户性能分析，指不同客户所消费的产品按种类、渠道、销售地点等指标划分的销售额；客户未来分析，包括客户数量、类别等情况的未来发展趋势等；客户产品分析，包括产品设计、关联性、供应链等；客户促销分析，包括广告、宣传等促销活动的管理等。

CRM 就是以客户为中心的经营管理理念，是一种改善企业与客户之间关系的管理机制。在网络时代，CRM 是利用现代信息技术手段建立数字的、互动的交流管理软件系统。CRM 的目标是通过改善与正确的客户的沟通，通过正确的渠道，在正确的时间，提供正确的内容(产品和机构)，从而增加商机。

5. CRM 的分类

CRM 可分为两大类：运营型 CRM 和分析型 CRM。产品、服务和一个企业实际能够“照料”客户的运作能力。运营型 CRM 的目的是瞄准“以客户为中心”业务流程和运作。它要求所有业务流程的流线化和自动化。目前运营型的 CRM 产品占据了 CRM 市场大部分的份额。运营型 CRM 虽然能够基本保证企业业务流程的自动化处理、企业与客户间沟通等问题，但是随着客户信息的日趋复杂，已难以满足企业进一步的需要；而分析型 CRM 主要指用来推动“以客户为中心”的战略和工具。分析型 CRM 的目的就是“开发和洞察你的客户需求”，主要是分析运营型 CRM 和原有系统中获得的各种数据，进而为企业的经营、决策提供可靠的量化依据。利用分析型 CRM 系统对客户进行细分，就可以针对有价值的客户开展特别的促销活动、提供更个性化的服务，以最小的投入获得最大的回报。

6. CRM 的作用

CRM 可以提供信息分析能力，对客户互动渠道进行集成的能力，支持网络应用的能力；建设集中的客户信息仓库的能力；对工作流程进行集成的能力与 ERP 功能的集成能力。

CRM 可以加快企业的响应速度，CRM 改变了企业和客户的交流方式，大大缩短了企业对客户的响应时间，因此，CRM 可以帮助企业改善服务。

CRM 可以提高企业的工作效率，CRM 可以建立与客户交流的平台，因此，可以简化企业和客户的交流方式，大大提升企业的工作效率。另外，技术的提升和自动化程度的提高，也让工作效率和质量大大提升。

CRM 可以降低企业成本，CRM 的应用使得团队的效率和准确率提升，而缩短了服务时间和减少工作量，从而降低了企业成本。

CRM 规范企业的管理，CRM 可以让自动化的工作流程贯穿并与现有的业务紧密结合，从而避免了重复劳动和传统环境下人员流动带来的损失。

CRM 可帮助企业深挖客户的需求，CRM 收集各种客户信息，并存在统一的数据库中，同时 CRM 还提供了数据挖掘工具，可以帮助企业对客户的各种信息进行分析和挖掘，使得企业更了解客户。

CRM 可以为企业的决策提供科学的支持，CRM 是建立在数据库之上的，CRM 的统计分析工具可帮助企业了解信息和数据背后的规律与逻辑关系。企业的管理者就可以做出科学、准确的决策，使企业在竞争中占尽先机。

9.3.2　全球供应链客户关系管理的核心思想

全球化企业实现以客户为中心的管理模式，集成了 CRM 管理思想和最新信息技术成果的 CRM 软件系统不可或缺，本文通过 CRM 软件系统的一般模型，进一步对 CRM 软件系统的结构和功能作详细分析。

1. CRM 软件系统的一般模型

CRM 软件系统的一般模型反映了 CRM 最重要的一些特性，阐明了目标客户、主要过程、功能之间的相互关系。CRM 由市场、销售和服务构成。通过对客户和市场的细分，确定目标客户群，制定营销战略和营销计划。而销售的任务是执行营销计划，包括发现潜在客户、信息沟通、推销产品和服务、收集信息等，目标是建立销售订单，实现销售额。在客户购买了企业提供的产品和服务后，还需对客户提供进一步的服务与支持，产品开发和质量管理过程分别处于 CRM 过程的两端，提供必要的支持。

CRM 改变了企业前台业务运作方式。过去，前台各部门从自身角度去掌握企业数据，业务割裂。而通过 CRM，各部门间信息共享，密切合作。位于模型中央的共享数据库作为所有 CRM 过程的转换接口，可以全方位地提供客户和市场信息。由于 CRM 系统不仅要实现优化和自动化，而且必须在各流程中建立统一的规则，以保证所有活动在完全相同的理解下进行。

2. 软件系统的组成

根据 CRM 系统的一般模型，CRM 软件系统可分为接触活动、业务功能、数据库三个部分。

1）接触活动

CRM 软件应具备让客户和企业进行接触的功能，典型的方式有呼叫中心、面对面的沟通、移动销售、电子邮件、金融中介或经纪人等方式。同时企业必须保证客户能够采取其方便或偏好的形式随时与企业交流，保证来自不同渠道的信息的完整性。而由于近年来互联网科技的兴起，CRM 软件有着更广阔的应用平台。

2）业务功能

除了接触活动以外，企业需要与客户进行沟通，而市场管理（营销）、销售和业务部门与客户的接触和交流最为频繁，因此，CRM 软件主要应对这些部门给予支持。

(1) 市场管理（营销）的任务：通过对市场和客户信息的统计与分析，确定目标客户群和营销组合、产品策略；为市场销售提供制定预算、计划、执行和控制，不断完善市场计划，管理各类市场活动，对活动进行跟踪、分析和总结以便改进工作。

(2) 销售管理部分：销售人员通过如电话销售、移动销售、远程销售、电子商务等销售工具，方便及时地获得生产、库存、定价和订单处理的信息与有效、快速的交易方式。销售人员可随时查询、更改、补充或实时获取共享数据库中的信息。同时，销售部门还能自动跟踪销售线路，提高工作效率。另外，通过客户识别、细化差异、确定个性化产品或服务，实现一对一营销。

(3) 客户服务和支持部分具有两大功能：即服务和支持。一方面通过计算机电话集成技术支持的呼叫中心，为客户提供每周 7×24 小时服务；另一方面，技术员对客户的使用情况进行跟踪，为客户提供个性化服务，并且对服务合同进行管理。此外，CRM 软件还具有竞争对象记录与分析的功能。可记录主要竞争对手公司背景、目前发展状况、主要的竞争策略等内容，以便于分析和管理。

3）数据库

信息数据库管理系统是 CRM 系统的重要组成部分，是实现各种业务活动的基础。其重要作用体现在帮助企业根据客户生命周期价值来区分现有客户、帮助企业准确地找到目标客户群、帮助企业选择合适的时机和手段。

3. CRM 的商务管理模块

销售合同与订单中还涉及交货、价格、运输、产品特征等基本信息，CRM 为客户提供的应该是产品、市场、销售、交货、服务、支持等全面的服务。由于电子商务业务平台与供应链系统出现无法对接的情况，容易出现销售与交货脱节。因此，电子商务业务平台与供应链系统的对接，应该成为 CRM 的任务。

1）合同管理子模块

合同管理是对于产品销售信息的管理，主要功能包括合同信息、合同文档、合同变更、合同执行跟踪管理。

(1) 合同信息管理。合同信息管理主要包括：记录合同的主要信息，包括合同编号、合同类别、签单日期、合同的甲方乙方、双方的签约金额、预计合同毛利等；记录合同的条款特殊需求等信息。

(2) 合同文档管理。系统提供合同文档管理功能，可对合同文本、与合同有关的附件等电子文档进行管理,并可对这些文档按调用者的权限进行管理。

(3) 合同变更管理。记录合同的变更记录,自动维护合同的版本信息。

(4) 合同执行跟踪。跟踪记录合同当前的状态,同时可进一步管理合同执行过程中的订单费用、线索、行动等相关业务。

2) 订单管理子模块

订单信息至关重要,也是 CRM 中功能的重要一环。订单管理模块包括:订单管理、订单审核、交货记录、收款计划、收款记录、订单台账等功能。

订单管理主要包括以下几个方面:订单记录,记录相关订单信息,如订单编号、订单类型、客户、联系人、产品、数量、订单总金额、折扣、付款方式、交货方式、业务员、签单日期、订单条款相关合同等信息;订单提交,将生成的订单递交给指定的审核人;信息变更,系统将记录订单的变更历史,自动生产版本,但订单审核后则不可改变;订单审核,审核人对订单进行审核;订单移交,可以通过共享将审核好的订单移交给执行人员,执行人员根据此订单进行执行。

3) 费用管理子模块

系统提供对销售费用的额度和销售佣金、审批等方面的管理,主要内容有:额度计划、费用报销、费用审批、额度执行报表等。

(1) 额度计划。按部门、人员,根据企业目标任务确定销售费用,系统可以按照部门、人员、时间查询费用。

(2) 费用报销。可以通过系统报销费用。

(3) 费用审批。可以通过系统审批报销费用。

(4) 额度执行报表。提供费用额度余额表和费用明细表。

9.3.3 全球供应链客户关系管理的实现

通过过去的历史可以得知,大多数 CRM 失败的项目可以证明:CRM 理念≠CRM 软件≠CRM 实施。“三分软件、七分事实、十二分数据”,要想实现管理学软件可以在企业中成功实施,是一个系统工程,其结果不仅取决于软件产品的质量,更加需要科学的实施方案。CRM 是将当今先进的软件开发技术、企业经营管理模式、营销理论与技巧结合到一起,而 CRM 软件是将 CRM 理念具体贯彻到组织并实现其目标的工具与平台。然而,CRM 软件并非是即插即用的,而是还需要其他的环境综合实施。至于 CRM 的失败,在很大程度上是由于企业缺乏 CRM 战略,没能将技术很好地与清晰的企业战略相结合。因此企业为了优化管理客户资源、最大化客户价值,必须制定长远规划和长远目标。

要想实现成功,实施企业必须意识到作为企业战略,CRM 要“管理变革”而不是“变革管理”。作为一种新型的企业管理思想和管理模式,需要 CRM 应用系统的支撑。同时,在社会的各行各业,CRM 都已经有所涉及。在买方市场逐步成熟的今天,在质量的基础上,企业更多竞争的是服务、营销和销售,这与 CRM 的核心不谋而合,因此 CRM 将为企业带来新的契机、新的核心竞争力。

我们在这里把 CRM 上升到战略高度,是因为 CRM 将带来新一轮的管理变革。当一个聚焦企业业务和“以客户为中心”的 CRM 战略获得正式实施时,它对于企业预测管理客户和供应商的需求大有裨益。同时，要想成功地实现 CRM，也离不开 CRM 战略的制定、设计和实施。

CRM 战略目标的具体制定过程，除了包括考虑内外部环境外，还要考虑企业对于 CRM 的需求度。在项目具体实施过程中，需要以现在制定的目标作为指导方向，在项目小组的配合下，来制定 CRM 项目实施的目标。此外，在制订具体的 CRM 战略目标时，要具体问题具体分析。应该在基本框架目标的基础上，进行删减或补充，但务必确保目标的层次性。

1. CRM 实施的三个目标

虽然 CRM 实施目标因企业的不同而有所不同，但下面三个通用的目标对大多数企业来讲是比较适用的。

1）提升客户满意度

相关研究表明，20%的客户创造了企业 80%的利润。因此，在现今多变的环境下，客户的忠诚度十分重要。公司获得一个新客户比保持一个老客户的投入要大得多。然而，保持客户满意度分为多个层面：产品质量、交易过程、舒适水平、交易时间等。客户满意度的提升可以有效地留住客户，并吸引更多的新客户。

2）减少顾客的操作费用

呼叫中心的良好建设与反馈，可以减少客户的相关操作，呼叫中心可以采取多种手段，以减少交易费用，进而有助于呼叫中心和客户进行更好的交流。

通过调用呼叫中心的信息，销售人员可以在客户挂断之前判断顾客想要的商品类型、以往交易习惯进而提高销售成效。同时根据以往情况采取分层次、按类别、按区域等方式，进一步细分客户市场，并针对性地制定销售活动，以便提升促销效率。

3）提高整个组织的效率

企业可以通过两条途径来提高效率，一个是通过商业过程流线化，通过给雇员合适的工具，以提高雇员的效率，并尽可能收集客户的资料；二是依赖于技术，给客户提供自助服务。

2. CRM 实施规划

要想成功使用 CRM，必须依赖于合理的规划，没有规划的实施是难以成功的。CRM 实施的规划有以下几个方面。

1）企业内部的高度统一意见

作为负责人，必须将企业内部统一的意见、远期规划和近期目标落实成文字，明确企业目标、实施周期等内容。它是项目启动的前提、项目实施中的参照，也是项目结束后进行考评的标准。

2）高层管理者的理解和支持

高层管理者对项目的支持和理解对于 CRM 项目的开展也至关重要。如果不能得到高层管理者对项目的支持和理解，CRM 项目的实施将举步维艰。可以通过提升高层管理者对于项目的参与度，获得他们的理解和支持

3）让业务驱动 CRM 的实施

CRM 系统是为了建立一套“以客户为中心”的销售服务体系，因此 CRM 系统的实施

需要业务过程的驱动。IT技术为CRM的实施提供了技术的可能性，而CRM技术的驱动力更应该来自业务本身，CRM项目的实施需要在技术和企业目前流程之间取得平衡。同时，需要根据项目实施的目标来对CRM系统进行更改，不要为了CRM系统而放弃原有的优势点。

4）有效地控制改变

CRM的引入势必会让业务流程发生变化，从而影响人员岗位和业务职责的变化，如何能将变化带来的消极影响降到最低，并使企业内部人员接受和认同这一变化，对于项目负责人而言至关重要。另外，为了推进CRM项目的实施，对于业务用户的各种培训，以及相应的规则制定者也要纳入考量。

5）项目实施组织结构的建立

内部人员应该由企业领导、业务骨干和IT技术人员构成，其中业务骨干的挑选要慎重，因为他们必须真正熟悉企业目前的运作，并且能对流程进行指导，应该全职全程地参与项目任务。同时，也要保证项目组成员的稳定性，在项目实施的初期，人员调整带来的影响较小，但随着项目的推进，影响将愈发突出：原有的人员由于系统地参加了培训和项目的实施，对业务流程非常了解，但新加入的成员则需要较长的时间来熟悉业务流程，从而导致内部人员对系统实施目标的动摇。

6）明确项目人员的奖惩制度

项目组成员的职责分工应有明确定位，将每项任务落实到人头，明确对个人的考核目标，对优秀人员予以奖励，不能完成任务的予以处罚。

一、通用电气公司打造全球供应链

2001年7月4日，欧盟委员会正式否决了通用电气和霍尼韦尔之间的并购案。通用电气计划以410亿美元并购霍尼韦尔，这号称是工业史上最大的并购案的失败，产生了一系列的连锁反应，其中包括通用董事长韦尔奇可能提前退休。韦尔奇是全世界最受尊崇的公司领导人之一，他在2000年已经任命伊梅尔特作为自己的接班人。实际上韦尔奇对通用电气公司贡献巨大，现在通用电气公司总资产4 370亿美元，市场融资总量约5 000亿美元，股东人数约210万，公司主要业务部门为飞机发动机集团、动力系统集团、家用电器、运输系统集团、金融服务、资讯服务、全国广播公司等。

众所周知，通用电气公司在韦尔奇领导下建立的销售系统十分发达，遍布全球，强大的销售网络不仅包括其与沃尔玛、HomeDepot等美国乃至全球最大的零售商的排他性家电销售协议外，还包括无数的小个体家电零售店、通用电气迅速建立并推而广之的家电销售专业网站电子商务。通用电气家电集团按照杰克·韦尔奇近乎残酷的电子商务计划认真研究如何在互联网时代让消费者保持对通用电气品牌的认同，同时又不伤害到传统零售商的利益，让网络与传统的渠道融合起来。通用电气家电集团的例子仅仅是个案，这种强势的销售网络遍布通用电气所属的11个事业集团。通用电气公司的表现如此出色，关键是得益于通用电气公司供应链系统，其采购销售网络非常强大，而中间的生产制造环节的规模相对小一些。

北京一家医院曾向通用电气购买一台X光机，交货条件十分苛刻，要求一个月内在北京交货，否则将取消本次交易。按照客户的要求，通用电气中国公司迅速启动全球供应链系统，严格履行了双方的约定，顺利交货，得到了客户的赞许，并打算再购入其他通用生产的医疗设备。

实际上这不是任何公司都能做到的，下面的过程将展现本次产品营销的真相。通用电气医疗系统的这种X光机的整机系统集成是在北京做的。目前，这种产品需要从中国内地采购117个配件，从韩国和中国的台湾采购4个配件，从欧洲国家采购4个配件，从北美采购18个；在印度通用电气的工厂中采购1个配件，为了做这个配件，通用电气印度的这家工厂又需要在当地的企业采购112个零件，并且要从东欧、北非、中国采购"第二级"配件。为了生产这种X光机，通用电气在墨西哥又有另外一个工厂专门生产适合X光机的悬挂系统，这家当地企业又需在墨西哥本地采购300多个配件，从美国和加拿大还要采购48个配件。为了集成一台X光机整机，所需的719个配件要从全球76个公司采购，这就是一个全球链。通用电气各个不同事业集团的所有具体大类、型号产品都拥有这样一个完整的供应链。通用电气各产品的零部件都不是整机厂直接生产的，全部通过外包，而且都是外包到全世界的。

通用电气认为，全球化的含义是利润空间的全球化，哪儿的产品或配件最便宜、哪儿的服务最好，就要到哪儿采购。在企业的发展中，通用电气没有国家界线、民族差别。通用电气坚信在全球采购链条上，只有一个规则——成本最低，利润最大。通用电气公司早在1999年就开始以电子商务方式进行全球采购，整个运行的过程全是透明的，任何公司的价格都在网上，全部公开透明竞价。原有的供应商一时不能适应，一度对电子商务恨之入骨。

值得提及的是，尽管通用电气采购非常强势，但整个供应链系统的"链主"还是最基本的市场规律：供需关系决定杀价的主动方。在全球采购中，当供大于求时，以求者为主；当供不应求时，以供者为主。通用电气公司已经渐渐摒弃传统的拼命压价采购方式，不再千方百计逼迫供应商让步，或寻找多个供应商并采取分而治之的方式，而是采用一种新的方式，通过利用供应商的综合实力来增强自己在最终市场的竞争力。通用电气公司的总裁韦尔奇不为通用电气的强势所惑，非常清醒地认识全球市场。他常常讲："在全球的供应链条上，通用电气大多时候只是其中一个环节，当通用电气塑料集团成为摩托罗拉手机、佳能打印机、苹果电脑、联想电脑等厂商的供应商时，一样要面对他们的杀价；而最终消费者是一定要'杀'整机厂的价格。整个杀价的链条是完整的，所有环节降低成本的同时也是相互让利的过程。"

通用电气全球供应链正是依托其电子商务平台，实施全球化经营。自从通用电气在采购部门开始让它的供货商采取网上拍卖的方式后，通用电气从供货商那里得到的报价当年就下降了85%，扣除与协作商约定的共同分享部分，通用电气的成本降低30%～50%，有的项目竟达到了60%。

如今，通用电气中国公司面对庞大的中国市场，迫不及待地想要开辟类似的网络。一支规模超过30人、遍布全国主要城市的"市场发展经理"队伍按计划运行并迅速扩大,市场发展经理除了普通的通用电气产品推广外,还有一项非常重要和具有战略意义的工作,即在当地大力发展分销商、经销商。通用电气一步一步、有条不紊地完善其全球供应链系统,即从初始的原材料供应到产品的制造和分销,再到顾客反馈的收集等一系列环节。

通用电气公司深知,任何一家公司的采购都是通过供应商尽量提高产品的附加值,它包括建立一个能以最低成本生产主要材料或服务的供应商群,某种程度上是把供应商作为一个延伸公司供应链不可或缺的一部分。

思考题:

1. 通用电气建立全球供应链获得了哪些竞争优势?
2. 总结通用电气的采购理念,谈一谈你所获得的启示。
3. 通过本案例你是否了解了供应链的作用?请分析供应链的特点。

二、Adept技术公司的全球业务外包

思科系统公司和物流咨询公司D. W. Morgan合作,帮助企业在全球范围内建立"由需求驱动"的供应链。思科公司制造业营销部主管思科特·维斯特雷克表示,这项工作的难度在于,要在多家合作企业间建立协调一致的流程。今天,没有什么全球供应商会独自为末端客户提供服务,因此供应链合作伙伴间的有效沟通是非常基础的要求。那些机制灵活的企业很少依赖传统的预测方式,它们更多地依靠的是适应突发状况的能力。在环境、安全和出入境控制等问题的影响下,如何让库存和运输状况的信息及时传送到相关各方变得比以往任何时候都更加重要。

Adept技术公司就是思科和Morgan公司技术的用户之一。Adept是一家生产用于高科技制造业机器人的企业。它们的一件普通产品通常都会包括30万个部件之多。这些由世界各地的制造商负责供给的零件对整个制造流程都非常重要,任何时间都不能缺少其中的任何一种零件。Adept公司必须24小时内都能在很短的时间内对客户的备件或服务订单做出反应。

对于Adept公司来说,这种高水平的客户服务相应地也带来很高的成本。同时,这个公司全球范围内的存货和运输情况也缺乏可视性。所以他们面临的困难是双重的:既要削减成本,又要提高服务水平。而该公司只有区区200多名员工。

Adept公司最后把运输和物流管理业务外包给Morgan公司,使用了基于思科公司技术的数据网络。思科公司的系统可以让Adept公司在供应链伙伴间进行流程的同步协调,它们的路由器也可以使Adept公司的制造和服务部门以及外部供应商的人员都能接触到思科网络的实时数据。

此后Adept公司在全球范围内的库存就得到了更严密的控制。例如,在某个配件到达一个服务站之前,工作人员就可以直接把这个配件和相应的客户、产品的保修期及服务历史对上号。对条形码进行识别也可以帮助实现对备件所处位置的实时可视性。Adept公司因此可以一览所有存货的情况,不论存货是外向的、内向的,还是处于运输途中或加工流程之中。

这套系统的基础架构是面向服务的体系结构(service oriented architecture,SOA)。SOA是一个新名词,指的是用动态的、整合的方式处理多个软件体系的系统。思科公司对这一系统进行了优化,创造了面向服务的网络结构(service-oriented network architecture,SONA),使得这套系统不仅可以在企业内部得到应用,而且也可以应用于企业外部。这套系统可以随时把一些关键的状态信息和出错提示传送到无线可视电话或其他手提设备上,让信息在最广泛的范围内传播。

Morgan公司的营销和传讯主管吉姆·奥特利说:"我们发现,获取数据是帮助企业进行全球化竞争的最重要的事情。我们所创造的系统实际上就是一个集中了所有相关信息的平台。"

思考题:

1. Adept公司所面临的难题有哪些?
2. 结合业务外包的有关知识,谈谈Adept公司为什么要把运输和物流管理业务外包给Morgan公司?
3. 通过使用思科公司的系统,Adept公司获得了哪些竞争优势?
4. 结合案例谈谈扩展企业的特征。
5. 如果你是Adept公司的高层管理人员,你还会对公司的发展提出哪些有用的建议?

习 题

1. 试分析电子商务在供应链运作中的作用。
2. 你认为全球供应链的发展为跨国企业的物流管理带来了哪些变革?
3. 结合具体例子谈谈全球供应链的特点。
4. 说说供应链管理流程将要如何外包?
5. 简述全球供应链客户关系管理是如何实现的。

参 考 文 献

[1] 闪四清. ERP系统原理和实施[M]. 4版. 北京:清华大学出版社,2013.

[2] 沙梅. 供应链管理与物流[M]. 上海:上海交通大学出版社,2010.

[3] 陈宏. 打造"好邻居"——美国State Farm保险公司CRM实施案例[J]. 软件世界,2002(7):102-105.

[4] 于淼. 客户关系管理核心思想浅析[J]. 商业研究,2003,272. 168-169.

[5] 寇亚明. 全球供应链[M]. 北京:中国经济出版社,2006.

[6] 梁岩松,杜梅. 全球供应链管理的挑战与对策[J]. 管理科学,2004,17(4):38-42.

[7] 邓国红. 面向供应链的客户关系管理[M]. 北京:中国物资出版社,2007.

[8] 杨爱花,苗长川. 物流供应链管理[M]. 北京:清华大学出版社,2008.

[9] 王殿华,翟璐怡. 全球化背景下食品供应链管理研究——美国全球供应链的运作及对中国的启示[J]. 苏州大学学报(哲学社会科学版),2013(2). 109-114.

[10] 于梅. LEXMARK　全球供应链管理及优化流程分析[D]. 上海：复旦大学，2008.

[11] 尤建新，李龑. 聚合全球供应链的战略质量管理[J]. 上海管理科学，2008 (4)：70-73.

[12] 陈功玉，王洁. 全球化环境下中国企业的全球供应链管理[J]. 中山大学研究生学刊(社会科学版)，2007，28(4)：90-102.

[13] 俞育松. 全球采购与优化供应链管理分析[D]. 北京：对外经济贸易大学，2007.

[14] 范学谦. 浅析供应链管理模式下的全球采购[J]. 湖北函授大学学报，2007 (1)：23-25.

[15] 钟祖昌，谭秋梅. 全球供应链管理与外贸企业核心竞争力构建[J]. 国际经贸探索，2007，23(1)：80-84.

[16] 徐晓刚. 面向全球制造的供应链设计与评价[D]. 天津：天津理工大学，2006.

[17] 蓝庆新. 全球化供应链管理与提高我国企业国际竞争力的策略[J]. 世界经济研究，2003 (1)：20-24.

[18] 马士华. 供应链管理第一讲　供应链管理提出的时代背景与战略[J]. 物流技术，2003 (4)：41-42.

[19] 沈厚才，陶青，陈煜波. 供应链管理理论与方法[J]. 中国管理科学，2000，8(1)：1-9.

[20] 梁岩松，杜梅. 全球供应链管理的挑战与对策[J]. 管理科学，2004，17(4)：38-42.

[21] 韩睿. 戴尔的全球供应链管理[J]. 中国物流与采购，2005 (2)：68-70.

[22] 王圣广，马士华. 基于网络的全球供应链结点企业管理信息系统设计[J]. 计算机系统应用，1999 (8)：12-14.

教学支持说明

▶▶ 课件申请

尊敬的老师：

您好！感谢您选用清华大学出版社的教材！为更好地服务教学，我们为采用本书作为教材的老师提供教学辅助资源。该部分资源仅提供给授课教师使用，请您直接用手机扫描下方二维码完成认证及申请。

任课教师扫描二维码
可获取教学辅助资源

▶▶ 样书申请

为方便教师选用教材，我们为您提供免费赠送样书服务。授课教师扫描下方二维码即可获取清华大学出版社教材电子书目。在线填写个人信息，经审核认证后即可获取所选教材。我们会第一时间为您寄送样书。

任课教师扫描二维码
可获取教材电子书目

清华大学出版社

E-mail: tupfuwu@163.com
电话：8610-83470332/83470142
地址：北京市海淀区双清路学研大厦B座509室
网址：http://www.tup.com.cn/
传真：8610-83470107
邮编：100084